国家社科重大项目
关键核心金融要素及其关系研究（24 & ZD093）
标志性成果

金融强国

金融强国

新资源暨金融资源学派视角

白钦先　杨涤　著

中国出版集团有限公司
研究出版社

图书在版编目（CIP）数据

金融强国：新资源暨金融资源学派视角（珍藏版）/ 白钦先，杨涤著. -- 北京：研究出版社，2025. 5

ISBN 978-7-5199-1813-2

Ⅰ. F832

中国国家版本馆CIP数据核字第2025PJ4279号

出 品 人：陈建军
出版统筹：丁　波
责任编辑：谭晓龙

金融强国：新资源暨金融资源学派视角（珍藏版）
JINRONGQIANGGUO: XINZIYUAN JI JINRONGZIYUAN XUEPAI SHIJIAO (ZHENCANGBAN)
白钦先　杨涤　著
研究出版社 出版发行
（100006　北京市东城区灯市口大街100号华腾商务楼）
北京建宏印刷有限公司印刷　新华书店经销
2025年5月第1版　2025年5月第1次印刷
开本：787毫米 × 1092毫米　1/16　印张：33
字数：506千字
ISBN 978-7-5199-1813-2　定价：168.00元
电话（010）64217619　64217652（发行部）

僅以此書獻给我们

偉大的祖國與勤劳智慧的人民

“中国金融学科终身成就奖”奖牌

“中国金融研究杰出贡献奖”奖牌

恭祝著名教育家金融學家中國金融學科終身成就獎和首屆中國金融研究傑出貢獻獎獲得者白欽先教授金融強國一書出版首發金融之於一國經濟猶如氣血之於人體氣血強助經濟強經濟強助鼎力強國建設該部著作對金融行業者把握金融強國建設戰略高度及理論與實踐提供指導性支持是後學者的楷模受吾輩敬仰

乙巳年正月長安張學平 王明 遠漢敬書

目　录
CONTENTS

序　言

（一）

由我国著名资深经济金融学家白钦先教授及杨涤研究员撰写的《金融强国——新资源暨金融资源学派视角》一书，由国家级出版社——研究出版社拟于 2025 年 5 月正式出版发行。白教授希望我为该书撰写序言，我欣然应允，拟就此文，是为序。

我与白教授是金融同仁，相识相交相知几十年，彼此惺惺相惜、志同道合。我本人以及厦门大学诸多同仁与其有各种形式的交流与合作，守望相助、成果丰硕、成效卓著，深感欣慰。

中国社科院前副院长、学部委员，国家金融与发展实验室理事长，我国著名金融学家李扬教授在为该书撰写的推荐与评论中称赞："白钦先教授作为我国金融学界的领军人物，在诸如政策性金融和货币政策等领域均有开创性贡献。此次白教授又在建设金融强国方面奉献出巨著，相信本书的出版，一定会在中国金融改革和发展的新阶段中，发挥积极的擎旗作用。"

北京大学新结构经济学研究院院长林毅夫教授在为该书撰写的推荐与评论中写道："金融之于一国经济，犹如血液之于人体，其重要性不言而喻。金融强国乃是我国强国战略中至关重要的一环。理论研究的根本目的在于帮助人们认识世界，并有效地改造世界。白钦先教授及杨涤研究员的《金融强国》这部专著，是助力我国金融强国建设的一部理论力作，也是以自主理论创新构建具有中国特色、中国风格、中国气派的哲学社会科学体系的一座丰碑。在百年未有之大变局加速演进的当下，对于关心以中国式现代化建设社会主义现代化强国、实现中华民族伟大复兴的各界人士而言，此书极具价值，值得细细品读。”

国际经济学会会士、辽宁大学校长余淼杰教授在对该书的推荐与评论中认为：“《金融强国》一书，是著名金融学家、首届中国金融研究杰出贡献奖和中国金融学科终身成就奖获得者白钦先教授及团队近半个世纪深耕不辍，打造的集开创性、前瞻性、理论性和实践性于一身的又一呕心力作，其积淀之深厚、格局之恢宏、内涵之丰富、视角之独特、观点之新颖，令人叹为观止。全书洋溢着浓烈厚重的家国情怀，通篇闪烁着深邃璀璨的哲理光芒，是一本研究、阐释中国特色社会主义金融的精品力作，更是一本以讲好中国金融故事为己任，尽显中国特色、中国风格、中国气派的鸿篇巨制。”

中国社会科学院财经战略研究院院长何德旭教授在推荐与评论中写道：“《金融强国》一书，视角独特，与时俱进，融会贯通。立时代之潮头、通古今之变化、发思想之先声，集近半个世纪持续研究之积淀，继承和弘扬中华优秀传统文化精华，体现了浓厚的家国情怀、崇高的精神品格、深邃的思想理念、深厚的历史底蕴和系统的理论创新，为构建具有中国特色和中国风格的学科体系、学术体系和话语体系作出了重大贡献。”

9位享誉金融界的学者分别撰文推荐《金融强国》一书，各自从独特的视角出发，深入观察与评论。此番盛况，在近年来国家经济金融学术界实属罕见，读之令人心潮澎湃，备受鼓舞。以下为9位学者姓名，按姓氏笔画为序，他们是：张亦春、李扬、李善民、吴念鲁、余淼杰、何德旭、林毅夫、谢平、曾康霖。限于篇幅，恕我不能一一详述，敬请谅解。全书洋洋洒洒50余万言，倾心奉献于书坛，以飨读者。此书堪称精品之作，智慧丰碑。

正如先前9位学者所推荐的，白钦先教授及其研究团队倾注心血、满怀家国情怀、肩负时代责任、气势如虹，以近半个世纪的传承与创新，积累了深厚的学术底蕴。在20世纪与21世纪之交，他们率先明确提出构建金融强国的战略建议。长期以来，他们不懈钻研，研究成果日益深入，终于在中央金融工作会议上迎来了划时代的里程碑——作出了建设金融强国的重大战略决策，这是国家强国建设中的第十四项战略决策。在此关键时刻，白钦先教授率领的研究团队在会议次日便迅速启动了金融强国建设的后续研究及专著的策划与撰写工作。他们雷厉风行、分工明确、群策群力、夜以继日，仅用半年时间便完成了初稿，进而进入了精细打磨、修订完善的后期阶段。

尤为令人动容的是，白钦先教授以85岁高龄，身患10余种基础疾病和老年病，历经8个月化疗及多次手术的磨难，克服严重的视力和听力障碍。他以军用高倍放大镜为工具，颤颤巍巍地一字一句书写，历经半年昼夜不懈的努力，终于完成了近3万字的精彩绪论。近两三年来，白教授不顾年事已高，奔走四方，深入城乡，进行调查研究、座谈讨论，出席学术会议，发表视频演讲。2024年4月，他更是展现出了惊人的毅力，连续站立4小时18分钟，不歇不休、滴水未沾，一口气完成了关于金融强国建设的演讲，其精神风貌令人敬佩不已。白教授真正做到了老当益壮、壮志凌云！

本书以绪论开篇，自绪论至第十二章，内容环环相扣，逐层深入。在绪论中，通过对比东西方金融文化，揭示了中国特色社会主义金融的特质与创新。从第一章至第五章，系统阐述了金融强国的理论基础与实践路径，涵盖了金融强国建设的必要性、历史视角、西方金融理论、新资源学派理论，以及金融强国的标准与特征。自第六章起至第十二章，转向具体领域，针对金融资源配置、政策性金融、信用评级、金融发展战略、竞争策略以及大国责任等议题，提出了切实可行的政策建议和实施路线。

本书全面梳理了金融强国理论，深入探讨了其具体实践路径，并提出了针对性的政策建议，兼具理论深度与现实意义。无论是对金融学者、政策制定者，还是广大读者，本书都是一本极具启发性与参考价值的佳作。

（二）

在为这部著作撰写序言的珍贵时刻，笔者有幸先行品读了这部洋洋洒洒 50 余万字的文稿。其内容的博大精深、观点的独树一帜，无不给人带来心灵的震撼与思维的洗礼。握卷在手，心潮澎湃，以下几方面尤其令人印象深刻，难以忘怀。

第一，白教授学习党的二十大报告及中央金融工作会议文件，有自己的新感知和新认识。他概括出“五个首次提出”：①首次提出了新时代全面实现中国式现代化、全面实现民族复兴的两大历史任务。②首次提出了马克思主义中国化时代化目标。③首次提出了研究中国特色社会主义市场经济金融同垄断资本主义市场金融间的共性与差别的思想理论，研究新课题、新探索这一重大问题。④ 2023 年中央金融工作会议前后，又首次提出习近平新时代中国特色社会主义思想中的金融政治性、人民性的定性问题。⑤首次前瞻性地提出了“金融强国建设”顶层设计等一系列全新问题。这“五个首次提出”标志着在国际共产主义运动历史上，这是一次具有划时代里程碑意义的创新。

第二，白教授提出：①中华文化文明与中国特色社会主义金融高度契合、和谐共存共振。②中国特色社会主义金融与国家创新、协调、绿色、开放、共享的新发展理念高度契合，和谐共存共振。③中华文化文明同人类一般金融之“社会化大众化”本质特征，同社会主义金融政治性、人民性本质特征特色，高度契合，和谐共存共振，独一无二。

第三，关于中国特色社会主义金融的本质，他认为：“中国特色社会主义金融，是引领、规范与实现中国金融可持续发展的，突出强调金融的哲学人文关怀关爱；突出强调金融为促进人类经济与社会发展而生；突出强调金融应最大限度地为一切自然人、法人竭诚服务的一种‘共富与共享’性的金融运行形态或金融发展方式。”这个定义、这个新研究架构与新范式，从价值观判断、从人类为何需要建立与发展金融、从金融为谁服务这三个方面，厘清了两种不同金融制度的对立与区别。中国特色社会主义金融是以共同富裕与共同分享为最终目的与归宿、为核心的。既呼应了资本主义有计划、社会主义有市场两种不同金融的客观现实存在，也凸显了二者的尖锐对立与区别这一共性，尤其是最终落在本质性差异这一根本点上。

撰写至此，笔者清晰地观察到，在这部作品中，作者精心融入了习近平经济思想中强调的“政治性”与“人民性”，以及“中国式现代化，民生为大”的核心理念。这些充满力量、寓意深远的精神内涵，以及 2015 年中央提出的新发展理念——“创新、协调、绿色、开放、共享”，尤其是“开放”与“共享”的理念，都被作者精准地嵌入其中。这样的用词选择，不仅保持了中国特色语境下的语言纯洁性，也体现了对特色概念用语的严谨态度，以及对非西方文化纯洁性的坚守。白先生的门生透露，这个定义是白先生耗时超过十载，经过无数次的推敲、补充、修正和交流，精心雕琢而成的。

第四，本书在金融强国理论的研究上，成功开辟了多个新的研究领域，为我国金融理论与实践的发展贡献了宝贵的知识财富。首先，通过对金融资源的合理配置，深入探讨了如何更有效地服务于实体经济，确保金融“活水”精准滴灌至经济社会发展的每一个角落。其次，书中强调了加强政策性金融的功能与作用，提出了如何在国际金融舞台上把握信用评级的主动权，这对于提升我国在国际金融体系中的话语权具有重要意义。此外，本书还首次系统性地研究了金融强国的大国责任，探讨了如何在全球化背景下，承担起与我国金融实力相对应的国际责任。更为重要的是，书中对金融强国的发展战略和竞争策略进行了深入分析，这些研究不仅在国内属开创性的工作，而且为我国金融强国的建设提供了坚实的理论支撑。这些研究成果，不仅丰富了中国式现代化建设的理论内涵，也为我国金融业的发展指出清晰的方向和路径。可以说，本书的出版，对于推动我国金融理论创新、指导金融实践，以及构建具有中国特色的金融强国体系，都具有不可估量的价值和深远的影响。

第五，白教授高瞻远瞩，站在时代潮头，提出了“强国与富民双均衡”的政策建议。他高度肯定了中华人民共和国成立后前三四十年实施的非均衡、高度倾斜性发展战略的必要性和历史功绩。而今，在中央明确提出我国经济发展已由以量性增长为主转变为向质性发展为主的新阶段，白教授强调“强国与富民”并举并重并均衡发展的政策转变的必要性和可行性。尤其是在我们迈向第二个百年奋斗目标，全面实现中国式现代化、中华民族伟大复兴与文化文明复兴的新时代，全面贯彻习近平总书记关于“中国式现代化，民生为大”的核心理念，以及实现中国人民“站起来、富起来、强起来”的伟大目标，坚持中国特色社会主义金融的政治性、人民性思想之际，白教授适时地提出了逐步实现“强国与富民”双均衡的战略与政策性转变，真可谓恰逢其时。

第六，文中系统地展现了白教授陆续提出的“双论”，这一理论体系包括“双循环”“双刃剑”“双均衡”。这些提法不仅独具特色，而且深刻概括了时代发展的核心要素，充分体现了白教授思维的主体性和创新性。这不仅仅是学术上的新见解，更是中国在国际舞台上把握话语权、展现思想魅力的有力诉求。白教授的这些理论，上承时代潮流的汹涌澎湃，响应党的号召，肩负神圣的使命，堪称是学术研究的“顶天”之作。同时，他的理论又深深扎根于实践之中，下接“地气”，倾听民心、体察民意，致力于造福中国人民，实现人民对美好生活的向往。白教授以他的学术智慧和深厚情怀，发出中国声音，讲好中国故事，成为将理论与实践相结合、将国家发展与人民福祉相统一的学术典范。

第七，白钦先教授还提出了两个关乎金融强国建设的重大建议，他深情地说，这不仅是他的两个梦想，更是他愿意倾尽一生之力去追寻和实现的目标。他誓言，倘若有生之年能够见证这两个梦想的实现，他必将全力以赴，拼死奉献，无怨无悔。其一，他建议成立一个官方的或非官方的“金融强国建设研究院”。这个研究院将汇聚全国高校、研究机构以及党政军相关部门的专业人才，集思广益，齐心协力，共谋金融强国之大计。其二，他提议实施一项国家工程，即编撰“美国霸权、美国金融霸权、美元霸权的‘前世与今生’”系列丛书。这项工程将依托国家之力，整合各方资源，以全球多种文字出版发行。丛书将高屋建瓴地回答世人关于美国霸权、美国金融霸权、美元霸权产生、发展与演变的历程，以及它们为何最终会走向衰落，为世人所厌恶的深层次原因。同时，丛书还将深入探讨大金砖国家群体性崛起背后的三大金融服务系统，揭示美国为何要加以控制，以及新兴国家、新兴制度为何必然产生、兴起，并最终取代美国的必然性。白教授认为，知己知彼，百战不殆；以史为鉴，殷鉴不远。这两个建议既相互独立，又相辅相成，都对金融强国建设具有深远的意义和重大的价值。

（三）

辽宁大学，原本只是一所“211 工程”院校，在资源动员能力相对有限、学术影响力也尚待提升的条件下，却能在近半个世纪的时间里独领风骚，异军突起，初步缔造了“新资源暨金融资源学派”，向世界发出中国声音，生动讲述了中国式现代化的本土理论与实践故事，这实属难能可贵。这一辉煌成就的取得，很大程度上要归功于白教授 40 多年来孜孜不倦、一以贯之的科研与教学努力。

辽宁大学，其前身可追溯至 1948 年 11 月由东北人民政府在沈阳建立的商业专门学校，是中国共产党亲手创办的第一所商科院校，如今已跻身国家“211 工程”重点建设高校和国家“双一流”建设高校之列，拥有着 76 年的悠久历史。在 1978 年改革开放之前，她虽只是一所普通的地方院校，但却因其独特的地位和贡献而具有一定的特殊代表性。她是国家教委召开直属全国高校校长会议或直属高校工作会议时，固定且特别被邀请的 5 所地方院校之一，这显示了其在高等教育领域的独特地位和影响力。其特殊性在于东北是解放战争的老基地，解放的时间比较早，而后以东北为基地进入山海关，向全国推进。

正如之前所述，中华人民共和国成立后，众多留学生和科学家响应国家号召，不顾西方阻挠，毅然决然地回国投身国家建设。他们中的一大批发轫于东北，特别是沈阳。以辽宁大学为例，改革开放之前，该校经济领域的专家学者已多达十几位。虽然当时只有政治经济学一个专业，但人才济济。

改革开放初期，在这批资深归国学者的智慧和敏锐洞察力的影响下，辽宁大学紧抓时代机遇，迅速拓展经济学科，并逐步提升学科实力，以满足改革开放推动商品经济、市场经济发展的迫切需求。1978 年，改革开放的大幕拉开，1979 年，国家教委和中国人民银行（代表国家教委行使全国金融教育行政管理职责）主动出击，与辽宁大学、辽宁省教委、辽宁省计委洽谈合作，共同创建了国际金融、货币银行学专业，以应对改革开放背景下金融领域人才严重不足的状况。

辽宁大学的国际金融专业，作为改革开放初期在全国率先设立的新兴专业，标志着金融学科发展的新篇章。随后，基于这一专业的基础，辽宁大学进一步拓展，相继设立了保险专业，并首创了全国独一无二的公共政策性金融专业、金融工程专业、投资专业以及价值评估专业等，构建了涵盖本科、硕士、博士及博士后流动站的完整金融学科体系。

自 1979 年起，国际金融专业开始在全国范围内招生。1984 年，首届毕业生圆满完成学业，其中不乏被中华人民共和国外交部外事管理司、中国人民银行、中国银行等国家级机构争相录用的优秀人才，仅在北京地区，该专业毕业生就有超过半数被录用。短短几年间，辽宁大学的国际金融专业毕业生在中华人民共和国外交部外事管理总局的就业人数达 28 名，其影响力可见一斑。

辽宁大学的国际金融专业成立于 1980 年，1984 年便获得了硕士研究生的学位授予权，1995 年又获得了博士研究生的学位授予权，成为改革开放以来首批获得金融博士授予权的 3 所高校之一。2007 年，该专业荣获国家十大重点金融学科称号。辽宁大学的金融学科群，历经近半个世纪的发展，已成为全国高校中为数不多的历史悠久、层次齐全的大学科群。

以国际金融专业为旗舰，辽宁大学的金融学科群以其高知名度、广泛的社会认可、鲜明的专业特色、突出的社会贡献和深远的影响力而著称。在这一学科群的发展历程中，陈家盛教授和 20 世纪 90 年代后的白钦先教授作出的贡献尤为显著。

白教授在国内外金融领域开创性地建立了公共政策性金融学科。在中共十四届三中全会通过了“将商业性金融与政策性金融在业务上分离、在机构上分立”的决议之后，他率先在国内外创立了全新的金融专业学科，并倡导成立了新中国首批政策性金融机构。《中华金融辞库》首次为政策性金融设立了独立章节，这在大型辞书中尚属首次，体现出政策性金融在学术界的重要地位。在此基础上，白教授及其博士生研究团队陆续出版了超过 10 部政策性金融的系列专著，为该领域的发展奠定了坚实基础。白教授被誉为“公共政策性金融之父”以及“全球政策性金融理论的首创者与中国金融政策性金融机构的倡导者”。李扬先生和谢平先生也高度评价白教授在国内外政策性金融理论和学术上的贡献，认为他的工作具有“开创性”和“重大”的意义，为政策性金融领域的发展作出了卓越贡献。白教授的科研成果荣获全国高校优秀科研成果一等奖，进一步彰显了他在这一领域的学术地位和影响力。

《金融可持续发展研究导论》的出版发行，标志着白教授在1998年提出的以金融资源为基础的金融可持续发展战略理论研究的第三年，即2001年，正式推出了其一生研究的第三个创新型研究板块的里程碑式成果。该研究板块的理论基础，建立在21世纪新资源观之上。2006年出版的《21世纪新资源理论——关于国民财富源泉的最新研究》一书，在西方生产要素理论模型的基础上进行了拓展，系统论述了新资源观提出了全新的多要素理论模型。这一模型成功地预测了数字经济、新质生产力经济等新兴社会资源学科的产生与发展，展现了理论创新在社会资源预测中的重要作用。该专著确立了21世纪自然资源观与社会资源观相融合的新资源观，这是中国学术界的一大贡献。数字经济、绿色经济、网络经济的蓬勃发展，以及新质生产力的崛起，为1998年提出的金融资源观，即金融可持续发展战略，提供了最新的时代场景。同时，这一研究成果也确立了金融资源观在社会资源大家庭中的地位，从而清晰界定了金融资源观的分类与归属。

辽宁大学的金融学科群，得益于几代人的持续努力与不断的传承创新，他们未曾盲目追逐时尚，未曾拘泥于书本知识，不曾唯上是从，未曾夸大其词，未曾虚张声势，未曾误导公众，未曾弄虚作假，未曾盲目模仿西方，未曾摒弃核心价值，也未曾单一追求数学与工程化。《金融强国》一书的后五项附录，生动展现了该团队近半个世纪的坚韧奋斗，他们日积月累，月复一月，年复一年，前赴后继，成果斐然，清晰可见，真实可信，令人深受感动，由衷敬佩。在近半个世纪的光阴里，白教授亲自培养和指导的100余位博士、博士后团队，坚守了“动中有静、变中有恒”的学术连续性与稳定性。

正是基于这种长期的积累和坚实的学术基础，团队的研究成果——12篇文章被《新华文摘》全文转载，超过170篇文章被《人大报刊复印资料》全文转载。浏览研究团队名单中博士或博士后学位论文、研究报告的题目列表，便能看出其与时代需求的紧密联系，服务于改革开放，展现开拓创新的特质。再细观几个原始创新性研究“板块”的成果名录，以及十部专著、数百篇文章的目录，附录一中的研究技术路线图更是多次获得国家社科基金重大项目面试答辩专家组的赞誉。这一路线图涵盖了从传统金融到现代金融，再到金融资源理论，从传统资源观到新资源观，以及从传统发展观到适度发展观，最终到可持续发展观的深入研究和融会贯通。这样的成就，非数十年的沉淀和躬身研究无法达成。我们由此领悟，只有拥有“恒心、恒志、恒情”，方能成就“恒业、恒品、恒果”。

在白教授领衔的研究团队中，流淌着对国家事业的忠诚与深情，他们对科学研究、做人做事的投入，是用心、用情、用行动铸就的。对书稿的严谨态度，对语言的精雕细琢，追求的是精密、精确与精准的境界。本书作者对金融百态、国际风云的变幻莫测、中美关系的跌宕起伏，以及对中国特色社会主义金融和金融强国建设的洞察与思考，绝非一日之功，而是历经四十余载的风雨洗礼、寒暑更迭，是春华秋实的长期积累与沉淀。

他们的观察与研判，充满了严肃与专业，坚守着不唯书、不唯上，只唯实、只唯责任与担当的学术品格，其分量足以令人信赖。作为序言的笔者，我已届 93 高龄，而本书作者亦 87 岁，我们两人共 180 岁的智慧与经验，承载着对家国的深切情感。我们这一代学者，有幸投身于中华民族伟大复兴的浪潮之中，无怨无悔，矢志不渝。

笔尖即将停歇，心潮却因白先生的情怀与担当而澎湃。他心系金融强国之百年大计，我为之感动，为之欣慰，亦为之敬佩。同时，也感谢杨涤研究员及研究团队中博士们的辛勤付出与无私奉献。

“巍巍乎若高山，洋洋乎若江河。”我们辉煌灿烂的东方文明，如同初升的太阳，照耀着永恒的江山。愿我们伟大的祖国，经济繁荣昌盛，金融事业发达深远，社会和谐，民富国强，共享繁荣。岁月如梭，奔腾不息，生机盎然，前程似锦，令人憧憬。

以此祝文，笔端暂歇，是为序。

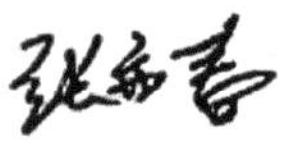

2025 年 2 月 15 日

张亦春，1933 年 6 月出生于福建连江，中国著名经济金融学家。现为厦门大学金融学教授、博士生导师、厦门大学金融研究所所长、厦门大学国家金融重点学科学术总带头人，中国金融学科终身成就奖获得者，享受国务院政府特殊津贴。

绪论
又一个全新的划时代里程碑

这是一部以金融强国建设为主题的学术专著。作为一部非官方学术论著，它的诞生并非为追逐学术热点或应景之作，而是凝聚了我所带领的研究团队持续40余年研究过程中的探索与思考。真正的学术研究，尤其是哲学社会科学领域的研究往往如此：研究领域虽然不应有禁区，但研究结论的公开发表却需要时代的契机，尤其是那些领先或超前于时代的研究结论，虽然可能具有相当的学术价值，可在历史条件尚未成熟时，也只能如“潜龙勿用”，静待花开。这种现象，在自然科学中有，在哲学社会科学中会更多遇到。然而，作为持之以恒的研究者，一般不会在意研究结论发表的早晚，因为学术探索的脚步永不应停歇，必须持之以恒坚持探索下去。如今，我们终于等来了温暖的春风，等来了伟大的历史机遇。

近两年来，我反复研学思考党的二十大报告，深有所感与所悟，又有新体会、新认知、新发现。尤其中央金融工作会议召开后，心潮澎湃，夜不能寐。在经过两个多月深思熟虑并和杨涤博士商议后，立即组织起一个专业团队，启动了专著的写作。

一、在一个特殊的历史时间节点，又开创了一个全新的划时代里程碑

在人类数千年的悠久历史长河中，被誉为“划时代里程碑”的事件、理念、思想、理论或实践，无不具有非凡的意义。它们不仅空前，而且绝后，必须同时具备“空前的、绝后的、意义重大的和影响深远的”这四大特征。在人类波澜壮阔的历史进程中，在国际共产主义运动的篇章里，在苏俄共产党运动和社会主义发展的史册上，以及在中国共产党领导下的中国特色社会主义历程中，那些能够满足这四项条件的重大事件，都如同璀璨的星辰，熠熠生辉，绽放出永恒的光芒。

1848 年，历史的车轮滚滚向前，世界格局迎来了翻天覆地的变化，一个崭新的纪元就此拉开帷幕。“一个幽灵，共产主义的幽灵，在欧洲大陆徘徊。为了对这个幽灵进行神圣的围剿，旧欧洲的一切势力，教皇和沙皇、梅特涅和基佐、法国的激进派和德国的警察，都联合起来了。”这段震撼人心的开篇之语，出自 1848 年问世的《共产党宣言》。这份宣言不仅震撼了整个欧洲大陆，更迅速传遍全球，标志着人类历史新纪元的开启！

1917 年，俄国爆发了震撼世界的十月革命，标志着人类历史上第一个布尔什维克党领导下的苏维埃政权诞生，这是年轻的苏维埃国家建立的第一个社会主义政权。这一事件成为世界史上具有划时代意义的里程碑，开创了工农兵当家作主的新纪元。新生的苏维埃政权一经建立，便毅然决然地宣布退出第一次世界大战。随后，在 20 世纪 30 年代爆发的第二次世界大战中，苏联挺身而出，成为抗击法西斯侵略的中流砥柱，历经血与火的严峻考验，为世界反法西斯战争的最终胜利作出了不可磨灭的历史性贡献。因此，苏联当之无愧地成为联合国安全理事会的常任理事国之一，拥有重要的否决权。然而，到 20 世纪六七十年代，苏联逐步蜕变，走向了社会帝国主义。

随着美、苏两大霸权主义国家的并立，这个历经异化的“红色政权”于1991年以惊人的速度走向终结。在西方“颜色革命”的冲击下，它最终被颠覆、肢解而消亡，俄罗斯成为其唯一的继承者。这个年轻的苏维埃红色政权，连同其异化时期，仅仅维持了74载春秋。这段历史，真可谓“始于喜，亡于悲；始于红，终于灰”。

1919年，受十月革命影响，中国爆发了反帝反封建的五四运动，给中国送来了马克思列宁主义。1921年中国共产党建立，并于1949年成立了中华人民共和国。2022年，党的二十大召开，将以举国之力决胜第二个百年奋斗目标，即2049年庆祝中华人民共和国成立100周年，建成富强民主文明和谐美丽的社会主义现代化强国，并在全球居于领先地位。在国际共运史上，只有中国共产党领导的中华人民共和国，自力更生，承上启下，艰苦奋斗，前赴后继，坚韧不拔，生机勃勃，傲然百年，顽强屹立于世界强国之列。展望2049年繁荣昌盛的中国，即从现在算起的25年后，将迎来国际共产主义运动史201周年华诞和中华人民共和国成立百年庆典。

从1848年《共产党宣言》公布，1917年十月革命爆发，苏维埃政权建立40余年后异化；到1921年中国共产党建立，1949年中华人民共和国成立，2021年中共建党百年庆典，2049年中华人民共和国百年庆典；再到《共产党宣言》发表201周年庆典，前后经历七大“历史性节点”。可以毫不夸张地说，这七大“历史性节点”中的任何一个，都可以称之为开天辟地的新纪元、彪炳史册的新世纪，都是辉煌伟业泱泱盛世的七个划时代里程碑。

2022年10月，中国共产党第二十次全国代表大会胜利召开。习近平总书记作的党的二十大报告，在国际共产主义175周年历史上，在中国共产党101周年历史上，在中华人民共和国成立75周年历史上，在百年未有之大变局这一大背景下：①首次提出了新时代全面实现中国式现代化、全面实现民族复兴的两大历史任务。②首次提出了马克思主义中国化时代化目标。③首次提出了研究中国特色社会主义市场经济金融同垄断资本主义市场金融间的共性与差别差异的思想理论研究新课题、新探索这一重大问题。④ 2023 年中央金融工作会议前后，又首次提出习近平经济思想和中国特色社会主义金融政治性、人民性的定性问题。⑤首次高瞻远瞩地提出了“金融强国建设”顶层设计等一系列全新问题。

马克思曾说过：提出一个问题比解决一个问题要更难。在根源的背后有更加深刻的根源。在某一特定历史时代，提出一个时代性的大问题，在思想和理论上实现全新的跨越，实现从“0”到“1”的突破，要比实现从“1”到“100”的跨越更重大、更艰难。

事实上，在人类 5000 多年文明史中，每一个特定的历史时代都烙有那个时代深深的印记，都有各自独特的背景环境的需求与呼唤，都有独特的杰出领袖领导引领，都有独特的理念、思想、理论与政策，都有独特的科学与技术相支撑，还有独特的文化文明相契合。于是就有了特定的新时代、新征程、新探索与新使命。我认为，前文所指的“五个首次提出”为标志，是在国际共产主义运动历史上，又一个全新的、划时代的、里程碑意义的创举。

前文所述的七个“历史性节点”，每一个“历史性节点”都有其特定的问题导向与现实针对性。首次发表的《共产党宣言》就像划破夜空的一声惊雷，宣布一个划时代新纪元的诞生，当时还处在“宣言书”的初始阶段，相应的政党与政权也尚处于理论论证阶段，不可能提出 175 年以后的问题。又如，十月革命前后，苏联还处在国内与国外战争的非常时期，处于战时共产主义阶段，紧接着是残酷的长期反法西斯战争，社会主义经济与政治制度尚在探索中，政权的生存、发展与巩固是头等大事，无论是认识上，还是实践上，都不可能提出如今天我们的任务。

再如，1949 年中华人民共和国成立，国家百废待兴，面临抗美援朝战争以及社会主义改造和打破帝国主义封锁、解决人民生存和温饱等问题。中华人民共和国成立的前三十年，奠定了国民经济现代化和国防现代化的基础，到了“十年动乱”国民经济面临崩溃边缘之时，从逻辑上也不可能提出犹如今天的问题。

1978 年的改革开放，是在中国经历了长达 10 年的“文化大革命”之后重要的历史转折点。这场动乱严重破坏了国家的经济基础和社会秩序，使得中国与世界的差距进一步拉大。在这样一个历史背景下，中国领导人意识到必须进行深刻的变革，以恢复和发展国民经济，提升国家的综合实力。在此之前，中国实行的是计划经济体制，国家对经济活动进行全面的计划和管理，市场的作用被极大限制。然而，这种体制逐渐暴露出其僵化和低效率等问题，严重束缚了生产力的发展。1978 年，党的十一届三中全会的召开，标志着中国正式开启了改革开放的历史新时期。

在这一时期，中国开始充分利用国内和国外的资源和市场，大胆引进外资，开放沿海城市和经济特区，逐步放开了对商品价格和市场的控制，允许市场在资源配置中发挥基础性作用。这一系列措施，实际上是在学习和发展商品经济和市场经济，这在当时被视为压倒一切的任务，是推动国民经济现代化和国防现代化的必经之路。随着改革开放的深入，邓小平同志的南方谈话为中国的进一步发展提供了理论指导，打破了传统观念的束缚，明确了我国社会主义市场经济的改革方向。这一时期是中国从封闭走向开放，从计划经济向市场经济转型的关键阶段，为后来我国经济的快速发展奠定了坚实的基础。

进入 21 世纪，中国已经积累了相当雄厚的经济基础，特别是在工业和国防物质技术领域取得了显著成就。这一时期的底气和实力，让中国更有自信在全球范围内探讨和辨析不同经济制度、金融制度以及政治制度之间的共性与差异，为新时代中国特色社会主义现代化建设提供了丰富的历史经验和理论支撑。党的二十大以后，我们党开始清晰地提出新时代中国特色社会主义现代化的目标，深入探讨民族复兴之路，以及两种市场经济的区别与联系。这一系列理论与实践的探索，为我国的发展指明了方向。

归根结底，哲学社会科学的命运，包括经济学和金融学理论，取决于其是否能够满足时代的需求和人类经济发展的水平，以及人类理性发展的完善程度。当然，理论发展也有其内在逻辑。我认为，前文所提及的“五个首次提出”标志着在国际共产主义运动历史上，从多重划时代的里程碑视角来看，这是一次具有划时代里程碑意义的创新。党的二十大不仅总结了党和国家过去一段时期取得的伟大成就和宝贵经验，而且为未来的发展绘制了宏伟蓝图，指明了前进的道路。对于哲学社会科学研究来说，党的二十大无疑为其开辟了新的广阔天地，带来了前所未有的机遇。

本书的内容是一部经近半个世纪长期思考累积而成的，全书涵盖了过去几十年逐步强化的新资源暨金融资源学派视角，以此为逻辑思维之轴展开论述，并以此为纲，纵横交错比较，纲举而后目张，顺理而后成章成书。全书彰显了浓浓的家国情怀与使命担当，带有鲜明的中国特色、中国风格、中国气派的哲学社会科学，是新时代、新征程、新探索、新使命汪洋大海浪潮中的一叶小舟，一缕晨光，一孔之见。我及研究团队愿与国人、与读者共同沐浴国家繁荣昌盛百业兴旺之春风雨露阳光，共享改革开放伟大成果以及金融强国建设伟业理论之华章。愿与诸君共鉴共享。

二、新时代中国特色社会主义金融与金融强国建设的多视角分析

在所谓“中国特色”与“中国式现代化”中的“中国式”，整体而言，二者经慎重考虑，大体上是等同和等价的。当然二者的差异与侧

重点也并非重要障碍。“中国特色”强调的是矛盾的特殊性，是根本的特点特征；中国式现代化的“中国式”是一种发展模式、类型或道路。中国是一个古老的、东方的、大一统的、后发的、赶超的、正在发展中的、社会主义的、文化文明5000多年从未间断并持续发展的、人口众多的、能动员举国之力办大事的大国。矛盾具有普遍性，也有特殊性，解决中国的问题，就要注意中国特色，走出中国式道路。习近平总书记指出：“我们推进马克思主义中国化时代化的根本途径是‘两个结合’。”所谓“两个结合”，就是把马克思主义基本原理同中国具体实际相结合、同中华优秀传统文化相结合。

其一，说到中国的财政与金融发展史，其“国有国营”为主，而非西欧的“民有民营”为主的问题，颇值得人们思考和借鉴。西周、东周时代的“泉府”，是当时周天子统治中国的一大利器，一大中央机关。泉府，其意“泉”与“钱”谐音，乃至于“泉”，有源泉，水流不止，财源广进之意。此中央机构，在当时周王行分封而治之下，中央机构极为有限，财力不足是一大原因。尽管如此，泉府之设，是一大治策，不可忽视。这是周天子，也是我国古代中央政府建立的第一个主管财税和货币信贷的专门机构，最多时员工达80多人，内设不同部门专司专业。周代大行周礼，文治天下，鼓励民间大行周礼。百姓长辈丧葬，清明祭祀，民可申请无抵押无息信贷，当时的“泉府”已经开始根据不同行业“资本有机构成”、获利前景、社会需求的不同，将民间向泉府借贷的利率分为多个档次。马克思在《资本论》中也曾大加赞赏，也曾自愧当时欧洲之不如。这是中国历史上建立的第一个货币信贷中央机构，是现代中央银行的雏形。

其二，是唐代的白居易曾上书皇帝，“谷帛者生于农也，器用者化于工也，财物者通于商也，钱刀者操于君也。君操其一，以节其三，三者和钧，非钱不可也”。这是一名一千多年前的官吏，与皇帝建议建立国家统一货币以治理调节经济的天才事例，说起货币政策来，西方货币理论比起白居易来要晚一千多年。

其三，是唐玄宗时期，宰相与商人勾结，发生颠覆性事件的概率较大。李林甫家族主持、主导、主办金融业，名义上是私人所办，实际上是最高行政官员统筹统治，利益独享，以获利为最高目的，行通货膨胀之风，搜刮民财国利，祸国殃民，导致安史之乱。扰乱经济，掏空国库，公器私授，应是一大原因。值得认真研究，引以为鉴。核心问题是国家经济大事，不可一味以私有为荣，以国有为耻。

其四，与大一统的政治统治相契合，中国近现代金融一直以国家统领为主。清代末期大清银行的建立以及由恭亲王主控这一事例，可窥见一斑。在外国银行于全国许多地方林立以及山西票号、钱庄遍布全国各地的条件下，形式上看是票号、钱庄在先，大清银行在后，但清朝中央当局权力中心还是紧抓金融不放，而且遍布各地的山西票号也被清政府牢牢控制，为清政府上交买官卖官钱款，资金汇兑，清算结算，为各地方官或中央发放信贷，尤其是在外敌入侵时，更是仗打到哪里，票号分支机构就应声建到哪里。最典型的案例就是左宗棠在新疆抗俄时，山西票号表面上是非官方的金融机构，实际上却承担了资金汇兑、交付、结算等国家银行的功能。

与此同时，在欧洲还处在教廷控制各国政权的阶段，欧洲以民族为主要力量的国家，其历史并不久远。各种形式的自治性国家，小王国林立，再加上城市、城邦独立自治的形式，也不需要中央强力控制的国家大银行，故而在欧美金融史中，在相当长的时期内都是遍布各地各自独立自治的小银行，私人银行为主导主体。以美国为例，一直到 19 世纪中叶，城镇仅需一两万美元的资本金就可以开设一家小银行。那时欧美金融业的最低门槛，比中国的山西票号要低，甚而低很多。相比之下，中国的山西票号要更为审慎稳健。以山西票号为代表的中华金融业，突出“以义取利”和“以义制利”的经营理念，鄙视唯利是图和为富不仁，与中华文化中“人无信不立，业无信不兴”的思想相一致。中华金融业注重社会责任的履行，强调企业在追求经济利益的同时，应关注对客户、对社会的人文关怀。中华金融在风险管理方面，非常注重稳健审慎的原则；相反，西方金融则更加注重利益的最大化，往往追求高风险、高收益，忽视对道义和信誉的关注，将社会责任视为政府、社会团体、慈善组织的职责，而非金融机构的责任。

可见，无论是在微观层面的金融机构经营，还是在宏观层面的国家治理，东西方金融体系之间的差异自古以来就存在。这种差异在金融危机和市场波动时期表现得尤为突出。在党的二十大报告中，我国首次明确提出了一个创新性的重大课题，即探讨资本主义市场经济金融与社会主义市场经济金融的共性与差异。从资本主义和社会主义这两种不同制度与性质的限定性视角来分析，我们可以发现，“资本主义与社会主义”背景下的金融体系，既有相同之处，也存在显著的不同。这种共性与差异的探讨，对于我们深入理解金融发展的规律，以及更好地把握和完善我国社会主义市场经济体制下的金融体系，具有重要的理论和实践意义。在全球化的大背景下，如何处理好这两种金融体系的关系，促进金融领域的健康稳定发展，是摆在我们面前的一项重要任务。

我从 20 世纪 80 年代就开始关注研究社会主义经济与资本主义经济的相互对立、相互渗透、相互借鉴并一定程度地彼此交流与合作。但在研究中一直对垄断资本主义背景下的美国霸权及美元霸权保持警惕警觉。系统专业的金融研究也从比较东西方经济金融体制的异同开始，于是有了第一部获得 1992 年第二届全国高校优秀教材国家一等奖的学术专著《比较银行学》。这部专著全面系统地研究了美国、韩国、埃及、南非、菲律宾以及东南亚及原南斯拉夫等各国的银行体系、金融体制，在此基础上抽象出发展战略、组织形式、框架结构、构造方式、业务分工、监督管理、运行机制、运转环境和总体效应等构成金融体制的九大要素，并确立了《比较银行学》及后来的《各国金融体制比较》这一学科的研究对象。有比较才能看出差异，才知己知彼，才能结合本国国情，提出中国特色的金融体制改革方向。在书中提出了中国改革开放的总原则，即“中国要现代化，但现代化必须民族化、中国化，而不能西方化、美国化”。现代化对一切国家来说，都有一个本国化或民族化的问题。中国是一个发展中的社会主义大国，中国有自己的国情，有自己的优势与劣势。不能简单照抄照搬西方发达资本主义国家商品经济和货币信用制度中的制度和做法，必须使中国金融体制适应社会主义中国的特殊社会、经济和金融环境。

另外，在金融体制比较过程中，我发现了政策性金融的客观存在，并将这一发现提高到中国金融改革的八大战略选择之一的高度。明确地提出，尽管最初阶段社会主义国家的商品经济和货币信用制度不如西方资本主义国家的发达，但由于各级政府组织管理经济生活的能力和经济的计划性比西方要高，所以从逻辑上来说，社会主义比资本主义更加需要金融，更需要把金融提到国家基本战略的高度，加以认识和发展。并通过金融广泛深刻的渗透能力，通过其连接宏观与微观、直接管理与间接管理、生产、分配、交换、消费、总供给与总需求的枢纽作用，使金融成为间接控制管理国民经济和社会生活最主要的工具和手段。这些理论，以 20 世纪 80 年代我的比较金融制度研究为起点，持续 40 多年，认识不断深化，创新观点不断提出，有的研究对国家监察体制改革产生了重大影响，也有的研究结论发表后波澜不惊，但其科学性不断被后来的实践所证明。

党的二十大胜利召开后，紧接着举行的中央金融工作会议上，明确提出并强调了我国金融事业的政治性和人民性，为金融工作的发展定位指出了明确的方向。这一重要决策标志着我国金融事业发展进入了一个新的历史阶段，更加凸显了金融工作服务于党和国家大局、服务于人民根本利益的重要使命。研读了文件后，我欢欣鼓舞。遵循习近平总书记关于金融政治性、人民性定位定性的主要论述，在前期研究和定义的基础上，我提出了一个全新的“中国特色社会主义金融”的概念或定义：

"中国特色社会主义金融，是引领、规范与实现金融可持续发展的，突出强调金融的哲学人文关怀与关爱，突出强调金融为促进人类经济与社会发展而生，突出强调金融应最大限度地为自然人、法人竭诚服务的一种共享性的金融形态或金融发展方式。"这一定义的中心词，"是一种金融形态或一种金融发展方式"，隐含着还有另一种金融形态或金融发展方式，即资本主义金融形态或金融发展方式，双方相互借鉴，并立并行。二者在金融的基础设施、金融的上层建筑、金融服务、金融商品、运营管理、风险防范等方面有基础性的相近之处。但另一方面，双方的差异也是鲜明的和本质性的。

关于资本主义金融和社会主义金融，这个定义凸显了三点重大的本质性不同或差异。即：①美西方资本主义的一劳永逸地去掉金融的价值观判断，否认金融的哲学人文关怀、关爱和社会科学属性，特别强调了它的数学的、工程的、技术的自然科学属性，全然不顾金融文化、人性、人伦道德规范。这是一个重大的本质性不同。②社会主义金融强调为何要建立建设金融，金融只是一种促进人类经济与社会发展而建而生而行，是为人类谋福祉、谋利益而存而生；而在资本主义经济金融形态下，金融被垄断资本独占独享，手段变成了目的，成为唯利是图的剥削掠夺的性质。③第三个突出强调金融为谁而行，为谁服务，这是又一个本质的不同。最大限度地为一切自然人、法人竭诚服务，相当多的企业与自然人被排除在这一体系之外，被边缘化，完全背离了商品生产与交换，货币、信用从而使金融存在发展的，社会的、大众的广泛受益的共享性本质特征。我认为将金融数学化、工程化、技术化、自然科学化，是一种掩人耳目的"大套路""大骗局"。绝大多数的非专业人士根本看不明、听不懂那复杂的道理套路，这最大限度地迎合了实现资本将金融技术套路化，全球资本将金融虚拟再虚拟，包装再包装，诈骗敛财，一本万利的目的，将金融妖魔化、核武器化的图谋。这一点在2007年次贷危机中，美国议会掌管控制的住房信贷机构"房利美""房地美"

包装再包装的债券，99% 的信用评级是 AAA，只有 1% 是垃圾级，弥天大谎，天方夜谭。危机一过一切都照旧，如此循环往复，以至无限无穷。

定义中“引领规范、实现金融可持续发展”的表述有几层含义，这一目标责任首先是中央最高金融当局、中央银行和金融监管当局的责任；然后才是国有金融机构在中国金融体系中发挥更为鲜明的引领、规范并最终实现可持续发展的责任。最高金融当局，包括中央金融和省市金融工委，中央银行、监管当局以及证监会，都应依法依规履行各自应有责任，并有“追责制”。

关于金融强国的理论研究，我们始于 2000 年，我正式在党校做国际经济金融的学术报告。在报告中正式提出金融强国战略与建设问题，并正式在党校学刊上公开发表了文章，我的研究团队和我的博士研究生毕业后的研究员杨涤、刘刚也先后从不同角度发表了金融强国建设的多篇文章。我在 2000—2006 年期间，在《国际金融研究》上陆续发表了《百年金融监管的回顾与展望》《以全球视野从战略高度重新认识当代金融的极端重要性》《百年全球银行业并购研究》和《百年金融的历史变迁等相关理论铺垫与阐释》文章。俄乌战争前后，又率先提出了国防金融的概念，引起了国防部门的重视及相互间的交流讨论。2022—2023 年，又通过有关渠道向中央有关部门先后呈报了《国家金融》《战略金融》《强国金融》和《反美西方货币金融战争金融》等多篇报告。中央金融工作会议前后，又立即启动了“金融强国建设”这一主题研究工作。

需要指出的是，中华民族伟大复兴和中国式现代化建设及金融强国的推进，必然要面临美国的阻挠、打压与封锁，要面临美元霸权的竞争甚至战争。众所周知，美元霸权始于第二次世界大战前后。第二次世界大战伊始，美国坐山观虎斗，做生意狠捞，正反通吃，最终被日本偷袭，被迫加入战争。第二次世界大战结束，结局是“三败一片伤，美国相对强”，是“山中无老虎，猴子称大王”；德国、意大利、日本三个法西斯国家战败；同盟国虽胜但被严重损伤，英国几乎耗尽了全部外汇与黄金储备，只剩 15 吨黄金，还以《租借法案》的形式赊购租借了价值 45 亿美元的武器和军需物资，导致英镑一败涂地，英殖民帝国开始瓦解，大英帝国从金融强国的宝座上跌落。美国依靠强大的经济、政治、军事实力，建立了布雷顿森林体系，确立了美元霸权地位。

面对美国及美元在全球范围内的竞争和打压，中国应该如何应对？我们认为，首先要摒弃不切实际的幻想，做好充分的斗争准备，专注于自身的发展，确保自身处于不败之地，然后再寻求胜利。正如 2025 年 2 月 14 日，中共中央政治局委员、外交部部长王毅在第 61 届慕尼黑安全会议上谈及中美关系时所引用的那两句诗句：“他强任他强，清风拂山岗；他横任他横，明月照大江。”这两句诗意味深长，表达了中国在面对外部压力时的坚定立场和从容态度。王毅外长的话语传递了一个明确的信息：无论美国如何展示其强势，中国都将保持冷静和自信，像清风拂过山岗一样，不被其动摇；无论美国采取何种蛮横无理的态度，中国都将如同明月照耀大江，保持自身的光辉和前进的方向。

在这一战略思想的指导下，中国将继续推进国内改革，加强自主创新，优化经济结构，提升国民经济的抗风险能力。同时，中国将坚定不移地走和平发展道路，积极参与全球治理，推动构建人类命运共同体。在国际舞台上，中国将坚持独立自主的外交政策，维护国家主权和尊严，同时寻求与其他国家的合作与共赢，共同应对挑战。在这个过程中，中国不会主动挑起冲突，但也不会回避必要的斗争。中国将坚持以对话解决争端，以合作应对挑战，但同时也不畏惧任何形式的竞争和压力。通过这样的方式，中国将在复杂多变的国际环境中保持自身的稳定发展，最终实现国家的长远发展目标和中华民族伟大复兴。

我们要着重强调美国金融霸权，这是抓住了美国金融的本质，就在于一个“空”字、一个“虚”字、一个“夺”字，产业制造业一定程度的空壳化、虚化、弱化，以此为基础；又把金融牌、套路、欺诈以及数字化、工程化、技术化玩到极致，在这方面确实是美国第一。制造业一定程度的空壳化、弱化、虚化，这就是心脏坏了，危险了；在技术上、套路上又玩得炉火纯青，这相当于以超速奔跑，所谓以小博大，跳得越高，金融就越是空，就越是虚，就越是濒临死亡，就越是外强中干、自作自受、垂死挣扎，这就是一个怪圈，是一个恶性循环。相比之下，中国的金融有 5000 多年的历史，堪称古老而又年轻，它的文化文明极端强调诚信，这是它 5000 多年的传统。中国是制造业分类当中全囊括的唯一国家，美国才只有中国的一半。中国在产业实业方面，是真真确确的实，产业链条最全、最实，中国在金融“技”上，确实技不如美，但中国的基础扎实牢靠。因此，在这场世纪竞争中，中国的前景是乐观的，可期待的，中华民族伟大复兴必将在 21 世纪实现。

三、金融强国建设中的中国式学术源流

说起金融，它并非我学习研究的第一个学科，我本科学的是国际政治（国际关系）。20 世纪 70 年代后期，十年“文革”动乱结束，百废待兴。1978 年，中央决定充分利用国内、国外两种资源、两个市场，实行改革开放，从此中国进入了一个发展建设的新纪元。1978 年恢复高考，恢复招收研究生。我心中激荡，跃跃欲试，行动却犹豫不决，原因是录取分太高，报了也难以被录取。国家研究生招生报名期限已过，应者不足，于是又延长半个月的报名时间，我就是在延期报名的最后一天才在辽宁省实验中学同学与好友的鼓励下，鼓起勇气仓促报了名。我的同学兼好友毕小辉在报名期间 7 次上门，苦口婆心、不依不饶地说服动员，其心可忠，其行可贵。碍于情面、利国利民也利于自身发展，终于被感动，毅然报了名。报哪里？为难了，心里想回母校中国人民大

学，或者是报考中国社科院。权衡之下却只能就近就地，报考了辽宁大学世界经济。

在读研的过程中，又有一次新的选择。发展商品经济，金融不可或缺，中间又将研究方向转向金融，尤其是国际金融。这一决定影响了我的大半生。简而言之，研究生期间的又一次选择，由国际政治、世界经济转向国际金融。这又进一步决定了从事经济金融的“大局观与整体论”的研究范式与研究方法。读研究生期间，一边工作，一边教学，一边撰写教材，一边如饥似渴地读书，阅读了大量经济金融书籍，日夜不停地思考，几年后终于“入门成才”。如此整个20世纪80年代，发表了几篇文章，写成了《比较银行学》(后续修订出版时改名《比较金融学》)专著，出版于1989年。十年磨一剑，十年成就一本书。这本书荣获第二届全国高校优秀教材国家一等奖，它奠定了我此后一生的学术经纬、科研方向、学术特色与范式。以后大体如此，我与“十”及“三”有缘，十年一本专著，三年一篇创新性重要文章。

比较金融学的学习、研究与创立，经历了整个20世纪80年代的十年，特殊的历史年代造成的复杂的历史变迁，我研究生毕业时已经42岁了。说得好听一点谓之“大器晚成”，说得直白一点，已经不是充满活力、跃跃欲试的青春年华了，已步入中年了，已是娶妻生子，上有老下有小，打拼事业的峥嵘岁月已渐行渐远。长期的超负荷运行成为一生中的常态，这也会产生一系列的不利后果与影响。此是后话。

在研究与撰写比较金融学的20世纪80年代的10年中，博览群书，废寝忘食的这一漫长过程中，竟积累了几箱资料卡片。逐渐发现无论是发达国家还是发展中国家，都普遍存在商业性金融对称、平行、并列的另一个金融群体，各国文献资料只是罗列直书其名××银行，不对其进行分类，也无定性与定位。大家都熟视无睹、平铺直叙，直呼其名而已。

随着研究的深入，钻进去，我逐渐认识到它们在运行机制、最高宗旨、运行对象、最终目标、资本归属、立法原则、监督管理等方面，都与商业性金融不同，是金融家族中的另一个族类，已存在并运行了100多年。如何命名呢，开天辟地第一次，为难了。思前想后，分析它的许多要素、特色，最后决定将其定名为“政策性金融”，因为它与国家、政府、财政、产业政策关系密切，姑且如此吧。在研究撰写《比较金融学》一书的漫漫10年中，在书稿中专用一节的篇幅，正式确认了我的发现与命名。从此，在各国经济金融类书籍或大型辞书中出现了“政策性金融”的全新概念。同时，在《比较金融学》中的最后一章，成为中国金融体制改革中八大战略中的一项。显然，这确立了政策性金融的客观存在与独立地位，并将其提升到国家战略的高度。时至今日，随着理论研究的深入及视野的扩展，我更倾向于称其为“公共性金融”或“公共政策性金融”。

简而言之，20世纪80年代主攻比较金融学的研究和专著的撰稿与出版，同时80年代10年兼攻政策性金融的研究、资料文献收集、基础理论准备、专著的框架结构构思，启动20世纪90年代初立项的前期成果积累。典型性成果就是于1987年启动了政策性金融的第一篇文章《我国银行企业化改革的关键一步——商业性金融与政策性金融业务的分离和机构的分立》。这篇文章写好之后，刻意不发表，因为金融工商企业的企业化改革相对缓慢，还未到正式提出国有金融的企业化改革“分离分立”的适度时机，也许还要再等几年。

1989年第四季度开始着手准备，1990年申报国家“八五”社科规划立项的前期准备工作，等到1990年国家启动申报便立刻申报国家社科基金资助项目。由于准备充分，材料充实，思路清晰，于1990年上半年获得批准正式立项，一举成功。1990年初，我预测两三年后，“分离分立”的改革将会正式提出。于是，项目的研究加速进行，事实上到1993年7月就做完了。接下来是加速完成书稿，准备出版，此外，就是由专家组评审鉴定。1993年上半年，得到两项确切信息：一项是当年四季度将召开的党的十四届三中全会，专门讨论建立市场经济体制问题；另一项是当年7月，国家教委将在辽宁大学召开国家“八五”社科规划项目中期汇报会。我主持的政策性金融项目作重点发言，会后被提升为重点项目。我的汇报项目材料经修改补充，转交国家教委社科司同志带回，请其上呈中央有关领导。而后是项目最终成果《各国政策性金融机构比较》于当年9月由中国金融出版社出版发行，最大限度地呼应了当年11月召开的中央全会的决定。1994年1月，三家政策性金融机构正式宣告成立。从此进入了她的第一个十年初创期。

这期间的一个重大事件就是《中华金融辞库》大型辞书的编纂，历时两三年，为庆祝中国人民银行建行50周年而作。完成时在1998年，是一项贺礼。突出重要的是辞库破天荒在国内外大型辞书史上第一次为政策性金融单独“开门立户”，设政策性金融分卷，被官方辞书正式承认，也从此确立了她在学界独立的学术地位与影响。我被秘书处指定为首席主编，于1997年下半年正式上呈的辞书，书稿被一次性顺利通过。此分卷第一次确立，无所遵循，难度也最大，但产生了良好的社会影响，也第一次展示了辽宁大学金融学科的实力和发言权。她在我校金融学科建设发展近半个世纪的历程中，不失为一座标志性工程，一座丰碑，并历世代传承与创新。参加此项研究工作的团队成员包括李小牧博士、张荔博士、李云志、杨涤、马宁、赖溟溟、朱沁宇等人。如今25年过去了，思来往事历历在目，想去思绪激荡如潮，为他们的辛劳付出与贡献、为他们浓墨重彩的一笔而深感欣慰与骄傲。

以上简单叙述了我个人学术研究如何起步，在当年，没有电脑、没有互联网的时代，查资料、写文章、出版专著是非常艰难之事，比较现在信息数据时代，条件艰苦非现在年轻人可以想象。但是，岂止个人研究如此呢？在国家层面，刚刚启动改革开放，一切不都是接近白手起家，摸着石头过河吗？地上本无路，肯去走，走多了就形成了路。伴随国家的发展进程，我的科研教学工作和辽宁大学金融学科建设与发展紧密捆绑在一起，世上无难事，只要肯登攀。我开拓了以下几个独特的研究领域：

其一，我在教学中创立了中国金融学的一个重要分支——比较金融学。从广义上说，比较金融学的出现是我国金融改革开放大势的一种必然，但为什么偏偏是我较早地感知到了这种时代需要并最早着手搭建起这个学科体系呢？这与我所站的教学岗位和我的从教精神大有关系。辽宁大学是最早开设比较银行学课程的学校，“教材荒”是首先遇到的难题。这一难题若落到一个不太认真的教师手里，他只要选编若干国家在银行建制、经营方针、法律法规等方面的资料，分目条例，就足以应付这门课的教学了。可是我的执着精神使我放弃了平易之路，而朝着建立一个具有独立性的新学科的方向努力，努力的结果就是写出并出版了那本著名的《比较银行学》。这是我国第一部也是至今仍然较具权威性的一部关于比较金融学的著作，并获1992年国家优秀教材一等奖。仅只因为当时的语言习惯，作者才使用了“比较银行学”一词，后续再出版就修订为《比较金融学》。

其二，也是在教学中我创立了金融学的另一个重要分支——政策性金融学。对政策性金融的定性以及政策性金融在现代市场经济中的存废问题，是国际性的难题。有一种天真的观点认为，既然要搞完全的市场经济，政策性金融就是应该被消灭的，至少要逐步地被消灭，那么学者对它的专门研究显然是不必要的。可是我和几个青年教师却率先开设了政策性金融这门课。这种似乎是“反潮流而动”的理由是什么呢？我是从观察而生疑的。比如美国素来是以发达的成熟的市场经济国家自居的，我国有些学者也常常这样地赞扬美国，但美国的政策性金融，无论就其机构数量还是就其实力来看，皆不比其他国家弱。原来美国政府也有它特意要扶持的产业与行业。一国政策性金融的存废、规模大小，并不直接与一国的市场经济自由化程度有关系，而是直接与一国的弱质产业和国家产业战略有决定性关系。在全球化时代，任何国家与他国相比，总会在某些产业或经济的某些方面显现出弱质的特征。我与几位比较年轻的同行们率先撰写和出版了关于政策性金融的学术专著，用于教学，并且这些学术著作不胫而走，在我国几个大的政策性金融机构中被用于学习、研究，书中一些政策性建议也被落实到实际工作中。经过如此的现实观察和思辨努力，政策性金融学卓然成为一门独立的金融学分支学科，近几年在这个分支学科上也开始招收博士研究生。

其三，在教学中问世的发展金融学，是我对我国金融学学术境界的一个整体性的实质性提升。发展金融学不是金融学总称下的又一个分支，而是以发展为主旋律对金融学的整体性学术境界的一个实质性提升。它的意义便与前面的比较金融学、政策性金融学有所不同，这一点，我们希望读者和研究者特别留意。为什么我们要提出整体性的实质性提升这个判断呢？第一，发展金融学用人文精神覆盖了金融学几乎所有的重大议题。近20年来，世界金融学界有一个倾向，就是技术主义化，把金融学变成自然科学的一个分支，试图提供具有普适性的“一箱工具”。受此影响，国内金融学界也有人提出如下观点：如果不经工程化，金融学就不是一门科学，在金融工程学出现之前没有金融学。在这种氛围下，我却提出金融学是人学，本质上归属于社会科学，所以全面覆盖这个学科的只能是人文精神，而学科成立的根本性标志并不是其对数学的应用程度，或把这个学科工程化的程度。正是基于这种理解，我提出了著名的告诫：“要善用数学，不要滥用数学。”事实上，这个告诫已远远超出金融学的范畴，而有益于整个社会科学和人文科学的发展。第二，发展金融学为金融学大厦提供了一块理论基石，这就是我创立的以金融资源学说为基础的金融可持续发展理论。西方学者基本上把金融学窄化为一种交易理论，即研究在一种制度框架下参加金融产品交易的主体如何实现个体利益的最大化。但此处就出现了一个疑问：金融产品的创造是不是可以无限衍生呢？是不是可以由人的意愿任意而为的？根据金融资源理论，金融这种资源，也和自然资源一样，是稀缺的，是不能滥用的，因而一个国家必然对本国的金融资源提出可持续发展的诉求，全世界各国也必然对全球金融资源提出可持续发展的诉求。在这个基础之上，金融学整体地摆脱了西方盛行的交易理论的桎梏。第三，发展金融学的一个基本特征是中国特色，正是因为强调中国特色，所以我把西方金融学所谓“提供一种工具”的普适性追求降为次要目标，而立足于维护中国的国家利益和国民福利，着眼于提供一套短、中、长期配合的中国金融强国战略。我一贯认为，一切经济学归根结底是政治经济学或国家经济学，所谓价值中立原则在经济学中是从来没有存在过的。中国学者研究金融，如果失去中国思维的主体性追求，那么就极易形成一套献媚于西方的理论；如果这些理论变成决策者的思维，那就更可怕了，会出现损害中国金融安全和国家利益、国民福祉的决策。正是基于这种见识，我一贯旗帜鲜明地对全球金融完全自由化理论持警惕和批判的态度，我的“汇率既是国别之间货币的相对价格，更是主权国家政治性战略工具”的论断，我的“是我利用外资还是外资利用我”的质疑，都反映出我反对全球金融完全自由化的一贯立场。

其四，2000 年左右，我在研究中提出了金融资源概念及社会资源的新资源观，并委托杨涤博士进行深入系统的研究，我们深入交流多次，在指导他完成《金融资源配置论》博士论文的同时，也在探讨金融资源这种特殊战略性社会资源与西方传统三要素理论之间究竟是什么关系？是不是应该突破传统要素理论的束缚，面向新资源要素不断涌现的21 世纪，提出一个更为一般的“资源理论”？最终 2001 年左右，杨涤博士拿出了标题为《一般资源理论研究》10 万字的初稿。之后，他去上海工作发展，又把新资源理论作为在上海社会科学院博士后的论文加以重点研究，其间我们电话交流已记不清多少次了。最终，我与杨涤博士共同于 2006 年公开出版了《21 世纪新资源理论 ——关于国民财富源泉的最新研究》专著，并于 2018 年又出版了大众版。这部专著在马克思主义生产力和生产关系，经济基础和上层建筑辩证原理指导下，拓展了传统的西方三要素理论，提出了新资源观以及一系列新资源要素，更新了经济学观念，这是中国学者对西方经济学进行的拓展与创新。在2019年的党的十九届四中全会，数据被首次提出作为生产要素，写进了党的报告之中。新资源理论为这个论断提供了理论依据，未来可能还会有新的要素被认定为新资源，这是新资源理论提出之时就有的预言。新资源学派的两部核心理论专著是《金融可持续发展研究导论》《21世纪新资源理论——关于国民财富源泉的最新研究》，它们互为姊妹篇，共同构成了新资源暨金融资源学派的核心理论内核，是本学派研究具体领域如比较金融体制、政策性金融、金融虚拟性等等的理论升华与结晶，是东方中国的本土理论，是可以与西方经济金融理论对话的中国学派声音。

以上四例，是我金融理论创新的荦荦大端，但远不是全部。举凡农村金融、合作金融、法治金融、金融文化、金融虚拟性、国防金融、百年金融历史变迁等金融学分支领域，我都有独到的见解。在此就不多作展示了。

综合而言，经过40多年辛勤耕耘，以我为主要学术带头人的辽宁大学在金融学科建设、学术传承与创新、科学研究、专业首创、学术创新、人才培养、社会贡献以及建言献策等领域，都形成了鲜明而稳定的中国特色、中国风格和中国气派、流派、学派，可以姑且称为非西方的东方哲学社会科学领域的一个已形成并仍在生机勃勃发展的、在坚持马克思主义基本原理指导下，以新资源观为统领，践行“两个结合”，即坚持马克思主义基本原理同中国具体实际相结合，同中华优秀传统文化相结合的，似乎可以称之为“中国学派流派”。这一点与推进中国式现代化及建设中国特色的金融强国建设紧密联系，天然契合，这是利国利民的一大好事！

一个学派的形成，绝非随随便便、轻轻松松之事，它需要的是深厚的学术积淀、独特的理论创新以及持久的实践验证。在当今这个西方经济金融理论占据主导地位的中国，提出中国式理论，并形成具有中国特色的学派，无疑是一项艰巨而复杂的任务。这不仅仅是因为西方经济金融理论已经经过了长时间的发展和完善，形成了较为完整和系统的理论体系，更因为在中国这样的发展中国家，经济金融实践具有其独特性和复杂性，需要与本土的实际情况相结合，才能形成真正有生命力的理论。

尽管国内理论研究仍有各种形式或明或暗的“崇洋媚外”，然而，正是因为这样的挑战和困难，才愈发凸显出提出中国式理论、形成中国学派的重要性和紧迫性。我们需要有一批勇于探索、敢于创新的中青年学者，他们不仅要深入研究和理解西方经济金融理论，更要紧密结合中国的实际，从中提炼出具有中国特色的经济金融规律，形成具有独创性的理论体系。同时，我们还需要有一个开放、包容的学术环境，鼓励不同学术观点的交流和碰撞，为中式理论的形成和发展提供肥沃的土壤。只有这样，我们才能在西方经济金融理论大行其道的背景下，逐步提出并完善中国式理论，形成具有影响力的中国学派，为中国的经济金融发展提供有力的理论支撑。

习近平总书记指出：“哲学社会科学的特色、风格、气派，是这个国家发展到一定阶段的产物，是成熟的标志，是实力的象征，也是自信的体现。”当前，构建中国哲学社会科学自主知识体系迎来了最好的时期，中国的经济社会发展实践，为哲学社会科学工作者提供了极好的研究素材，加之党中央也鼓励用“两个结合”进行理论创新，中国学者因而积淀了更加充足的自信和底气。

改革开放以来，我的研究一直走在我国金融改革的前列，尝试解决我国金融理论中的许多困境性，甚至是禁区性的问题，提出一系列以自主思想体系为支撑的具有现实针对性和前瞻性的政策建议，推进了我国金融改革和金融业发展的进程。半个世纪以来，从一以贯之的角度讲，也无不展现了浓浓的哲学社会科学的中国风格。这一点必须从几十年、几代人前赴后继的学术 DNA，血缘血脉的一贯性、稳定性来观察；从中长期整体观察判断，才能显示出来，而不是短平快地追求三年、五年成功。既要有杰出贡献的某一人，更要有几十年、几代的一群人，一个不断更新、不断传承、又不断创新的群体代际学术梯队形成的一脉相承的那些元素、因子，各个不同而又一以贯之的渊源、缘派、源流的稳定性 DNA 关系。

中国的学者、中国的经济学家和金融学家们，必须放眼世界、脚踏实地地研究我国自身的问题，满足我国发展的需要，切实解决我国所面临的问题，这才是正确的治学之道、治国之道。继承发扬东方文明长于理性、理念、理论及战略思维和重人理、人学与定性研究的优势，借鉴、吸收西方经济学、金融学重实务、实践、实证及定量研究之长，在服务于中国和平崛起和经济与社会发展，以及建设和谐世界的过程中，实现既符合人类经济与社会发展一般经济规律，又深深植根于中国特殊环境与背景之中的有中国特色的经济学、金融学的发展与再造。这就是新形势下中国经济学、金融学理论与教育工作者神圣的历史任务。

四、本书研究基础、逻辑框架、创新点导读

这部关于金融强国的专著是我及我的弟子科研团队奉献给当今时代的又一个科研成果。这本著作梳理了金融强国的历史脉络，在遵循中央金融工作会议精神的基础之上，围绕中国金融强国建设还提出了诸多理论创新观点。需要指出的是，本书之所以能很快成书，是以 40 多年研究成果的积累和结晶，相当部分的内容是国家立项项目，以下列举三例。

例一，本书中提及并应用的基础理论——金融资源理论及 21 世纪

新资源理论，是以 2000 年国家软科学项目“知识创新体系中的资源理论创新——金融资源理论与实践研究”为题目，立项后形成的系列性文章及两部代表性专著《金融可持续发展研究导论》《21 世纪新资源理论——关于国民财富源泉的最新研究》，这两部基础理论研究专著是标志性成果。2003 年 8 月，经由我国著名金融学家张亦春教授为首的项目成果评审鉴定小组评审鉴定（成员包括孔祥毅教授、秦池江教授、景学成教授和郑振龙教授）最终形成如下结论性评审意见：“1999 年国家软科学项目（编号：Z0005）‘知识创新体系中的金融资源理论创新——金融资源理论与实践’的最终研究成果《金融可持续发展研究导论》是我国改革开放以来在金融基础理论与实践（金融可持续发展战略）研究领域取得的一项突出的具有原创性特征和中国自主知识产权特征的优秀学术成果。①该成果在经济全球化、经济金融化、金融全球化日益深化和知识经济初见端倪的形势下，在国内外首次提出并系统全面地揭示了金融的资源本质属性，提出‘金融是一种资源，是社会资源，是一种战略性稀缺资源’的理论学说，这一学说极富时代特征，并由此引起了传统金融基础理论的范式转换、理论创新和方法变革，也引发了传统资源观和传统金融观的根本性变革，构成了知识经济条件下中国国家知识创新体系的一部分。具有重大的金融基础理论原创性意义。②该成果以金融资源学说为基础，首次将可持续发展的思想理念创造性地扩展运用到金融领域，在此二者结合的基础上，提出了金融可持续发展理论与战略，引起国家决策领导机关、社会各界和经济金融理论界的广泛关注、热烈反响与深入研究讨论，也同中央提出的全面协调可持续的科学发展观的战略决策保持了高度的协调性与一致性，同时该成果也具有严肃的政策含义与重大的实践意义，对维护国家经济金融安全和战略决策具有重要指导意义。③该成果不仅是国内，也是世界金融科学研究的创新成果。以金融资源学说为基础的金融可持续发展理论与战略也受到美国、英国和德国等国际著名金融学家的肯定与支持。该成果通过揭示金融资源的‘一般资源与特殊资源二重属性’，以及‘功能性高层金融资源’这两条通道，保持了与西方经济金融学理论视角的平滑连接与过渡。”

例二，本书中关于政策性金融的内容，主要来源于《比较银行学》《各国政策性金融机构比较》及后续系列专著，最初是1990年国家“八五”社科规划国家社科基金资助项目。1989年出版《比较银行学》，1993年出版《各国政策性金融机构比较》。50余万字的《比较银行学》1992年获全国高校优秀教材国家一等奖，1994年获中国金融教育发展基金会“金晨”科研成果一等奖。《各国政策性金融机构比较》由国家教委主持的由全国著名专家学者（中国人民银行吴晓灵副行长、楼继伟司长、赵海宽所长、虞关涛研究员、陈家盛教授、孔祥毅教授等）组成的权威性评审委员会鉴定。结论意见认为：“《各国政策性金融机构比较》是我国国际金融研究领域取得的一项突出的学术成果，该成果对各国政策性金融机构问题进行了全面、系统、多角度、全方位的比较研究，在许多方面取得突破性和开创性进展，填补了政策性金融研究的空白，并达到国内外相当高的水平。该项目的立项是超前的，完成是及时的，并具有相当的难度。该项目成果为我国政策性金融机构体制的设计和建立提供了理论依据和可资借鉴的经验，对于深化我国金融体制改革具有重要的理论意义和实际指导价值，其社会效益是巨大的。”1996年开始的《中华金融辞库》大型辞书的编纂，历时近三年，1998年，中国人民银行建行50周年纪念，总行特编辑出版大型辞书《中华金融辞库》，洋洋500余万言，辞库破天荒在国内外大型辞书史上第一次为政策性金融单独“开门立户”，设政策性金融分卷，被官方辞书正式承认，也从此确立了政策性金融在学界独立的学术地位与影响。

例三，本书中关于金融核心论的深化认识来源于2004年杨涤博士为纪念邓小平同志诞辰100周年而提交上海社会科学界联合会的征文

《金融核心论的经济学含义》，论文获得一等奖并在纪念大会上宣读；文中关于关键核心金融要素及其关系包括金融资源构成、金融资源配置目标、主体、机制以及结构等研究内容，获得2024年国家社科基金重大项目立项，（编号24 & ZD093），并已经启动深入研究。本书也构成这项国家社会基金重大项目的标志性成果。关于金融资源配置的主要内容，已于2006年由中国金融出版社出版了杨涤博士的专著《金融资源配置论》一书。

以上举例证明了我们团队的研究都是以问题为导向的，有的放矢，也是紧密结合国家经济金融发展和改革开放方向，在不同阶段进行的系统专业研究，也是在国家支持下进行的规范研究，研究是一以贯之的。

本书逻辑框架及各章内容简介如下：

第一章深入探讨了为什么要建设金融强国。作者从中国强国目标的多样性出发，分析了从“全国金融工作会议”到“中央金融工作会议”的演变，以及中央金融委员会和中央金融工委的作用。提出建设金融强国的时代背景和背后深意，解读了金融强国建设的“八个坚持”和“七个标志”。这些内容包括强大的经济基础、货币、中央银行、金融机构、国际金融中心、金融监管和金融人才队伍。此外，作者还解读了中央文件中关于金融强国的“五篇大文章”即科技金融、绿色金融、普惠金融、养老金融和数字金融，这些领域将成为中国金融强国建设的重要抓手。

第二章通过对荷兰、英国、美国等历史上金融强国的比较，揭示了中国金融强国建设的机遇与挑战。荷兰通过海上贸易和殖民地扩张成为16—17世纪的金融强国，英国则通过第一次工业革命和殖民地贸易剥削崛起。美国则凭借两次世界大战和第二次工业革命，确立了全球金融强国的地位。作者指出，中国通过自力更生和改革开放，迎来了金融强国的历史机遇，但也面临着复杂的国际环境和内部挑战。

第三章系统梳理了西方金融理论的发展历程，明确了从“货币中性”到“金融非中性”的认识革命。通过对菲利普斯曲线、中央银行货币政策目标、政府干预金融危机等问题的分析，指出西方金融理论在应对金融危机和金融制裁方面的经验与教训。作者强调，金融不仅是经济工具，更是战争之外的辅助手段，具有重要战略意义。

第四章介绍了新资源暨金融资源学派的金融理论。新资源学派通过对金融资源配置的研究，统一了经济增长与经济发展理论，提出了“金融核心论”的观点。新资源学派认为，金融是现代经济资源配置的核心，具有稀缺性、脆弱性、配置性和战略性。通过对各国金融共性和中国金融特性的比较，强调了中国金融的政治性、人民性、共享性和主体性。共享性和主体性是创新性的观点，是对中央文件中的金融政治性和人民性的拓展与补充。

第五章提出了金融强国的标准特征，包括金融适度、金融适应、金融协调和金融可持续。金融适度是避免金融空转化、虚拟化和泡沫化的关键，金融适应则要求金融与经济、社会相互适应。金融协调强调金融体系内部的协调性和国际金融领域的协调性，金融可持续则要求反对乱砍滥伐金融资源，合作应对金融危机。此外，还提出了构建金融强国的指标体系，包括全球经济排名、货币国际储备比重、中央银行货币政策调控能力等。

第六章聚焦于金融资源配置问题，探讨了金融强国的资源配置目标、主体、机制和结构。作者指出，金融资源配置的目标是宏观追求金融稳定，微观追求经济效益。中国的选择是贯彻金融的政治性、人民性、共享性和主体性，经济效益与社会效益并重。金融资源配置的主体包括金融机构、政府平台、中央银行、企业和家庭。金融资源配置的机制应结合计划机制和市场机制，充分发挥政策性金融的作用。此外，还探讨了金融资源配置如何保障金融资源向实体经济倾斜，提出了打造现代金融机构和市场体系的建议。

第七章深入探讨了政策性金融在金融强国建设中的重要作用。公共政策性金融理论是金融强国理论的重要一翼，具有突出的中国制度优势。中国式现代化和中华民族伟大复兴需要公共政策性金融的支持。作者通过对全球范围内公共政策性金融机构复兴的分析，指出中国公共政策性金融在民生保障中可发挥巨大作用。

第八章聚焦于信用评级问题，指出金融强国必须掌握信用评级话语权。专著分析了信用评级的正负金融功能，揭示了信用评级垄断对美国霸权的支撑作用。强调强金融必须强评级，提出了构建中国特色信用评级制度的建议，并呼吁培育中国评级机构的国际话语权。

第九章探讨了金融发展战略和开放策略。提出了金融超前型、滞后型和适度型战略，指出中国的选择是稳中求进，适度超前。在金融开放战略方面，分析了激进式和渐进式金融开放战略，强调中国应鼓励自贸区大胆金融创新，稳步推进人民币国际化。

第十章提出了金融强国的竞争策略。分析了英国、美国、欧洲等国家或地区的特点，指出中国应采取“合纵连横”“合作竞争”“以柔克刚”等策略，敢于斗争、善于斗争，力促美国与中国共担大国责任。

第十一章探讨了金融强国的大国责任，包括国内发展责任、国际货币责任、全球和平责任、全球发展责任、金融监管责任和金融安全管理责任。指出金融强国不仅要实现国内经济的可持续发展，还要在全球范围内承担起维护金融稳定和促进全球发展的责任。

第十二章强调金融强国的最终目标是实现强国富民。社会主义本质要求强国还须富民，强调在金融强国建设中，努力实现强国富民“双均衡”。此外，提出了新时代须坚持的三个思维：“双循环”“双刃剑”“双均衡”，强调在金融强国建设中，必须注重民生问题，解决人民后顾之忧，改善社会中长期预期。

本书从绪论到第十二章，层层递进，逐步深入。绪论部分通过对东西方金融文化的比较，揭示了中国特色社会主义金融的独特性和创新性。第一章至第五章从金融强国的必要性、历史比较、西方金融理论、新资源学派理论到金融强国的标准特征，系统梳理了金融强国的理论基础和实践路径。第六章至第十二章则聚焦于金融资源配置、政策性金融、信用评级、金融发展战略、竞争策略和大国责任，提出了具体的政策建议和实践路径。

本书的创新点主要有：

1. 首次提出了中国特色社会主义金融的学术定义

作者通过对东西方文化文明的比较，揭示了中国特色社会主义金融的独特性，给出了中国特色社会主义金融的学术定义，在中央文件关于金融的政治性、人民性基础之上，拓展补充提出了中国金融的共享性和主体性。

2. 首次提出了金融强国的标准特征

贯彻中央金融强国建设的“八个坚持”和“七个标志”，强调金融强国不仅是经济领域的重大变革，更是政治、文化、社会等多维度的综合体现，需要坚持金融适度、金融适应、金融协调与金融可持续发展。

3. 提出了独特的金融资源配置理论

拓展了“金融核心论”的观点，在中国金融具有政治性、人民性的基础之上，提出了金融的共享性与主体性。在拓展货币需求公式为金融资源需求公式的基础知识，对金融资源配置进行了结构性分析。

4. 探索了金融资源配置向实体经济倾斜的机制

在保障金融资源配置向实体经济倾斜方面，提出了重视商业性金融与政策性金融合理配置，发挥好政策性金融的功能与作用，金融要经济效益与社会效益并重。

5. 探索了如何利用政策性金融做好民生保障的路径

公共政策性金融理论是金融强国理论的重要一翼，具有突出的中国制度优势，除了用政策性金融支持先进产业的发展之外，十分强调中国公共政策性金融在民生保障中的重要作用，包括医疗、教育和养老等方面。

6. 再次强调重视和把握国际信用评级主动权

再次强调金融强国必须掌握信用评级话语权，提出了构建中国特色信用评级制度的建议，呼吁培育中国评级机构的国际话语权。

7. 首次提出了中国金融强国的发展战略与竞争策略

首次在国内提出了金融强国的竞争战略策略及大国责任，强调中国应采取“合纵连横”“合作竞争”“以柔克刚”等策略。敢于斗争、善于斗争，力促美国与中国共担大国责任。

8. 首次提出金融强国的大国责任

总结了历史上大国竞争存在的各种典型的“典故概念”，如“修昔底德陷阱”“特里芬难题”等，对应提出大国尤其是在成为金融强国之中及之后应该担负起的大国责任。

9. 首次提出金融强国建设需要“强国富民”

在“双均衡”思想基础之上，强调在金融强国建设中，必须注重民生问题，解决人民后顾之忧，改善社会中长期预期。

本书通过对金融强国理论的系统梳理和实践路径的深入探讨，提出了具体的政策建议和实践路径，具有较强的理论价值和现实意义。无论是金融领域的学者、政策制定者，还是普通读者，都能从本书中获得启发和借鉴。

最后，我要说一下这部专著的创作过程。这部专著的诞生并非一蹴而就，而是基于长达40多年的深厚研究基础。这部专著的出炉，真可谓是应了那句老话：机会留给有准备的人。在这40多年里，研究者们默默耕耘，潜心钻研，不畏艰难，不惧寂寞，始终坚守在学术的前沿阵地。他们中大部分人都在我国金融理论界和实务界工作，除了我这个老人，他们是国家的中青年才俊，也是高级金融人才，他们和我一样，赶上了最好的时代，与国家发展同呼吸共命运。本专著代表了40余年来我及我的科研团队对学术的热爱与追求。我们不追求短期的热点，不盲目跟风，更不贪图短平快的成果。持之以恒，沉下心来，几十年如一日地坚持与努力，才能在中央金融工作会议后不久，启动这个课题研究，将多年的研究积累转化为实实在在的学术成果。

亲爱的读者们，我如今已 86 岁高龄，垂垂老矣，心脏做过三四个支架了，身患两种癌症、高血压、糖尿病、肝病、动脉硬化等 10 余种老年病和基础病，至今仍然耕耘不辍、忘死忘忧，奋斗不止。我一生培养了 100 余位博士研究生，7 位博士后，曾多次获国家一等奖、教育部二等奖，是首届中国金融研究杰出贡献奖和中国金融学科终身成就奖的获得者，是中国改革开放的全程亲力亲为者，是金融强国建设的最早建议者与研究者。我无怨无悔地终生从事高等教育事业，教书育人，科学研究与服务社会。现如今，中央已经提出金融强国战略，这是一项百年大计。百年实践探索需要百年理论研究，需要有底蕴、有积累、有能力、有水平的金融研究人才团队进行有组织的、持续的、系统的科研。我的时间不多了，但老骥伏枥，志在千里。为此我向国家提出两个正式建议：

一是建议建立官方的或非官方的“金融强国建设研究院”，集合全国金融理论研究成果，在新资源暨金融资源学派旗帜下，在国际上发出自己的声音，建立中国特色金融话语体系。

二是实施“美国霸权、美国金融霸权与美元霸权的前世与今生”系列丛书国家工程。中美在 21 世纪的竞争不可避免，知己知彼才能最终取胜。这项研究将极大助力中国的金融强国建设。

在中华民族伟大复兴的时代洪流中，新资源暨金融资源学派以其独特的理论视角和深邃的学术洞察，为金融领域的研究与金融强国的实践注入了新的智慧。我希望，未来的中青年学者们，肩负起历史的重任，发扬并传承这个中国学派的理论观点和治学传统，在马列主义基本原理指导下，与中国金融实践相结合，与中国传统优秀的金融文化相结合，不断探索、勇于创新，为中国金融强国建设继续作出理论贡献，提升中国金融在全球舞台上的影响力和话语权。

2025 年 02 月 15 日于广州

第一章

为什么要建金融强国

金融活，经济活；金融稳，经济稳。经济兴，金融兴；经济强，金融强。经济是肌体，金融是血脉，两者共生共荣。

——习近平

金融强国战略是在2023年10月30日至31日召开的中央金融工作会议上首次提出的。该会议中，中央不仅提出了“金融强国”概念，还明确提出要“坚定不移走中国特色金融发展之路”，并且将“加快建设金融强国”设为目标。

一、中国强国目标有多少?

在中国共产党第十九次全国代表大会的报告中，明确提出了“在本世纪中叶建成富强民主文明和谐美丽的社会主义现代化强国”的总目标，还包括一个强国“战略集”：人才强国、制造强国、科技强国、质量强国、航天强国、网络强国、交通强国、海洋强国、贸易强国、文化强国、体育强国、教育强国。2022 年党的二十大报告又提出农业强国，针对经济社会不同发展阶段、不同发展领域绘制的强国蓝图正不断丰富和完善。我国强国战略共计十四个，中国正在从大国时代迈进强国时代。下表按时间顺序做了一个梳理：

中国强国战略汇总表

序号	强国战略	提出时间及文件
1	体育强国	体育强国的提出时间可以追溯到 1979 年。这一年，在全国体育工作会议上提出了中国体育要“进入世界体育强国行列”的目标。随后，在 1983 年，国家体育运动委员会向国务院报送《国家体委关于进一步开创体育新局面的请示》的报告中，提出了在 20 世纪末把中国建设成为世界体育强国的战略目标。这一目标在 1985 年的全国体育发展战略讨论会上得到了进一步确认，被写进了中国体育发展规划。因此，可以说我国“体育强国”的概念于 1979 年正式提出，并在此后得到了不断地深化和发展
2	人才强国	2002 年 5 月 7 日，中共中央办公厅、国务院办公厅印发《二〇〇二——二〇〇五年全国人才队伍建设规划纲要》，提出实施人才强国战略
3	科技强国	这一战略最早由《国家中长期科学和技术发展规划纲要（2006—2020 年）》提出。随后，在 2016 年的《国家创新驱动发展战略纲要》中，进一步明确了建设世界科技创新强国的“三步走”战略，包括 2020 年进入创新型国家行列、2030 年跻身创新型国家前列、2050 年建成世界科技创新强国
4	教育强国	教育强国的提出时间可以追溯至 2010 年。在这一年，《国家中长期教育改革和发展规划纲要（2010—2020 年）》中明确提出了“到 2020 年，基本实现教育现代化，基本形成学习型社会，进入人力资源强国行列”的战略目标。这一纲要是指导我国教育改革和发展的纲领性文件，它根据我国教育发展的实际，提出了构建体系完备的终身教育、惠及全民的公平教育、更加丰富的优质教育、体系开放的现代教育等战略目标。其中，教育强国的理念贯穿其中，为我国教育事业的发展指明了方向。随后，在多个重要文件和会议中，教育强国战略得到了进一步的明确和深化。例如，党的十九大报告、全国教育大会等，都对教育强国建设提出了明确要求

续表

序号	强国战略	提出时间及文件
5	文化强国	文化强国的提出可以追溯到2011年10月召开的党的十七届六中全会，这次会议明确提出“建设社会主义文化强国”的目标。这一目标的提出是对中国特色社会主义理论体系的丰富发展，反映了党的国家建设目标的日益完善。同时，这也是新时期党首次明确文化建设目标。此外，党的十八大也强调了推进社会主义文化强国建设的必要性。因此，可以说文化强国的提出是在党的十七届六中全会和党的十八大期间
6	质量强国	在2011年召开的“全国质检工作会议”上，首次明确提出了“质量强国”战略。而在2012年，国务院颁布实施了《质量发展纲要（2011—2020年）》，其中强调了“质量发展是兴国之道、强国之策”，并提出“面对新形势、新挑战，坚持以质取胜，建设质量强国”。随后，在2016年的《政府工作报告》中，首次明确提出了建设质量强国的目标。同年出台的《中华人民共和国国民经济和社会发展第十三个五年规划纲要》也明确提出了“建设制造强国、质量强国”的目标。此外，在2016年5月，中共中央、国务院正式印发的《国家创新驱动发展战略纲要》中，也提出了“推动质量强国和中国品牌建设”的目标。而在2017年，《中共中央　国务院关于开展质量提升行动的指导意见》再次明确提出了要“实施质量强国战略”
7	海洋强国	在2012年党的十八大报告中，首次明确提出了“建设海洋强国”的战略目标，为我国海洋事业的发展确立了明确的方向。这一战略目标的提出，旨在提高我国的海洋资源开发能力，发展海洋经济，保护海洋生态环境，坚决维护国家海洋权益，从而全面推进海洋强国的建设
8	网络强国	2014年2月27日，习近平总书记在中共中央网络安全和信息化委员会第一次会议上首次提出努力把我国从“网络大国”建设为“网络强国”。这一战略目标的确立，为我国网络事业的发展指明了方向，也为我国在全球网络空间中的竞争与合作提供了重要的战略支撑
9	制造强国	2015年5月，国务院正式印发了我国实施制造强国战略第一个十年的行动纲领——《中国制造2025》，根据这一部署，中国计划2025年迈入制造强国行列，2035年达到世界中等水平，2050年成为全球制造强国前列
10	贸易强国	2015年，国务院印发了《关于加快发展服务贸易的若干意见》，首次全面系统地提出服务贸易发展的战略目标和主要任务，并对加快发展服务贸易作出全面部署。同年11月，中央全面深化改革领导小组第十八次会议也明确提出“逐步变大进大出为优进优出，推动贸易大国向贸易强国转变”的目标。随后，在2017年，习近平总书记在党的十九大报告中明确提出“推进贸易强国建设”的战略目标。这一目标的提出，旨在推动我国对外贸易从“量”的扩张向“质”的提升转变，实现贸易结构的优化和贸易效益的提升
11	航天强国	2016年12月27日，中国发布了《2016中国的航天》白皮书，首次明确提出了“建设航天强国”的战略目标。这一战略目标的提出，标志着中国航天事业发展的新阶段，展示了中国在航天领域的雄心壮志和坚定决心

续表

序号	强国战略	提出时间及文件
12	交通强国	在2017年10月召开的党的十九大报告中，习近平总书记明确指出了建设“交通强国”的战略目标。这一战略目标的提出，旨在推动我国交通运输事业实现更高质量、更有效率、更加公平、更可持续的发展，为全面建设社会主义现代化国家提供有力支撑。随后，为贯彻落实这一战略目标，中共中央、国务院于2019年9月印发了《交通强国建设纲要》，进一步明确了交通强国建设的指导思想、发展目标、重点任务和保障措施
13	农业强国	2022年10月，党的二十大报告首次明确提出“加快建设农业强国”，将其作为全面建设社会主义现代化国家的关键任务之一。2025年4月，中共中央、国务院印发《加快建设农业强国规划（2024—2035年）》，进一步明确了“三步走”目标，细化粮食安全、科技装备创新等核心任务
14	金融强国	金融强国战略是在2023年10月30日至31日召开的中央金融工作会议上首次提出的。该会议中，中央不仅提出了“金融强国”概念，还明确提出要“坚定不移走中国特色金融发展之路”，并且将“加快建设金融强国”设为目标

从筹建中华人民共和国时把“独立、民主、和平、统一和富强”的奋斗发展目标写入《共同纲领》起，一直到现在最新提出的建设金融强国的战略目标，可以看到，中国共产党领导人民全面建设社会主义现代化国家，实现强国梦和中华民族伟大复兴的目标一以贯之。

（一）从“全国金融工作会议”到“中央金融工作会议”

2023年之前，基本每五年召开一次全国金融工作会议，前五次分别于1997年、2002年、2007年、2012年、2017年召开。此次会议是时隔6年再度召开，也是首次被称为“中央金融工作会议”。

这次中央金融工作会议首次提出“建设金融强国”的目标，一方面，显示了金融在国家安全、政治经济中的作用和地位日益突出；另一方面，也显示中央对金融工作的管理提升了级别，加大了力度，对金融发展责任和改革方向有明确调整。通过对文件相关词频的统计，可以看到，中央金融工作会议更侧重于从中央层面出发，对金融工作进行全局性、战略性的部署和安排，金融工作方向越来越向中央大政方针靠近。

（二）中央金融委员会和中央金融工委的作用

2023 年 3 月，中共中央、国务院印发了《党和国家机构改革方案》。进行新一轮机构改革后，中央金融委员会和中央金融工委成立。本次会议指出，加强党中央对金融工作的集中统一领导，是做好金融工作的根本保证。要完善党领导金融工作的体制机制，发挥好中央金融委员会的作用，做好统筹协调把关。发挥好中央金融工作委员会的作用，切实加强金融系统党的建设。发挥好地方党委金融委员会和金融工委的作用，落实属地责任。

中央金融委、中央金融工委有何异同，与金融监管总局又有什么不同？先说相同点：都管金融领域的人、事或机构。

中央金融委。按照《党和国家机构改革方案》组建中央金融委员会，目的是加强党中央对金融工作的集中统一领导，负责金融稳定和发展的顶层设计、统筹协调、整体推进、督促落实，研究审议金融领域重大政策、重大问题等，作为党中央决策议事协调机构。设立中央金融委员会办公室，作为中央金融委员会的办事机构，列入党中央机构序列。

中央金融工委。按照《党和国家机构改革方案》，中央金融工委统一领导金融系统党的工作。其职责是指导金融系统党的政治建设、思想建设、组织建设、作风建设、纪律建设等，作为党中央派出机关，同中央金融委员会办公室合署办公。将中央和国家机关工作委员会的金融系统党的建设职责划入中央金融工作委员会。

国家金融监管总局。国务院层面新组建国家金融监督管理总局，统一负责除证券业之外的金融业监管，强化机构监管、行为监管、功能监管、穿透式监管、持续监管，统筹负责金融消费者权益保护，加强风险管理和防范处置，依法查处违法违规行为。作为国务院直属机构，国家金融监督管理总局在中国银保监会基础上组建，不再保留银保监会。将中国人民银行对金融控股公司等金融集团的日常监管职责、有关金融消费者保护职责，以及中国证监会的投资者保护职责划入国家金融监督管理总局。

中央金融委、中央金融工委、国家金融监管总局，在党和国家机构层面，三个机构同时发力，分工实施，金融领域的治理体系和治理能力现代化将向前迈进一大步。比较起来，这三个机构各有不同的定位与分工：中央金融委和中央金融工委属于党中央的机构，而金融监管总局属于国务院的直属机构；中央金融委是党中央决策议事协调机构，而中央金融工委是党中央派出机关；中央金融委是为了加强党中央对金融工作的集中统一领导，负责金融稳定和发展的顶层设计、统筹协调、整体推进、督促落实，研究审议金融领域重大政策、重大问题等；中央金融工委统一领导金融系统党的工作，指导金融系统党的政治建设、思想建设、组织建设、作风建设、纪律建设等；中央金融委下设中央金融委员会办公室，作为中央金融委的办事机构，列入党中央机构序列，而中央金融工委同中央金融委员会办公室合署办公。中央金融委员会办公室划入了国务院金融稳定发展委员会办公室的职责；国家金融监管总局隶属于国务院，更多侧重于金融业务风险监管。

把这项先启动的机构改革措施与几个月后的“中央金融工作会议”确立建设金融强国的目标联系起来，就可以看到，党中央、国务院对今后的金融工作给予了高度重视，明确了金融重大事项的决策权放在了中央金融委员会。也就是说，由中央统一直接掌控并领导未来的金融改革和对外开放，这为金融强国建设提供了决策及组织机构上的保障。

二、为什么提出金融强国?

（一）提出金融强国的时代背景

“金融强国”是在 21 世纪中国经济崛起，从经济大国正在迈向经济强国的阶段中，同时也是在当前全面推进中国式现代化的时代节点上，更是在美国对中国发起贸易战、科技战、潜在的金融战还有各种封锁打压、阻碍中国崛起的国际环境下提出来的。这是党中央对百年未有之大变局时局发展的新认识和新应对。

全球化和经济一体化的深入发展，使得金融领域成为国家间竞争与合作的重要舞台。随着世界经济的日益融合，金融资源的跨国流动和国际金融市场的互动愈发频繁，中国需要在国际金融舞台上拥有更多的话语权和影响力。因此，提出金融强国战略是对全球化和经济一体化趋势的积极回应，旨在提升中国在全球金融领域的地位和影响力。新一轮科技革命和产业变革为金融强国建设提供了有力支撑。随着大数据、云计算、人工智能等技术的快速发展，金融业态和服务模式正在发生深刻变革。这些新兴技术为金融创新和金融服务提供了广阔的空间，也为金融强国建设提供了强有力的技术支撑，通过充分利用这些技术优势，可以推动金融业的转型升级和高质量发展，进一步提升金融强国的综合实力。国内金融市场的发展和完善也为金融强国建设奠定了坚实的基础。近年来，中国金融市场不断深化改革，金融体系日益健全，金融产品和服务日益丰富。同时，中国经济的持续增长和转型升级也为金融业提供了广阔的市场空间和发展机遇，这些有利条件为金融强国建设提供了有力的保障和支持。国际经济金融形势的复杂多变也要求中国加快金融强国建设步伐。当前，全球经济复苏之路曲折漫长，国际金融环境更加复杂，不稳定、不确定因素明显增加，在这种情况下，加快金融强国建设有助于提升中国应对外部风险和挑战的能力，维护国家金融安全和稳定。

（二）提出金融强国的背后深意

金融强国的提出，背后蕴含着深刻的战略意义和现实需求。这一概念的提出，既是对构建新发展格局的积极响应，也是中国在国际竞争中崛起的重要支撑。

金融强国是构建以国内大循环为主体、国内国际双循环相互促进的新发展格局的重要一环。金融是现代经济的核心，金融强国战略的实施将有力推动国内金融市场的深化和开放，提升金融服务实体经济的效率和质量。通过优化金融资源配置，促进产业升级和创新发展，金融强国将助力构建更加健康、稳定和高效的国内大循环。同时，金融强国也将加强国内金融市场与国际市场的联系和互动，推动国内国际双循环的相互促进，为中国经济的高质量发展提供强有力的金融支持。金融竞争力是提升国家核心竞争力、赢得国际竞争主动权的关键所在，大国博弈中很重要的一环就是金融博弈。建设金融强国就是要增强我国金融的竞争力、影响力，尤其是在世界范围内的竞争力和影响力，随着全球化的深入发展，金融领域的竞争日益激烈。金融强国不仅意味着国内金融市场的强大和成熟，更意味着在国际金融舞台上拥有更多的话语权和更大的影响力，通过金融强国战略的实施，中国可以进一步提升金融业的国际竞争力，推动人民币国际化进程，增强国际金融市场的稳定性和抗风险能力，这将有助于提升中国的国际地位和影响力，为中国在国际竞争中赢得更多的主动权和话语权。金融资源优先配置给实体经济是促进高质量发展的关键。中国经济由高速增长阶段转向高质量发展阶段，动力转换、方式转变、结构调整任务繁重，在转变的过程中，我们认识到，必须做到科技自立自强，建设科技强国和制造强国。但是，科技强国、制造强国的建设都需要金融来助推，没有一个强大高效的金融系统，就不可能孕育出现代科技和现代产业。在某种程度上，金融强国是推动我们从科技大国到科技强国、从制造大国到制造强国全面转变的必然选择，无论是从市场规模、市场机构、定价体系，还是从金融基础设施来看，我们目前已经是经济大国、金融大国，从“大”到“强”已具备良好的基础，需要把握历史机遇，继续奋力争取，尽快向经济强国、金融强国挺进。

一度备受诟病的金融乱象、金融空转等，都是因为过去相当长一段时期内，金融过度“逐利”，金融资源被“滥砍滥伐”，金融被投机者用作敛财牟利的工具。如此下去，如果金融不以服务实体经济为目标，不以支持新质生产力、新兴战略产业为导向，一味强取豪夺，在内部空转，那就必然会沦为资本剥削、压榨实体经济的掠夺游戏，金融与实体经济显然就本末倒置了，长此以往，经济高质量发展和新质生产力就必然无法形成。中央加强对金融工作的领导，贯彻金融服务于实体经济的大方向，因势利导，通过优化资金供给结构和融资结构，助推我国产业经济结构换挡转型，这是提升经济创新能力、可持续发展以及满足社会公平的必由之路。

三、金融强国建设的“八个坚持”

金融强国文件提到了“八个坚持”，它们是一个统一整体，回答了“对金融怎么看？今后金融怎么干？”这两个根本性问题。这“八个坚持”科学回答了关于中国特色社会主义金融发展的重大理论和实践问题，标志着党对金融本质规律和发展规律的认识达到了新的高度。

（一）坚持党中央对金融工作的集中统一领导

习近平总书记指出，加强党中央对金融工作的集中统一领导，是做好金融工作的根本保证。金融系统要切实把思想和行动统一到党中央决策部署上来，把我们的政治优势和制度优势转化为金融治理效能，确保金融事业始终沿着正确的方向前进[①]。走中国特色金融发展之路，必须毫不动摇坚持党中央对金融工作的集中统一领导，坚持和加强党对金融工作的全面领导，确保金融工作沿着正确道路和方向前进，这是金融政

---

① 习近平：《在中央金融工作会议上的讲话》（2023 年 10 月 30 日），《习近平关于金融工作论述摘编》，中央文献出版社，2024。

治性的必然要求。

巴黎公社作为人类历史上第一个无产阶级政权，虽然存在时间短暂，但其对国际共产主义运动产生了深远的影响。巴黎公社成立于1871年3月18日（正式成立的日期为同年的3月28日），是在普法战争后法国社会矛盾激化的背景下，由巴黎的无产阶级和人民群众通过武装起义推翻资产阶级反动统治后建立的。这个政权得到了第一国际的支持，并存在至5月28日，最终被法国资产阶级反动政府和普鲁士军队联合镇压。

马克思高度评价了巴黎公社的革命首创性，并对其失败的原因进行了深入的分析。巴黎公社在革命期间没有将法兰西银行国有化，甚至在某些方面对其采取了宽容的态度。这一决策导致了严重的后果：公社未能利用银行的资源来增强自己的物质基础，反而让敌对的凡尔赛政府有机会提取汇款，增强了其经济实力。公社的经济和军事力量因此缺乏雄厚的物质基础，无法有效改善无产阶级的生活和物质待遇，也难以削减敌人的反抗力量。在马克思看来，无产阶级在夺取政权后，必须快速掌握国家的经济命脉，其中包括将银行国有化，这是因为银行在现代经济中扮演着至关重要的角色，控制着资金流动和经济活动。马克思在总结巴黎公社的经验时明确指出，没有没收银行是一个重大的政治错误。他认为这是导致公社失败的重要原因之一，并强调在未来的革命中必须吸取这一教训。通过控制银行，无产阶级能够更好地掌握国家的经济命脉，为革命的成功提供坚实的物质基础。

在我们看来，金融和军队在国家战略中都扮演着非常重要的角色，但它们的作用和性质有所不同。然而，它们确实都是国家战略力量的重要组成部分，都必须置于党中央集中统一领导之下。金融和军队一样，是无产阶级政党执政的基础，是国家支柱和战略力量，无产阶级政党执政的基础在于其对国家重要领域的控制力和影响力，包括金融和军队等关键领域。金融作为现代经济的核心，对于国家经济发展和社会稳定具有重要意义。无产阶级政党必须牢牢掌握金融领域的领导权，确保金融服务于国家发展战略和人民利益。同时，金融领域的稳定和发展也对国家整体的经济安全和战略利益具有重要影响，无产阶级政党必须加强对金融领域的监督和管理，防范金融风险，推动金融创新和健康发展。

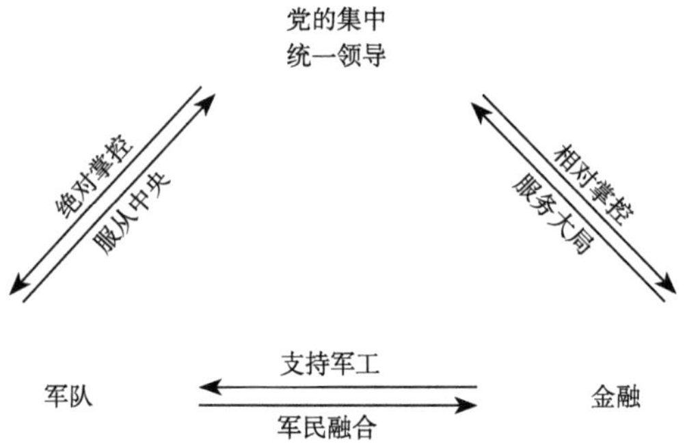

国家支柱模型图

当然，党对军队的领导和对金融的领导略有不同，前者是绝对掌控，后者是相对掌控。党对军队的绝对领导是指中国共产党对中国人民解放军实施全面的、独立的、集中统一的领导。这种领导是绝对的，体现在军队的最高决策权、指挥权和战斗力保障上，确保军队始终在党的绝对领导下履行职责和使命。而党对金融的领导是相对的，因为金融领域涉及市场经济和金融规则的运作，需要一定的自主性和专业性。党在金融领域的领导主要体现在金融发展顶层设计、制定和执行货币政策、监管金融市场、防范金融风险等方面。同时，党也强调金融机构要服务国家发展战略和人民群众利益，履行社会责任和义务。因此，党对军队和金融领域的领导在方式和程度上有所不同，但都是为了保证各自领域的稳定和发展，服务于国家和人民的根本利益。

习近平总书记强调，做好新形势下金融工作，必须加强党的领导。金融系统要增强“四个意识”、坚定“四个自信”、做到“两个维护”，确保金融改革发展正确方向，确保国家金融安全。党中央关于金融工作的大政方针和决策部署，国务院有关部门特别是金融管理部门、地方各级党委和政府、国有金融机构要不折不扣贯彻落实好。要培养、选拔、打造一支政治过硬、作风优良、精通金融工作的干部队伍①。

（二）坚持以人民为中心的价值取向

金融为人民的价值取向，其核心在于将金融服务作为满足人民群众需求和推动社会发展的重要手段，这一价值取向体现了金融活动的根本目的，即服务于人民，提升人民的生活水平和福祉。金融为人民的价值取向要求金融机构和从业人员始终坚持以人民为中心，不断提升金融服务的质量和效率，为实现人民群众对美好生活的向往贡献力量。

在西方金融体系中，资本起着主导作用，金融机构如商业银行、投资银行、保险公司等，都是以资本为基础进行运营的。这些机构通过吸收存款、发行股票和债券等方式筹集资金，再将这些资金投入到各种金融活动和实体经济中，以获取收益。在西方经济中，金融资本与产业资本紧密相连，金融机构通过提供融资支持、参与企业并购等方式，与产业资本实现深度融合。西方金融体系不断创新，推出了各种金融产品和工具，如衍生品、对冲基金、资产证券化等，这些创新往往是为了满足资本追求更高收益的需求。随着全球化的深入发展，西方金融资本开始在全球范围内寻求投资机会，跨国公司、跨国银行和国际资本市场等使金融资本可以跨越国界进行流动和配置，从而获取更高的资本收益。习近平总书记指出，西方金融资本逐利的本性决定了其与广大人民利益并不一致，甚至是对立的。西方现代化的最大弊端，就是以资本为中心而不是以人民为中心，追求资本利益最大化而不是服务绝大多数人的利

---

① 习近平：《在十九届中央政治局第十三次集体学习时的讲话》（2019年2月22日），《习近平关于金融工作论述摘编》，中央文献出版社，2024。

益，导致贫富差距大、两极分化严重。一些发展中国家在现代化过程中曾接近发达国家的门槛，却掉进了“中等收入陷阱”，长期陷于停滞状态，甚至严重倒退，一个重要原因就是没有解决好两极分化、阶层固化等问题。中国式现代化坚持发展为了人民、发展依靠人民、发展成果由人民共享[①]。

全心全意为人民服务是我们党的根本宗旨，走中国特色金融发展之路，必须始终把实现人民对美好生活的向往作为一切金融工作的出发点和落脚点，让广大人民群众共享金融发展成果。这是中国特色金融发展之路与西方金融发展道路的显著区别，是金融工作人民性的充分体现。

（三）坚持把金融服务实体经济作为根本宗旨

习近平总书记指出，金融和实体经济是共生共荣的关系。实体经济是金融的根基，金融是实体经济的血脉，为实体经济服务是金融的天职，是金融的宗旨，也是防范金融风险的根本举措。正所谓：“农工商交易之路通，而龟贝金钱刀布之币兴焉。”[②]

金融循环是其本质特征之一，金融活动能够完成价值循环，包括资金的筹集、分配、使用以及回收等过程。然而，当金融活动过度集中于金融市场投机等非实体经济领域时，确实可能引发金融空转的问题，导致金融脱离实体经济。投机者通常利用金融工具（如股票、期货、期权等）进行短期交易，以获取价格波动带来的收益。当金融活动过度集中于这些非实体经济领域时，就会形成金融空转。金融空转是指当前正常、超量发行的货币、信贷无法有效流入实体经济，而是流入金融系统内部，在金融体系内循环，实现资产价格的增长。这种情况下，金融活动脱离了实体经济的支撑，形成了一种“泡沫经济”。金融空转对实体

---

① 习近平：《习近平关于金融工作论述摘编》，中央文献出版社，2024，第 44 页。

② 习近平：《服务实体经济，防范金融风险》（2017 年 7 月 14 日），《习近平著作选读》第一卷，人民出版社，2023，第 614 页。

经济的影响是负面的。它会导致实体经济投资额度减少，加剧经济空心化，使金融领域越来越强大，而实体经济则逐渐衰退。金融空转还会增加金融系统性风险甚至金融危机。

美国在刚刚过去的23年间，金融脱实向虚的趋势加剧，越来越多的资金涌向虚拟经济，导致实体经济投资不足，这进一步引发了制造业的萎缩和衰退，表现为国内制造业部门投资严重不足，产值下滑，制造业占国内生产总值的比重下降。同时，制造业的就业减少、失业增加，制造业的生产力也随之下降。以造船业为例，20世纪70年代末，中国开始大力发展本国造船工业，使中国迅速崛起为全球第一大造船国的同时，美国人却成天想着“去工业化”“国防外包”，导致美国本就一般的本土造船工业迅速萎缩，许多造船企业纷纷倒闭，即使是纽波特纽斯这样的大型造船厂也出现了大量技术工人流失的情况。如今，全球每年有50%以上的商船订单花落中国，而美国连1%的市场份额都没有。在民用造船业都如此低迷的情况下，严重依赖民用造船业基础设施和成本稀释的美国军事造船业，更是困难重重。金融脱实向虚和产业空心化对美国经济产生了深远的影响，削弱了美国制造业的竞争力，导致了对外贸易收支状况的恶化，还加剧了失业问题，尤其是制造业的失业问题日益严重，美国地区经济发展出现失衡和社会经济活力丧失。

从美国的案例可以看出，金融脱实向虚和产业空心化之间存在着密切的关联。一方面，金融脱实向虚导致大量的资金涌向虚拟经济，使实体经济的投资不足。这直接导致了制造业等实体经济的萎缩和衰退，进而加剧了产业空心化的趋势。另一方面，产业空心化又进一步加剧了金融脱实向虚的现象。由于实体经济的衰退，更多的资金会流向虚拟经济以寻求高收益，从而形成一个恶性循环。实体经济是金融的根基，金融是实体经济的血脉，两者共生共荣。金融活，经济活；金融稳，经济稳；经济兴，金融兴；经济强，金融强。金融脱离实体经济就是无源之水、无本之木，没有强健的实体经济支撑，金融繁荣只会是“虚胖”。

走中国特色金融发展之路，必须坚守服务实体经济的天职，在支持实体经济做实做强做优中实现金融自身高质量发展，以金融业高质量发展促进经济社会高质量发展，用金融资源配置高效率带动实体经济高效率，用金融可持续发展支撑实体经济可持续发展。中国特色社会主义金融的根本宗旨——坚持把金融服务实体经济作为根本宗旨，首次在中央文件中予以明确。金融要服务实体经济，需要金融机构积极探索和创新，以更加全面、高效、安全的方式服务实体经济，推动实体经济的健康发展。这不仅有助于提升金融行业的竞争力和影响力，也有助于促进整个社会的繁荣和进步。

（四）坚持把防控风险作为金融工作的永恒主题

金融行业的特殊性（负债经营）使金融容易发生系统性风险，这一条强调金融监管要加强。虽然过去几十年来，防控金融风险的提法一直在说，反复强调，但过去发生的 P2P 泛滥，各种类型的非法集资、金融诈骗、金融腐败，房地产类似恒大的资不抵债和交付危机等，屡禁不止，金额越来越触目惊心，手段越来越复杂隐蔽，行为也越来越猖狂，因而最终对整个金融体系的危害也越来越大。今后，一要制止、打击这些乱象，二要做好预防、监管治理。

凡事预则立，不预则废。事前预防总是优于事后应对。在金融领域，这种观念同样适用。防范金融风险好于治理金融危机。预防金融风险所需的成本通常远低于治理金融危机所需的成本。金融危机一旦发生，其影响可能是深远的，包括资产贬值、信贷收缩、企业倒闭等，这些都会对经济造成重大损失。而通过早期的风险评估和管理，可以大大降低这些潜在损失。金融风险如果不及时防范，有可能演变为系统性风险，对整个金融体系甚至经济体系造成冲击。金融市场的稳定很大程度上取决于市场参与者的信心。如果频繁发生金融危机，将会严重打击市场信心，影响资金流动性和市场效率。而通过防范金融风险，可以维护市场稳定，保持投资者信心，降低系统性风险的发生概率，从而实现金融稳健和可持续发展。因此，治病不如防病，防范金融风险好于治理金融危机。防控金融风险年年讲，月月讲，天天讲，但还要继续讲下去。走中国特色金融发展之路，必须高度重视金融风险的传染性、隐蔽性和破坏性，增强忧患意识，树牢底线思维、极限思维，以“时时放心不下”的责任意识做好风险防控工作，牢牢守住不发生系统性金融风险的底线。

习近平总书记明确指出：防范化解金融风险，要抓住人、钱、制度三个关键，做到“管住人、看住钱、扎牢制度防火墙”。“管住人”，就是要管住金融机构、金融监管部门主要负责人和高中级管理人员，加强对他们的教育监督管理，加大金融领域反腐败力度。“看住钱”，就是要运用现代科技手段和支付结算机制，实时动态监管线上线下、国际国内的资金流向流量，使所有资金流动都置于金融监管机构的监督视野之内。筑牢制度“防火墙”，就是要完善金融从业人员、金融机构、金融市场、金融运行、金融治理、金融监管、金融调控的制度体系，规范金融运行[①]。

（五）坚持在市场化、法治化轨道上推进金融创新发展

金融的活力在市场，金融的秩序在法治。市场和法治在金融领域中的互补作用，市场为金融提供了创新和发展的动力，而法治则为金融市场的稳定运行提供了必要的保障，两者相辅相成，共同促进了金融行业的健康发展。金融市场是一个高度自由、竞争激烈的市场，各种金融产品和服务在这个市场上不断创新和发展，市场的多样性和灵活性为金融提供了巨大的活力，使金融行业能够迅速适应经济环境的变化，满足

① 习近平：《在十九届中央政治局第十三次集体学习时的讲话》（2019 年 2 月 22 日）。《习近平关于金融工作论述摘编》，中央文献出版社，2024，第 83 页。

不同的投融资需求。金融市场通过价格机制有效地配置资源，将资金引导到最有效率的使用方向上。市场导向，发挥市场在金融资源配置中的决定性作用。坚持社会主义市场经济改革方向，处理好政府和市场的关系，对做好金融工作至关重要。资金价格是市场运行的重要基础，资金有效配置是各类资源配置的“牛鼻子”，发挥市场作用是金融改革发展的方向。要完善市场约束机制，提高金融资源配置效率，在这一点上不能动摇。同时，要更好发挥政府作用，加强和改善政府宏观调控，健全市场规则，强化纪律性[①]。

金融市场虽然充满活力，但如果没有法治的规范和保护，就可能出现混乱和无序。法治通过制定和执行明确的法律法规，保护投资者的权益，防止欺诈和操纵市场等不当行为。法治还为金融市场的公平竞争提供了保障，确保所有市场参与者都能在同样的规则下进行交易。金融是创新活跃的行业，必须深刻把握金融发展规律，做到创新方向明确、支持重点突出。不切实际地乱创新、伪创新，只会酿成巨大风险和损失。金融创新发展必须充分发挥市场配置资源的决定性作用，更好发挥政府作用，增强金融发展的动力，激发金融发展的活力，加快健全金融法治，坚持守正创新，确保金融创新发展沿着正确方向前进。

习近平总书记在中央金融工作会议上指出，加强金融法治建设。这是加强党对金融工作领导的题中应有之义，根本目的是为金融业发展保驾护航。要及时推进金融重点领域和新兴领域立法，建立定期修法制度，不断适应金融发展实践需要。法治的生命力在于执行，要加大金融法治执行力度，对各类违法违规行为“零容忍”。欠债要还钱，不能让“老赖”得便宜，更不能形成支持拖欠的地方保护主义。要坚持底线思维、极限思维，健全维护国家金融安全的法律工具箱。金融系统各级领

① 习近平：《在全国金融工作会议上的讲话》（2017年7月14日），《习近平关于金融工作论述摘编》，中央文献出版社，2024，第105页。

导干部和从业人员都要树立法治意识，自觉尊法、学法、懂法、守法、用法。[①]

（六）坚持深化金融供给侧结构性改革

走中国特色金融发展之路，必须坚持目标导向和问题导向，增强系统观念，把握好短期与长期、整体与局部的关系。持续深化金融供给侧结构性改革，加快建设中国特色现代金融体系。坚持深化金融供给侧结构性改革是我国经济发展和金融领域改革的重要方向。

通过改革优化金融供给结构，适应新发展格局。提高金融服务质量和效率，推动经济发展方式的转变。这有助于构建更加完善的金融市场体系，促进经济的高质量发展。金融供给侧结构性改革旨在解决金融体系存在的一系列结构性失衡问题，贯彻落实金融服务实体经济根本宗旨，使金融供给体系更好地适应需求结构变化，提高金融服务实体经济的质量和效率。这将有助于提升实体经济的竞争力和创新能力。另外，还可以应对国际金融领域竞争，以及提升我国金融业的国际竞争力和影响力，为金融强国建设打下坚实的制度基础。最后，金融供给侧结构性改革是金融强国建设的有机组成部分。通过深化改革，可以建立健全金融监管体系、完善金融市场基础设施、强化信用体系建设等，这些都将为金融强国建设提供有力的制度保障和支持。

（七）坚持统筹金融开放和安全

现在，我国开放的重点与过去有所不同。过去开放的重点是制造业，通过竞争带来优化和繁荣，现在外国要参与我们的金融服务业，也会通过竞争机制促进优化和繁荣。金融业由于特殊的重要地位，事关国

---

① 习近平：《在中央金融工作会议上的讲话》（2023 年 10 月 30 日），《习近平关于金融工作论述摘编》，中央文献出版社，2024，第 114 页。

民经济命脉，与普通制造业有所不同，在对外扩大开放的同时，需要注意金融安全。

金融开放和金融安全是相互关联、相互影响的两个方面。在推进金融开放的过程中，必须充分考虑金融安全的需求和挑战，并采取有效措施加以应对。只有这样，才能实现金融市场的持续稳定发展并促进全球经济的繁荣与进步。习近平总书记强调，要通过扩大对外开放，提高我国金融资源配置效率和能力，增强国际竞争力和规则影响力，稳慎把握好节奏和力度。要以制度型开放为重点推进金融高水平对外开放，落实准入前国民待遇加负面清单管理制度，对标国际高标准经贸协议中金融领域相关规则，精简限制性措施，增强开放政策的透明度、稳定性和可预期性，规范境外投融资行为，完善对共建“一带一路”的金融支持。

要加强境内外金融市场互联互通，提升跨境投融资便利化水平，积极参与国际金融监管改革。要守住开放条件下的金融安全底线。党中央对金融开放已经明确了顶层设计，要合理安排开放顺序。对那些有利于保护金融消费者权益、有利于增强金融有序竞争、有利于防范金融风险的举措，可以加快推进。对那些情况复杂、不确定性较大的举措，要慎重行事。从我国实际出发，下一步可以考虑调整对外资在银行、证券、保险业的一些规定和做法，在设立形式、股东资质、持股比例、业务范围、牌照数量等方面给予更大空间，让金融业开放早日见到实效。在推进金融业开放的同时，要维护好国家金融安全。要借鉴美国等国家的做法，在实践中完善外资安全审查等机制，构筑第二道防线，强化基于国际监管标准的持续审慎监管，在控制和化解风险上掌握主动权[①]。

中国特色金融发展之路是一条开放之路，要在守住安全底线的前提下，稳步扩大金融领域制度型开放，提升跨境投融资便利化水平，加

① 习近平：《在全国金融工作会议上的讲话》（2017 年 7 月 14 日），《习近平关于金融工作论述摘编》，中央文献出版社，2024，第 138 页。

大对共建“一带一路”的金融支持，稳慎推进人民币国际化，更好地服务加快构建更高水平开放型经济新体制。习近平总书记指出，纵观历史上和当今的金融强国，都具有高度开放的特征。我们要通过扩大对外开放，提高金融资源配置效率和能力，增强国际竞争力和规则影响力，但必须以我为主，稳慎把握好节奏和力度。金融是大国博弈的必争之地[①]。

（八）坚持稳中求进工作总基调

稳中求进工作总基调是我们治国理政的重要原则，也是做好经济工作的方法论[②]。稳中求进，是中国传统兵家智慧的当代体现，中国古代兵家早就把“先立不败后求胜”作为军事基本原则。《孙子兵法·军形篇》中曰：“善战者，立于不败之地，而不失敌之败也。”《投笔肤谈》中曰：“用兵之道，难保其必胜，而可保其必不败。不立于不败之地，而欲求以胜人者，此徼幸之道也，而非得之多也。”稳中求进是一种稳健而明智的策略。它提醒我们，在追求胜利的过程中，首先，要确保自己的基础稳固，然后，再寻求更大的成功。这种策略可以帮助我们在复杂多变的环境中保持冷静和理智，避免盲目冒险和不必要的损失。走中国特色金融发展之路，必须把握好稳和进的关系。金融运行要平稳。但稳不是不作为，该进的要进取，进的重点是促发展、调结构、补短板，为经济社会发展提供高质量金融服务，在稳的基础上，把各项改革发展任务部署落实到位。

金融改革需要稳中求进。在金融改革领域，这一原则尤为重要。然而，金融改革并非一蹴而就的过程，需要循序渐进、稳步推进。在改革

---

① 习近平：《在省部级主要领导干部推动金融高质量发展专题研讨班上的讲话》（2024 年 1 月 16 日），《习近平关于金融工作论述摘编》，中央文献出版社，2024，第 147 页。

② 习近平：《在中央经济工作会议上的讲话》（2016 年 12 月 14 日），《习近平关于金融工作论述摘编》，中央文献出版社，2024，第 153 页。

过程中，要充分考虑各种因素，包括国内外的经济形势、政策环境、市场反应等。同时，还需要加强监管，确保改革措施的有效实施，防止出现系统性风险。因此，金融改革需要稳中求进，既要保持金融系统的稳定，又要积极寻求改革和发展的机遇。只有在稳定的基础上不断推进改革，才能实现金融业的持续健康发展，为实体经济提供更加优质、高效的金融服务。

四、金融强国的“七个标志”

习近平总书记强调，金融强国应当基于强大的经济基础，具有领先世界的经济实力、科技实力和综合国力。同时具备一系列关键核心金融要素，即拥有强大的货币、强大的中央银行、强大的金融机构、强大的国际金融中心、强大的金融监管、强大的金融人才队伍。

（一）强大的经济基础

金融与实体经济之间的关系紧密相连，从历史的角度来看，金融产生于实体经济的需求。金融活动最初是为了满足实体经济中的交易和融资需求而产生的。在古代，人们开始进行商品交换时，就需要一种方式来记录和转移价值，于是货币和金融体系逐渐发展起来。金融的核心功能是为实体经济提供资金融通、风险管理和支付清算等服务。通过金融活动，企业可以获得所需的资金来扩大生产、改进技术或进行市场营销，从而促进实体经济的发展。随着实体经济的不断发展和变化，金融体系也在不断创新以适应新的需求。例如，随着科技的进步和全球化的加速，电子支付、数字货币、区块链等新技术不断涌现，为实体经济提供了更高效、更便捷的金融服务。

金融和实体经济之间是相互依存、相互促进的关系，实体经济的繁荣发展会带动金融业的增长，而金融业的创新和发展又能为实体经济提供更好的服务和支持。金融强国需要强大的经济基础作为支撑，一个强大的经济基础可以为金融发展提供稳定的环境和坚实的基础，进而推动金融行业的创新和发展，实现金融强国的目标。缺少了强大的经济基础，金融也就失去了可依托的实体，金融就无法完成实体经济循环，极可能导致金融内部空转，产生金融泡沫。经济是金融的地基，地基不牢，金融就会成为空中楼阁。

强大的经济基础意味着国家具备较高的生产总值、稳定的财政收入和丰富的资源储备。这将为金融行业提供充足的资金来源和广阔的市场空间，促进金融业务的拓展和创新。同时，强大的经济基础还有助于提升国家的信用评级和融资能力，降低金融风险，增强金融体系的稳健性。强大的经济基础可以促进金融与实体经济的深度融合。实体经济是金融发展的基础，而金融又是实体经济的血脉，一个强大的经济基础可以推动金融资源更加高效地配置到实体经济中，支持产业升级和创新发展。同时，金融行业的发展也可以为实体经济提供更多的融资渠道和风险管理工具，促进实体经济的健康发展。强大的经济基础还有助于提升国家的国际竞争力。金融是现代经济的核心，也是国家竞争力的重要体现，一个拥有强大经济基础的国家通常也具备较为完善的金融体系和较高的金融创新能力，能够在国际金融市场上占据有利地位，吸引更多的国际资本和人才，推动金融国际化进程。

（二）强大的货币

当代货币的本质与国家信用紧密相连。在现代经济体系中，大多数国家都采用法定货币制度。法定货币是由政府或中央银行发行的，并通过法律强制接受为偿还债务的货币，这种货币的价值不基于其内含的金属价值，而是基于发行国的信用。因此，国家信用是支撑法定货币价值的重要基石。国家信用在多个方面支撑着货币的价值。首先，它保证了货币的法偿性，即货币在法律上被承认为偿还债务的合法手段。其次，国家信用确保了货币的接受度和流通性。由于货币是由国家发行并支持的，人们对其有充分的信心，愿意接受它作为交易媒介。货币的稳定与国家信用密切相关。如果国家信用受到损害，例如，过度发行货币导致通货膨胀，那么货币的价值就会下降，人们对货币的信任也会减少。相反，如果国家能够维护其信用，保持货币的稳定，那么货币就会得到更广泛的接受和使用。中央银行或政府通过货币政策来调控经济，这些政策的有效性在很大程度上取决于国家的信用。例如，当中央银行降低利率以刺激经济时，如果国家信用良好，人们就会对货币政策产生积极响应，从而促进经济增长。在全球化背景下，国家信用对货币的国际地位也有重要影响。一个国家的货币能否成为国际储备货币，很大程度上取决于该国的经济实力、金融稳定性和政治稳定性，这些都是国家信用的重要组成部分。

国家信用是一个多维度、综合性的概念，它涵盖国家的经济、政治、军事和文化等多个方面的综合实力。首先，经济实力是国家信用的基石。一个国家如果拥有强大的经济基础和稳健的经济增长，就更有可能履行其财政和金融承诺，从而维护其信用。具有强大的生产能力和高质量的产品供给能力，意味着国家能够持续创造财富和价值，这是国家信用的重要支撑。其次，政治稳定对于国家信用同样至关重要。一个政治稳定、法治健全的国家，能够吸引更多的国内外投资，促进经济的持续发展。政治稳定还意味着政府决策的可预测性和连续性，这有助于维护市场信心和国家信用。再次，军事安全是国家信用的另一个重要方面。一个拥有强大军事实力的国家，不仅能够维护国内的安全稳定，还能在国际事务中发挥重要作用，从而提升其国际地位和信用。还有，文化影响力也是衡量国家信用的一个重要因素。一个国家的文化如果能够广泛传播并被国际社会所接受，将有助于提升该国的软实力和全球影响力，进而增强其国家信用。最后，对外开放和国际合作对于提升国家信用同样重要。通过积极参与国际贸易和国际投资，一个国家能够展示其开放包容的态度和合作共赢的精神，从而赢得国际社会的信任和尊重。同时，对外开放还能促进国内经济的创新发展，提高国家的整体竞争力。国家信用只要上述几个方面逐步强大，法定货币也就自然而然地强大起来。

强大的货币意味着该货币在国际市场上具有较高的信誉和认可度。这有助于提升国家在国际金融舞台上的话语权和影响力，使国家能够更好地参与国际金融合作和竞争。同时，强大的货币还能吸引更多的国际资本流入，推动国内经济的发展和繁荣。强大的货币有助于维护国内经济的稳定。一个强大的货币通常具有较低的通货膨胀率和汇率波动，这有助于降低企业和个人的交易成本，提高经济的运行效率。同时，强大的货币还能增强国内市场的信心，稳定市场预期，为经济的持续健康发展提供有力保障。此外，强大的货币还能推动金融创新和金融市场的开放。随着货币地位的提升，金融市场将吸引更多的国内外投资者和金融机构参与，推动金融产品的丰富和多样化。同时，金融市场的开放也将促进国际的金融合作和交流，提升国家的金融竞争力和创新能力。

一旦成为金融强国，金融强国的货币在国际上还需要做到以下几点：一是货币发行量合理控制，不超发货币。国际储备货币的发行国必须严格控制货币的发行量，避免过度发行导致通货膨胀和货币贬值。过度发行会损害货币的信誉和稳定性，降低其作为国际储备货币的地位。二是货币不政治化，保持货币对政治的中立。货币发行国应避免将货币政治化，确保货币的价值不受政治因素的影响，这样可以增强货币的国际接受度和信心，使其更有可能被广泛用作国际交易和储备。三是该国须拥有强大的实体经济作为货币支撑。实体经济是货币价值的基础，一个强大的实体经济能够支撑货币的价值，并确保货币在国际市场上的稳定性和购买力。发行国需要有稳健的经济增长、低失业率和健康的贸易平衡等。四是拥有维护世界和平和秩序的军事力量。虽然军事力量不是直接决定货币地位的因素，但一个拥有强大军事力量的国家通常能够提供更稳定和安全的环境，这有助于增强对该国货币的信心。此外，军事力量也可以作为维护国家利益和保障海外资产安全的手段。五是遵守各国普遍接受的国际经济金融规则。国际储备货币必须遵循被广泛接受的国际经济金融规则，这些规则包括国际货币基金组织（IMF）的规定、国际贸易规则以及国际会计准则等。遵循这些规则有助于增强货币的国际认可度和使用范围。

（三）强大的中央银行

在现代经济中，中央银行扮演着至关重要的角色。它不仅负责制定和执行货币政策以调控宏观经济运行和保持物价稳定，还负责金融监管和维护金融体系的稳定。此外，中央银行还通过提供金融服务和管理外汇储备等方式，支持国家经济的发展和对外开放。中央银行具有货币发行权，是国家唯一的货币发行机构；中央银行充当商业银行和其他金融机构的最后贷款人，并与这些机构进行存、放、汇等业务上的往来。此外，中央银行还组织票据的交换与清算，并保持金融体系的稳定；中央银行代表国家贯彻执行货币金融政策，代为管理政府财政收支以及为政府提供各种金融服务。因此，中央银行的职能可以概括为“发行的银行、银行的银行、政府的银行”。

中央银行在金融强国中扮演着至关重要的角色。一个强大的中央银行能够确保金融市场的健康发展，为国家的经济发展提供有力的保障。有了中央银行这样强大的后盾，金融强国才能更加稳健地发展。强大的中央银行体现在以下三个方面：

一是中央银行货币政策可支持四大目标。物价稳定：中央银行通过制定和调整货币政策，可以有效地控制通货膨胀和通货紧缩的风险，保持物价水平的稳定。这有助于维护消费者的货币购买力，促进市场经济的健康发展。经济增长：中央银行通过调整利率、存款准备金率等货币政策工具，可以影响市场利率水平，进而调节投资和消费，促进经济增长。在经济增长放缓时，中央银行可以采取宽松的货币政策，刺激经济增长；在经济增长过快时，则可以采取紧缩的货币政策，防止经济过热。充分就业：中央银行通过货币政策调节经济周期，可以减少经济波动对就业市场的冲击，促进充分就业。在失业率上升时，中央银行可以通过降低利率等方式，刺激企业投资，增加就业机会。国际收支平衡：中央银行通过干预外汇市场、调整汇率政策等手段，可以维护国际收支的平衡。这有助于保持国家经济的稳定，防止因国际收支失衡而引发的经济风险。

二是货币政策与财政政策相互协调。中央银行和财政部门在制定政策时，需要共同考虑宏观经济形势和政策目标，避免政策冲突和不确定性。通过明确各自的职责和权责，实现政策的有效协调。灵活运用政策工具，中央银行和财政部门在协调政策时，需要根据经济形势和政策目标的变化，灵活运用各种政策工具。这包括调整存款准备金率、利率管制、公开市场操作以及调整财政支出和税收政策等。

三是中央银行坚决服从党中央集中统一领导。坚持党的领导是中国特色社会主义金融事业发展的根本保证。中央银行作为金融体系的核心，必须坚决服从党中央集中统一领导，确保金融工作把握正确政治方向和发展导向。在党中央的领导下，中央银行可以更好地把握国家宏观经济政策和金融政策的方向，确保货币政策与国家发展战略相协调。同时，通过加强党对金融工作的领导，可以推动金融体制改革和创新，提升金融服务实体经济的效率和水平。

（四）强大的金融机构

金融机构是指国务院金融管理部门监督管理的从事金融业务的机构，涵盖银行、证券、保险、信托、基金等行业。按照不同的标准，金融机构可划分为多种类型：银行业金融机构，包括政策性银行、商业银行等。非银行金融机构，如保险公司、证券公司等。以及在中国境内开办的外资、侨资、中外合资金融机构。按能否接受公众存款可分为存款性金融机构（如商业银行）与非存款性金融机构（如保险公司）。

强大的金融机构不仅需要在规模、经营水平等方面具备优势，还需要具备稳定性和持久性，并作为国家重要战略力量发挥作用。这样的金融机构能够更好地服务于经济社会发展大局，为国家的繁荣富强作出积极贡献。强大的金融机构至少体现在以下几个方面：

一是业务规模足够大。金融机构的规模体现在其资产总额、业务范围以及全球影响力上。规模庞大的金融机构通常拥有更多的资源来支持其业务运营和创新发展，从而能够更好地应对市场挑战和机遇。大规模的金融机构往往也能够在国际市场上发挥更大的作用，促进全球经济的稳定和发展。二是经营水平足够高。经营水平高体现在金融机构的盈利能力、风险管理能力、客户服务质量以及技术创新等多个方面。高水平的经营能够确保金融机构在竞争激烈的市场环境中保持领先地位，实现可持续发展。同时，高水平的经营也有助于提升金融机构的品牌形象和声誉，吸引更多的客户和合作伙伴。三是抗风险能力非常强。这一方面强调了金融机构的稳定性和持久性。能够经历百年风雨而不倒闭的金融机构，通常具备深厚的文化底蕴、稳健的经营策略以及强大的风险管理能力。这样的金融机构往往能够在历史长河中不断积累经验和智慧，为经济社会的稳定和发展提供有力支持。在关键时刻是国家重要战略力量。金融机构作为国家经济的重要组成部分，往往承载着国家战略发展的重要使命。强大的金融机构能够为国家提供稳定的金融支持，推动产业升级、科技创新和国际合作。在国家重大战略实施中，金融机构可以发挥桥梁和纽带作用，促进资源优化配置和要素高效流动。同时，金融机构还可以通过参与国际经济金融合作与竞争，提升国家的国际地位和影响力。

（五）强大的国际金融中心

我国拥有两个国际金融中心，即香港和上海。作为中国的两大金融中心，香港和上海都在金融强国战略中扮演着重要的角色。其优势主要体现在以下几个方面：

香港国际金融中心的优势。地理位置与历史背景独特：香港位于亚洲的心脏地带，是连接东西方的重要桥梁。自19世纪中叶以来，香港逐渐发展成为远东地区的贸易和金融中心，其独特的地理位置和历史背景为金融业的发展提供了得天独厚的条件。回归后，香港背靠祖国，拥有“一国两制”的政策优势，便于吸引内地及海外资金。多元化金融机构与强大资本市场优势：香港金融中心的特色在于其多元化和高质量的金融机构以及强大的资本市场。这里拥有众多知名的银行、保险公司、证券公司和基金公司，为全球的投资者和企业提供全方位的金融服务。尤其是在处理跨境金融业务方面更是独具优势。人才储备丰富：香港的教育水平很高，拥有多所世界百强高校，金融、法律、科技等多方面专业人才充沛，也非常吸引外地人才，这为金融业的发展提供了强大的人才支撑。法律和监管机制健全：香港的法律和监管机制健全、完善，尤其是在私人财富管理和风险管控方面，已有成熟的经验和监管规定。香港拥有完善的监管及法律制度，税制简单且税率极具优势，为外资企业在港发展提供了良好的营商环境。银行体系安全稳定，流动性覆盖率和资本充足率均超出国际要求，显示出强大的金融风险抵御能力。香港具有庞大的资金池以及一流的基础设施，进一步提升了其作为金融中心的竞争力。

上海国际金融中心的优势。国家战略支持：上海国际金融中心的建设上升为国家战略，受到国家层面的大力支持和推动。市场力量强大：上海已成为全球金融市场门类最完备的城市之一、全球金融基础设施最完善的城市之一、中国金融产品最丰富的城市之一。市场力量彰显出“硬核”实力，多个金融领域的交易量位居全球前列。地理位置优越：

上海地处太平洋西岸，与现有东京、中国香港、新加坡等国际金融中心相邻或处于同一时区，便于与国际金融中心构建连续24小时的接力营业交易。

拥有两个国际金融中心的中国优势。香港和上海作为我国两大国际金融中心，各自具有独特的优势，共同推动我国金融业的繁荣和发展。香港金融中心和上海金融中心在地理位置、功能与定位、金融业态以及政策与监管环境等方面均表现出显著的互补性。这种互补性不仅有助于两个金融中心各自的发展，也为中国乃至全球的金融市场提供了更加多元化和全面的服务。香港位于中国的南端，紧邻国际金融市场，是连接中国内地与全球金融市场的重要桥梁。其独特的地理位置使得香港金融中心在国际金融市场中占据重要地位，特别是在与东南亚以及国际资本市场的对接上具有明显优势。香港金融中心以其高度国际化的市场环境、完善的法律体系和自由的资本流动著称，更多地承担国际投融资、离岸金融等业务，是国际资本进入中国市场以及中国资本走向世界的重要窗口。香港金融中心拥有丰富的金融业态，包括银行业、证券业、保险业以及各类金融衍生产品市场等。近年来，香港还在资产管理、金融科技等新兴领域加大发展力度。香港作为特别行政区，拥有相对独立的法律体系和监管环境，其金融市场的开放度和自由度较高，吸引了大量国际金融机构和投资者。上海金融中心则侧重于服务国内实体经济，提供多元化的金融产品和服务，包括银行贷款、股票交易、债券发行等，同时也在积极推动金融创新和科技发展。上海位于中国东部沿海，是长江三角洲地区的经济中心。上海金融中心主要辐射中国内地市场，特别是长三角及更广泛的华东地区，其在国内金融市场的影响力尤为突出。上海金融中心在传统金融业态的基础上，也积极发展新兴金融业态，如金融科技、绿色金融等。同时，上海还承担着人民币国际化、金融市场对外开放等重要使命。上海则在中国政府的统一监管框架下运作，其政策环境更加稳定且与国内其他金融市场相互协调。这有助于上海金融中心在服务国内市场方面发挥更大作用。香港与上海不仅是中国的骄傲，也是全球金融格局中的重要力量。相信在未来，它们将继续发挥重要作用，为中国金融强国的建设贡献力量。

（六）强大的金融监管

习近平总书记指出，扩大金融业对外开放，金融监管能力必须跟得上，在加强监管中不断提高开放水平。要结合我国实际，学习和借鉴国际上成熟的金融监管做法，补齐制度短板，完善资本监管、行为监管、功能监管方式，确保监管能力和对外开放水平相适应[①]。

金融行业具有多个特殊性，这些特殊性使它需要不同于一般工商企业的监管方式。首先，金融业是经营货币商品的特殊行业，其业务经营活动的特性决定了其对社会经济具有广泛深刻的渗透性和扩散性功能。其次，金融体系作为国民经济的神经中枢和社会经济的调节机构，其运营状况直接关系到国家经济的稳定和发展。最后，金融机构比一般工商企业具有更高的风险性，包括信用风险、市场风险、流动性风险等。由于金融行业的特殊性，金融监管也有其特殊要求。首先，金融监管需要具有全面性和持续性，以确保金融机构在任何时候都符合监管要求。其次，金融监管需要具有灵活性和适应性，以应对金融市场的不断变化和创新。最后，金融监管还需要具有国际视野和合作精神，以应对全球化的金融市场和跨境金融风险。

在金融业发展的早期，金融监管的实践具有自发性、初始性、单一性和滞后性。这一阶段的金融监管主要是对银行业的简单监督和管理。20 世纪 30 年代至 70 年代，这一时期的主要特点是全面而严格的限制性监管。由于多次金融危机给西方国家带来了很大的负面影响，金融监

---

① 《习近平在中央财经领导小组第十六次会议上的讲话》（2017 年 7 月 17 日），《人民日报》2017 年 7 月 18 日。

管开始变得更为严格，主要表现在对金融机构具体业务行为的限制、对参与国内外金融市场的限制以及对利率的限制等方面。这一阶段的金融监管旨在维护金融业的稳健经营与健康发展，并恢复公众信心。20 世纪 70 年代至 80 年代末，这一时期金融监管的主要特点是放松管制，效率优先。由于布雷顿森林体系的崩溃、世界经济增长放缓以及金融全球化、自由化和创新浪潮的冲击，原先建立的金融监管体系逐渐失灵。因此，金融监管部门开始放松对金融机构的管制，以提高金融市场的效率。随着金融创新和金融市场的发展，金融监管也在不断演变和完善。各国纷纷建立了更为完善的金融监管框架，并引入了更多的监管机构和法规来应对金融市场的复杂性和风险性。特别是在 21 世纪初的国际金融危机之后，各国对金融监管进行了深刻的反思与改革，加大了对金融机构的监管力度，并提出了更加严格的监管要求。综上所述，金融监管的产生简史可以看作是随着金融业的发展和金融市场的演变而不断完善和调整的过程。从早期的自发监管到严格限制，再到放松管制和提高效率以及现代金融监管框架的建立和完善，都体现了金融监管在维护金融稳定和促进经济发展方面的重要作用。

强大的金融监管就是高效的金融监管。其标志包括金融机构稳健运营、金融体系的效率性、金融消费者的保护程度以及国际金融监管合作的加强等方面。这些标志共同构成了高效金融监管的体系框架，为金融业的健康发展提供了有力保障。习近平总书记指出：要保障金融机构和金融体系自身健康。国际金融危机发生后，全球吸取的一个重要教训就是必须恢复和保持好金融机构健康。金融机构健康既包括资产负债表健康，也包括公司治理、内控体系、复杂金融产品交易清算以及重要金融基础设施健康。如果金融机构处于病态，就很难为实体经济服务好。我国金融机构和金融体系总体上是健康的，但在内控管理、资产质量、服务水平、竞争能力等方面还存在诸多不适应实体经济发展的问题，要抓紧采取有效措施加以解决[①]。

金融机构稳健运营是高效金融监管的显著标志。一个高效的金融监管体系能够有效识别和防控金融风险，确保金融机构稳健运营，防止金融危机的发生。这包括对市场参与者行为的规范、对金融机构的审慎监管以及对金融创新的合理引导等。金融体系的效率性也是高效金融监管的重要标志。高效的金融监管能够促进金融市场的竞争和创新，优化金融资源配置，提高金融服务的效率和质量。这要求监管机构在保障市场稳定的同时，不过度干预市场运行，为金融机构提供充足的创新空间。金融消费者的保护程度也是衡量金融监管效率的重要方面。高效的金融监管应确保金融市场的公平、透明和规范，防止金融机构利用信息不对称损害消费者权益。监管机构应加强对金融机构行为的监督，及时处理消费者投诉，维护金融市场的公信力。国际金融监管合作的加强也是高效金融监管的体现。随着金融市场的全球化趋势日益明显，各国金融监管机构需要加强合作，共同应对跨国金融风险和挑战。高效的金融监管体系应积极参与国际金融监管规则的制定和完善，推动全球金融治理体系的改革和发展。

（七）强大的金融人才队伍

金融作为一种制度，需要有一定数量和质量的人才资源来支撑其运转，具体体现为金融从业人员的数量和素质。市场经济是一个高度专业化的经济，而金融作为一个核心行业，其专业化程度以及所要求的知识起点是很高的，金融行业是一个知识密集型行业，金融行业是一个高度复杂和技术性的领域，涉及广泛的金融产品、市场分析、风险评估和投资策略等。因此，金融人才需要具备深厚的专业知识和技能，以便能够

---

① 习近平：《服务实体经济，防范金融风险》（2017 年 7 月 14 日），《习近平著作选读》第一卷，人民出版社，2023，第 617-618 页。

准确地分析市场趋势，评估投资机会，并为客户提供专业的金融建议和服务。这种专业化不仅包括对金融理论和实务的深入理解，还要求熟练掌握各种金融工具和交易策略。专业化的金融人才能够更有效地为企业和个人提供金融解决方案，帮助他们实现财务目标。在高度竞争的金融市场中，具备专业素养的金融人才能够赢得客户的信任，并为企业创造更大的价值。

除专业技能之外，金融人才还必须具备高度的道德自律性。金融行业涉及大量的资金流动和敏感信息，因此，从业人员必须坚守职业道德，保持诚实、公正和透明的态度。这不仅有助于维护行业的声誉和公众的信任，还能防止欺诈、操纵市场等不当行为的发生。道德自律性还包括对个人利益与职业道德之间冲突的妥善处理。金融人才在面对诱惑时，应坚守原则，不为一己之私而损害客户或公司的利益。这种自律性不仅有助于个人职业生涯的长期发展，还能为整个金融行业树立正面的榜样。

在金融人才队伍中，尤其是中国特色社会主义金融的人才队伍中，对金融高级干部的要求“又红又专”至关重要。“又红又专”是一个具有中国特色的表述，通常用来形容一个人在政治上坚定（红）并且在业务上精通（专）。“红”的方面主要是要求政治觉悟，高级金融干部必须具备坚定的政治立场，拥护党的领导，坚持社会主义方向。他们应该深刻理解并贯彻国家的金融政策，确保金融工作服务于国家发展大局。除了政治觉悟，高级金融干部还应具备高尚的道德品质。这包括诚实守信、公正无私、勇于担当等。在金融领域，这些品质尤为重要，因为金融行业涉及大量的资金流动和资源配置。高级金融干部必须严格遵守国家法律法规，特别是金融法规。他们应该成为遵纪守法的表率，确保金融活动的合法性和合规性。在“专”的方面，高级金融干部需要具备深厚的金融专业知识，包括金融学、经济学、财务管理等。这些知识是他们进行决策、管理和创新的基础。除了专业知识，高级金融干部还应具备战略眼光和前瞻性思考。他们需要能够洞察金融市场的发展趋势，为企业或机构制定长远的发展规划。作为高级干部，领导能力也是必不可少的。他们需要带领团队应对各种挑战，实现金融目标，这包括决策能力、组织协调能力、沟通能力和团队建设能力等。

一般而言，金融人才资源的形成、积累和运用与教育制度、金融制度环境密切相关，没有适应社会需求的金融教育体制和有效的金融制度，难以培养出高水平人才资源。反过来，金融人才资源的缺乏也阻碍了有效的金融制度的形成，并使金融制度功能的发挥大打折扣。现代金融专业性很强，其管理的复杂性、业务的专业性以及它所要求的人员素质决定了它是一种知识和智力密集型的行业，因而，这是能否充分发挥其职能作用的最重要的前提条件。金融人才资源的高度专业性要求一个国家必须注重发展金融教育，并鼓励金融机构建立各种层次的培训系统，双管齐下共同完成金融人才资源的积累过程。人才资源是一个市场需求的概念，各个国家的经济以及各个国家在不同的经济发展阶段对相应的人才资源需求的数量和结构都是不同的。在经济全球化的进程中，还可以从其他国家引进自己急需的金融人才资源，应对当前经济发展之需要，但从根本上说，一个国家特别要注重培养和积累适合本国需求的金融人才资源。

七个强大，第一个强大是金融强国的基础，另外六个强大是金融强国的特征，也是金融体系的要素。“中国式现代化”是习近平总书记在党的二十大报告中提出的重要论断，“中国特色现代金融体系”与“中国式现代化”彼此呼应，相得益彰，是一个有机整体。

五、金融强国的“五篇大文章”

（一）科技金融：解决“卡脖子”技术及促进科技创新

科技金融是指通过创新财政科技投入方式，引导和促进银行业、证券业、保险业等金融机构及创业投资等各类资本，创新金融产品，改进服务模式，以实现科技创新链条与金融资本链条的有机结合，这种融合为初创期到成熟期各发展阶段的科技企业提供融资支持和金融服务，是一系列政策和制度的系统安排。总的来说，科技金融是一种创新的金融业态，它通过金融资本与科技创新的深度融合，为科技企业提供了全方位的金融支持，推动科技创新和产业升级。科技金融不仅有助于科技创新和科技成果转化，还对高新技术产业的发展具有积极的推动作用。它涵盖政府、企业、市场、社会中介机构等各种主体，在科技创新融资过程中的行为活动共同组成了一个体系，是国家科技创新体系和金融体系的重要构成部分。在实践中，科技金融通常涉及为科技企业或科技项目提供投融资服务的各种金融产品和创新，包括但不限于科技贷款、科技保险、科技创业投资基金等。这些金融产品和服务的目的是降低科技创新的融资成本，提高融资效率，从而加速科技成果的转化和商业化进程。

科技金融在解决“卡脖子”技术方面扮演着重要的角色。首先，通过为科技创新提供必要的资金支持，科技金融可以推动关键技术的研发和应用，从而逐步减少对外部技术的依赖。这有助于降低科技受制于国外的风险，实现科技自立自强。其次，科技金融可以通过优化金融服务结构，提高服务质量，为科技创新提供更加全面、高效的金融支持。例如，通过创新金融产品，改进服务模式，搭建服务平台，科技金融可以为初创期到成熟期各发展阶段的科技企业提供融资支持和金融服务。此外，科技金融还可以引导社会资本向科技创新领域流动，吸引更多的投资者关注和支持科技创新，这有助于形成科技创新与金融资本的良性互动，推动科技创新的快速发展。当然，解决“卡脖子”技术问题不仅需要科技金融的支持，还需要政府、企业、科研机构等多方面的共同努力。政府可以出台相关政策，引导和支持科技创新；企业可以加大研发投入，加强自主创新；科研机构可以加强与企业的合作，推动产学研深度融合。

（二）绿色金融：在促进生态环境可持续方面发挥着关键作用

绿色金融是指金融业为支持环境改善、应对气候变化和资源节约所进行的高效经济活动，这些活动包括对环保、节能、清洁能源、绿色交通、绿色建筑等领域的项目投融资、项目运营和风险管理等所提供的金融服务。绿色金融的核心目标是利用金融工具和市场来推动环保和经济社会的可持续发展。

随着全球气候变化和环境问题日益严重，绿色金融的重要性日益凸显。它不仅有助于推动绿色产业的发展和创新，还可以促进经济的可持续发展和转型升级。同时，绿色金融也为金融机构提供了新的业务机会和发展空间。展望未来，绿色金融有望成为金融业的重要发展方向之一。随着政策的支持和市场的推动，绿色金融市场规模有望不断扩大，创新产品和服务也将不断涌现，这将为全球的可持续发展和应对气候变化作出重要贡献。

（三）普惠金融：解决中小企业融资难和推动大众创业、万众创新

普惠金融是指立足机会平等要求和商业可持续原则，通过可负担的成本为有金融服务需求的社会各阶层和群体提供适当、有效的金融服务。这个概念强调金融服务的普遍性、可得性和便捷性，旨在让所有人都能享受到金融服务的益处。普惠金融的重点服务对象包括小微企业、农民、城镇低收入人群、贫困人群、残疾人和老年人等特殊群体。然

而，在西方国家，这些群体通常面临金融服务获取的困难，并没有因为国际上倡导普惠金融而能真正解决。

普惠金融这个概念由西方提出，中国可以洋为中用，吸取其积极的一面，但实际上，这个概念自身有一些历史逻辑矛盾，例如，在强调商业险金融可持续前提下来落实普惠金融，怎么能做得到？从中国特色金融角度以及中国未来掌控话语权出发来看，尤其是后面章节我们专门论述到中国金融特色之一的“人民性”“共享性”，我们认为，“人民金融”“共享金融”比“普惠金融”更具有概念包容性和逻辑合理性。

（四）养老金融：有利于应对中国老年社会的来临

中国正在步入老年化社会。2023 年末，全国 60 岁及以上人口高达 29697 万人，占全国人口的 21.1%。其中，65 岁及以上人口达 21676 万人，占全国人口的 15.4%。与 2021 年相比，全国 60 周岁及以上老年人口从 26736 万人增加到 2023 年的 29697 万人，占总人口的比重也从 18.9% 上升到 21.1%。中国老龄人口总量大，2021 年已近 1.88 亿，占全球老龄人口总量近 1/4。预计到 2035 年，中国老龄人口将增至 3.33 亿。中国人口老龄化开始晚但进程快，从老龄化社会发展至深度老龄化社会经历的时长快于多数先发国家，中国的老龄化进程快于现代化进程，呈现出“未富先老”的特点。人口老龄化对我国的经济社会发展带来更为严峻的挑战，包括养老金支付压力、医疗保障压力等。为了积极应对人口老龄化，中国政府已经采取了一系列措施，包括建立健全相关政策体系和制度框架、推动养老金融发展等。

养老金融是一个概念体系，它指的是为了应对老龄化挑战，围绕社会成员的各种养老需求所进行的金融活动的总和，这些金融活动包括但不限于养老金金融、养老服务金融和养老产业金融三大部分。养老金金融主要涉及通过制度化安排来积累养老金资产，并利用金融活动实现这些资产的保值增值，这包括企业年金、职业年金等的积累、保值增值以及分配管理的信托业务。养老服务金融则是指社会成员为了满足自身多样化的养老需求，自主采取的财富积累、消费及其他衍生的一系列金融活动，这些活动可能包括购买养老保险产品、进行养老理财等。养老产业金融则是指为养老相关的产业，如养老社区建设、老年医疗保健等，提供投融资支持的金融活动。

养老金融不仅能够为老年人提供更加全面、便捷、贴心的金融服务，还有助于稳定社会预期、刺激消费和拉动经济增长。同时，养老金融也将金融行业的部分资金聚拢起来，为实体经济提供更好的资金支持。另外，随着科技的发展，养老金融领域也正在经历着变革。智能科技、区块链技术、大数据分析等先进技术的应用，使养老金融服务模式更加智能化、个性化和高效化。例如，通过大数据分析，金融机构可以更准确地评估风险并提供定制化的养老服务；而区块链技术则可以确保养老金的流动和分配的安全透明。

（五）数字金融：为中国金融发展提供了实现后发优势和赶超的机遇

数字金融是将互联网、区块链、大数据、人工智能等数字技术应用到金融行业而产生的新产品、新服务和新业态。这包括银行、保险公司等金融机构将数字技术运用于流程改造、产品创新等方面，同时也涵盖金融支持或服务于数字经济的层面。

从狭义上说，数字金融特指基于大数据和新技术（如区块链、生物识别等）而产生的新产品、新服务和新业态；而从广义角度来看，数字金融还包括线下业务的互联网化。在实际应用中，数字金融体现在诸如互联网支付、移动支付、网上银行、金融服务外包及网上贷款、网上保险、网上基金等金融服务上。数字金融依靠大数据和云计算等技术手段，能够为客户提供更全面、个性化的金融服务，有效地整合“信息孤岛”，并根据客户需求提供差异化的金融服务。

数字金融不仅是金融行业与互联网技术的结合，更体现了互联网“开放、平等、协作、分享”的精神向传统金融行业的渗透。这种新兴领域通过数字技术改变了传统金融行业的服务模式和业务流程，提高了金融服务的效率和便捷性，同时也为金融行业带来了新的发展机遇和挑战。数字金融是利用数字技术驱动金融创新和发展的新型金融业态，它正在逐步改变人们的生活方式和金融行业的格局。数字金融为中国金融发展提供了实现后发优势和赶超的机遇。

第二章

金融强国的历史比较

以史为镜，可以知兴替。

——李世民

经济强国不一定是金融强国，金融强国一定是经济强国。在全球历史上，能称为“金融强国”的国家主要有以下几个：荷兰：在16—17世纪，荷兰因其在海上贸易中的主导地位，特别是银行信贷业务的发展，使阿姆斯特丹成为当时的国际金融中心。荷兰在这一时期的经济实力和金融影响力达到了顶峰，可以称之为当时的金融强国。英国：18—19世纪，英国率先进行了工业化革命，经济实力迅速崛起。伦敦成了全球金融中心，英镑也执行了世界储备货币的职能。英国在这一时期无疑是一个金融强国，其金融体系和金融市场对全球产生了深远的影响。美国：自19世纪以来，特别是20世纪至今，美国的经济实力不断增强，成了全球最大的经济体。华尔街作为美国的金融中心，汇聚了众多知名的金融机构和投资者。美元在执行全球货币职能的同时，也成了国际货币体系中的主导货币。美国的金融市场、金融机构以及金融创新能力都使其稳居金融强国的地位。

这三个国家在历史的不同时期，都凭借其强大的经济实力、较为完善的金融体系和广泛的国际影响力，成了当时的金融强国。当然，不同历史阶段，由于经济发展水平不同，社会发展阶段也不一样，最终的荷兰金融强国与后面的大英帝国及现在的美国金融强国实力有天壤之别，对全球的影响力也是依次扩大加深。如今，风水轮流转，沉睡的雄狮终于醒来，潜水的巨龙再次腾飞，21 世纪崛起的中国也迎来了建设金融强国的历史机遇。

一、靠海上贸易和殖民扩张独霸16—17世纪的荷兰

在16—17世纪，荷兰成为当时的金融强国。荷兰位于欧洲大陆西北部，拥有广阔的河流和海岸线，特别是阿姆斯特丹，作为大西洋西岸的优良港口，很早就成为北欧地区海外贸易的枢纽。这种地理位置为荷兰的海外贸易和航运发展提供了得天独厚的条件。荷兰在金融领域进行了多项创新。

（一）首创中央银行、股份公司、股票市场

1609年，阿姆斯特丹银行成立，这是一个标志性事件，对阿姆斯特丹成为当时顶端的国际金融中心起到了核心作用。该银行吸纳各种存款，并为整个欧洲提供贷款，通过金融业务促进了荷兰经济的快速增长。荷兰金融发展的特点之一是始终面向全球。荷兰人不仅把握当时世界发展的新机遇，而且尽量把“触角”伸向世界的各个角落，扩大金融交易的业务地域或市场范围，这为荷兰带来了巨大的经济利益。同年，荷兰还创办了世界上第一个比较完善的股票市场，并开始交易世界上第一只可以自由转让的公司股票——荷兰东印度公司的股票。荷兰大力发展股票市场，将资本市场从单一的融资市场发展成了创造财富的市场。例如，阿姆斯特丹证券交易所在1613年成立，到17世纪中叶出现了股票交易所，使荷兰成为整个欧洲最活跃的资本市场。这些金融创新极大地推动了荷兰金融市场的发展。荷兰在17世纪初期实现了国家统一，为金融机构和商业活动提供了稳定的环境。政府也制定了一系列有利于金融和商业发展的政策，如允许外国人在荷兰开设银行账户等，进一步推动了荷兰金融业的繁荣。荷兰在商业模式上也进行了重大革新，如引进合作社概念，利用工匠和小商贩的合作，构建了高效灵活的商业网络。此外，荷兰人还开创了基于风险投资的商业模式，吸引了大量投资者参与商业活动。荷兰还建立了世界上最早的完善的社会保障体系和

年金市场，这为社会稳定和金融市场的健康发展提供了有力保障。荷兰农业经历了现代化的转型，采取了一系列创新的农业技术和管理方法，提高了农产品的产量和质量。这不仅满足了国内需求，还为出口提供了大量优质农产品，进一步增强了荷兰的经济实力。

（二）全球海外贸易在 16—17 世纪达到了巅峰

荷兰的海外贸易在 16—17 世纪达到了巅峰，其贸易网络延伸到全球各个角落。荷兰人通过成立垄断性贸易公司（如荷兰东印度公司）进行海外贸易扩张，从而获取了巨额利润。这些利润进一步促进了荷兰金融业的发展。

（三）英国崛起及三次“英荷战争”

尽管荷兰在金融领域取得了显著成就，但 17 世纪后期也面临过度繁荣和金融泡沫带来的危机，这显示了金融强国发展过程中的风险和挑战。另外，随着大英帝国的崛起，荷兰的贸易强国和金融强国的地位也受到了挑战。双方因为经济利益冲突和海外殖民地争夺爆发了三次海上战争，史称“英荷战争”。英荷战争是指英国和荷兰在 17—18 世纪间发生的一系列海上战争。这些战争主要涉及贸易和殖民地的争夺，特别是在海上贸易和航运方面。

第一次英荷战争（1652—1654 年）：这次战争主要是由于英国试图削弱荷兰的海上贸易垄断地位。英国颁布《航海条例》，对荷兰的“海上马车夫”地位构成了威胁，导致荷兰对英国宣战。双方进行了多次海战，最终荷兰战败，并承认了英国的《航海条例》。

第二次英荷战争（1665—1667 年）：第二次英荷战争是英国为了夺取荷兰的海外殖民地而发动的一场战争。英国舰队在战争中遭遇了荷兰舰队的顽强抵抗，尤其是在“四日海战”中，荷兰舰队展现出了强大的战斗力。荷兰在这场战争中采取游击战术，成功地抵御了英国的攻击，并进行了有效的反击，甚至曾一度占领了伦敦，但最终双方各有胜负。

第三次英荷战争（1672—1674年）：第三次英荷战争是由荷兰联合法国对抗英国的一场战争，也被称为“第三次英荷法战争”。荷兰在这场战争中得到了法国的支持，对抗英国的海上霸权。战争最终在各方签订和约后结束，英国、荷兰和法国之间达成了协议。

英荷战争对欧洲的海上力量和殖民格局产生了深远影响。这些战争不仅涉及海上贸易和殖民地的争夺，还反映了当时欧洲各国之间的政治和经济竞争。尽管荷兰在某些战役中取得了胜利，但英国最终逐渐确立了其海上霸权的地位。

（四）同时代的中国发生了什么

万历中兴。1609年，也就是阿姆斯特丹银行成立那一年，中国所处的朝代是明朝。具体来说是明朝万历三十七年（1609年），当时在位的皇帝是明神宗朱翊钧。这时候的中国刚刚经历了“万历中兴”，具体时间是从1573年张居正出任内阁首辅开始，至1582年张居正去世结束。这一时期，由于万历帝年幼且对张居正极为信赖，张居正能够推行政令，进行一系列改革，包括整顿吏治、发展经济和巩固边防等，使明朝出现了短暂的强盛局面，史称“万历中兴”。然而，张居正去世后，除“一条鞭法”外的其他改革措施多被废除，“万历中兴”的局面也随之结束。万历帝开始陷入懒政，停止接受百官的朝拜，不再亲自处理朝政事务，导致政府机构运转不畅。朱翊钧的私生活也发生了变化，他纵酒淫乐、挥霍国库财富，纳妃众多，加重了国库的负担。在立太子的问题上，他与大臣产生了严重的对立，长时间不上朝，加剧了朝政的混乱。

三藩叛乱。在1672—1674年期间，中国处于清朝康熙皇帝在位的时期。康熙十一年（1672年）二月，康熙帝至先农坛首次行耕耤礼，这是古代中国皇帝亲耕藉田的一种礼仪，意在鼓励农业生产。康熙十二年（1673 年）正月，康熙帝幸南苑，大阅八旗将士，检阅和展示军队的威武与训练成果。康熙十二年（1673 年）春，康熙皇帝作出撤藩的决定，旨在削弱三藩的势力。然而，这一决定引发了三藩的强烈反弹。同年十一月，吴三桂首先举起反清大旗，自称“天下都招讨兵马大元帅”，并提出“兴明讨虏”的口号。他迅速占据云南、贵州，并进兵湖南，几乎占据整个湖南省。同时，他还联合其他反清势力，如福建的耿精忠、广东的尚之信等，共同反抗清朝政府。叛乱初期，清军由于长期未经战事，军备松弛，因此全线溃败。然而，随着康熙皇帝调整战略，清军逐渐稳住阵脚，并开始反攻。康熙十七年（1678 年），吴三桂在衡州称帝，建立大周政权。然而，这并未能改变叛军的困境。同年秋，吴三桂病死，叛军无首，众心瓦解。其孙吴世璠继承帝位，但已无力回天。康熙二十年（1681 年）冬，清军进入云南省城昆明，吴世璠自杀，历时 8 年的三藩之乱最终被平定。三藩叛乱的平定对于清朝政府来说是一次重要的胜利，它巩固了清朝的统治地位，加强了中央集权。同时，这场叛乱也给无辜的百姓带来了深重的灾难，造成了大量的人员伤亡和财产损失。

二、靠第一次工业革命和殖民地贸易剥削崛起的英国

（一）英国通过第一次工业革命实现了经济崛起

第一次工业革命极大地推动了英国经济的发展。一系列重要的技术发明和创新，如纺纱机、织布机、蒸汽机等，使英国的工业生产规模和效率得到了极大的提升。这不仅改变了生产方式，也改变了社会结构。工人阶级逐步成为工厂生产的主要力量，工业资产阶级则随着工业革命的深入而逐渐壮大。

工业革命对英国崛起为世界第一经济强国起到了至关重要的作用。工业革命极大地推动了英国的生产力发展。从 18 世纪中期开始，英国

的资本主义生产中，大机器生产逐渐取代了工场手工业，使生产力得到了突飞猛进的发展。这种生产力的提升使英国能够生产出更多的商品，满足国内外市场的需求，从而推动了经济的快速增长。随着工业革命的推进，英国逐渐消除了中世纪残余的封建制度，建立了新兴的服务行业和中产阶级的经济基础。中产阶级的崛起为英国的政治制度转型提供了重要力量，推动了英国向更加现代化和民主化的方向发展。此外，英国在工业革命中重视科技的创新，成为世界第一个工业强国。其拥有世界上最大的原料产地和销售市场，以及自由主义的兴起，这些因素共同促使英国在 19 世纪中期达到了工业发展的巅峰，成为当时无可争议的世界头号霸主。

英国金融也伴随着工商业的发展自然而然地发展起来。英国金融体制的建立与变迁发展经历了多个阶段。在 17 世纪，随着英国经济的崛起，金融业也开始逐渐发展。1694 年，英格兰银行的成立标志着英国现代银行制度的确立，这也是世界上第一家股份制商业银行。该行的成立为英国的经济发展提供了稳定的金融支持。随后，在 18 世纪，伦敦交易所于 1773 年成立，逐渐取代了阿姆斯特丹交易所，成为当时世界上最大的交易所。这进一步巩固了伦敦作为全球金融中心的地位。到了 19 世纪，英国率先于 1816 年实行了金本位制，这使英镑成为当时最广泛使用的货币。金本位制的实施，加上英国强大的经济实力，使伦敦成为国际金融中心。

（二）通过殖民地贸易剥削积累大量财富，英国成为金融强国

英国通过殖民地贸易剥削积累了大量的财富。在 18 世纪末期，英国已经拥有了一个庞大的殖民帝国，占据了世界陆地面积和人口的 1/4。这些殖民地不仅为英国提供了丰富的原材料和农产品，还成为英国工业品的重要销售市场。通过殖民地贸易，英国实现了巨额的贸易顺差和资本积累，为其金融业的发展提供了坚实的基础。这种崛起方式给

英国带来了巨大的经济利益，但也带来了负面影响。工人阶级在工业革命中遭受了恶劣的工作条件和低工资的待遇，生活质量普遍较差。而殖民地贸易剥削则导致了殖民地人民的贫困和苦难，加剧了全球的不平等和冲突。然而，英国并没有因此而停止其崛起的步伐。相反，它利用工业革命带来的优势，进一步扩大了其金融业的规模和影响力。伦敦逐渐成为全球金融中心，吸引了大量的国际金融机构和投资者。英国政府也制定了一系列法规和政策，以支持金融业的发展并维护金融市场的稳定。因此，可以说英国通过第一次工业革命和殖民地贸易剥削实现了崛起，成了一个金融强国。但这也提醒我们，崛起并非没有代价，而金融强国地位的背后往往隐藏着复杂的历史和社会问题。

（三）当前伦敦位列国际金融中心前三名，英国金融实力仍不可小觑

由于英国在国际贸易中占据了重要地位。从 19 世纪中叶开始，英国的国际贸易占比逐渐增长，这为其金融业的发展提供了坚实的基础。与此同时，英国对外投资总额也大幅增加，这进一步巩固了其在全球金融市场的地位。伦敦金融市场的国际化程度和市场容量不断扩大。伦敦证券交易所吸引了大量的外国债券发行以及全球各地的证券公司和金融机构进驻。这种国际化的趋势使伦敦成为全球最大的金融中心之一，进一步提升了英国金融业的国际影响力。英国政府制定了一系列框架和法规来监管金融业，确保了金融业的透明度、稳健性和公平性。这些法规不仅保护了投资者的权益，也吸引了全球各地的投资者和金融机构前来参与。同时，英国政府还积极参与和推动国际监管和合作，致力于构建健康、公正、透明的全球金融体系。英国拥有一批高素质的金融人才和技术人才。这些人才在全球金融业中扮演着重要角色，为英国金融业的发展提供了有力的人才保障。同时，英国也一直致力于金融技术的研究和应用，发掘了不少创新性的金融技术，提升了英国金融业的发展能

力。英国金融业的全球化布局也为其赢得了更多的机遇和竞争优势。英国金融机构在全球范围内积极开展业务，与其他国际金融中心加强合作与交流，进一步提升了英国金融业的国际地位。

然而，随着二战的结束，全球的经济格局发生了巨大的变化。在二战后，美国的综合实力逐渐超越了英国，而布雷顿森林体系的建立则标志着以美元为中心的国际货币体系的确立。这一体系的核心是美元与黄金挂钩，其他国家的货币与美元挂钩，实行固定汇率制度。这一变化对英国的金融体制产生了深远的影响，英国金融全球霸主的地位逐渐被美国超越。

但是，即使是现在，伦敦作为国际金融中心，其地位确实稳固且不可忽视。伦敦金融城以其独特的金融生态系统和丰富的金融服务经验，吸引着全球的资金和人才。其金融市场规模庞大，交易活跃，为全球的投资者和企业提供了高效、便捷的金融服务。此外，伦敦还拥有众多世界级的金融机构和金融服务企业，这些机构和企业的发展进一步巩固了伦敦在全球金融领域的地位。英国金融实力仍然强大，不仅体现在伦敦这样的国际金融中心，还体现在英国整体金融行业的实力和影响力上。英国金融业历史悠久，拥有深厚的金融文化底蕴和专业的金融服务人才。同时，英国金融业不断创新和发展，积极探索新的金融产品和服务，以满足全球客户的需求。尽管近年来全球经济形势复杂多变，但英国金融业仍保持着稳健的发展态势。无论是从金融市场规模、金融机构数量，还是从金融服务质量等方面来看，英国金融业都展现出了强大的竞争力和活力。

（四）在英国崛起的时代，在中国发生了什么

英国工业革命开始时，中国正处于清朝时期。第一次工业革命开始于 18 世纪 60 年代，发源于英格兰中部地区，是指资本主义工业化的早期历程。而清朝是一个由满族建立的大一统王朝，共传十二帝，统治者

为爱新觉罗氏，存在时间是1644—1912年。英国工业革命时期，中国正处于清朝的统治之下。然而，需要注意的是，虽然工业革命在欧洲蓬勃发展，但清朝由于“闭关锁国”政策等原因，并未能及时跟上这一全球性的变革，这也为后来的历史发展埋下了伏笔。

英国从16世纪开始到20世纪中叶进行了全球殖民扩张。这一时期，英国建立了广泛的殖民地，并成为世界上最大的帝国。在英国进行全球扩张的大部分时间内，中国都处于清朝的统治之下。英国的扩张行为对清朝乃至整个世界历史都产生了深远的影响。英国等西方国家为了扩大商品市场和原料产地，急需打开中国市场。然而，清朝的“闭关锁国”政策和自给自足的自然经济体系，成为英国等西方国家扩张的障碍。因此，英国以林则徐的虎门销烟为借口，发动了鸦片战争。鸦片战争从1840年开始，持续了两年多的时间。在战争中，英国凭借其先进的武器和战术以及强大的海军力量，对中国沿海城市进行了多次攻击。尽管中国军民进行了英勇的抵抗，但由于清朝政府的腐败和军事上的落后，最终导致了战争的失败。1842年，清朝政府与英国签订了不平等的《南京条约》，割让香港岛给英国，并开放多个通商口岸，允许英国在中国进行自由贸易。鸦片战争使中国从独立的封建国家逐渐沦为半殖民地半封建社会。中国的政治、经济和文化等方面都受到了西方列强的控制和影响。随着通商口岸的开放和外国商品的涌入，中国的自然经济开始解体，逐渐卷入了资本主义世界市场。这促进了中国经济的近代化进程，但同时也给传统的手工业和农业带来了巨大的冲击。鸦片战争后，中国社会的主要矛盾由地主阶级与农民阶级的矛盾转变为外国资本主义与中华民族的矛盾以及封建主义与人民大众的矛盾。这导致了中国人民反抗外来侵略和封建统治的斗争日益激烈。中国先进知识分子开始认识到中国的落后和西方国家的强大。他们开始寻求救国救民的道路，这一过程推动了中国的思想解放和社会变革。

三、靠两次世界大战和第二次工业革命发展起来的美国

（一）先成为经济强国和军事强国，为金融强国打下基础

美国在两次世界大战和第二次工业革命期间实现了显著的发展。两次世界大战和第二次工业革命为美国的发展提供了重要的历史机遇和条件。通过抓住这些机遇，美国实现了经济的快速增长、技术的创新和国际地位的提升，从而成了一个世界强国。

两次世界大战为美国提供了巨大的经济和市场机遇。在战争期间，美国成为欧洲的兵工厂和供应基地，大量生产和出口武器、装备和其他物资，从而获取了巨额的经济利益。战争结束后，美国的经济实力得到了极大的提升，工业生产能力和技术水平都达到了新的高度。此外，战争还促进了美国与其他国家的贸易往来和合作，进一步扩大了其国际影响力。

第二次工业革命也为美国的发展提供了强大的动力。在第二次工业革命期间，电力、化学、石油、汽车、航空等新兴产业得到了快速发展，这些产业的兴起不仅推动了美国经济的快速增长，也为其带来了巨大的技术创新和产业升级。特别是电力的广泛应用和汽车、飞机的发明，极大地改变了人们的生活方式和生产方式，为美国的社会进步和经济发展奠定了坚实的基础。

美国金融也跟随历史的脚步发展起来。美国金融体系的建立与发展历史可以追溯到 18 世纪末期。当时，美国经济主要依靠农业和手工业，但随着工业革命的到来，美国开始了快速的工业化进程。为了支持这一进程，美国建立了一个综合性的金融体系。在美国金融事务中，银行在早期扮演着重要角色。1782 年，北美银行获得特许经营权，这可以视为美国银行业的一个起点。随后，1791 年美国银行获得特许经营权，但在 1811 年其特许经营权被收回。之后，第二美国银行在 1816 年获得特许经营权，但同样在 1832 年被收回。这些银行的成立与撤销，反映

了早期美国金融体系的摸索与不稳定。

到了 19 世纪中后期，随着工业化进程的加速，美国金融体系开始逐渐成熟。1863 年通过的《国家银行法》使全国性银行得以出现，并成立了货币审计办公室，这标志着美国金融体系开始走向规范化和制度化。进入 20 世纪，美国金融体系进一步得到完善。1913 年通过的《联邦储备法》成立了联邦储备体系，即美国的中央银行系统，这一体系的建立为美国金融体系提供了更加稳定和强大的支持。此后，随着 1933 年《格拉斯-斯蒂格尔法案》的通过，美国成立了联邦存款保险公司（FDIC），并对银行、证券、保险进行了分业经营和管理，这一法案的出台，标志着美国金融体系开始走向更加严格和规范的监管。

随着时间的推移，美国金融体系不断发展和演变。在 20 世纪后期和 21 世纪初，美国金融体系经历了一系列的变革。例如，1987 年，联邦储备局允许银行控股公司承销先前被禁止承销的证券，这标志着银行业开始进入证券业。此外，1994 年通过的《里格尔-尼尔州际银行与分行效率法案》打破了以往对银行跨州设立分支机构的限制。到了 1999 年，《金融现代化服务法案》的通过使银行、证券、保险可以混业经营。这些变革使美国金融体系更加灵活和多样化，同时也带来了新的挑战和风险。

（二）二战后利用英国衰落，建立布雷顿森林体系，确立全球金融强国地位

在二战结束后，全球经济和金融秩序亟待重建。此时，英国提出了“凯恩斯计划”，主张建立国际清算联盟，通过超国家机构来管理国际收支。而美国则提出了“怀特计划”，主张建立以美元为中心的国际货币体系，通过设立国际货币基金组织和国际复兴开发银行来稳定汇率、促进国际贸易和经济发展。

在双方的博弈中，美国凭借其强大的经济实力和战争期间积累的巨

额黄金储备，逐渐占据了优势。同时，美国也积极与其他盟国进行沟通和协商，争取更多的支持。在1944年的布雷顿森林会议上，美国通过一系列的外交和经济手段，最终与英国等盟国达成共识，美国的方案得到了大多数与会国家的认可，布雷顿森林体系得以确立。

在这一体系中，美元与黄金挂钩，其他国家货币与美元挂钩，从而确立了美元的国际货币地位。同时，国际货币基金组织和国际复兴开发银行负责维护国际货币体系的稳定，促进国际贸易和经济发展。英国在建立布雷顿森林体系的过程中提出的“凯恩斯计划”最终未能实现，这在一定程度上反映了当时全球经济格局的变化以及美国在国际经济体系中的崛起。美国在二战后通过建立布雷顿森林体系，成为金融强国。布雷顿森林体系是以美元为中心的国际货币体系，其确立标志着美元在国际金融中逐渐占据主导地位，并建立了美元霸权。

美国在这一体系中的地位源于多个因素的综合作用。美国在二战后拥有强大的经济实力，成为全球最大的经济体，这为其在金融领域发挥领导作用提供了坚实的基础。美国通过实施“马歇尔计划”等援助措施，帮助欧洲国家重建经济，进一步巩固了其在国际经济中的地位。美国在国际货币基金组织和世界银行等国际金融机构中占据主导地位，掌握了金融政策和制定货币政策的主导权。布雷顿森林体系的建立对于美国金融地位的巩固和提升起到了重要作用。该体系规定了美元与黄金的固定汇率，使美元成为国际贸易和资本流动的主要货币。这不仅增强了美元的国际信誉，也促进了美国金融市场的繁荣和发展。同时，美国通过布雷顿森林体系对国际金融市场进行监管和调控，进一步巩固了其金融强国的地位。然而，布雷顿森林体系在后期也面临一些挑战和问题，如美元危机和制度本身的矛盾性等，这些问题最终导致了该体系的解体。

（三）美国脱实向虚，制造业外流，动摇了美元国际货币的主导地位

实体经济是货币价值的物质基础，它对于支撑货币需求和价值具有至关重要的作用。实体经济与货币价值紧密相连，因为货币本质上是一种交换媒介和价值储存工具，而其价值在很大程度上是由实体经济活动所支撑的。实体经济生产的产品或服务创造了市场需求，这种需求进而转化为对相应国家货币的需求。换句话说，一个国家的货币之所以有价值，是因为人们相信它可以用来购买该国的商品和服务。当一个国家的实体经济强劲时，其货币往往也会更加稳定和有价值，这是因为实体经济的繁荣意味着更多的商品和服务可供交换，从而增加了对该国货币的需求。相反，如果实体经济疲软，货币价值可能会受到影响，因为市场对货币的需求减少，信任度也可能下降。此外，实体经济的增长还会带动就业、提高人民收入，进而促进消费和投资，这些都是货币流通和经济活动的重要组成部分。因此，实体经济不仅为货币提供了物质基础，还是货币价值稳定和经济增长的关键因素。

20 世纪七八十年代以来，美国脱实向虚、制造业外流的现象对美元作为国际货币的发行基础产生了一定影响。由于全球化的深入及比较利益凸显，加上美国政府有意为之的政策引导，美国经济越来越依赖金融和服务业，制造业等实体经济部分相对萎缩。根据相关数据，金融业在美国 GDP 中的占比已经从 20 世纪 80 年代的约 15% 增长到现在的超过 20%，而制造业的比重却从大约 20% 下降到了现在的不足 12%。这种经济结构的变化导致了利益分配的不均衡，并可能影响到美元的物质基础。美国相当部分制造业向以中国为代表的新兴市场国家转移，这些产业资本实际上在寻求更低成本的生产环境和更广阔的市场机会。但是，客观上，这种制造业外流现象可能削弱美国等发达国家的实体经济基础，进而影响到其货币的国际地位。实体经济是货币价值的物质基础。美元作为世界货币，其价值在很大程度上取决于美国实体经济的强

劲程度。然而，随着美国脱实向虚和制造业外流的趋势加剧，美元的物质基础可能受到动摇。由于实体经济的萎缩和制造业的外流，全球各国对美元的信心可能会下降，这可能导致全球范围内对美元的依赖程度降低。随着新兴市场国家的崛起和发展中国家经济的快速增长，这些国家在国际经济中的地位逐渐提升。这可能导致全球货币体系的多元化趋势加剧，从而削弱美元在国际货币体系中的主导地位。

（四）政府债务高企与美元全球泛滥，削弱了美国金融强国信用基础

财政赤字指的是政府在一定时期内（通常是一年）的财政支出超过财政收入的部分，表现为资金流出的净额。简而言之，就是政府“花”的钱超过了“挣”的钱。政府债务指的是政府作为债务人，由于过去的财政支出大于财政收入而形成的需要在未来偿还的财政义务。它代表了政府所欠的债务总额。

二战后，美国政府财政赤字成为常态。二战后到20世纪70年代这一时期，美国政府接受了凯恩斯的学说，力主政府干预经济。通过扩大政府开支来刺激经济增长成了一种常态，这导致了财政赤字的逐渐增加。例如，在二战后至1981年的36个财政年度中，有27个财政年度出现了赤字。特别是在1976年和1981年，财政赤字分别创下了694亿美元和739亿美元的历史新高。20世纪80年代，里根政府时期，财政赤字依然显著。1980年财政赤字为738亿美元，占GNP的2.7%，到1983年达到了2078亿美元，占GNP的6.1%。这一时期，里根政府通过减税和增加国防开支来刺激经济，但这也导致了财政赤字的进一步增加。20世纪90年代至2000年，在经济全球化的背景下，美国政府的财政政策可能会受到国内外经济环境的影响，财政赤字情况有所波动。2008年次贷危机后，面对次贷危机引发的经济衰退，美国政府采取了积极的宏观政策来刺激社会总需求。美联储进行了量化宽松政策，通过

注入流动性来稳定金融市场和支持经济增长。这些措施导致了财政赤字的增加。

美国在二战后频繁在海外发动战争，如朝鲜战争、越南战争、海湾战争、阿富汗战争、伊拉克战争等，还有一些战争，如俄乌战争、以色列与哈马斯在加沙地区的大规模冲突，这些战争加上美国在全球包括亚太地区各种军事基地的支出，导致军费开支大幅增加，直接加重了政府的财政负担。美国的国防支出急剧攀升，一度占到 GDP 的较高比例。这种持续性支出不仅直接增加了财政赤字，还可能挤占了其他社会福利和公共建设的资金。而战争后期也带来了经济和社会成本，战争结束后，美国政府往往需要承担战争带来的各种经济和社会成本，包括战争赔偿、重建受损地区、安置退役军人等，这些后期成本也会增加政府的财政支出，从而影响财政赤字。为了弥补战争期间的巨大开支，美国政府往往需要发行大量国债，随着时间的推移，这些债务不断累积，并产生大量的利息支付，这些利息支付也成为财政赤字的一个重要组成部分。

根据国际经验，一些经济学家认为，财政赤字占 GDP 的比例在 3% 以内是相对安全的区间。根据国际货币基金组织（IMF）和其他国际经济机构的建议，政府债务占 GDP 的比例应控制在 60% 以下，以保持财政的可持续性和经济的稳定增长。这一比例被视为一个相对安全的阈值，避免过高的债务水平对经济造成负面影响。根据摩根资产管理的预测，2024 年美国联邦政府的赤字预计将达到 GDP 的 6%。同时，政府债务占 GDP 的比率预计将达到 99.5%。这一比例相较于前些年有所上升，显示了美国财政状况的挑战。回顾历史数据，可以看到美国财政赤字比例的变化。例如，在 2023 年，美国的预算财政赤字同比扩大了 23%，达到 1.7 万亿美元，相当于 GDP 的 6.3%。这表明，尽管经济有所恢复，但财政赤字问题依然严峻。从长期来看，美国政府的财政赤字有持续扩大的趋势，这不仅对美国经济的稳定产生影响，也对全球金融市场构成一定影响。因此，投资者和政策制定者需要密切关注这一指标的变化。

美国政府债务高企以及货币超发造成的美元全球泛滥对美国金融强国的实力产生了一定的削弱作用。政府债务高企意味着美国政府需要承担巨大的偿债压力。随着债务规模的不断扩大，政府的财政空间将受到限制，可能无法为重要的公共项目和基础设施提供足够的资金支持。这不仅会影响到国内经济的发展，也会削弱美国在全球经济中的领导地位。货币超发导致的美元全球泛滥会损害美元的信用和价值。过度发行货币会导致通货膨胀加剧，降低货币的购买力，从而削弱美元作为全球储备货币的地位。此外，美元泛滥还会引发全球范围内的货币竞争和汇率波动，增加国际贸易和金融市场的不确定性。这些因素也会影响到美国金融市场的稳定和发展。高债务和货币超发可能导致投资者对美国经济和金融市场的信心下降，资本可能流向其他更具吸引力的市场。同时，金融市场也可能出现波动和不确定性增加的情况，进一步影响美国金融强国的地位。

（五）在美国崛起的时代，在中国发生了什么

在美国崛起时代，中国历史经历了从清朝末期到民国初期的转变。

美国的崛起始于19世纪末20世纪初，这一时期中国正处于清朝末期。清朝自1644年建立，到1912年灭亡，是中国最后一个封建王朝。在美国开始工业化和对外扩张的时候，清朝正经历着内部的动荡和外部的压力。19世纪中叶，随着西方列强的侵略，中国逐渐沦为半殖民地半封建社会。这一时期，包括鸦片战争在内的多次战争，导致中国的主权和领土受到严重侵犯。美国在这一时期也参与了对中国的贸易和掠夺，尤其是在门户开放政策下，美国与其他列强共同分享了在中国的利益。随着清朝的灭亡，中国进入了民国时期。这一时期，中国经历了多次政权更迭和战乱，社会动荡不安。与此同时，美国在国际上的影响力逐渐增强，成为世界上最重要的超级大国之一。

在民国期间，中国参与了第一次世界大战。民国三年（1914年），

第一次世界大战爆发，这场战争是由于20世纪初资本主义国家向帝国主义过渡时政治、经济发展不平衡所导致的。中国作为一个中立国，原本并未直接卷入战争，随着战争的持续，1917年中国决定参战，加入了协约国一方。中国参战的主要原因包括希望借此机会提高国际地位、收复失地以及争取国家主权。中国在战争中主要提供了人力和物资支持。虽然中国军队没有直接参与欧洲战场的战斗，但中国劳工在战场上发挥了重要作用，他们为协约国军队提供了后勤支持，如挖掘战壕、修筑工事、运输物资等。1918年11月，第一次世界大战以同盟国的失败告终。战后，中国作为战胜国之一，原本期望能够在巴黎和会上收复失地、废除不平等条约，但实际上并未达到预期目标。尽管中国在战争中的贡献有限，但参战为中国提供了一个展示国家力量的平台，并在一定程度上提升了中国的国际地位。同时，一战也促进了中国社会的觉醒和民族意识的增强。最重要的是，1917年俄国十月革命的胜利给中国送来了马克思列宁主义，使中国的先进分子找到了救国救民的真理。马克思列宁主义在中国的广泛传播，为中国共产党的建立奠定了思想基础。在此基础上，1920年初，李大钊、陈独秀等开始了建党的探索和酝酿。各地先进知识分子，在上海、北京、武汉、广州、长沙、济南等地相继建立了党的早期组织。其中，1920年8月在上海建立的共产党早期组织定名为“中国共产党”，实际上起着中国共产党发起组的作用，最终促成了中国共产党的诞生。

在美国崛起的关键阶段——二战时期，实际上中国扮演了重要角色。第二次世界大战是一场全球性的冲突，中国是其主战场之一。在二战期间，中国进行了长期的、艰苦的抵抗日本侵略的战争。这场战争从1931年的九一八事变开始，持续了14年，直到1945年结束。中国人民在这场战争中付出了巨大的牺牲和努力，浴血奋战，拖住了日本陆军主力，最终取得了胜利。除了在国内战场上与日本进行殊死搏斗，中国还积极参与国际战场的合作。例如，中国派出了远征军支援中印缅战场的对日作战，并在隐蔽战线上与盟军并肩作战，为其提供了重要的情报支持。中国的抗日战争是二战的重要组成部分，为世界的反法西斯战争作出了重要贡献，赢得了世界的尊重。

随后，经过解放战争，即国共内战，国共双方进行了激烈的军事冲突。最终，中国共产党领导的人民军队取得了胜利，推翻了国民党的统治，实现了全国的解放。在全国解放之后，实施了一段时间的计划经济。这种经济体制在新中国成立初期对于集中资源、快速建立工业基础起到了重要作用。通过国家的计划和调控，大量的人力、物力和财力被投入重点工业项目中，为中国的工业化进程打下了坚实的基础。

四、靠自力更生和改革开放崛起的中国迎来金融强国机遇

（一）中国经济崛起和金融发展给金融强国带来机遇

在改革开放之前，中国经历了长期的计划经济时代。虽然这个时期存在一些困难和挑战，但中国政府通过实施一系列的经济和社会改革措施，仍然取得了显著的建设成就。在计划经济时代，中国成功地建立了比较完整的工业体系，包括重工业、轻工业和农业等各个领域，这为中国的经济发展奠定了坚实的基础。政府采取了一系列措施来促进农业生产力的解放和农村经济的发展。例如，实行家庭联产承包责任制、提高农产品价格等，这些措施有效地激发了农民的生产积极性，提高了农业生产效率和质量。尽管在计划经济时代面临着许多困难和限制，但中国在科技领域仍然取得了一些重要的创新成果。例如，成功研制出“两弹一星”等，这些科技创新不仅提升了中国的国际地位，也为国家的安全和繁荣作出了重要贡献。为了支持经济发展和满足人民的生活需求，中国政府大力投资基础设施建设。例如，修建铁路、公路、桥梁等交通设

施，建设水利灌溉系统等，这些基础设施的建设为中国的经济和社会发展提供了有力的支撑。在计划经济时代，中国政府非常重视教育事业的发展和教育普及工作。通过大力发展基础教育、职业教育和高等教育等各级各类教育，培养了大量的高素质人才和劳动力资源，这为中国经济的持续发展和社会的进步提供了重要的人才保障。

在美苏争霸的背景下，世界处于冷战时期，两大超级大国之间的竞争和对抗异常激烈。而对于中国来说，这是一个充满挑战与机遇的时代。中国面临着外部压力，但同时也看到了通过改革开放加快自身发展的必要性。改革开放是中国现代史上具有重要意义的一次历史性决策。它打破了旧的计划经济体制，逐步引入了市场经济机制，释放了社会生产力，促进了经济的快速增长和社会的全面进步。这一决策的背后，是对国内外形势的深刻洞察和对国家命运的深思熟虑。在改革开放的过程中，中国坚持独立自主、自力更生的原则，同时也积极参与国际合作和交流，学习借鉴其他国家的成功经验。中国的发展道路并不是简单地模仿其他国家，而是在结合自身国情的基础上走出了一条具有中国特色的社会主义道路。总的来说，虽然国际政治经济环境的变化为中国提供了一定的历史机遇，但中国的改革开放更多的是基于对自身发展利益的考虑而做出的战略选择。这一决策使中国在经济、政治、文化、社会等各个领域都取得了举世瞩目的成就，也为世界和平与发展作出了重要贡献。现在回头看，历史提供了机遇，但最重要的是，中华民族有能把握历史机遇的历史领袖人物和领导集体。

改革开放 40 多年，中国经济实现了崛起，取得了许多重大成就，包括但不限于以下几个方面：经济总量跃居世界第二。中国成功实现了从低收入国家向中等偏上收入国家的跨越，经济持续快速增长，增速在全球范围内名列前茅。中国的国内生产总值比 1978 年增长了几十倍，年均增长率远高于同期世界经济平均水平。综合国力和国际影响力实现历史性跨越。中国在经济、科技、军事等领域的综合实力和国际影响力显著提升。中国积极参与全球事务和国际合作，为维护世界和平与发展作出了积极贡献。坚持以经济建设为中心。中国锐意推进改革，全力扩大开放，经济发展步入快车道。中国政府采取了一系列措施来促进经济增长和社会发展，如加强基础设施建设、提高居民生活水平等。科技创新成果丰硕。中国在科技领域取得了许多重要创新成果，如载人航天、高铁技术、5G 通信等，这些科技创新不仅推动了中国的经济社会发展，也为全球科技进步作出了重要贡献。社会事业全面发展。中国在教育、医疗、文化等社会事业方面取得了显著进展。政府加大了对公共服务的投入力度，提高了人民的生活质量和幸福感。国际地位不断提升。中国作为世界上最大的发展中国家和重要的新兴市场国家之一，在国际舞台上发挥着越来越重要的作用。中国的国际地位和影响力不断提升，成为维护世界和平与发展的重要力量。

这里需要提及的是，在中国历史上，在引进西方近代和现代银行制度之前，中国人已经有了自己的金融机构，即土生土长的早期货币经营业，如质库、典当、公廨、柜坊、寄附铺、钱铺、钱庄、银号、印局、帐局、票号等，它们是中国银行业的先驱。中国人自己创造的土生土长的金融机构，经过了 20 余个世纪的演变，到 19 世纪晚期，从西方引进了一些银行制度和管理技术后，中国早期的金融机构转型为近代银行业。中国早期的货币经营业伴随着中国资本主义萌芽即商业革命，对中国经济金融业的发展作出了巨大贡献。因此，我们说，中国的金融业有民族历史根源，并不完全是西方舶来品，金融是市场经济的自然产物。

随着 1978 年的改革开放，中国开始引入市场机制，并逐步放开金融市场。非银行金融机构开始出现，股票市场和债券市场也开始发展。这一时期标志着中国金融体系逐渐向市场化方向转变。到了 20 世纪 90 年代，中国开始加快金融改革的步伐，设立政策性银行，实现商业性金融和政策性金融分离分立，商业银行、保险公司、证券公司等现代金融机构逐渐建立起来，以建立现代金融体系，金融市场也逐步完善。进入

21 世纪后，中国金融市场进一步开放和发展。外资银行和保险公司开始进入中国市场，同时，中国也逐步走向国际化，外资银行也享受到了平等国民待遇。随着互联网技术的发展，以移动支付为代表的互联网金融也开始崛起，为中国金融体系注入了新的活力。中国经济的快速增长和规模扩大为金融业提供了广阔的发展空间。作为世界第二大经济体，中国的金融市场日益成熟和开放，吸引了大量国内外资本和金融机构的参与。这不仅推动了中国金融业的快速发展，也为全球金融市场注入了新的活力。中国金融业的创新和技术进步为金融强国之路提供了有力支撑。随着金融科技、区块链等新兴技术的发展，中国金融业在数字化、智能化方面取得了显著进展。这不仅提升了金融服务的效率和便捷性，也为金融风险的防范和监管提供了新的手段。中国在全球经济一体化和金融合作方面扮演着越来越重要的角色。中国积极参与国际金融规则的制定和改革，推动全球金融治理体系的完善。同时，中国还加强与其他国家的金融合作，共同应对全球性金融挑战，为金融稳定和发展作出了积极贡献。可以预见，21 世纪上半叶，中国的崛起会为全球金融格局带来深刻的变革，也为金融强国之路带来了前所未有的机遇。

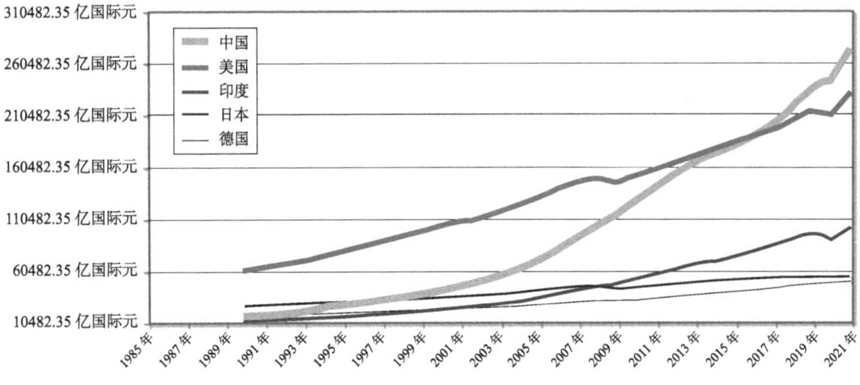

部分国家历年 GDP 增长趋势对比 ①

① 世界各国 GDP（购买力平价）数据——快易数据 https://www.kylc.com/stats/global/yearly_overview/g_gdp_ppp.html.

（二）中国金融强国之路不会一帆风顺

然而，需要注意的是，未来的金融强国之路肯定不会一帆风顺。美国有个特点，它当老大，却害怕被别国超过，尤其是警惕“老二”的追赶，美国在历史上形成了专打“老二”的习惯。例如，美国对曾经排在它后面的“老二”如苏联、英国和日本等国家都采取了打压措施，千方百计搞垮“老二”经济，使出各种阴招阻挠“老二”超过美国。

对苏联的打压主要体现在冷战期间。美国通过实施多种形式的制裁和封锁以及从政治、意识形态、经济和军事等多个方面对苏联进行打压。这种策略的目的是削弱苏联的经济实力和全球影响力，并最终导致苏联解体。在这个过程中，美国还试图通过操控国际舆论，将苏联塑造成一个封闭和独裁的国家形象，以进一步削弱其国际地位。对于英国，尽管两国在二战期间是盟友，但战后美国的崛起对英国的国际地位构成了挑战。美国通过一系列经济、政治和外交手段，逐渐削弱了英国在全球的影响力。例如，在贸易和金融领域，美国通过推动全球化和自由贸易，削弱了英国的传统优势。此外，美国还利用其在国际组织和机构中的影响力，对英国的政策和行动施加压力。对日本的打压则主要体现在二战后和冷战期间。美国在战后对日本实施了严格的军事占领和经济控制，并通过一系列政治和经济手段限制了日本的发展。此外，美国还通过贸易壁垒、关税等手段，限制日本产品进入美国市场，从而打击了日本的半导体产业等关键领域。这些措施使日本在战后初期面临巨大的经济压力和挑战。

中华人民共和国成立后，美国一直想和平演变，颠覆中国。后来逐渐改变为企图借助中国改革开放之机，用西方的价值观和制度“改造中国”，但中国始终坚持自己的发展道路和价值观，利用国际、国内两个市场来推动国家经济和社会发展，提高人民生活水平，增强综合国力。在坚持社会主义制度的前提下，吸收借鉴人类文明有益成果，在这个过程中，中国始终秉持着独立自主的立场和原则，坚定维护国家主权、安全和发展利益。同时，中国也积极参与国际事务，为世界和平与发展作出了重要贡献。面对中国改革开放事业的蒸蒸日上和在全球范围内地位的上升和崛起，美国把目标瞄准了中国。虽然美国政府外交辞令上说不妨碍中国崛起，但双标的做法却令人生疑。从小布什当总统的时代开始，历届美国政府都开始重视“中国威胁论”，只不过“9・11”事件爆发以及接下来美国发动的一系列战争如阿富汗战争、伊拉克战争、叙利亚战争以及现在还在发生的俄乌战争、加沙冲突，使美国被迫分散了注意力和实力投放。小布什政府初期咄咄逼人，“9・11”事件爆发后，美国政府被迫发动反恐战争，特别是在中东和南亚地区，这一时期美国也需要中国的反恐合作。然而，随着时间的推移，他逐渐认识到亚太地区的重要性，并开始调整战略。在奥巴马政府之前，小布什政府已经开始为“亚太再平衡”战略奠定基础，通过加强在亚太地区的军事部署和政治外交投入，逐步将美国的全球战略重心转移到亚太。奥巴马政府明确提出并实施了“亚太再平衡”战略。这一战略旨在通过增强美国在亚太地区的军事、政治和经济存在，以平衡中国等新兴大国的影响力。奥巴马政府强调与亚太地区盟友和伙伴的多边合作，通过参与和推动跨太平洋伙伴关系协定（TPP）等经济协议，深化美国在亚太地区的经济影响力。特朗普政府提出了“印太战略”，将战略视野从亚太扩展到印度洋—太平洋地区，以应对中国在印度洋地区日益增长的影响力。特朗普政府致力于加强与日本、韩国、澳大利亚等亚太盟友的关系，以共同应对地区安全挑战。从特朗普第一个总统任期内开始，美国在一些场合对中国的贸易政策和企业进行了无端指责并采取了一些行动，如对中国产品加征关税等。这些行动引发了中美之间的贸易紧张局势，给两国经济都带来了不小的影响，特朗普下台拜登上台后，美国政策并没有太大调整，这显示了美国政界主流意识形态对中国崛起的警惕和敌视也是一贯的。现在美国对华发动的不仅仅有贸易战，还有科技战、隐蔽的金融战等，可以说，现在的美国面对中国的崛起有点抓狂，毫无办法，情绪焦虑，措施失常，外交失态。拜登政府寄希望于拉盟友小圈子和“基于规则的国际秩序”（实际上就是要听命于美国）以应对中国在亚太地区的崛起。不过，美国政府也不得不在国际贸易、人权、气候变化等问题上与中国进行对话与合作。

中国相对而言，比较冷静。对美国泛化国家安全概念，对华滥用出口管制、限制双向投资等措施坚决反对，并敦促美方立即纠正错误，停止对中国企业实施非法单边制裁和“长臂管辖”。尽管美国不断加码贸易战的打压，中国不仅对美国出口保持增长，对全球南方的出口总额也出现前所未有的大幅增长，同时对亚洲、拉丁美洲、非洲、中东北非和中亚等各地区的出口也都出现了大幅增长。中国企业灵活变通，采取了“围魏救赵”，中国企业发明了一种新型的“三角跳板”贸易。特朗普政府在2019年对价值约2000亿美元的中国进口商品征收25%的关税，激发了这种三角跳板贸易。中国将零部件和资本货物运往墨西哥、越南、印度等国，然后这些国家将它们组装，再销往美国。世界银行、国际货币基金组织、国际清算银行等权威机构发表的研究结果也得出同样结论：美国比以往任何时候都更依赖中国供应链。中国先向全球南方出口，之后美国再从全球南方国家进口，这中间大概有两个月的时间差。中国对全球南方国家的出口已经从2020年的每月约900亿美元跃升至如今的每月1500亿美元，即单月增长600亿美元。其中约一半——即每月300亿美元——出现在美国从第三国的进口额增幅中。而另一半则来自中国在过去几年里已占据主导地位的行业：电动汽车、太阳能电池板、数字基础设施、交通运输基础设施和电子设备[①]。

需要指出的是，信奉市场经济的国家都知道，贸易战和科技战并不是解决大国竞争问题的有效方式。相反，这种做法只会导致双方受损，并阻碍全球经济的发展。在当前全球化的背景下，各国之间的经济联系

① 港媒：《中国成功反衬美对华决策失败》，《参考消息》，2024年5月28日。

日益紧密，任何形式的贸易战和科技战都会对全球经济产生负面影响。市场经济、自由贸易曾经被美国标榜为先进的理念追求，现在，封锁打压、贸易战、科技战却被资本主义的美国发动发起，反而是社会主义中国在高举市场经济和全球化的大旗。孰是孰非，谁代表历史趋势，谁在反历史潮流，全球自有公论。

（三）中华文明与众不同，“香格里拉之梦”未来可期

中华文明与众不同，它以其深厚的历史底蕴和独特的文化特色，传承了 5000 多年而不倒，展现出了强大的生命力和韧性。中华文明源远流长，历经无数次的挑战和变革，但始终保持着一种连续性和稳定性。历史上，中华文明是世界上唯一没有中断的古老文明，虽曾经历过数次浩劫，但总能凤凰涅槃、迎来新生，其根本原因在于中华传统文化中有许多传承至今仍熠熠生辉的珍贵遗产，中华文明强调和谐、包容、创新、奋斗等价值观念，这些价值观念在中华民族的历史长河中不断得到传承和发扬，为中华民族的发展提供了强大的精神动力。同时，中华文明也具有开放性和包容性。在漫长的历史进程中，中华文明不断吸收外来文化的优秀元素，与各种文化进行交流和融合，形成了独具特色的文化体系。这种开放性和包容性使中华文明能够在不断变化的时代背景中保持活力和创新力。

“香格里拉”这个概念最初源于英国小说家詹姆斯·希尔顿在 1933 年出版的长篇小说《消失的地平线》。该小说出版后取得了巨大的成功，并在很长一段时间内名列畅销图书的榜单。这部作品主要讲述了 20 世纪 30 年代，4 名西方旅客意外来到坐落在群山之中的神秘香格里拉秘境的故事。这 4 名旅客，原本的身份分别是外交家、银行家、修女和大学毕业生，他们因命运而相遇，并共同在香格里拉经历了一系列离奇而引人入胜的事件。在这部小说中，希尔顿描绘了一个神秘而和谐的世外桃源，名为“香格里拉”，它位于喜马拉雅山脉之中。这个虚构的

国度在小说中被描述为一个多种宗教信仰和平共处、人民安居乐业的地方。希尔顿以优美的文字和灵动的笔触，向读者展现了一个美丽绝伦的自然景色与和谐安定的社会生活并存的理想世界。“香格里拉”这一词汇也因此声名大振，成为理想国、“乌托邦”以及美好、幸福的代名词。香格里拉这个名字成了一个文明象征符号，代表着理想中的“乌托邦”，是人们心中的一片净土。

然而，在中国，这样的地方是真实存在着的。中国云南的香格里拉是一个多元文化交融的地方，在这里，藏族、汉族、纳西族等多个民族和睦相处，各种文明和谐共处是其独特的魅力所在。香格里拉位于云南迪庆藏族自治州，藏族文化是其文化的主体。然而，香格里拉也深受汉族和纳西族等民族文化的影响，形成了今天各自独具特色又和谐共处的文化景观。在香格里拉，不同民族之间保持着相互尊重和包容的态度。他们共同参加各种文化活动和节日庆典，分享着各自的文化传统和美食。这种和谐共处的氛围不仅促进了不同民族之间的交流与了解，也为香格里拉的文化繁荣和社会发展奠定了坚实基础，云南香格里拉代表了中华文化兼收并蓄的包容性，西方人向往的“乌托邦”在这里得到了实现。

中国是一个多民族国家，56个民族共同构成了丰富多彩的中华文化。在历史长河中，各民族之间的文化交流与融合不断深化，形成了今天各自独具特色又和谐共处的文化现象。例如，汉族的儒家文化与少数民族的传统文化相互交融，共同塑造了中华文明的独特魅力。此外，中华文明还积极吸纳外来文化，如佛教、伊斯兰教等宗教思想，以及西方科学、技术、艺术等方面的成果。这些外来文化与中华文明相互融合，为中华文化注入了新的活力和创造力。中华文明的包容性还体现在对不同思想观念的尊重上。无论是儒家、道家、法家还是墨家等学派，都在中华文明史上留下了深刻的烙印。这些学派之间的交流与争鸣，推动了中华文明的不断发展和进步。

当前，中国正处于一个伟大复兴的历史时期。在国家政策的有力支持下，中华文明的传承和发扬得到了更加广泛的关注和推动。同时，随着中国的经济崛起和国际地位的提升，中华文明的影响力也在不断扩大。越来越多的人开始关注和了解中华文明，感受到其独特的魅力和价值。因此，可以说中华文明的复兴指日可待。未来，随着中华民族的不断发展壮大和国际地位的进一步提升，中华文明将会在世界舞台上发挥更加重要的作用，为人类文明的发展贡献更多的智慧和力量。我们有理由相信，“香格里拉之梦”是西方人提出的“乌托邦”，他们向往的美好在中国文化看来并不空洞，中国崛起会给全球带来文明和谐共存的机遇，终究会在未来实现。

第三章

金融强国的西方理论与实践

对国外的理论、概念、话语、方法，要有分析、有鉴别，适用的就拿来用，不适用的就不要生搬硬套。

——习近平

历史上形成了金本位制度下的金融强国——英国，以及纸币本位制度下的金融强国——美国。无论是英国，还是美国，当它们成为全球第一金融强国的时候，其后跟着一众金融次强国，这些发达国家比发展中国家具有较强的金融实力。不过，追溯西方发达国家经济和金融发展历史，它们对货币金融本性及在经济中如何发挥作用的认识，是有一个不断深化甚至观念逆转的过程。本章概述主要的西方货币金融理论及其政策，它们代表西方货币金融学如何看待金融及怎样制定金融政策的主要观点。

一、从“货币中性”到“金融非中性”的认识革命

（一）货币中性的理论

货币中性论的主要代表理论包括货币数量论和一般均衡理论。

货币数量论是古典学派货币中性理论的典型代表，其最基本的观点是货币供应量变化将最终体现于一般价格水平的变化上。具体来说，货币数量的增减只会导致一般物价水平同方向、同比例的变化，而不会带动实际收入水平的变化，因此，货币是中性的。这一理论通过剑桥方程式（$M=kPY$）和费雪方程式（$MV=PY$）清楚地展示了国民收入水平（Y）、价格水平（P）与货币供应量（M）之间的数量关系。

一般均衡理论则是由瓦尔拉斯提出的，他认为经济本身是一个整体，任何一种商品的供给和需求都会受到货币数量的影响。然而，在一般均衡理论下，货币数量的变化并不会影响实际的经济变量，如产出和就业，因此，货币也是中性的。

此外，货币中性论还有其他的代表学派和理论，如早期代表货币面纱论和现代西方经济理论中的理性预期学派。货币面纱论以萨伊为代表，其认为货币仅仅是商品交换的媒介，对实体经济活动没有实质性的影响。而理性预期学派则从理性预期的角度论证了货币是中性的，认为货币不可能对经济生活中的就业量、实际产量或实际收入产生实质性的影响，货币唯一能影响的只是名义变量。

货币中性论坚持的“货币面纱观”，推而广之，成为“金融中性论”，认为货币和证券都不影响实体经济。该理论反对政府干预，主张自由放任，并认为干预是经济周期波动的主要原因。干预不但不能达到稳定经济的目的，反而会形成扭曲的价格，干扰经济人的判断，阻止市场均衡的实现，增加经济重新向稳态调整的成本，延长市场调整的时间。在金融中性论中，只有货币经济周期理论和货币主义学派关注货币对产出的影响，尽管他们认为这种影响非常短暂，却引起了经济学家的

强烈兴趣。货币短期非中性的发现，为后人在古典经济学统治下的经济周期理论寻找新思路打开了一线生机。

（二）瑞典学派货币金融理论

瑞典学派的创始人维克赛尔（Knut Wicksell，1851—1926）对经济学作出了重大贡献，并提出了货币经济理论，即累积过程理论。这一理论突破了此前经济学家普遍接受的“货币面纱论”，试图将货币与实际经济结合起来，对后来的经济学理论，包括凯恩斯的理论，产生了深远的影响。

维克赛尔的主要学术思想体现在他的著作《利息与价格》中，该书于 1898 年出版。他的理论是在 19 世纪末资本主义社会出现市场机制失调、生产停滞、失业增加、经济危机频繁发生的背景下提出的。他的特点是把新古典经济学的相对价格理论由局部分析扩展到整个市场，首次系统地采用经济总量分析法，从而在宏观经济领域内进行分析。此外，他还把生产划分为消费品生产和投资品生产，将国民收入划分为储蓄和消费，这是从微观分析向宏观分析过渡的关键一步。

维克赛尔还强调，货币对经济具有主动和实质性的影响，反对传统的“货币面纱论”观点，即货币只是经济活动的中立因素。他认为，货币不是面纱，而是对经济起着十分主动的作用，货币与经济是融为一体的。这一观点对后来的货币理论和经济政策产生了重要影响。此外，维克赛尔还提出了政府在经济中的角色。他赞成政府在许多情况下进行干预，以保持宏观经济的稳定和消除经济波动，同时改进收入分配状况并促进社会福利。然而，他也指出政府干预的前提是政府必须建立在民主主义的原则上。

瑞典学派特别重视利率理论的研究，强调利率政策的作用。他们认为，利率不仅影响企业的生产和投资规模，还影响居民的消费和储蓄行为以及政府的筹资行为。此外，利率还对国际经济活动产生重要影响。

瑞典学派的经济学家们还深入探讨了利率与物价的关系，分析了利率影响物价的传导机制和条件。在货币金融方面，瑞典学派提出了独特的观点。他们认为，货币并非只是交易媒介，而是能够影响经济运行的重要因素。

（三）凯恩斯货币金融理论

凯恩斯货币金融理论是约翰·梅纳德·凯恩斯在其经济学著作中提出的关于货币和金融的理论体系。这一理论对现代货币经济学和宏观经济政策产生了深远的影响。

凯恩斯认为，货币的实际供给量一般由国家加以控制，是一个外生变量，因此主要需求分析的是货币的需求。他的货币需求理论包含三种主要动机：交易动机、谨慎动机（预防性动机）以及投机动机。交易动机指个人和企业需要货币进行正常的交易活动；谨慎动机则是为了预防意外支出而持有一部分货币；而投机动机则是人们为了抓住有利地购买有价证券的机会而持有一部分货币。其中，交易动机与预防动机引起的货币需求是收入的增函数；投机动机为利率的减函数。

凯恩斯货币需求理论的一个显著特点是把货币的投机性需求列入货币需求范围。这意味着不仅商品交易规模与其价格水平影响货币需求，利率的变动也是影响货币需求的重要因素。基于这一思想，凯恩斯提出了一个重要的政策性理论：政府可以在国内有效需求不足的情况下，通过降低利率、扩大货币供应，促进企业扩大投资，增加就业和产出，实现货币政策目标。此外，凯恩斯主义者还提出了菲利普斯曲线，指出在物价增长率和失业率之间存在一种替换关系。政府可以根据这一关系选择适当的失业率和物价上涨率组合，以实现宏观经济政策目标，如经济增长和国际收支均衡。在货币政策工具方面，凯恩斯主义强调中央银行的作用，特别是通过公开市场业务作为最重要的货币政策工具。此外，它还强调将财政政策和货币政策配合使用，以达到宏观经济平衡。凯恩斯货币金融理论是一个综合性的理论体系，它强调了货币在经济中的作用，特别是货币需求与利率、就业和产出之间的关系，以及政府如何通过货币政策来实现宏观经济目标。这一理论对于理解货币政策的制定和实施具有重要的指导意义，也对现代宏观经济学和政策制定产生了深远的影响。

（四）货币主义理论

传统货币主义理论认为，当货币供应量增加时，会导致价格上涨和通货膨胀，进而对经济稳定和可持续增长造成负面影响。因此，他们主张通过调整货币供应量、利率和信贷政策来稳定经济和控制通货膨胀。传统货币主义理论的关键要点在于，货币供应量是决定经济增长速度的最重要因素。它遵循一个简单的公式：$MV=PQ$，其中M是货币供应量，V是货币流通速度，P是商品价格，Q是商品和服务数量。这个公式表明，如果一个国家的货币供应量增加，经济活动就会增加，反之亦然。传统货币主义理论强调经济自由主义，反对国家过多干预。它认为，政府需要采取的唯一政策，是公开宣布一个在长时期内固定不变的货币供应量年增长率，这一增长率应与实际国民收入预计在长期内会有的增长率大体一致，以保持基本稳定的物价水平。

经济学家米尔顿·弗里德曼是现代货币主义的代表，他提出了比传统货币主义理论更为复杂细致的货币理论，也称为货币主义理论。弗里德曼认为，货币是一种社会制度，由政府和中央银行共同管理的信用工具，用于交换商品和服务。货币不仅代表了整个社会对财富和资源分配的共识，也是人们获取商品和服务、进行支付的手段。货币具有价值尺度、储藏手段和支付手段的功能。弗里德曼的货币需求理论强调货币需求的稳定性，认为影响货币需求的因素主要包括规模变量、机会成本变量和随机变量。其中，恒久收入、货币流通速度等相对稳定，因此货币需求也相对稳定。他提出了货币需求函数，认为货币需求是收入、利率和物价水平的函数。

弗里德曼反对相机抉择的货币政策，认为这种政策会引发或加剧经济的波动。他主张实行“单一规则”的货币政策，即在没有通货膨胀的情况下，按平均国民收入增长率再加上人口增长率来制定并公开宣布一个长期不变的货币供给增长率。这样的货币政策能够给经济提供一个稳定的环境，防止货币本身成为经济波动的根源。对财政政策的看法：弗里德曼反对凯恩斯主义的财政政策，认为财政政策会产生挤出效应，私人投资会随着政府开支的增加而减少，过度的政府支出还会引发通货膨胀。总的来说，弗里德曼的货币理论强调货币政策的稳定性和可预测性，以避免经济波动和通货膨胀。这一理论在现代经济学中占据重要地位，对货币政策的制定和实施具有指导意义。

（五）新古典综合学派的货币金融理论

新古典综合学派的货币金融理论是凯恩斯主义与新古典经济学相互融合的结果，旨在通过结合新古典学派的微观经济理论与凯恩斯的宏观经济理论，形成一个更为综合和全面的经济分析框架。

在货币金融领域，新古典综合学派提出了货币乘数论，这一理论强调货币供应量的决定因素包括基础货币和货币乘数。基础货币由现金与银行存款准备金组成，是货币供应量变动的基础；而货币乘数则描述了基础货币扩张或收缩的倍数，对货币供应量的变化起着关键作用。此外，新古典综合学派还关注货币政策在调节总需求、减少失业和消除危机中的作用。他们主张通过调整利率和信贷政策来影响货币供应量，进而实现宏观经济的稳定和增长。这种政策取向体现了新古典综合派对货币内生性的重视，即货币政策对经济的影响是通过影响货币供应量和利率等内生变量来实现的。

IS-LM 模型是由英国经济学家约翰·希克斯（John Richard Hicks）和美国凯恩斯学派的创始人汉森（Alvin Hansen）在凯恩斯宏观经济理

论基础上概括出的一个经济分析模式，也称“希克斯 - 汉森模型”，又称“希克斯 - 汉森综合”或“希克斯 - 汉森图形”。

该模型的核心是分析产品市场和货币市场同时达到均衡时国民收入和利率的关系。在模型中，“IS”代表投资（I）和储蓄（S）相等的市场均衡，即投资等于储蓄时的国民收入和利率组合。“LM”代表货币需求（L）与货币供给（M）相等的市场均衡，即货币供给等于货币需求时的国民收入和利率组合。在 IS-LM 模型中，当货币市场和产品市场同时达到均衡时，将确定一个唯一的国民收入和利率的组合。这一组合点反映了经济体系的整体均衡状态。IS-LM 模型在政策分析和经济预测中也具有重要的应用价值。例如，政府可以通过调整货币政策或财政政策来影响 LM 曲线或 IS 曲线的位置，从而实现宏观经济的调控目标。

IS-LM 分析

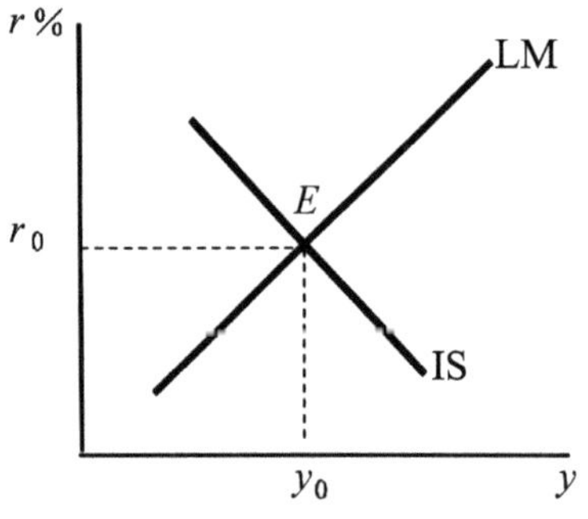

产品市场和货币市场的一般均衡

IS 是使产品市场实现均衡的一系列利率和收入的组合：LM 是使货币市场实现均衡的一系列利率和收入的组合。IS、LM 方程组的解 E（r, y）即是能够同时使两个市场均衡的组合点。

（六）金融发展理论

格利和麦金农的金融发展理论是经济学中研究金融发展与经济增长之间关系的重要理论之一。这一理论起源于二战后，随着经济的日益发展，市场地位得到加强，金融逐渐受到重视并逐渐获得了更大的发展空间。格利和麦金农等经济学家在研究中建立了金融发展演变模型，以此来论证金融与经济之间的关系，并认为金融发展在经济发展中有着重要的推动作用。

格利和肖在他们的研究中，通过建立一种由初始向高级、从简单向复杂逐步演进的金融发展模型，证明了经济发展阶段越高，金融的作用越强的命题。他们试图建立一个以研究多种金融资产、多样化的金融机构和完整的金融政策为基本内容的广义货币金融理论，并发展了包含货币理论的金融理论和包含银行理论的金融机构理论。

麦金农的金融发展理论则更侧重于研究发展中国家的金融改革与经济增长问题。他指出了发展中国家的金融自由化带来的问题，如经济发展的不稳定和金融危机等。麦金农的理论为理解发展中国家金融改革的挑战和机遇以及如何利用金融实现经济的可持续发展，提供了重要的理论支持。

格利和麦金农的金融发展理论强调了金融在经济发展中的重要作用，并提出了如何建立有效的金融体系、如何实现并促进金融资源的有效利用以及如何利用金融实现经济可持续发展的观点和建议。这些理论对于理解金融与经济发展之间的关系以及制定和实施有效的金融政策具有重要的指导意义。

（七）国际贸易与国际金融理论

代表性的国际贸易理论主要包括：

绝对优势理论：由亚当·斯密提出，认为一个国家应该专注于生产它具有绝对优势的产品，并与其他国家进行贸易。这种理论强调了专业化分工和贸易互利的重要性。

比较优势理论：与绝对优势理论密切相关，但更强调一个国家在相对生产效率上的优势。即使一个国家在所有产品的生产上都不具有绝对优势，它仍然可能从另一个国家进口其具有比较优势的产品，并出口其具有比较劣势的产品。

要素禀赋理论：由赫克歇尔和俄林提出，基于生产要素的相对丰裕程度来解释国际贸易。一个国家应该出口那些使用其相对富裕的生产要素所生产的产品，而进口那些使用其相对稀缺的生产要素所生产的产品。

规模经济理论：认为随着生产规模的扩大，生产成本会降低，从而使一个国家在该产品的生产上具有比较优势。这种理论也强调了专业化分工、规模经济和贸易互利的重要性。

技术差距理论：由波斯纳提出，认为一个国家可能会因为技术领先而出口某种产品。即使其他国家在技术上后来居上，技术领先的国家仍然可以凭借其创新能力和技术更新来维持其出口优势。

代表性的国际金融理论主要包括：

绝对购买力平价学派：这一学派主张，在不考虑任何交易费用和限制条件的情况下，商品价格应该在全球范围内保持一致。这是国际金融理论中关于汇率决定的一个重要观点。

利率平价学派：该学派认为货币的利率差异是导致汇率波动的原因。这一理论强调了利率差异对汇率的影响，为理解和预测汇率变动提供了重要的视角。

瓦尔拉国际金融理论：瓦尔拉是19世纪70年代边际主义经济学的奠基人之一，他的一般均衡理论为国际金融研究提供了重要基础。他运用数理分析的方法对国际金融的若干问题有开创性的见解，并对汇率的决定提出了独特的观点。

还有一些其他重要的国际金融理论和流派，如国际收支的弹性分析法、国际收支的吸收分析法以及国际收支货币分析法等。这些理论和方法从不同的角度探讨了国际金融问题，为政策制定和学术研究提供了重要的指导。

二、货币金融政策要兼顾物价水平和就业率

（一）菲利普斯曲线的政策含义

菲利普斯曲线图是用来表示失业与通货膨胀之间替代取舍关系的曲线，由新西兰经济学家威廉·菲利普斯于1958年在《1861—1957年英国失业和货币工资变动率之间的关系》一文中最先提出。这条曲线表明：当失业率较低时，货币工资增长率较高；反之，当失业率较高时，货币工资增长率较低，甚至是负数。具体来说，在菲利普斯曲线图中，横轴代表失业率，纵轴代表通货膨胀率（或货币工资变动率）。曲线本身表示失业率与通货膨胀率之间的反向关系。也就是说，当失业率较低时（横轴向左移动），通货膨胀率较高（纵轴向上移动）；而当失业率较高时（横轴向右移动），通货膨胀率较低（纵轴向下移动）。

经济学家对此进行了大量的理论解释，尤其是萨缪尔森和索洛，他们将原来表示失业率与货币工资率之间交替关系的菲利普斯曲线发展成为用来表示失业率与通货膨胀率之间交替关系的曲线。他们认为，货币工资的提高会引起物价上涨和通货膨胀，因此，可以用通胀率代替货币工资增长率，从而得出了通胀率和失业率之间此消彼长的替代关系。

菲利普斯曲线是一种描述通货膨胀率与失业率之间关系的曲线，通常被用来表示失业率和通货膨胀率之间的权衡取舍。该曲线的基本假设是，当政府为了降低失业率而增加支出和货币供应时，通货膨胀率可能会上升。这是因为政府支出的增加和货币供应的增加可能会导致物价上涨，从而引起通货膨胀。菲利普斯曲线上的每个点都代表了失业率和通货膨胀率的一种组合。在曲线上，每个点的高低表示通货膨胀率高或低，而每个点向左或向右的移动表示失业率高或低。

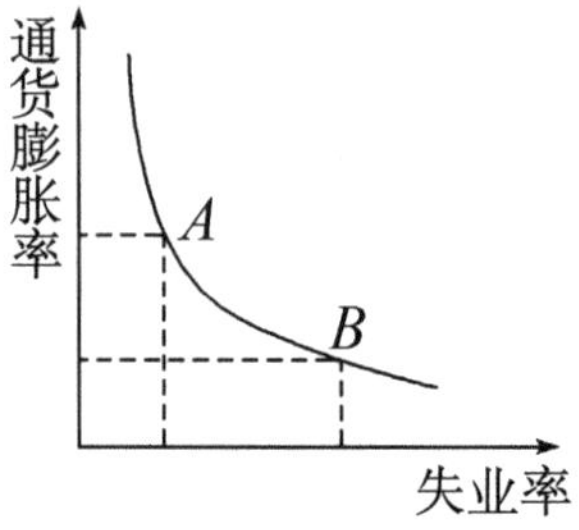

菲利普斯曲线图

菲利普斯曲线的政策含义是指导政策制定者在经济中平衡通货膨胀与失业之间的关系，通过控制失业率来促进经济增长，并在短期与长期间进行权衡。例如，政策制定者可以利用货币政策、财政政策等手段来刺激就业，推动经济增长，同时也要注意避免过高的通货膨胀对经济和就业造成负面影响。

（二）中央银行货币政策的四大目标及货币政策工具

中央银行货币政策的四大目标主要包括：

物价稳定：这是指保持国内物价总水平的基本稳定，是各国货币政策追求的首要目标。一般认为，将物价上涨率控制在一定范围内（如3%左右）是较为理想的。物价稳定实质上是币值的稳定，是中央银行通过货币政策工具调节货币供应量，进而影响市场利率，从而实现对物价的控制。充分就业：充分就业目标旨在保持一个较高的、稳定的就业水平。在充分就业的情况下，有能力并愿意参加工作者都能在较合理的条件下找到适当的工作。充分就业通常以“自然失业率”作为主要的测定指标，部分国家把4%～6%作为充分就业的标准。经济增长：经济增长是指国民生产总值的增长必须保持合理的、较高的速度。经济增长是一个国家发展壮大和人们生活水平提高的根本，中央银行通过调整货币政策，促进投资和消费，从而推动经济增长。国际收支平衡：国际收支平衡是指一国在一定时期内对外收入总额和支出总额大体相等的状况。根据国际货币基金组织的定义，国际收支包括商品、劳务和收入方面的交易，货币性黄金、特别提款权以及对世界其他地方的债权、债务的所有权等的变化。中央银行通过汇率政策、外汇储备管理等手段来调节国际收支，实现平衡。

这四个目标之间往往存在相互冲突和权衡的情况。例如，稳定物价和经济增长之间就存在一定的矛盾，因为降低通货膨胀率可能会暂时减缓经济增长速度。因此，中央银行在制定货币政策时需要综合考虑这四个目标，并根据经济环境和政策目标的变化灵活调整政策取向。

中央银行货币政策工具是中央银行为达到货币政策目标而采取的手段。这些工具多种多样，旨在通过调控货币供应量和利率来影响经济运行。以下是一些主要的货币政策工具：

存款准备金制度：通过规定商业银行等金融机构必须存放在中央银行的存款与其吸收存款的比率，来控制金融机构的信贷扩张能力。当中央银行提高存款准备金率时，商业银行可用于贷款的资金减少，从而收缩银根，减少货币供应；反之，降低存款准备金率则增加货币供应。公开市场业务：中央银行在公开市场上买卖政府债券等有价证券，以此影响市场利率和货币供应量。当中央银行卖出债券时，市场上的货币供应量减少，利率上升；买入债券时则相反，货币供应量增加，利率下降。再贴现政策：中央银行通过制定或调整再贴现利率，干预和影响市场利率及货币市场的供应和需求。商业银行可以将持有的未到期票据向中央银行进行贴现，中央银行通过调整再贴现利率来影响商业银行的融资成本，进而影响其贷款活动。利率政策：中央银行通过调整存贷款基准利率来影响市场利率水平，从而调控经济运行。降低利率可以刺激贷款和投资，促进经济增长；提高利率则可以抑制过热的经济和过高的通货膨胀压力。汇率政策：中央银行通过干预外汇市场，影响汇率水平，从而调节国际收支和进出口。例如，当本币汇率过高时，中央银行可以卖出外汇，降低本币汇率，促进出口；反之，当本币汇率过低时，可以买入外汇，提高本币汇率，保护国内产业。窗口指导：这是一种非正式的货币政策工具，中央银行通过向商业银行等金融机构提供建议或指导，影响其贷款和投资决策。虽然窗口指导不具有强制性，但由于其来自中央银行的权威地位，往往对金融机构产生一定的影响。此外，还有一些其他的货币政策工具，如短期流动性调节工具（SLO）、中期借贷便利（MLF）等，这些工具都是中央银行根据经济形势和政策需要灵活运用的。

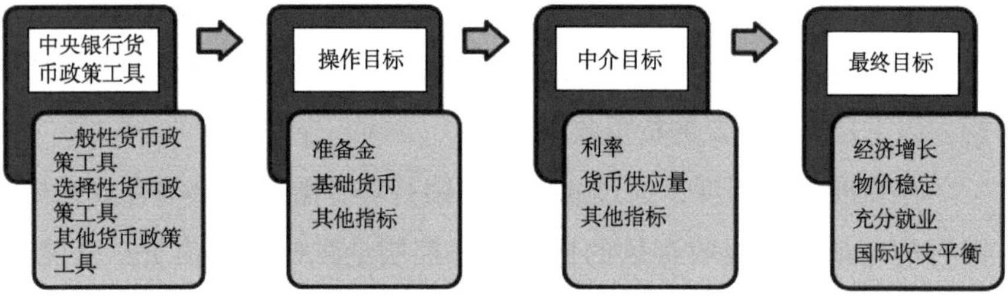

中央银行货币政策目标及工具

总的来说，中央银行通过综合运用这些货币政策工具，可以有效地调控货币供应量和利率水平，进而影响经济运行和实现货币政策目标。

（三）避免通货膨胀是中央银行的首要目标

避免通货膨胀是中央银行的核心目标之一，并且在很多情况下，它可以被视为首要或主要的目标。这是因为通货膨胀对经济和社会都有深远的影响，它会侵蚀货币的购买力，破坏价格体系的稳定性，导致消费者和企业对未来价格的预期变得不稳定，进而影响经济决策和投资行为。中央银行通过货币政策工具来调控货币供应量和利率，从而控制通货膨胀。当通货膨胀率过高时，中央银行通常会采取紧缩性货币政策，如提高利率、减少货币供应等，以抑制消费和投资需求，减缓物价上涨的速度。

尽管中央银行在追求避免通货膨胀的目标时，也需要考虑其他目标，如经济增长、就业和国际收支平衡，但在多数情况下，物价稳定是货币政策的基础和前提。因为只有在物价稳定的基础上，经济才能健康、可持续地发展。当然，不同国家、不同时期的中央银行可能会有不同的政策取向和侧重点。但总体而言，避免通货膨胀作为中央银行的首要目标是普遍认可的，也是货币政策制定的重要基础。需要注意的是，中央银行在追求避免通货膨胀目标时，也需要保持政策的灵活性和前瞻性，根据经济形势的变化和政策效果的反馈，适时调整货币政策工具的组合和力度，以实现多个目标之间的平衡。

三、政府干预金融危机毫不犹豫，没有观念限制

（一）1929 年大萧条，美联储没有给金融体系注入流动性

1929 年的大萧条是一个复杂而深远的历史事件，其爆发的原因具有多面性。首先，全球经济的脆弱性为这次大萧条提供了背景。在第一次世界大战之后，各国经济正在从破坏中恢复，工厂和农场重新开始生产。然而，随着美国和其他国家的经济性质发生变化，消费者购买耐用品（如电器和汽车）变得越来越重要，而且通常是赊购。这种变化导致经济更加依赖消费者的信贷，增加了经济不稳定的风险。其次，金融投资活动的盛行也加剧了经济的不稳定性。在 20 世纪 20 年代，由于经济繁荣和人们普遍相信快速致富的可能性，金融投资活动非常活跃。这种投资行为导致了资本市场泡沫的形成，当泡沫破裂时，大量投资者损失惨重，进一步加剧了经济的衰退。再者，美联储在当时的政策失误也对大萧条的爆发起到了推波助澜的作用。美联储试图通过控制货币供应量来确保经济稳定，但其政策导致利率下降，鼓励了过度借贷和投资。这

种过度投资进一步加剧了经济泡沫的形成，并最终导致了股市的崩盘。此外，当时的黄金本位制也是导致大萧条的一个重要因素。在这种制度下，美元可以兑换黄金，并且与黄金价值挂钩。然而，当经济危机爆发时，各国为了保护自己的黄金储备，纷纷采取了限制黄金出口和货币贬值的措施，这进一步加剧了国际金融的混乱和不稳定。最后，工业内部增长的不均衡和农业的长期不景气也是大萧条爆发的重要原因。新兴工业集中了大量生产力，而传统工业部门（如采矿、造船等）却出现了开工不足和减产危机。同时，农业发展滞后，没有跟上工业发展的步伐，这也进一步加剧了经济的不稳定。

虽然 1929 年大萧条的爆发是由多种因素共同作用的结果，但大萧条期间，美联储未能给金融体系注入足够的流动性，这是导致经济进一步恶化的重要原因之一。具体来说，金融体系流动性不足加剧了信贷紧缩，使企业和个人难以获得所需的资金来支持运营和消费，从而进一步抑制了经济活动。在大萧条的背景下，银行和其他金融机构遭受了巨大的损失，导致它们对风险更加谨慎，减少了信贷的发放。而美联储未能及时采取有效措施来注入流动性，稳定金融市场，这使信贷紧缩的状况进一步加剧。不仅缺乏足够的流动性还导致了货币政策的失效。由于金融市场的不稳定，美联储无法通过调整利率等货币政策工具来有效影响经济活动，这使得政府难以通过货币政策来刺激经济增长，进一步延长了经济衰退的时间。

大萧条的经验教训告诉美国政府，美联储在金融体系中扮演着至关重要的角色。在面临经济困境时，美联储需要采取果断措施来注入流动性，稳定金融市场，确保货币政策的有效性。同时，政府也需要加强金融监管，防范类似的经济危机再次发生。因此，美联储未能给金融体系注入足够的流动性是大萧条中的一个重要教训。这也提醒美国政府，在应对经济危机时，美联储和政府需要密切合作，采取适当的政策措施来稳定经济，保护公众利益。

（二）政府无“姓社”观念障碍，对金融危机直接强力干预

美国次贷危机（subprime crisis），也称次级房贷危机或次债危机，是指一场发生在美国，因次级抵押贷款机构破产、投资基金被迫关闭、股市剧烈震荡引起的金融风暴。这场危机导致全球主要金融市场出现流动性不足危机。

在美国，贷款是非常普遍的现象，当地人很少全款买房，通常都是长时间贷款。然而，失业和再就业是常见的现象，这使一些人的收入并不稳定甚至根本没有收入。由于这些人的信用等级达不到标准，他们被定义为次级信用贷款者，简称次级贷款者。次级抵押贷款是一个高风险、高收益的行业，指一些贷款机构向信用程度较差和收入不高的借款人提供的贷款。与传统意义上的标准抵押贷款相比，次级抵押贷款对贷款者信用记录和还款能力的要求不高，因此其贷款利率相应地比一般抵押贷款高很多。

在 2006 年之前的 5 年里，由于美国住房市场持续繁荣，加上前几年美国利率水平较低，美国的次级抵押贷款市场迅速发展。然而，随着美国住房市场的降温尤其是短期利率的提高，次贷还款利率也大幅上升，购房者的还贷负担大为加重。同时，住房市场的持续降温也使购房者出售住房或者通过抵押住房再融资变得困难。这种局面直接导致大批次贷的借款人不能按期偿还贷款，银行收回房屋，却卖不到高价，大面积亏损，引发了次贷危机。

美国次贷危机从 2007 年 8 月全面爆发以来，对国际金融秩序造成了极大的冲击和破坏，使金融市场产生了强烈的信贷紧缩效应，国际金融体系长期积累的系统性金融风险得以暴露。这场危机对全球经济产生了深远的影响，许多国家都受到了不同程度的冲击。但美国处理次贷危机的手段却非常见效，主要包括以下几个方面：

政府直接注资：为了救助濒临清盘的金融机构，布什政府直接对这些机构进行注资，以稳定金融市场，防止危机进一步蔓延。货币政策调

整：美联储在危机期间采取了一系列非常规货币政策，包括降低利率和购买债券等。此外，为了增加受困金融机构的流动性并减少公开市场业务的压力，美联储还开始向存款准备金支付利息。这些措施有助于提供市场所需的流动性，稳定金融市场，并为经济复苏提供支持。加强金融监管：危机后，美国政府对金融体系进行了改革，加强了金融监管。这包括对金融机构实施更加严格的资本要求和风险管理规定，以防止类似危机再次发生。房地产市场调整：为了稳定房地产市场，政府采取了一系列措施，如提供援助和激励计划，以帮助遭受困境的房主重新获得住房稳定。这些措施有助于缓解房地产市场的压力，并促进市场的平稳过渡。

总的来说，美国政府对次贷危机的处理手段涵盖直接救助、货币政策调整、加强金融监管和房地产市场调整等多个方面，这些措施的综合作用帮助美国度过了危机，并逐渐实现了经济的复苏。美国政府这些“组合拳”都很直接，尤其是注资完全是在搞国有化，这是资本主义体系中的“社会主义”，可见，他们目的性很强，并没有“姓资”“姓社”的观念束缚。

四、金融作为战争之外的辅助手段，可制裁、打击对手

把金融作为战争之外的辅助手段来制裁、打击对手，只能发生在纸币时代，发生在美国成为金融强国，操控国际金融机构的时代，在金本位时代恐怕不太可能。金融作为战争之外的手段打击对手，具有隐蔽性、精准性和强大的破坏力。但同时，也需要注意到这种手段可能带来的负面影响，包括可能误伤无辜第三方、破坏全球金融稳定以及可能引发的反制措施等。

金融可以作为战争之外的一种手段来打击对手，这主要体现在金融

制裁和金融攻击方面。金融制裁通常是由国家通过限制或禁止与被制裁国家的金融交易，来达到打击其经济、政治目标的目的。例如，美国经常利用其在全球金融体系中的主导地位，对敌对国家实施金融制裁，以此遏制和打击对手。这种手段具有精准打击的特性，能够减少对第三方造成的不必要伤害，并且能够有效地打击敌对国家的经济，甚至可能达到摧毁其政权的目的。而金融攻击则是一种更为隐蔽和复杂的手段，它往往利用信息不对称、时间空间差来制造恐慌心理，发动者可能通过对冲基金等非国家主体来发起攻击，首先，攻击特定公司或骨干产业，动摇对目标国家经济前景的预期，然后，再由国家主体适时参与，施加政治与外交压力，制造和利用地缘政治冲突，进一步加剧目标国家的危机。这种手段如果成功，可能使一个国家整体陷入破产，实体经济倒退，社会发生动乱，其效果不亚于一场真正的战争。

（一）美国对若干国家的金融制裁

美国对伊朗的金融制裁是一种严厉的经济手段，旨在限制伊朗的经济发展和国际金融交易，以达到其政治和安全目标。这些制裁措施通常包括禁止美国金融机构与伊朗进行交易、冻结伊朗在美国的资产、限制伊朗获取美元等国际货币等。具体来说，美国通过制定相关法律和政策，对伊朗的银行、能源、航运等关键行业实施制裁，限制这些行业与国际市场的联系。此外，美国还通过国际组织如联合国安理会等推动对伊朗的国际制裁，以进一步孤立伊朗。这些金融制裁对伊朗的经济产生了深远的影响。由于无法获得足够的国际金融支持，伊朗的经济发展受到了严重阻碍，导致国内通货膨胀加剧、失业率上升等问题。同时，制裁也限制了伊朗在国际市场上的活动，削弱了其国际地位。

二战后，日本经济经历了快速的恢复和发展。美国作为战胜国，对日本进行了大量的援助，包括粮食援助、经济援助等，这为日本经济的恢复提供了有力的支持。此外，日本在科技、教育、文化等领域也进行了大量的投入和创新，进一步推动了经济的发展。在 20 世纪 60 年代末，日本的经济实力逐渐增强，开始超过欧洲的德国等国家，成为仅次于美国的世界第二大经济体。这一地位一直持续到 80 年代末，美国强迫日本签订“广场协议”。美国通过“广场协议”对日本的影响主要体现在经济层面，而非直接的政治或军事打压。“广场协议”是 80 年代由美、德、法、英、日五国财政部部长及中央银行行长达成的，旨在联合干预外汇市场，使美元对主要货币汇率有序地下调的协议。对于日本来说，“广场协议”后日元大幅升值，导致日本出口的商品在国际市场价格上升，出口受到巨大冲击，尤其是汽车工业等产业。这种经济冲击在一定程度上对日本的经济增长造成了影响，并在后续引发了日本经济的泡沫化和崩溃。

美国对俄罗斯的金融制裁是一种复杂的经济手段，旨在通过限制俄罗斯的金融活动来削弱其经济实力和国际影响力。这些制裁措施通常包括将俄罗斯金融机构排除出国际支付系统、冻结俄罗斯资产、限制俄罗斯获取美元等国际货币等。具体来说，美国对俄罗斯的金融制裁可以追溯到俄乌冲突爆发之后。美国通过一系列措施，如将俄罗斯多家银行剔除出 SWIFT 系统、制裁俄罗斯央行、禁止纸币流入俄罗斯、限制俄罗斯使用数字加密货币进行跨境支付等，有效削弱了俄罗斯的跨境支付能力。这些制裁措施对俄罗斯金融数据造成了波动，对俄罗斯经济产生了显著影响。此外，美国还针对与俄罗斯有贸易往来的非美国实体实施所谓的“二级制裁”，试图通过对这些实体施压来阻止它们继续与俄罗斯进行贸易。这种制裁手段是美国利用其金融霸权试图孤立俄罗斯的一种表现。

然而，面对美国的金融制裁，俄罗斯并没有表现出退缩的态度。俄罗斯总统新闻秘书坦言，虽然外部压力确实存在，但这些困难都是“可以克服的”，并不会对中俄之间的经济合作造成实质性的阻碍。美国对俄罗斯的金融制裁引发了国际社会的广泛关注和担忧，也损害了美国在全球的信誉。

（二）美国对中国金融存在潜在威胁

美国对中国潜在的金融威胁主要体现在以下几个方面：

聚焦中国金融基础设施：美国试图通过制裁等手段来限制中国发展替代支付系统，规避美国金融制裁和美元体系的潜在挑战。例如，美国国会发起针对中国金融机构与俄罗斯金融机构支付、核算、结算交易的制裁法案，企图冻结或禁止为俄罗斯金融机构提供交易服务的中国金融机构相关的任何美国账户，并禁止俄罗斯通过人民币跨境支付系统（CIPS）进行任何交易。企图压缩人民币发展空间：美国将数字人民币的兴起视为中国在金融领域弯道超车的路径，并采取一系列措施来限制中国获得数字货币优势。例如，美国在七国集团框架下发布央行数字货币基本原则和核心特征，掌握未来央行数字货币规则及话语权，并以“数字权威”“不注重隐私”“中国仍有严苛资本管制”等理由抵制数字人民币。妄图消除中国在国际金融机构的影响力：美国甚至欲在极端情况下将中国剔除出国际货币基金组织（IMF）等国际经济组织，以削弱中国在国际舞台上的影响力。另外，美国对 SWIFT 系统确实具有显著的影响力：SWIFT，即环球同业银行金融电讯协会，是一个国际银行间非营利性的国际合作组织，总部位于比利时，受欧盟法律管辖。虽然它在名义上是一个非官方的国际组织，但由于美元在收付清算中的主导地位，美国对 SWIFT 具有不可忽视的影响力。美国对 SWIFT 系统的影响力主要体现在以下几个方面：首先，美国的 CHIPS（纽约清算所银行同业支付系统）是 SWIFT 的重要组成部分，这使美国能够间接影响 SWIFT 的运行。其次，由于美元在全球货币体系中的超级地位，美国经常利用 SWIFT 系统来解决各种政治问题，如对特定国家实施金融制裁。当美国政府对某个国家实施制裁时，它可能会要求 SWIFT 封锁或限制该国的美元交易，从而对该国的经济和金融活动产生显著影响。这对中国是一个潜在的威胁。

2024 年 4 月下旬，在时任美国国务卿布林肯访华前夕，有美媒放风称，美国将制裁一些中国银行，以破坏中俄继续合作。理由是中俄贸易让俄罗斯军工得以加强，而这样的“支持”，会推动俄罗斯在俄乌冲突中获胜。按照美方官员的说法，美方当前仍然在通过外交劝告中国限制对俄出口，但倘若劝告无效，美方就会考虑对一些中国银行实施制裁。美方所谓的制裁措施，多半就是将一部分中国银行踢出 SWIFT 支付系统。不管美国是否出于谈判策略，还是付诸行动与否，美国放出这个风来，就代表着一种潜在的威胁。中国虽然不怕，但也要有所警惕和准备。美国对中国崛起的持续关注和焦虑担忧，也凸显了中美之间在金融领域也存在竞争关系。然而，需要指出的是，这种竞争应该是公平、合理和合法的，不应该采取单边主义和保护主义的做法。同时，中国应该坚持走自己的道路，加强金融监管和创新，提高金融业的竞争力和稳健性，以应对外部的挑战和压力。

五、西方货币金融理论评述

（一）必须抛弃货币中性论

古典和新古典经济学坚持货币中性论，其认为“货币量增加所引起的正常影响，就是引起一般物价水平的完全同比例的上升”，因此，货币不构成实质经济的组成部分，货币与实质经济之间只有单纯的相对关系。古典和新古典经济学货币中性的观点实际上是只强调货币的交易媒介功能，不仅忽视了货币的价值贮藏作用，更忽视了货币在媒介资本转移、实现储蓄配置方面的作用。基于货币中性的观点，就形成了古典和新古典经济学的“两分法”。“两分法”使它们的货币分析沉迷于货币数量与一般价格水平的公理性联系中，根本无暇顾及金融及其金融关系在一般经济分析中应有的地位。这种古典分析方法实际上也就是“实物分析”。古典分析的这种局限性，在货币关系比较简单的时期表现得还不太明显，因为那时的金融对经济的影响能力终究有限，也就是说，金融对经济的“主动性”作用并没有产生，尤其在金本位制度下，银行本质上不是创造货币的机构，货币和货币政策的效能都不明显。多数古典经济学家认为货币中性，不认为货币能够导致经济波动。在他们的学说里，货币不对实际产量产生影响，只影响名义变量，这就是“货币面纱论”。但是，随着货币以及金融对实际经济渗透程度的进一步加深，古典经济学的货币中性论越来越站不住脚，越来越难以对现实经济作出合理的解释。在这种情况下，伴随着凯恩斯对古典经济学的“革命”，古典经济学的实物分析也被凯恩斯的货币分析所替代。

马克思的经济理论早就强调货币对产量和经济波动的作用，这一点中国的学者是熟知的。西方经济学把马克思与亚当·斯密、凯恩斯并列为三大经济学家，证明了马克思经济学在西方理论界也颇受重视。凯恩斯通过其新的货币资产观和货币利率理论的形成，把货币以一种实质性的机制融入了实质经济过程：实物资本和货币资本的利率都决定于它们各自的数量和经济主体的预期，由于投资者的实物资本投资总是以获取利润为目的，因此在任何情况下，经济体系的总资本效率不可能低于货币的边际效率——利率。这样一来，货币资产及其利率在经济体系中就起到了限定一个社会总资本存量的特殊作用。于是，在凯恩斯的货币分析看来，货币对实质经济就总是非中性的。在理论上确认货币的非中性，虽然没有引导凯恩斯走向尊崇货币政策（由于流动性陷阱的存在，货币政策的效应受到制约，因而凯恩斯更倾向于以财政政策为主的需求管理），但是却必然引起人们对货币以及金融、金融过程前所未有的重视。二战后，希克斯、汉森和托宾等人发展了凯恩斯经济学，并将其调和为新古典综合派。利率决定于储蓄与投资相等、货币需求与货币供给一致的IS-LM模型充分包含了货币因素，成为标准的宏观经济分析工具。新古典综合派摒弃了以哈罗德-多马模型为代表的实物增长理论，提出一系列货币增长理论模型。其中，斯泰因（1966）建立的凯恩斯-维克塞尔模型最为全面深入，它表明，货币供应的增长率、私人部门的金融资产净额与货币存量之比在长期中影响着实际变量的均衡值。所以，在长期增长过程中，货币也不是中性的。因此，货币非中性在新古典综合派那里就得到了有力的说明，并被发展到没有任何妥协和折中的、始终如一的程度。

然而，货币主义却重新提出了货币中性的概念。弗里德曼对于货币中性的看法是从货币供给变动引起人们资产组合变动的角度展开的，而且货币增长的分配效应也是通过资产组合引入其分析框架的。但是，与凯恩斯不同，弗里德曼的资产组合不仅包括货币和债券，也包括其他金融资产乃至实物资本。这样，资产组合的调整就可以通过资产收益结构的改变直接对就业、产出和收入产生影响而无须通过利率传导。在弗里德曼的经典论著《货币政策的作用》中，他认为中央银行只能盯住名义数量，而非实际数量："实际利率、失业率、实际国民收入水平、实际货币量"等都是超出其控制范围的。也就是说，价格和产量，货币力量和实际力量，是彼此独立而不是相互决定的。因此，货币短期内可能是有影响的，但从长期来看却是中性的，长期的趋势与短期趋势的叠加之间有根本的不同，其中的原因有些神秘和解释不清。显然，弗里德曼用名义国民收入水平决定的货币数量论取代古典的、一般物价水平决定的数量论，并没有将货币影响实质经济的大门完全关死，在短期内货币仍然可能是非中性的。因此，弗里德曼的货币数量论实际上成为货币数量与经济波动的理论。这看上去自相矛盾——如果经济波动是由于货币数量变化引起的，那么，货币怎么能是中性的呢？

20 世纪 70 年代末，供给学派复活了消亡已久的"萨伊定律"，形成对凯恩斯主义的全面反动。而 80 年代的理性预期学派，则主张货币政策在短期和长期都无效的政策观念。显然，理性预期的理论逻辑回到了古典经济学的“两分法”和货币中性论。“两分法”和货币中性论作为理性预期经济学的基本框架，使其恢复了古典和新古典经济学“自由放任”的信念，并使其成为当代经济学的新正统。但是，从金融一定程度上越来越强的虚拟性、信息技术的发展对金融脱离传统轨道运行的推动以及由此引发的新一轮金融自由化、金融创新等现实情况来看，现代经济学货币分析的上述“轮回”绝不可能完整地涵盖和有效地解释日益复杂的金融过程（货币及其作用只是其一部分）及其对实体经济的广泛影响。货币中性论其实与金本位密切相关，在纸币制度替代金本位货币制度之后，货币发行对实体经济的影响就不仅仅局限于价格，往往也会体现在对实体经济增长的巨大影响上。因此，古典的货币分析，需要被现代货币分析所取代，但是，新资源学派认为，还不够，还需要用金融分析取代货币分析，因此，新资源学派提出需建立一种全新的分析视角和分析方法——金融分析。

（二）用金融分析取代货币分析

什么是金融分析？金融分析这个概念其实是伴随着金融可持续发展理论的提出而产生的，是在完成对主流经济学货币分析的历史审视之后，结合金融可持续发展观而提出的一种理论发展方向，或者说是一种分析范式。20 世纪 50 年代至 60 年代，在占有统治地位的主张强迫储蓄和国家干预的凯恩斯学派影响下，金融要素的重要性被严重忽视，大多数发展中国家都赞同低名义利率和高通货膨胀，金融部门被当作为执行干预主义者政策而进行大量融资的工具，以优先发展“增长的发动机”的关键——工业部门，使缺乏有效的税收手段并正在经历着持续预算赤字之苦的政府轻易取得收入来源。金融抑制战略通过压低实际利率，进行信贷配给，对银行存款实行高昂的准备金，高估本国货币对外币的汇率以及压低国内生产的初级产品价格和劳动力价格、限制储蓄者与投资者的金融交易等手段，造成金融机构的高单位成本和低利润、市场过度的贷款需求以及大量的游离于组织化金融部门之外的地下资金市场，降低了实际经济增长率，缩小了金融体系相对于非金融体系的规模。这些手段的使用，导致了各发展中国家经济的病态和金融体系的不健全，迫使人们开始反思经典经济理论，开始真正关注金融在经济中的作用。

金融分析方法最初在约翰·G. 格利和爱德华·S. 肖 1960 年出版的《金融理论中的货币》一书中初现端倪，他们主张货币不是货币金融理论的唯一分析对象，货币金融理论应当面对多样化的金融资产，而货币只是无数金融资产中的一种。他们认为，除商业银行之外，形形色色的非银行金融机构也在信用创造过程中扮演着重要角色。这样，货币政策应当被影响金融制度乃至经济制度的一套完整的金融政策，包括货币政策、债务管理政策以及财政政策所取代，这就形成了一个与传统货币金融理论不同的以研究多种金融资产、多样化的金融机构和完整的金融政策为基本内容的广义货币金融理论。这种理论与 20 世纪初以来特别是第二次世界大战后，美国金融领域出现的新情况、货币政策面临的新问题密切相关。从西方货币金融理论的发展来看，《金融理论中的货币》一书的贡献主要体现在两个方面：一是关于银行与非银行金融机构的异同问题；二是关于“内生货币”与“外生货币”的区分问题。除对金融机构理论和货币理论的贡献之外，在分析经济与货币的关系时，格利和肖还独具匠心地从创造不同类型货币的不同渠道考察其对经济的不同影响，这相对以往仅注重从总的货币存量进行考察的货币金融理论来说显然是更深入了一步。1968 年，戈德史密斯发表《金融结构与金融发展》，采用金融相关比率（Financial Interrelation Ratio，FIR，指某一时点上现存金融资产与国民财富之比）与一国经济增长联系起来以衡量金融发展；1973 年，肖和麦金农分别发表《经济发展中的金融深化》和《经济发展中的货币与资本》，提出了金融深化理论，标志着金融分析正式进入学界视野。但是，正如他们反复强调的那样，他们虽然对传统理论有所拓展，但仍是在新古典学派的分析框架中讨论问题。在他们的理论中，制度经济学特别是新制度经济学所创造的一系列研究方法和理论范式并没有被吸收进去。金融具有制度属性，是市场经济中资源配置的核心制度，制度分析完全适用于金融。当然，制度分析不等于金融分析，但金融分析却少不了制度分析。

新资源学派认为，金融分析是货币分析的逻辑延伸，更是对货币分析的拓展和超越。只有在经济金融化的金融经济时代才有可能进行金融分析，也只有当金融的资源属性凸显，成为配置其他经济资源的核心资源后才有必要进行金融分析。金融分析的本质特征在于它是一种多要素、多关联的系统分析方法。金融分析的基本前提是金融内生于经济和金融非中性。金融分析不仅要考虑货币和资本，更为重要的是关注决定它们的制度以及相关的其他要素，例如，金融是制度，是市场经济“资源配置的核心制度”，由于金融本身既是资源，又是配置其他资源的资源，即具有配置性，所以，在现代经济日趋金融化的金融经济时代，选择市场经济道路的国家必须通过有效地配置金融资源，才能有效地配置其他经济资源，达到资源配置的最优状态。另外，金融是一种社会资源，具有社会属性，金融、经济和社会就构成了一个不可分割的有机整体，金融内生于经济和社会，经济和社会就构成了金融的外部“生态”环境。于是，金融知识、金融信息、金融意识、政治体制，甚至文化传统等都会制约到金融发展本身。研究金融发展如果仅仅关心货币资本本身，而忽略以上这些关联要素，就忽视了金融的社会属性。金融分析的思路就是拓宽视野，把货币资本以外的要素统统考虑进来，使它们融合于一个分析框架内，这种融合并不是简单的大杂烩，而是以制度分析为基础，吸收古典学派、新古典学派以及其他所有经济学派的合理内核而形成的一种综合分析方法。从这个意义上看，这里所谓的金融分析实际上把制度分析引进了货币金融理论，弥补了忽视制度的新古典货币金融理论的不足，金融资源学派（新资源学派）这种理论创新代表一种趋势。下图描述了金融分析方法的发展进程。

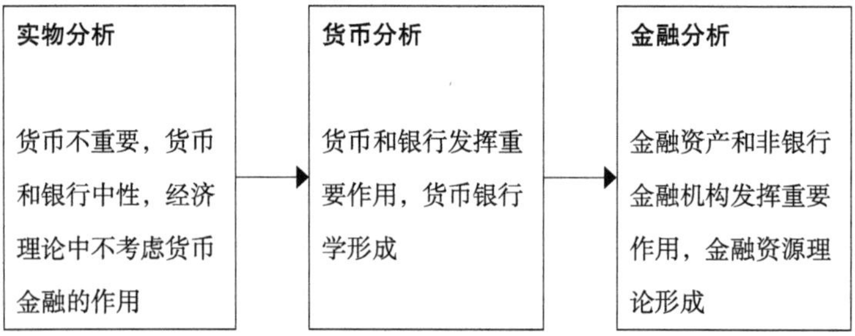

货币金融分析方法的发展

（三）高度重视金融资源配置

资源配置是新古典经济学的关注重心。所谓资源配置，就是在给定生产力和资源稀缺性条件下，研究各种产品的相对比例如何在市场上决定，这几乎就是后来主流经济学的定义。西方权威经济学辞典《简明帕氏新经济学辞典》上说："自古以来，对资源配置中效率的分析，一直是经济学理论的主要课题，也是当代微观经济学理论的重要组成部分。"美国《现代经济词典》说：资源配置是"指资源在不同的用途和不同使用者之间的分配。每一种经济制度的基本问题，都是如何使资源的分配产生最大的效能。资源必须用于生产消费者最需要的产品。另外，资源必须分配给生产能力最强的工业，最优的资源分配是通过自由价格制度取得的，在这种制度下，资源从获利较少的用途转向获利较多的用途，从不太重要的用途转向较为重要的用途"。

西方主流经济学重视资源配置无疑是正确的，不过，现代经济的资源配置不应当再局限于自然资源或生产三要素的配置。资源概念应当拓展，应该是多要素配置。在金融经济时代，金融成为当代市场经济“资源配置的核心制度”，金融资源的配置效率关系着其他经济资源的配置效率，金融资源配置成为资源配置的核心问题。金融资源的有效配置对于一国的经济资源的有效配置至关重要。金融资源的配置是一种复杂的、动态的、系统的工程，其最终目的是促进金融和经济协调持续发展。

习近平总书记强调，我们既要立足本国实际，又要开门搞研究。对人类创造的有益的理论观点和学术成果，我们应该吸收借鉴，但不能把一种理论观点和学术成果当成“唯一准则”，不能企图用一种模式来改造整个世界，否则就容易滑入机械论的泥坑。一些理论观点和学术成果可以用来说明一些国家和民族的发展历程，在一定地域和历史文化中具有合理性，但如果硬要把它们套在各国各民族头上、用它们来对人类生活进行格式化，并以此为裁判，那就是荒谬的了。对国外的理论、概念、话语、方法，要有分析、有鉴别，适用的就拿来用，不适用的就不要生搬硬套。哲学社会科学要有批判精神，这是马克思主义最可贵的精神品质。

西方货币金融理论作为全人类思想的一部分，具有启发性和相对真理性，为我们提供了深入理解金融市场、金融机构和金融政策的重要视角和方法。这些理论是在特定的历史和社会背景下发展起来的，反映了人类对金融活动的认知和探索，因此具有普遍的借鉴意义。然而，西方金融理论也存在历史局限性和国别局限性。这些理论往往是在特定的历史时期和特定的国家或地区形成的，因此可能无法完全适用于其他时期或其他国家或地区的金融实践。此外，金融市场的发展和金融创新的不断涌现也对金融理论提出了新的挑战和要求。

因此，我们在借鉴西方金融理论时，应该采取兼收并蓄的态度。既要充分肯定其启发性和相对真理性，从中汲取有益的营养，又要认识到其历史局限性和国别局限性，避免盲目照搬或片面理解。我们应该结合本国的实际情况和金融市场的特点，在马克思主义政治经济学指导下，对西方金融理论进行有选择地吸收和改造，以更好地服务于本国的金融实践和发展。

同时，我们也应该积极推动金融理论的创新和发展，以适应金融市场的不断变化和金融创新的不断涌现。通过不断地学习和实践，我们可以更好地理解和运用金融理论，为金融强国建设作出更大的贡献。

马列主义政治经济学与西方货币金融理论虽然起源和理论体系有所不同，但两者并非截然对立，而是可以相互融合、相互借鉴的。马列主义政治经济学与西方货币金融理论的融合不仅可以深化我们对货币、金融市场以及经济政策的理解，还可以为我们提供新的视角和方法来分析和解决现实经济问题。这种融合有助于我们更全面地认识经济运行的规律，为制定科学合理的经济政策提供理论支持。我们需要用马克思主义政治经济学基本原理来指导借鉴西方货币金融理论。

马列主义政治经济学主要研究的是生产力和生产关系的发展变化，揭示社会经济发展和运行中生产力与生产关系矛盾运动的规律性。它强调的是社会经济制度的变革、商品经济的基本原理以及资本主义生产关系的实质等方面。而西方货币金融理论则更侧重于货币的起源、作用，货币供给与需求，货币政策以及金融市场的运作等方面。

在融合马列主义政治经济学和西方货币金融理论时，我们可以从以下几个方面进行思考：首先，货币作为商品经济的重要组成部分，在马列主义政治经济学和西方货币金融理论中都有深入的探讨。我们可以将两者对货币的理解相互融合，更全面地认识货币在经济中的作用。其次，马列主义政治经济学强调生产力和生产关系的发展变化，而西方货币金融理论则注重货币供给与需求、货币政策的调控等方面。我们可以将这些理论观点相互结合，探讨如何通过货币政策的制定和实施来促进生产力和生产关系的发展。最后，金融市场作为资金融通的重要场所，在马列主义政治经济学和西方货币金融理论中都有涉及。我们可以借鉴西方货币金融理论对金融市场的深入剖析，同时结合马列主义政治经济学的观点，在制度上探讨如何完善金融市场体系，用“金融资源配置”作为东西方货币金融理论的“节点”和“桥梁”，就可以最终保持学术开放，兼收并蓄，拿来主义，全部用于服务中国式现代化和实现中华民族伟大复兴事业。

第四章

金融强国的新资源学派观点

要按照立足中国、借鉴国外，挖掘历史、把握当代，关怀人类、面向未来的思路，着力构建中国特色哲学社会科学，在指导思想、学科体系、学术体系、话语体系等方面充分体现中国特色、中国风格、中国气派。

——习近平

一、白钦先金融团队已形成有中国文化特征的特色研究

习近平总书记指出："这是一个需要理论而且一定能够产生理论的时代，这是一个需要思想而且一定能够产生思想的时代。""在解读中国实践、构建中国理论上，我们应该最有发言权。"但是，我国经济学、金融学理论在国际话语权的把握上，与中国经济全球第二的地位相比，是非常不对称的。然而，并不是没有好的理论，好的理论并不追求时尚，而是一直在持续地研究，默默地奉献，慢慢地影响人们的观念和政府的顶层设计。

（一）形成历程：45 年以上持续、系统、专业的团队研究

"金融是一种资源，是一种稀缺资源，是一国最基本的战略资源。"这是我国著名金融学者，辽宁大学国际金融研究所所长白钦先教授于 1998 年 5 月提出的观点。这个观点以及白教授积极倡导实行金融可持续发展战略的呼吁引起了金融理论界的热烈反响和积极回应，相继有一批学者投入到"以金融资源理论为基础的金融可持续发展理论"研究中来。时光荏苒，金融资源论已经提出 20 多年，越来越多的经济金融学者、政府高层人士开始接受金融资源理论，逐步认识到了这个理论所揭示的深刻内涵，这对促进我国经济金融可持续发展而言意义深远。

在中国金融理论界，在白钦先教授的带领下，辽宁大学的金融学博士点和国际金融研究所的科研团队，潜心研究金融 40 余年，发表了大量的文章，出版了数十部理论专著，带有自己鲜明特征的学术派别并对我国金融改革产生了巨大的影响，形成了所谓的"新资源学派"。新资源学派长期、正面、整体研究金融，针对金融自身发展及金融发展与经济社会发展之间的关系和相互作用等规律进行了持续、系统、科学的探讨，形成了自己独特的标识性概念及学术特征。

新资源学派从 20 世纪 80 年代末 90 年代初算起，迄今已经持续、

系统、专业研究金融近 40 年。可以说是紧跟国家改革开放的步伐逐步发展起来的中国理论。这个产生于中国大地的理论学派正是根植于中国 40 余年来伟大的改革开放实践。该理论学派的系统研究完全符合习近平总书记提出的“只有以我国实际为研究起点，提出具有主体性、原创性的理论观点，构建具有自身特质的学科体系、学术体系、话语体系，我国哲学社会科学才能形成自己的特色和优势”之精神。

（二）学派贡献：为中国金融改革与金融发展作出了巨大理论贡献

一个好的理论学派一般具有以下几个特征：独创性：创新的理论贡献首先应具有独创性，即提出新的观点、模型或理论框架，这些新的理论元素是前所未有的，能够推动相关领域的理论发展。这种独创性不仅体现在对新问题的新解答，还包括对旧问题的新理解或新解决方法。重要性：创新的理论贡献应当针对重要问题或现象提出，能够对学科发展或实践应用产生深远影响。这种重要性可以体现在解决了长期困扰学界的问题，或者为未来的研究开辟了新的方向。实用性：一个好的理论贡献不仅要在学术上有价值，还要具备实用性，能够对实践产生指导意义。这种实用性可以是通过提供新的分析工具、方法或策略，帮助人们更好地理解和解决实际问题。可推广性：创新的理论贡献应具有广泛的适用性，不仅能在特定情境下解释现象，还能推广到其他类似情境或领域。这种可推广性增强了理论的普遍性和生命力。深化认知：创新的理论有助于深化我们对某一领域或问题的认知，提供更加全面、深入的理解。通过揭示新的规律、机制或关系，创新的理论能够拓展我们的知识边界。引领变革：在某些情况下，创新的理论贡献还可能引发学科内的变革，推动相关领域的研究者重新审视和思考问题，进而促进整个学科的进步和发展。

新资源学派 40 多年的持续研究，至少在以下几个方面作出了自己独特的理论贡献：

1. 创立政策性金融理论，建议设立政策性金融机构，促进了中国金融体制改革

从1978年改革开放以来，随着中国经济体制与金融体制改革的深入，国有银行的企业化改革日益突出。20世纪80年代，笔者在从事比较银行学项目的研究中逐渐发现，政策性金融在世界各国的普遍存在，但在理论上尚无正面的、系统全面的研究，而是将商业性金融等同于金融一般形态，严重无视或忽视政策性金融的客观存在及其战略重要性。所以，白钦先教授在1989年公开出版的专著《比较银行学》一书中，第一次从战略的高度提出中国金融体制改革中将“商业性银行业务与政策性银行业务分离分立”的战略对策。1990年，他又在中国国际金融学会年会上提交了《我国银行企业化改革的关键一步——政策性银行业务与商业性银行业务的分离分立》的论文，并根据大会主席团的决定就这一问题向大会作了专题报告，引起了强烈反响。

白钦先教授领衔的“商业性银行业务与政策性银行业务分离分立”作为国家教委“八五”社会科学规划重点项目立项，正式开始系统深入的研究，于1993年7月正式完成专著《各国政策性金融机构比较》，8月向中央有关领导同志提出要“借鉴各国成功经验，尽速构筑中国的政策性金融体系”的报告与建议，在阐述了这一问题的理论依据、各国的发展状况与经验教训之后，进而提出构筑中国政策性金融体系的八项对策性建议，核心的一条便是将商业性银行业务与政策性银行业务分离分立。1993年9月，专著《各国政策性金融机构比较》一书由中国金融出版社正式出版发行。1993年10月，中共十四届三中全会正式召开，会议通过了《中共中央关于建立社会主义市场经济体制若干问题的决定》，当中关于金融体制改革方面的决定有八条，其中之一便是将商业性银行业务与政策性银行业务分离分立，筹建政策性银行。对此这一问题从理论超前研究、提出对策性报告与建议，到中央形成决议进入开始

实施的新阶段。从1994年开始，伴随着改革的逐步深入，几家相关的政策性金融机构，如国家开发银行、中国进出口银行、中国农业发展银行以及中国进出口担保与保险公司、中央与地方的社会保障保险公司、专门管理处理国有银行不良资产的多家资产管理公司等相继建立。可以说，经过10年的运作与发展，中国的政策性金融机构体系已初步形成、业务初具规模，政策性银行与政策性非银行金融机构已逐步配套，显示了强大的生命力，在中国经济与社会发展稳定方面发挥了不可替代的巨大作用。辽宁大学的政策性金融研究体现了超前性、系统性和专业性，为国家金融体制改革作出了自己的理论贡献。

2. 创立了金融资源理论，更新了金融观念，促进了金融理论创新

中国学者正式将其作为金融学理论的一个基础性、系统性概念，始于白钦先教授1998年5月26日在一次国际会议上公开向中外学者提出的“以金融资源论为基础的金融可持续发展理论与战略”的讲演，文献则比这要更早一些。立刻引起经济金融理论与实务界的高度重视和热烈反响，学术文章与座谈会、研讨会不断，被称为是1998年中国金融理论界的一件大事。

金融资源这一基础性概念和理论的提出，经历了十几年漫长的认识与理论准备过程。这包括：研究与撰写《比较银行学》八九年时间的艰难过程，对金融理论改革必要性与紧迫性的思考，对直接金融、长期金融与间接金融、短期金融结构的历史变迁的长期关注与研究（即金融倾斜及其逆转），对金融是什么及金融与经济关系的研究，对金融在相当程度上日益脱离实质经济而日益虚拟化的关注与研究，关于政策性金融的经济金融功能与基本经济学金融学含义的研究，对可持续发展理论、早期发展经济学和金融发展理论的研究，以及对传统资源理论和新的资源理论的研究等。以金融资源论为基础的金融可持续发展理论与战略的提出，首先，是具有反危机倾向的，但远不止于仅仅作为一剂预防和治疗金融危机的药方，而是对全球经济金融发展现实作出的创造性回应，

是面向21世纪的新金融观。新金融观并不是对传统金融理论的否定，也未曾试图取而代之，只是在新形势下从一个全新的角度对它的补充、丰富、发展与完善，使之能与时俱进，更加适应知识经济及经济全球化和金融全球化新时代的特征与需要，并对21世纪中国建设经济强国和金融强国的伟大事业，从理论与政策的角度作出自己的贡献。

金融可持续发展理论是以金融资源理论为基础的，而金融资源的开发配置、成本收益、后果与影响分析研究的核心问题是金融资源的配置效率，以金融资源论为基础的金融可持续发展理论在范式转换这一最高层面上，提出了全新的金融效率观。以金融资源学说为基础的金融可持续发展理论与战略，反映与代表了人类从传统金融观到现代金融观的历史性转变，带来了一系列深刻的重大变化，包括范式转换、理论创新与方法变革，因而它的冲击也将是巨大的。这个金融效率观最为重要的含义是："中国金融的发展不仅要有'量'的扩张以满足经济发展的需要，而且要有'质'的改变——即功能的深化与效率的提高。"

金融资源理论在人类思想史上第一次郑重其事地将金融资源概念作为金融学理论的一个基础性、系统性概念，提出"金融是一种资源，是一种社会资源，是一种战略性稀缺资源"的理论观点，从而揭示金融的一般资源属性，将金融提高到人类社会资财之源、稀缺资源的战略高度，从而增强全民族的现代金融意识，进而高度重视之，倍加珍惜之，极力爱护之，慎重精心开发之，科学有效配置之。金融资源理论首次揭示金融的特殊资源属性，即"金融资源是可以通过自身这一资源的配置进而配置其他一切资源的特殊资源"。这一理论揭示出现代经济即金融经济的宏观经济调控核心是金融调控的理论根据，还通过金融资源配置的合理性来解决不合理的经济结构和产业结构，以及通过提高金融资源（信贷资源、投资资源）配置效率才能提高一国或地区经济效率的政策含义。

金融资源理论阐明了"金融在提高了对一个经济的资源配置能力与

效率的同时，它自身的系统性风险也在提升与累积”这一理论概括，这既科学恰当和令人信服地解释了为什么时间越是向后转移，也即经济越是金融化、经济金融越是全球化，金融危机的发生频率就越高、危害就越大这一事实，也揭示了在现代金融经济条件下，金融危机的不可避免性，以及通过防范与化解金融风险和建立金融危机预警系统以防范金融危机的政策建议。此外，由于金融将是21世纪大国间竞争争夺博弈的战略性新领域，金融安全成为国家安全的一部分。金融资源理论强调了在经济日益金融化的条件下，没有金融可持续发展，经济可持续发展是不可实现的。这一战略是应对21世纪知识经济、经济全球化、经济金融化、金融全球化日益深化的挑战，保持国别和全球经济与社会发展稳定长治久安的根本性战略对策。

3. 创立了新资源理论，提出新资源观，拓展了西方经济学“三要素”理论

在关于金融本质的研究与认知中，首先，碰到的一个难题就是传统资源观对金融资源概念的局限。在传统经济学理论中，“经济资源”的概念都一直局限在土地、资本和劳动这三个基本要素的范围，或者，在经济实践中，资源多是指自然资源。“资源仅仅是指自然资源”这种观点，即所谓的“自然资源观”，在我国普遍存在，即使到了现在，在各种版本的《辞海》、字典、词典中，“自然资源观”仍比比皆是。古典经济学和新古典经济增长理论都只能把一国的自然资源、劳动力资源和资本（长期都是指实物资本）积累的状况作为解释该国的经济增长的主要原因。然而，现代经济增长的经验表明，劳动力和实物资本对现代经济增长贡献的相对比重在不断下降，一些原本并不明显起作用的积累因素，或者原来作为经济增长外部条件的长期因素的重要性却在不断上升。实际上，20世纪90年代以来主要西方国家经济增长的实践已经表明，包括技术进步和教育发展在内的知识要素已取代资本要素成为新经济时代——知识经济时代的第一生产要素；而后发展国家在20世纪后

半期开始的制度改革和创新运动都证明了制度在财富创造过程中的重要性，特别是作为现代市场经济核心制度的金融制度更是发挥了核心性的作用。今天人们谈论经济增长和发展不能不考虑制度（包括金融制度）的创新和变迁。除此之外，一些国家的实践证明，从中长期看，大力发展教育，提高人口素质和人力资本存量，与时俱进地解放思想和更新观念，都可以带来经济增长和社会发展。实践证明，传统三要素资源理论或自然资源观在当今时代远远脱离客观现实的局限性已经十分明显。

传统三要素理论的局限也体现在经济增长理论中。长期以来，人们将资本和劳动作为增长的两个主要来源，以索洛为代表的新古典经济增长理论发现了技术进步对增长的贡献，认为技术进步是内生的，但对技术进步的产生、体现仍缺乏足够的分析。后来的新经济增长理论在阐释技术进步与物质投资、人力资本等关系方面作了进一步发展，认为技术对经济增长的贡献越来越突出。现代经济增长理论的开拓者之一西蒙·库兹涅茨（S.Kuznets，1966）特别强调了技术、制度和时代精神等方面的因素对经济增长的作用；技术从产生到发挥作用都离不开适宜的制度环境。尼尔森（R.Nelson，1998）指出，传统的增长理论都将重点放在增长的直接来源（资本、劳动、技术）上，认为它们是成组并行出现的，尼尔森提出要从技术、企业以及经济制度等方面重新考察经济增长。这里的制度包括正式的规则和非正式的惯例或习俗。技术的产生、潜力的开发与政府的管理政策（教育制度影响人力资本）以及企业的创新制度有关。新制度经济理论则运用新古典经济理论更加系统地论述了制度作为经济增长的内在决定因素对经济发展所起的重要作用，由此引入了制度因素与经济增长的关系问题，早期的制度研究主要是刘易斯、贝克尔、诺斯等人做出的，尽管他们关于制度的内涵、范畴虽然并不一致，但大体上包括产权明晰、法制健全、政策稳定、合同守约等几个方面。他们认为，制度可以发挥产权创新、激励机制、信息传递与协调机制等作用，有利于资本、劳动，尤其是技术作用的发挥。而美国的保罗·罗默（Paul M. Romer，1986）则通过将知识或技术进步作为内生变量纳入新古典经济增长模型，提出了所谓的“新经济增长理论”。

事实上，新的经济增长决定因素的不断发现，对以传统资源概念为基础的经济增长理论、产业发展理论和国际贸易理论等都提出了严峻的挑战。面对这一现实，虽然有学者不断地将这些新发现因素逐个地填塞到传统的资源概念中，但是由于缺少经济学含义的确切分析，经济资源的概念得不到理论上准确界定，因而也就不能够清楚地解释新因素对于经济增长和经济关系的作用机理。因此，在理论上重新界定“经济资源”概念是研究现代经济增长以及其他相关理论的关键。

确立非自然资源（即社会资源）的存在，也就是为金融资源的存在与类属奠定了基础。在知识经济初现端倪并日益强化以及经济日益金融化、知识化和信息化，凸显了金融、知识和信息的资源属性并导致了金融经济、知识经济和信息经济时代来临，而这些社会类资源的极端战略重要性还将会一天比一天更强烈地显示出来。新资源学派实现了对传统西方经济学三要素理论和旧资源观的拓展，在马列主义生产力和生产关系原理指导下，提出了多要素的、拓展的新资源理论，指出了创造国民财富的新源泉，并以“金融资源配置”为纽带、桥梁，实现了理论与实践、西方与东方、传统与现代金融学理论的链接和统一。新资源学派提出的 21 世纪“新资源理论”不是一个现有西方经济理论的综述或介绍，这项研究是一次重大的理论创新尝试，是在马列主义政治经济学基本原理指导下，尝试对国内、国外现有经济理论进行突破。这一创新有可能成为 21 世纪经济学的一个理论基础和支点。

按照人类揭示和发现它们的顺序以及对经济增长的影响时效，各种资源可以被划分出不同的种类和层次。划分标准不同，资源类型也不同。根据对经济增长刺激效应的时间长短，资源可以划分为增长型资源和发展型资源，或者也可对应称之为短期资源和长期资源、战术型资源和战略型资源。下图描述了增长型资源和发展型资源的特征。

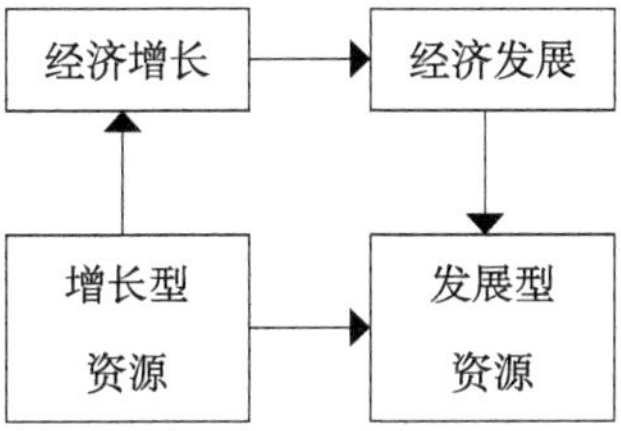

资源类型、经济增长和经济发展

资源也可以按对经济增长刺激的时效和强弱，被划分出几个层次。大体上如下：

资源第一层次：自然资源 N；资源第二层次：制度资源 S；资源第三层次：金融资源 F；资源第四层次：人力资本资源 H；资源第五层次：知识资源 H；资源第六层次：信息资源 T；资源第七层次：思想观念资源 I；资源第 n 层次：第 n 种资源 N。

资源层次的展开显示了这样一个特征：资源越是深入展开，其对经济增长的短期刺激效应逐渐减弱，其对经济、社会发展的长期作用就越突出。因此，“新资源理论”提出的经济增长模型原则上也应当是经济发展模型，二者没有根本性的界限和分歧。只能根据所考察时期的长短，以及各国不相同的经济条件和历史阶段，分别分析应当重视的资源要素变量。下图描述了资源层次性：

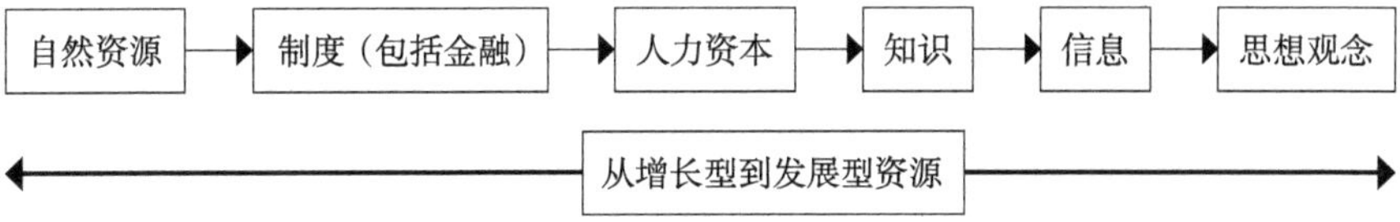

资源的层次性

需要注意的是，我们还特意列出了第 n 层次资源，用这个 N 代表未来可能再发现的新资源种类。这使我们的理论保持开放性，为后来的理论发展留下了空间。我们坚信，随着人类社会的向前发展，科学知识和技术的进步，会有新的资源被人们所揭示和发现。

设自然资源为 N，制度资源为 S，金融资源为 F，人力资本资源为 H，知识资源为 K，思想观念资源为 I，第 n 种资源为 N，D 为发展状态（用一定数量指标来表示），Φ 为状态函数。在理论上怎样研究经济发展？我们认为，提出发展状态函数比罗列各种经济数据以及语言叙述更为简洁明晰，由此，一个国家的持续发展也就表现为从低级发展状态向高级发展状态的不断跃迁。只不过这种跃迁不同于物理学中的量子跃迁，自然界可以不连续，存在量子跃迁现象。而人类社会的发展却无法瞬间完成跃迁，有连续性和持续性。"新资源理论"的发展模型为 $D=\Phi(N, S, F, H, K, T, I, O)$。

把"新资源理论"的发展模型中发展型资源如知识 K、信息 T、思想观念 I、其他资源 O 去掉，只考虑增长型资源，由此就会导出经济增长模型，则 D=GDP，则 D=GDP=$\Phi(N, S, F)$，Φ 为经济增长函数，它的具体形式由各国不同的经济制度和经济结构具体地决定。其他符号含义同上。该公式的理论解释就是经济增长与自然资源、制度资源、金融资源有关。下图描述了发展状态模型和增长函数模型之间的关系。

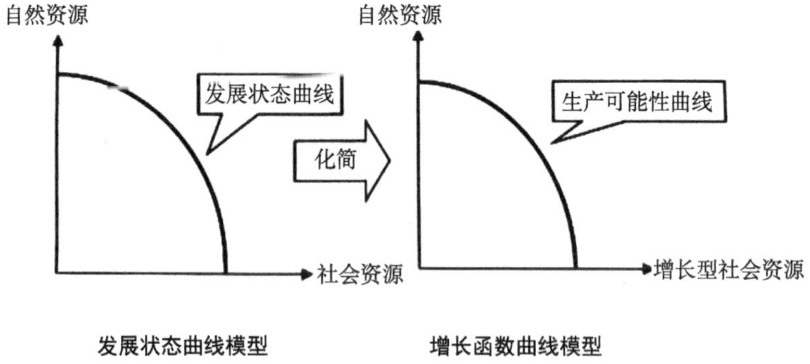

"新资源理论"把西方的资源三要素，或者资源四要素拓展到制度、金融、知识、信息、思想观念等社会资源，是针对时代的发展特征以及现有经济理论研究成果的一种统一和升华。也是一种大胆的理论尝试和探索，也成为重大的理论创新。"新资源理论"这种研究思路其实是在马列主义经典理论中的生产力和生产关系，经济基础和上层建筑之间的辩证关系原理指导下，对西方三要素理论进行了拓展。其实，制度包括作为核心市场制度的金融就属于生产关系范畴，生产关系总和构成经济基础，那么制度就是经济基础的具体体现。而知识、信息、思想观念属于上层建筑中的因素，意识形态就是思想观念，它是统治者的思想观念。那么，制度、知识、信息、思想观念对经济增长和发展的作用就是生产关系对生产力、上层建筑对经济基础的反作用。这样看来，"新资源理论"的资源拓展与马列主义的基本原理是恰好吻合的。

21 世纪新资源理论属于 21 世纪的中国，属于 21 世纪的世界。该理论具有鲜明的时代特征，具有开放性与包容性，对货币金融学乃至经济学都有基础性创新，更新了人们资源观念，更有利于 21 世纪中国崛起的社会资源开放与利用，是在社会科学领域形成的一项具有中国"自主知识产权"的，颇具原创性质的理论创新成果。"社会主义市场经济的实践在中国，社会主义市场经济的理论在西方，这种状况是不可接受的！"21 世纪新资源理论的形成突显了在 21 世纪西方主流经济金融理论面临巨大危机和中国和平崛起的大背景下，东方学者已跳出西方理论窠臼，避危就机，开始进行原创性思想理论，为中国哲学社会科学的繁荣与健康发展作出了自己的贡献。

4. 系统研究金融虚拟性，指出虚拟经济不能过度，为金融服务实体经济提供了理论基础

虽然说，国内研究虚拟性的学者也有不少，但新资源学派明确提出了"金融虚拟性"的概念。所谓"金融虚拟性"，乃是指金融尤其是金融上层所表现出的超越实体经济界限的规范性、本质性特征或状态。金

融呈现出一定程度的虚拟化和日益明显的独立化倾向。没有一定程度的虚拟，可以说就既没有现代经济，也没有现代金融。现代金融假如还像传统金融那样同实质经济保持相当高的关联度甚而几乎是一对一的对应关系，就功能而论仍是简单的中介功能的话，那就根本不会有现代金融及其功能的扩展与提升。现代金融呈现出明显的虚拟性特征。金融虚拟性这一命题的提出既有事实依据，也有理论基础。马克思的虚拟资本理论、戈德史密斯的金融结构理论、“哈恩难题”以及金融异化和金融边界假说都对该命题的提出有重要启迪。在20世纪的最后30年里，各种各样的金融危机连续不断，对世界经济产生了重要影响，金融动荡、金融安全成为影响全球经济稳定的头号问题。世界银行的报告认为：“最近数十年的金融危机似乎是创纪录的：自20世纪70年代后期到上个千年的末尾，共有93个国家先后爆发了112次系统性银行危机；还有46个国家发生了51次准危机。与以往的历史时期相比，近期危机的数量更多、破坏力更强，其成本对于发展中国家而言通常是毁灭性的。”

随着经济金融化的日益加深以及资产证券化进程的加速，社会财富的存在形态发生了结构性的重要变化，财富的物质形态日趋淡化，财富或资产的虚拟化倾向日趋明显。现代金融一方面，以其日益丰富和深化的功能及精巧的杠杆系统推动或促进实质经济的正常运转和发展，并在形式上（当然也不是不包含内容的形式，但已经是形式重于内容了）仍然继续维系着与实质经济的关系；另一方面，又在内容上，即在各种形式的金融资产价格的变动和财富的聚集与集中速度等方面表现出与实质经济日趋明显的分离或背离的倾向，从而使现代金融与实质经济的关联度正在一天天弱化，或者说现代金融有一定程度的但是日益加速的独立化倾向。现代金融比传统金融结构更复杂、辐射面更广、效率更高、运转或流动速度更快、联动互动性更强、风险也更大。

现代金融的相当程度的虚拟化或独立化倾向是一个非常重大的问题，人类对这一问题的研究还相对肤浅，重视也不够。现代金融的这一发展趋势或倾向，对于人类来讲到底意味着什么？它究竟是在推动、便利与加速经济的发展以及结构的调整与分化、重组和升级，从而将现代经济金融推向更高的发展阶段，还是从根本上腐蚀、弱化、空壳化现代经济，甚至于是摧毁现代经济？一时还难以说清楚，但必须逐渐说清楚。现在可以清楚的是：既是福也是祸，既有福也有祸，它也是一把“双刃剑”。关键是一个度，对于这个度，需要给予定性与定量的描述。“金融虚拟性”这一概念的提出，是深刻的、严肃的和前所未有的，并具有原创性或首创性的特征。它是在我们不断地学习与研究、回顾与反思、批判与继承、否定与肯定、再否定与再肯定的漫长过程中，逐渐形成与提出的。这是一次认识的、重大的历史性跨越。这一概念的提出与研究，不仅深化与优化了对金融理论的认识和研究，也深化与优化了对虚拟经济的认识和研究，具有重大的理论意义和政策含义。

金融虚拟性概念的提出与研究，推进了虚拟经济的一个更为专业的领域，即金融虚拟性的演进及正负功能的研究，特别是金融衍生工具虚拟性和正负功能的研究，对国家与民族而言的战略重要性是一点也不能轻视或忽视的。认识和揭示金融虚拟性与实体经济发展之间的关系及规律，正是一切金融科学工作者理论研究的历史性任务。人们更多关注的是金融，特别是金融衍生产品的具体的交易业务和微观的运行操作，很少关注金融虚拟性在客观上、在整体上可能隐藏的某种被人为操纵控制的潜在危害，东南亚金融危机前车之鉴，殷鉴不远。在中国正在迈向新发展格局进程中，正确处理实体经济与金融虚拟经济之间的关系以及二者协调发展的适度性至关重要。金融虚拟性的研究为党的十八大以来中央倡导的金融服务实体经济的理念提供了理论知识参考。

5. 较早提出金融强国战略的建议并做系统研究

早在2003年，白钦先教授在《国际金融研究》2003年第2期发表论文《百年金融的历史性变迁》。在文中，白教授指出，在许多方面，现代金融与传统金融相比几乎可以说已经完全不同了，如在金融的内涵与外延、金融与经济的关系、金融的本质与特征、金融的功能、金融的地位与作用、实质经济与虚拟经济、传统金融与虚拟金融等领域，发生了一系列重大的影响全人类的历史性变迁，并根本性改变了金融与社会和经济、金融波动与危机的传导以及全球各国彼此的相互关系。充分意识到这些变迁、时刻关注与研究这些变迁、趋利避害、冷静而科学地驾驭这把祸福相依、利弊相兼的“双刃剑”，是21世纪立国强国之基本战略问题。

白教授明确指出，现代金融对于世界与中国都具有极端的战略重要性。在传统上，金融是一国内部的一个行业性、业务性和被动适应性的局部性微观问题，而随着经济全球化、经济金融化、金融全球化的日益深入，现代金融从正、反两方面展示了它对国别和全球的极端战略重要性，这是百年金融一系列巨变中最为首要的一点。它集中表现为：①当代经济是高度发达的市场经济，是以金融为其核心的经济，是日益金融化的经济，是金融经济。②金融具有极端的战略重要性，它已成为全球各民族国家与经济体经济与社会发展稳定的一个核心性、主导性和战略性的要素。③当代金融问题，首先是全球性问题，然后才是区域性、国别性问题；首先是战略性、宏观性问题，然后才是战术性、微观性问题；首先是理论性问题，然后才是决策性、政策性、行业性、业务性、技术性和操作性的实践性问题。④金融问题将是21世纪全球各国为实现经济与社会稳定发展而必须慎重严肃处理的首要战略问题，也将是大国间竞争、争夺与博弈的战略性新领域，经济外交特别是金融外交将具有越来越突出的地位与影响。⑤在经济金融日益全球化和各国间发展不均衡的条件下，伴随经济金融活动、人员流动、资本外逃、汇率变动等途径，产生严重的“财富转移效应”，对此应给予极大的关注，并采取相应对策。⑥反对金融霸权、防止金融侵略、维护金融安全，将获得与传统上以反政治军事霸权、防止军事侵略、维护以领土与军事安全为主体的国家安全同等的甚而是更为重要的意义，这是金融本身的脆弱性、联动互动性、高度流动性和全球性战略性宏观性使然。⑦中国在21世纪的基本战略目标应是在建设经济强国的同时建设金融强国。在当代，不是金融强国的经济强国是不存在的，换言之，不建设金融强国就难以建设经济强国，建设金融强国会大大加速与强化经济强国建设。欧洲经济共同体的形成与发展以及欧元的启动与流通，其深刻的经济与政治原因就在于此。⑧中国应在国家一级集中人力物力强化对人民币完全可兑换、资本自由化、人民币国际化和逐步使之成为国际主导货币之一等问题的研究与准备，并应对国家间的全球性、区域性国际经济金融组织采取比以前更为积极、主动和更富建设性的态度与政策。在21世纪经济金融全球化日益加深和加入世界贸易组织的条件下，作为一个正在崛起的东方大国，中国必须充分认识到自己所扮演的角色和所肩负的历史使命，迎接种种全新挑战，并在建设经济强国的同时建设金融强国。

2006年，《经济与管理研究》第6期发表了白钦先教授与刘刚合作撰写的论文《金融强国：中国的战略选择》，标志着新资源学派正式在学术理论界提出了中国建设金融强国的建议。该文指出，随着经济全球化、经济金融化、金融全球化的日益深入，金融已从传统上是一国内部的行业性和被动适应性的局部性微观问题逐步转变为全球各民族国家与经济体的核心性、主导性和战略性的要素。该文大声疾呼：从长远的角度来看，金融强国战略已不仅仅是谁最先慎重严肃处理，谁就会在全球竞争与博弈中赢得先机、获得主动的问题，更是一个“早动早主动，晚动晚主动，迟早都得动，不动更被动”的方法论选择问题。20世纪是人类历史上一个大发展、大变革的世纪。在这短短的一百年间，思想的进步、科技的飞跃以及世界各国经济的长足增长，都极大地改变了人类的生存面貌、相互关系和发展态势，尤其是最后二三十年间，蕴涵在世界各国经济市场化、经济全球化过程中的经济金融化、金融全球化和金融自由化趋势，更是引人注目，对人类经济与社会的发展产生了深远影响。因此，在建设经济强国的同时强调建设金融强国，既是我国现阶段经济与社会发展的客观需要，更是我国经济长远发展的必然战略抉择。

该文还指出，实施金融强国战略与建设经济强国二者相辅相成，并行不悖。从世界范围来看，金融强国无一不是经济强国，实施金融强国战略是吸取我国和其他国家历史经验教训得出的重要结论。如今的一些资源型国家，如中东以及非洲的石油输出国，虽然目前人均收入高居世界前列，但是一旦地下资源枯竭，其经济发展就必将受到严重影响。苏联在 1982 年的国民收入和工业产值就分别占到美国的 67% 和 80%，而其石油、钢、水泥、化肥、棉布等产量更是超过美国，到 1986 年，苏联国民财富已达 3.8 万亿卢布，成为仅次于美国而居世界第二位的经济强国，但最终在国际竞争中落伍以致解体，其重要原因之一就是其落后的金融体系不能有效地配置各种资源。因此可以说，只有金融业的发达才能支撑经济的强盛。英国虽然是一个老牌资本主义国家，19 世纪末 20 世纪初已趋衰落，但由于它的金融业始终占据世界领先地位（伦敦一直是国际金融中心），因此，英国在世界经济中也一直占据着重要地位。德国的情况也是如此，在两德合并前夕，法兰克福和柏林不仅一直是欧洲的金融中心，而且联邦德国的马克也一直非常坚挺，而这在一定程度上为后来两德金融体系的成功对接与良性运转提供了有力的保障。至于欧洲经济共同体的形成与发展、欧元的启动与流通，其背后深刻的经济与政治根源也就更在于此了。另外，金融战正以其动作隐蔽、操控灵活、破坏性强的特点，成为举世瞩目的超级战略武器，由于现代金融战不仅决定着个人的贵贱富贫、企业的生死存亡、军队的胜败得失，还决定着民族的强弱兴衰。因此，为确保我国能够打赢新时期的金融战，实施金融强国战略刻不容缓。

白钦先教授在这篇文章中严肃地指出，我国在世纪之交成功地加入世界贸易组织，预示着我国在经济全球化、经济金融化与金融全球化的轨道上会渐行渐远，所以着手长远、尽早启动金融强国战略已不仅仅是谁最先严肃处理，谁就会在全球竞争中赢得先机、获得主动的问题，更是一个事关我国能否在21世纪重新崛起并再次屹立于世界强国之林的大局问题。白钦先还对我国如何成为金融强国给出了几项建议：第一，全民族必须具有较强的现代金融意识（包括投资与风险意识），充分理解金融在经济发展中的战略地位；第二，金融市场有一定的深广度；第三，人民币逐步自由可兑换，并逐步成为国际主导货币之一；第四，对地区、全球金融危机具有抵御、消化与吸收能力，能在区域乃至全球金融合作中作出贡献。具体而言，我国在建设经济强国并着手建立金融强国的同时，至少应做好两方面的准备。一方面，在参与地区和全球经济金融合作时，应保持足够的清醒和警觉，根据“有理、有利、有节”原则，坚决反对少数发达国家在金融全球化中的“金融霸权”。另一方面，则应从我国实际情况出发，采取果断措施，兴利除弊：首先，应大力发展经济、科技与教育，进一步提高经济实力和综合实力，普及金融常识，大力培养高素质金融人才，增强保障国家金融安全的物质基础，维护国家金融主权；其次，应竭力消除国内金融业中业已存在的隐患，如银行体系不良资产的形成机制隐患、证券市场机能错位问题、长期资本外逃和金融监管理念与技术的滞后等；再次，应加快国内货币市场和债券市场的发展，形成调节人民币需求和供给的“流动资产池”，以维持人民币币值和金融资产价格的稳定；最后，还应实行“谨慎、有序、渐进”的金融开放政策，逐步实现人民币的完全自由可兑换，加强在区域和国际经济金融领域内的合作，从而最终启动金融强国战略。

（三）核心著作：两部学术类专著、一部普及类专著

各国的理论都会有代表著作，在这些著作中集中反映了作者的核心观点，这些观点往往是创新的，甚至是革命的、颠覆性的，带给世人巨大的启发，并影响了执政者经济政策的制定与执行。西方经济理论众多，各个理论都有其独特的代表作和作者。如古典经济理论的代表人物是亚当·斯密（Adam Smith），代表作《国富论》（*The Wealth of*

Nations）；新古典经济理论的代表人物是阿尔弗雷德·马歇尔（Alfred Marshall），代表作《经济学原理》（*Principles of Economics*）；瑞典理论的代表人物是约翰·古斯塔夫·威克塞尔，代表作《利息与价格》（*Interest and Prices*）；凯恩斯主义的代表人物是约翰·梅纳德·凯恩斯（John Maynard Keynes），代表作《就业、利息和货币通论》（*The General Theory of Employment, Interest and Money*）；货币主义理论的代表人物是米尔顿·弗里德曼（Milton Friedman），代表作是与合作者共同发表的《货币政策作用》等论文。

"金融资源理论研究"以及"新资源理论研究"这两个课题是由白钦先教授于20世纪90年代初在进行"以金融资源学说为基础的金融可持续发展理论与战略"的研究中郑重提出的，其后获得2000年国家软科学项目"知识创新体系中的资源理论创新——金融资源理论与实践研究"立项，本项目成果形成系列性专著与文章，标志性最终成果是《金融可持续发展研究导论》与《21世纪新资源理论——关于国民财富源泉的最新研究》两部专著，这两部专著在逻辑上和理论上是密切相关、相互影响、相互促进和互为因果的姊妹篇，构成了新资源学派的基本内核。

新资源学派正式形成以白钦先与姚勇等出版的专著《金融可持续发展研究导论》、白钦先与杨涤出版的专著《21世纪新资源理论——关于国民财富源泉的最新研究》为标志，前后形成了一系列论文、专著、研究报告等科研成果。这两部书是该学派的核心专著。后续为了推广普及新资源观，2016年，白钦先与杨涤又出版了《21世纪新资源理论——关于国民财富源泉的最新研究》（大众版）。两部学术专著，加上一部普及大众版本的专著，构成了新资源学派的内核。当然，新资源学派的专著还有一大批，每部专著都构成了新资源学派的有机组成部分，但从整个学派在经济金融学基础理论创新角度看，尤其是面向西方货币金融学并形成中国特色的金融理论而言，这三部专著是代表著作。

构成新资源学派内核的三部专著

（四）学派标识：形成一系列独特的标识性概念

习近平总书记指出，发挥我国哲学社会科学作用，要注意加强话语体系建设。在解读中国实践、构建中国理论上，我们应该最有发言权，但实际上，我国哲学社会科学在国际上的声音还比较小，还处于有理说不出、说了传不开的境地。要善于提炼标识性概念，打造易于为国际社会所理解和接受的新概念、新范畴、新表述，引导国际学术界展开研究和讨论。

标识性概念是一个具有独特性和指向性的概念，它是对某一重要理论、话语或实体的高度总结和凝练。这种概念通常具有简洁、鲜明和风格突出的特点，对于理论发展和形象塑造具有重要的引领性作用。具体来说：独特性：标识性概念首先必须具备独特性，即能够与其他相似概念明确区分开来。这种独特性使标识性概念在传播过程中易于被识别和记忆。凝练性：作为一个高度总结和凝练的表达，标识性概念能够简洁明了地传达其核心思想和主要特征。指向性：标识性概念具有明确的指向性，能够准确地代表或指向某一特定的理论、话语或实体。引领性：在理论发展和形象塑造方面，标识性概念具有重要的引领性作用。它不仅能够概括和反映现有的理论和实践成果，还能够预示和引导未来的发展方向。

具有一系列标识性概念并逻辑体系自洽的理论有资格形成学派。以辽宁大学白钦先教授为首的研究团队在研究金融40余年的过程中，提炼出了一套标识性概念，如果在搜索引擎上搜索，这些概念或词汇基本上都是来自这个学派发表的文献。列表如下：

标识性概念来源表

序号	标识性概念	提出时间	著作论述
1	金融体制	1989	比较银行学
2	金融发展战略	1989	比较银行学
3	金融倾斜	1989	比较银行学
4	政策性金融	1989	比较银行学、各国政策性金融机构比较
5	金融资源	1993	金融可持续发展研究导论
6	金融资源配置	1998	金融资源配置论
7	金融可持续发展战略	1998	中华金融辞库
8	社会资源	1998	“以金融资源论为基础的金融可持续发展理论与战略”讲演稿
9	新资源	2006	21世纪新资源理论——关于国民财富源泉的最新研究
10	金融功能演进	1998	在中国社会科学院研究生院的讲演
11	经济金融发展方式	2001	金融可持续发展研究导论
12	金融虚拟性	2001	金融可持续发展研究导论

二、金融资源配置是链接东西方货币金融理论的节点

西方经济理论中的传统三要素资源观已经不能涵盖21世纪新发展中的资源源泉，不仅制约了经济理论创新，而且在实践中显得结实力不够，范围过于狭窄。无法解释21世纪的经济增长和经济发展，新资源理论拓展了三要素资源观，形成了多要素的新资源观，并把新资源要素

概括进增长和发展分析中去。

新资源理论把西方的资源三要素或者资源四要素拓展为制度、金融、知识、信息、思想观念等社会资源，是针对时代的发展特征以及现有经济理论研究成果的一种统一和升华，也是一种大胆的理论尝试和探索，具有重大的理论创新意义。

新资源理论这种研究思路，一方面是从拓展西方经济理论中的三要素理论开始展开；另一方面，新资源理论实际上完全遵循了马列主义基本原理。马克思列宁主义经典理论中的生产力和生产关系，经济基础和上层建筑之间的辩证关系原理正好可以证明新资源理论的合理性。其实，制度包括作为核心市场制度的金融就属于生产关系范畴，生产关系总和构成经济基础，那么制度就是经济基础的具体体现。知识、信息、思想观念属于上层建筑中的因素，那么，制度、知识、信息、思想观念对经济增长和发展的作用就是生产关系对于生产力、上层建筑对经济基础的反作用。这样看来，新资源理论的资源拓展与马克思列宁主义的基本原理恰好是吻合的。无论是西方经济理论，还是马列主义理论，都需要实践来检验。

西方经济学研究都是以“资源配置”为核心，主流经济学教材都如此。马克思主义政治经济学关心劳动人民疾苦和劳动创造价值，一切从人民利益出发来调整生产关系，以促进生产力发展，最终也会面临“资源配置”问题。因此，“资源配置”就成为东西方经济学的共同词汇，也就是两种经济学的“链接点”和沟通桥梁。金融经济时代的来临，金融资源配置成为资源配置核心，“金融资源配置”也就成为东西方货币金融理论的“链接点”和沟通桥梁。

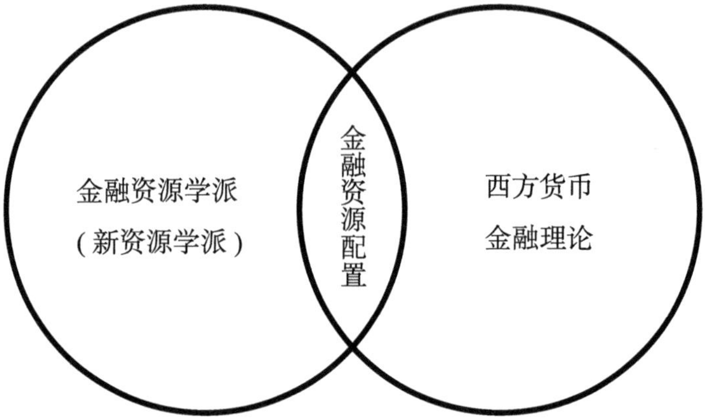

“金融资源配置”是东西方货币金融理论的“链接点”和沟通桥梁

理论研究总是这样，最初并不能保证所提的观点全部正确，因为研究本身也有待深化。正如经济学大师马歇尔在《经济学原理》中说的：“但当这些著作日久成熟，粗糙的地方已经修正时，我们就可知道，它们确实并没有违反经济学发展的连续性。新的学说补充了旧的学说，并扩大和发展了、有时还修正了旧的学说，而且因着重点的不同往往使旧的学说具有新的解释。”

（一）新资源理论统一了经济增长与经济发展理论

根据对经济增长刺激效应的时间长短，大体上又可以划分为增长型资源和发展型资源，或者叫短期资源和长期资源、战术型资源和战略型资源，它们大体上是一一对应的关系。

如同货币按流动性大小可以被划分出货币层次一样，经济资源也可以按对经济增长关联度大小被划分出几个层次来。大体上，资源第一层次：自然资源 N；资源第二层次：制度资源 S；资源第三层次：金融资源 F；资源第四层次：人力资源 H；资源第五层次：知识资源 K；资源第六层次：信息资源 T；资源第七层次：思想观念资源 I；资源第 n 层次：其他资源 O。随着人类对自然和社会发展规律的认识不断地加深，对资源层次的认识也在深入。例如，于 2019 年 10 月召开的党的十九届四中全会首次提出将数据作为生产要素参与分配。这是对数据要素重要性的正式认可，也是对数据在经济发展中作用的明确肯定。首次明确提出将数据作为生产要素参与分配。这一重大理论创新为数据要素市场的发展奠定了基础，标志着数据正式被确认为一种新的生产要素，与土地、劳动力、资本、技术等传统生产要素并列。这是新资源要素被认可的一个很好例证。

在以上的资源层次中，第一层次资源是创造财富和保障经济增长与发展的基本自然物质要素，没有这些自然物质要素，人类社会就失去了赖以生存与发展的物质基础；没有它们，经济社会的生产就失去了加工的对象，财富创造就成为无本之木，无源之水。自然资源与经济增长密切相关，在其他资源投入不变的前提下，在前期阶段，自然资源投入量越大，经济增长创造的财富量也越大。但是，这也是有条件和有区间的，自然资源遵循边际报酬递减规律增长到一定阶段，它所带来的增长量日趋减少，甚至带来负增长。另外，自然资源是被动性资源，它是在社会资源调配下经过生产过程才创造成为财富的，所以，从理论上说，经济增长和发展根本上不决定于自然资源，而是社会资源。

资源的第二层次为制度资源，这符合人类社会发展的自然演进进程。人类经济社会中的制度正是从无到有、从少到多、从不完善到完善，逐步用更有效的制度替代无效的制度的过程。西方经济学主流理论假设制度为已知和给定的，然后才探讨所谓资源最优配置的问题；非主流或被称为“异端”的制度理论包括新制度理论独树一帜，对制度在经济增长和发展中的作用进行了深入系统的研究，但其方法基本上是历史的研究方法，而与新古典所用的逻辑和数学方法格格不入，不能统一起来，难怪被称为是“异端”。把二者在逻辑和数学上统一起来，把制度纳入新古典理论中的资源要素分析中，就有可能建立起一个简洁明晰的理论分析框架，用于理论分析和政策制定。制度资源与经济增长关系同样密切，可以算作是增长型资源。不过，时间越长，制度的好坏看得越清。

第三层次资源是金融资源，除了作为核心市场经济制度的金融制度，金融资源还是核心配置性资源，可以调动和配置其他经济资源。金融资源这种核心性，再加上本身固有的脆弱性，金融安全和金融主权问题就会被引出。于是，我们说金融资源的三个层次具有不同的性质，货币资金性资源与经济增长关系极其密切，因而是短期资源；而金融结构中间性资源具有制度特征，并且具有长期性；至于金融功能性资源更是需要长期积累调适才形成的，因此，金融资源兼有增长型资源和发展型资源两种性质。所以我们说，金融资源不仅联系经济的过去和现在，也联系现在和将来。

第四、第五、第六、第 n 层次资源都可以如此考虑，即把它们纳入新古典资源要素分析框架中来，它们实际上都是发展型资源，对短期经济增长关联不大，对长期发展有明显作用。随着资源层次的展开和上升，是经济分析把视线从自然资源转向社会资源的一个过程，也是更加看重社会资源要素和进入以人为本的知识经济的过程。我们可以看到，资源层次的展开显示了这样一个特征：资源越是深入展开，其对经济增长的短期效应逐渐减弱，其对经济和社会发展的长期作用就越突出。因此，根据新资源理论提出的经济增长模型原则上也应当是经济发展的模型，二者没有根本性的界限和分歧，只能根据所考察时期的长短以及各国不相同的经济条件和背景选择资源要素变量。

由于新资源理论强调资源具有层次性，而且随着资源层次展开，又可以划分为增长型资源和发展型资源，而由低层次向高层次资源展开并不存在明确的界限和分水岭，所以，新资源理论先建立发展模型，然后从发展模型出发，推导出增长模型，在理论上认为增长是发展的短期行为和基础，增长模型是发展模型的特例和在特定时间段的公式表述。

设自然资源为 N，制度资源为 S，金融资源为 F，人力资本资源为 H，知识资源为 K，思想观念资源为 I，其他资源为 O，D 为发展状态（用一定数量指标来表示）、Φ 为状态函数。

新资源理论的发展模型为 $D=\Phi$（N，S，F，H，K，T，I，O），这个公式理论上的含义就是发展与自然资源、制度资源、金融资源、人力资本资源、知识资源、信息资源、思想观念资源和其他资源有关，至于用什么数量指标代表发展状态 D，由于目前经济学中存在争论，即什么是发展，或者用什么指标来衡量发展，这里也难以给出具体的指标和量纲。

从发展的角度看，把知识、信息、思想和观念列入独立的经济资源是可以理解的，但它们实际上是不能脱离其他资源而独立存在的。它们是依附型资源，不是天上掉下来的，用经济学的话说，它们不是外生变量，而是内生变量。知识、信息、思想观念同制度密切相关，好的制度促进知识与信息的产生、传播和增长，实现好的思想观念的可能性更大、更多，另外，好制度还能更快、更多、更高质量地形成人力资本，而人力资本的形成又与知识、信息、思想观念密切相关，它们是学习、积累、创新、发展的关系。因此，社会资源各个类别是密切相关的，是决定和被决定的关系。用函数关系表述如下：$H=H$（S，F，K，T，I），即人力资本决定于制度、金融、知识、信息、思想观念，或者，$K=K$（S，F，H，T，I），即知识决定于制度、金融、人力资本、信息、思想观念。制度创新能够形成知识、信息、人力资本、思想观念积累的良好环境，有利于提高它们的使用效率。

从数学逻辑上分析，如果上述函数满足条件，制度 i 也可以被推导出，即制度是人力资本、知识、思想观念的函数或者说产物。知识的增进能够促进制度的创新，是制度创新的源泉。从人类发展的历史角度来看，这个逻辑没有错误，人类采取更好的制度从长期看是人类文明进步的标志，也是人类知识增长、思想和观念日益接近科学的结果。思想是人对事物的认识和态度，即认识论和价值观。制度则是社会中人、财、物的组织结构。一切制度的核心都是思想，思想决定制度。制度一旦产生、确立、应用之后又会对思想有反作用。制度会产生新的思想或对思想产生影响。

把新资源理论的发展模型中发展型资源如知识 K、信息 T、思想观念 I、其他资源 O 去掉，只考虑增长型资源，由此就会导出经济增长模型，则 D=GDP，则 D=GDP=Φ（N，S，F，H），Φ 为经济增长函数，它的具体形式由各国不同的经济制度和经济结构具体地决定，其他符号含义同上。该公式的理论解释就是经济增长与自然资源投入、采取的制度、金融资源状况、人力资源数量和质量有关。

新资源理论则从发展角度出发进行探讨，把经济资源分成增长型资源和发展型资源，把增长和发展统一起来加以分析，并认为增长是发展的短期基础和公式特例，从而导出经济增长模型。可以看到，传统增长模型中考虑的自变量是自然资源 N（或者称为自然资本）、制度 S 及所决定的增长函数的具体形式 Φ 是给定和外生的，其他自变量中，金融资源 F 简化为金融资本，人力资本 H 简化为劳动力，因此，我们说，传统增长模型所概括的因果关系过于狭窄，许多重要的自变量并没有归纳进去。这正是新古典增长模型不能解释全部增长来源的根本原因。直观地说，索洛余数包含许多重要的资源因素所作出的贡献就是一般资源论指出的以上这些社会资源。

上面已经提到，由于各国所采用的经济制度和经济结构不同，所以没法给出增长模型的具体数学函数，这就同弗里德曼的货币需求函数一样，表达的是一种客观存在的因果关系，即经济增长和增长型经济资源之间的客观关系。各国具体的货币需求经验公式有很大不同。当假设其他一些关系成立或给定一些限定条件，上述增长模型也是可以具体化的。

增长型资源都遵循报酬递减规律。自然资源、制度和金融都是增长型资源，所以通过它们的投入带给经济增长的刺激就遵循上述增长规律。例如，当提出某种新制度时，它首先遭到反对，但经过一段时间后新制度会受到欢迎，人们开始热情地将其应用到越来越广泛的社会关系中去。但是，必定会有这样一个时刻到来，届时这个制度垄断了几乎能应用的一切有关领域，它所提供的增长动力就会达到极限，这时，制度改革和创新的增长效应就会消失。“经济增长是对连续不断的刺激的反应，而每个刺激最终会达到极限。因此，持续稳定的增长只有偶然在新刺激的产生始终正好接上旧刺激的消失的情况下才有可能。”这样看来，经济的持续增长就只能寄希望于发展型资源，知识、信息、思想观念都是发展型资源，具有收益递增的特性。只要能保证它们的不断增长，经济的持续增长或者说发展就有了基础和可能。

（二）金融是市场经济中资源配置的核心制度

资源配置的核心是金融资源配置。在金融与经济发展的关系上，西方经济理论存在两种不同的观点：一是忽视金融对经济发展的作用。一种观点认为，是经济发展带动了对金融服务的需要。卢卡斯就表示：“金融在经济增长中的作用被过分夸大了。”另一种观点则认为，金融发展对经济增长具有促进作用。

早在20世纪初的1911年，A. Shumpeter就认为银行体系促进了产业投资，因而对经济发展有重要作用。在1955年，格利和肖曾提出金融结构与实际经济增长之间可能存在某种关系，他们强调金融中介在提供信用方面的作用，因而对资源配置和经济增长有一定的影响。1969年，戈德史密斯首次利用大量的跨国数据来说明金融发展对经济增长的促进作用。麦金农和肖1973年几乎同时发现经济增长与金融发展之间有很强的正向关系。

此外，最近几年以来的研究基本上都认为金融市场与机构的发展能够显著地促进经济增长。研究金融系统的资源配置与经济增长的关系，实际上已经放松了新古典模型的一些基本假设。在新古典模型中，没有信息和交易成本，也就无需金融中介。而新的研究认为，金融中介的发展通过减少交易成本和信息成本，促进了经济交易的绩效。金融制度的安排改变了资本的生产率、金融体系的效率（如信息传递）、储蓄率而影响经济增长的途径。20 世纪 80 年代以来，许多学者采用新制度经济学、信息经济学以及博弈论的新进展和分析工具运用于金融领域问题的讨论，产生了大量研究成果，这些成果被通称为第二代金融发展理论。

金融资源理论十分重视和强调金融在资源配置中的作用，并认为金融是资源配置的核心制度。这种制度资源的功能主要在于资源配置。资本是经济增长和发展的重要因素，无论经济体制有什么不同，都要解决融资问题。但是，解决融资问题的方式大相径庭。计划经济体制中采取的是计划机制，集中全社会的储蓄，并按照国家计划投放出去，资源配置是政府说了算。而现代市场经济中，资源配置是通过货币资金来驱动和调配的，谁掌握了货币资金，谁就取得了资源配置的权力。而货币资金又是通过一定的金融制度形成并配置出去的，这样，金融制度就成为资源配置的核心制度。衡量一国经济是不是高效率，能不能持续发展，主要就是看金融制度的效率。金融制度具有融资和配置货币资本的双重功能，并通过配置货币资本，配置了其他经济资源。“金融系统在不同的时间、地区和行业之间提供经济资源转移的途径。”“经济越复杂，金融系统为资源在时间和空间上的转移提供高效率的手段的角色就越重要。”金融制度使稀缺资源在时间和空间上，从获得相对较低收益的地方转向收益较高的地方，从而提高了资源配置效率。

金融制度成为现代市场经济中“资源配置的核心制度”实际上是经济货币化和经济金融化的自然结果，也是金融在经济中不断地渗透和扩散使其资源属性不断凸显的一个过程。随着当代新技术革命和经济、金融全球化浪潮的汹涌而至，现代经济正朝着金融经济纵深方向不断迈进。金融业凭借信息网络技术的支撑，将其触角和影响力深入到社会的各个层面和各个角落。经济金融化不仅表现为交易方式的金融化、资产或财富形式的金融化、经济关系和经济意识的金融化，而且还表现为金融业的产业化、工程化、信息化、数字化，经营方式和手段的专业化、网络化、电子化，金融工具和金融产品的多样化、个性化、虚拟化，以及全球金融市场的一体化等。这充分表明，当代金融业作为现代经济的核心对经济、政治，乃至国际关系的影响力和控制力已经达到了相当高的程度。

（三）金融资源的供求分析

1. 金融资源需求函数

一国经济在一定发展阶段上的金融资源需求与其国民经济发展水平密切相关，我们可以用国民收入来代表经济发展水平，金融资源需求和国民收入之间会有一个比例关系，设金融资源需求为F，w为比例系数，PY为国民收入，即：

$$F = w \cdot PY$$

设$F1$为货币资本资源，$F2$为制度性金融资源，$F3$为金融人力资源。上述公式进一步分解为

$$F(F1、F2、F3) = w \cdot PY$$

这个公式表示金融资源由三部分组成，上式是金融资源需求的普遍形式。

假如只考虑货币资本的需求，即$F2=F3=0$，则

$$F = F1 = k \cdot PY$$

这时，$w=k$，k 为马歇尔系数，金融资源需求公式就变成了庇古的货币需求公式。

假如不考虑金融人力资源的需求，即 $F3=0$，则

$$F(F1、F2)=f\cdot PY$$

其中，$w=f$，f 为哥德斯密斯提出的金融相关比率。从上面的分析可以看到，货币需求公式不过是金融资源需求公式的一个特例而已。金融资源需求公式的提出是理论创新，可以用下图来描述。

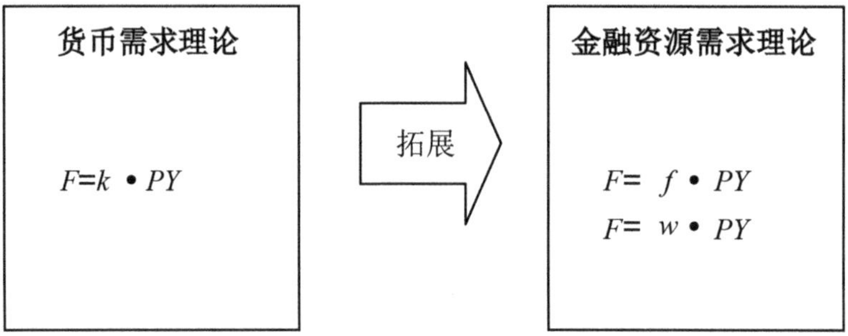

“货币需求理论”拓展为“金融资源需求理论”

上述理论公式是对西方传统货币需求的一个理论创新，旧公式被拓展，并得到新的理论解释，包含在新公式中，而新公式可降维推导出旧公式。新、旧公式虽然从形式上看很相似，但在理论前提上、变量解释上完全不同。旧公式基本是货币中性，且只限于货币需求；新公式立足于金融非中性，把货币需求拓展为金融资源需求，因而，新公式具有更广泛和普遍的解释力。

2. 金融资源供给

总的来说，金融资源供给受一国的宏观金融政策和金融发展战略影响极大。货币政策影响着货币和资金供给，而金融发展战略影响着金融

制度资源和金融人力资源的供给。例如，一国经济发展战略如果选择了政府主导型市场经济模式，则该国的金融发展也一般由政府来主导，其金融体制的构造和变迁就与政府金融政策密切相关了。在日本的金融结构中，间接金融长期占据优势地位就是日本政府主动的战略选择，是为了保证能以稳定的资金供应来支持其二战后的高速经济增长。可见，金融发展战略影响着金融体制发展的模式，从供求的角度看，也就是影响金融制度资源的供给。而金融制度又影响着货币资本和金融人力资源的形成和供给。当然，一个国家的政府并不能完全控制和把握金融资源供给，因为和金融资源需求一样，金融资源供给内生于一定的经济制度和社会环境。

三、新资源学派对“金融核心论”的研究

“金融很重要，是现代经济的核心。金融搞好了，一着棋活，全盘皆活。”这是邓小平同志在 1991 年 1 月 28 日—2 月 18 日视察上海期间谈话中提出的著名观点。邓小平同志从自己管理经济的多年丰富实践经验中，总结出这样一个精辟结论。他还生动地把金融和国民经济的关系比作下棋，认为金融是牵动全局的关键性一着，金融搞好了，国民经济一盘棋也就搞活了。后来，人们把邓小平同志这个有关金融问题的观点概括为“金融核心论”。“金融核心论”的科学性已经得到了经济实践的检验。

（一）金融是现代经济“资源配置的核心”

资本是经济增长和发展的重要因素，无论经济体制有什么不同，都要解决融资问题。但是，解决融资问题的方式大相径庭。计划经济体制中采取的是计划机制，集中全社会的储蓄，并按照国家计划投放出去，

资源配置是政府说了算。而现代市场经济中，资源配置是通过货币资金来驱动和调配的，谁掌握了货币资金，谁就取得了资源配置的权力。而货币资金又是通过一定的金融制度形成并配置出去的，这样，金融制度就成为资源配置的核心。

金融制度在现代经济的资源配置中发挥着至关重要的作用，它们沟通居民储蓄与公司部门和厂商之间分配投资资金，允许厂商和居民分担风险。金融配置资源不仅仅在配置货币资本资源，也同时在配置收益和风险。“金融是现代经济的核心，不仅有融资功能，而且有着特殊的经济功能，它是生产力。物质生产力的发展固然是一个重要方面，但起举足轻重和核心作用的，还是金融体系。办好金融，建设一个发达稳健高效的金融体系，是推进经济持续稳定增长的关键。”衡量一国经济是不是高效率，能不能持续发展，主要就是看金融制度的效率。金融制度具有融资和配置货币资本的双重功能，并通过配置货币资本，配置了其他经济资源。“金融系统在不同的时间、地区和行业之间提供经济资源转移的途径。”“经济越复杂，金融系统为资源在时间和空间上的转移提供高效率的手段的角色就越重要。”金融制度使稀缺资源在时间和空间上，从获得相对较低收益的地方转向收益较高的地方，从而提高了资源配置效率。

在现代市场经济中，新兴行业和新产生的企业无不依赖于现代金融，经济关系中的核心是金融关系。金融组织虽然是社会分工的产物，但以金融组织为基础组成的金融制度逐渐取得了居于社会分工中核心的地位。金融体制和金融市场发挥着越来越重要的作用。运行良好的金融体制和金融市场能够维护和促进一国经济的长期、稳定发展。相反，它们的崩溃却可能导致一国经济的整体性崩溃。生产要素的转移是通过金融资源的再配置来实现的，往往金融资源流动和调配在先，其他资源流动和配置在后。并且，人们往往会发现，在此过程中金融体制和金融市场收集和传递信息的功能发挥着重要作用。没有合适的金融制度安排来动员和配置其他经济资源，就会使经济持续稳定地增长和发展成为泡影。

金融制度的最为关键的功能，就是把储蓄主体和投资主体在资金供求上的差别（如期限、风险、收益等方面的差异），都通过市场化的手段予以弥合，实现储蓄向投资的最佳转化。另外，通过金融市场的选择，把资金配置到那些最有效率的项目上去。“金融资源向一个经济所提供的资源配置能力和资源配置效率，决定这个经济的综合发展水平和潜在增长能力。”所以，我们可以得出一个结论：金融制度配置资金的功能对现代经济增长是不可或缺的。金融制度的效率与经济增长的效率密切相关。高速优质的经济增长要求金融体制和金融市场高效运行。相反，金融制度运行的低效率迟早会危害经济的稳定增长。

（二）金融是国民经济“风险集中的核心”

金融是国民经济“风险集中的核心”，金融行业经常有发生风险的可能性，而且金融一旦出事，会给国民经济带来巨大冲击。这一切根源于金融脆弱性。金融脆弱性也就是金融不稳定性。金融脆弱性由金融行业负债经营的特点所决定，这是狭义上的金融脆弱性，有时称之为“金融内在脆弱性”。广义上的金融脆弱性，则指一种趋于高风险的金融状态，泛指一切融资领域中的风险积聚，包括债务融资和股权融资。通常所说的金融机构负债过多，安全性降低，承受不起市场波动的冲击，就是广义金融脆弱性的表现。

美国经济学家明斯基提出的金融体系脆弱性假说认为，银行业的内在特性将使它们经历周期性的危机和破产浪潮，他的假说是建立在西方经济学长波理论基础上的。他指出，正是经济繁荣时期埋下了金融动荡的种子，在循环往复的资本主义经济的上升时期，贷款人或者由于当前的利好和繁荣而淡忘了上一个经济周期的金融灾难，或者出于竞争压力而日益放宽贷款条件，甚至作出许多不审慎的贷款决策。随着经济趋向繁荣，用于投机性用途和高风险用途的贷款所占比重越来越高，生产部门、家庭和个人的债务占其收入的比例也越来越高，股票、不动产等各类资产价格持续攀升，直至长波上升段后必然的滑坡，任何打断信贷资金流入生产部门的事件都可能引起违约和破产的风潮，而这一切又反过来影响金融体系，银行业破产将像传染病一样迅速蔓延。一家银行的破产风险还会导致发生银行业的连锁破产倒闭，引发金融危机。

金融资源理论（“新资源理论”）吸收了明斯基金融脆弱的思想，同时把它提升至金融本性的高度，明确指出金融具有脆弱性是客观存在的一种内在本性。提出金融脆弱性有什么理论意义呢？事实上，在很长一段历史时间内，人们研究经济危机多半集中于实质经济范围，主流经济理论认为是实质经济因素的变动导致经济波动，当这种因素强大到破坏经济内在结构时，就有可能引发经济危机。经济危机的发生和金融没有多大关系。与此相对应，金融冲击似乎只发生在封闭的金融领域以内，金融风波似乎与生产和交换状况联系甚微。但是，后来发生的经济危机似乎表明，相对实质经济而言，实际上存在着某种居于主导地位的特殊的金融因素。这就使我们不得不思考：为什么金融危机和金融动荡发生频率越来越频繁，范围越来越广泛？面对经济危机和金融危机并存的现实，理论上如何解释？面对上述问题，经济学家们仁者见仁，智者见智，提出了各种答案。可以说，金融脆弱性理论的提出给了我们一个比较理想的答案。

金融脆弱性是金融资源最根本的特性。从理论上看，正是这个特性使金融成为国民经济风险集中的核心，并由此导致金融危机时有发生的可能。金融资源不像自然资源那样具有相对的价值稳定性，自然资源一般不会完全失去其货币价值，而金融资源则可能在一瞬间完全失去它所代表的价值，变得一文不值。

金融资源的这种脆弱性同它作为市场经济“资源配置的核心”所承担的巨大压力是不对称和不平衡的，金融在赋予国家强大能力的同时，也包含着巨大风险。这也可部分地解释现代经济危机多半始于金融危机的现象。危机模式也从“经济危机—金融危机”改变为“金融危机—经济危机”的顺序，在传统上，金融危机大多是首先由经济危机引起，而自 20 世纪 90 年代以来，经济危机一般都是由金融危机引起的，显然，金融与经济的关系发生了历史性的变迁，这是经济金融化，金融虚拟化、泡沫化和金融在一定程度上“独立化”运行，以及金融成为现代市场经济“资源配置的核心”的表现与反映。防范化解金融风险特别是防止发生系统性金融风险，是金融工作的根本性任务。

（三）金融是世界各国“经济安全的核心”

金融安全是国家经济安全的核心问题。金融危机的危害性从反面说明了金融安全对于经济安全的重要性。在金融经济时代来临之前，国家安全和主权维护主要靠军事实力，军事实力强大才会有安全感。而在现今的金融经济时代，特别是在冷战结束后，和平和发展成为世界性主旋律的背景下，军事力量作用在减弱，经济金融力量在上升。一个国家金融实力的强弱，如外汇储备、币值的稳定性、金融制度稳定性和效率性、金融政策正确与否等才是事关经济安全乃至国家安全的真正标志。因此，金融资源对于一个国家而言，已经成为具有和军事政治实力相类似的功能，金融资源的战略性日益突出。

当今国际的竞争，已不再局限于物质生产领域，金融的较量已成为竞争的核心内容。

金融安全、金融主权、金融霸权和金融战争等一系列新问题的出现，标志着国际竞争进入了新的阶段。金融安全成为国家安全的重中之重。一个国家的金融体系如果不够稳健，容易受到外部冲击，可能导致金融危机，进而影响整个经济体系的稳定。因此，维护金融安全，确保金融体系的稳定运行，是提升国家竞争力的基础。

金融主权问题日益突出。在国际金融活动中，国家需要保持独立制定和执行金融政策的能力，以抵御外部金融势力的影响。金融主权的不完整，可能会使国家在经济政策上受制于人，影响国家独立性和发展利益。

金融霸权现象不容忽视。一些金融实力强大的国家通过控制国际金融规则、货币政策和金融市场，试图主导全球经济秩序，对其他国家构成压力，这种金融霸权主义对全球经济平衡发展构成挑战。

金融战争作为一种新的竞争形式，已成为国家间博弈的重要手段。通过货币贬值、金融制裁、市场操纵等方式，国家间展开不见硝烟的战争，旨在削弱对手的经济实力，维护自身的金融利益。

总的来说，金融领域的较量已成为国际竞争的新战场，金融安全、金融主权、金融霸权和金融战争等新问题的出现，要求各国必须加强金融体系建设，提升金融竞争力，以保障国家的长期发展和国际地位。

对此，俄罗斯学者 B. 米赫耶夫明确指出：“今天，对内部稳定和国家主权的最大威胁不是来自军事侵略，而是与金融和经济因素有关。”金融安全既是金融本身的稳定和金融发展的安全，又同传统国际政治学意义上的国家安全紧密相关，即“金融安全是金融领域对国家经济、政治和军事等领域安全的维护”，金融的正常运行和发展是对国家安全的支撑。金融的力量是巨大的，应用好了可以振兴国家的经济；相反，如果使用不当或政策失误，金融可以从内部或外部冲垮一个主权国家的经济。所以，防止金融超级大国利用“金融霸权”从事金融侵略，或把金融同其他经济、政治、军事、外交手段综合运用，给某一主权国家致命性打击，成为新形势下的一大课题。

综上所述，“金融是现代经济的核心”这个观点具有深刻的经济学内涵，是邓小平同志针对现代市场经济发展的特征作出的精辟概括。世界步入 21 世纪后，经济金融化、经济全球化趋势日趋明显，金融深化的国际进程也在不断加强，更加证明了这个观点的正确。中国将和平崛起于 21 世纪，国家金融实力的增长以及金融可持续发展无疑是和平崛起的关键性、核心性因素。由此我们可以预见，邓小平同志的“金融核心论”将继续对中国的经济金融实践发挥巨大的指导作用。

四、各国金融的共性与中国金融的特性

共性指的是不同事物之间存在的普遍性质，它是一种抽象和概括的概念，能够体现在多个不同的个体或事物中。共性是绝对的，它决定了某类事物发展的基本趋势。另一方面，特性则指的是某个特定个体或事物所具有的独特性质。特性是相对的，体现在每个事物的独特性中。共性和特性是相互依存、相互转化的。共性寓于特性之中，没有特性就没有共性，共性通过特性表现出来；同时，特性也离不开共性，它总要服从于这类事物的一般规律，不包含共性的特性是不存在的。这种关系体现了共性与特性之间的辩证统一。在哲学上，共性与特性的关系与矛盾的普遍性与特殊性密切相关。矛盾的普遍性即矛盾的共性，矛盾的特殊性即矛盾的特性。各国只要采取市场经济体制，其金融都有一些共性。对中国金融而言，也具备这些共性。

（一）各国金融共性：稀缺性、脆弱性、配置性、战略性

1. 稀缺性

资源在数量上是有限的，这就是资源的稀缺性。稀缺性是各种资源的共性，也可以说是资源最为本质的特征，金融资源也同样具有稀缺性。稀缺性更为现实的含义是指在一定时间内、一定空间下，相对于人们的资源需求而言，资源是不足的。资源稀缺是人类社会要进行资源配置的根本原因，没有资源稀缺，也就没有什么“资源配置”，也就没有对此进行研究的经济学。作为一种经济资源，金融资源总量是有限的。例如，在任何一个经济体系中，可用于投资、消费或储蓄的资金都不是无限的。这种有限性使资金成为一种稀缺资源，需要合理分配和

使用。

金融是一种稀缺的社会资源，它的资源属性和自然资源的属性略有不同。自然资源中有一部分是不可再生资源，其绝对数量会日益减少，无法再增加；而社会资源是人类社会中的要素，就数量上看可以再生和增加，但这还不是它与自然资源的主要区别。从经济理论上来看，在经济增长和发展中，自然资源的使用遵循报酬递减规律，而社会资源的使用多半遵循报酬递增规律。于是，反映到资源稀缺性上，自然资源的稀缺主要体现在数量上的相对不足，而社会资源的稀缺主要体现在质量上的相对不足。金融资源的稀缺性表现为金融制度的运行效率稀缺，或者，高效率的金融制度是稀缺的，这就是金融稀缺性的本质。

有人提出：货币是中央银行可以创造出来的，货币数量也由中央银行调控，货币稀缺怎么理解？我们需要指出，用“货币数量可以人为创造”否定货币稀缺性的观点是对货币的一种表面化认识。如果我们不局限于对货币的表面印象，就更应当把货币理解为是一种制度，一种信用制度，不论是金属货币时代，还是纸币时代，运行高效的货币制度难道不是稀缺的吗？那些因为货币失调而引发的通货膨胀、通货紧缩乃至货币金融危机又怎么能说高质量的货币制度不稀缺呢？只要不把货币仅仅理解为一堆可以随便创造的交易符号或工具，而把货币理解为是一种信用制度，就能理解货币（其实是货币制度）的稀缺性。货币稀缺在于货币质量稀缺，不在于数量稀缺，而且，货币的质量和数量密切相关，货币数量无论是过多还是过少都会直接影响货币质量。

金融资源在现实中最明显的体现是资金的稀缺性。由于资金在经济活动中的关键作用，如生产、投资、消费等，各行各业对资金的需求都非常高。企业需要资金来扩大生产、研发新产品、开展市场营销等；个人需要资金来消费、投资或应对紧急情况。这种高需求性进一步凸显了资金的稀缺性。由于资金的有限性和高需求性，往往导致资金的供需失衡。当资金需求超过资金供应时，资金的价格（如利率）可能会上升，使获取资金的成本增加。这种供需失衡也是资金稀缺性的一个重要体现。由于资金的稀缺性，使用资金进行某一项投资或消费时，往往意味着放弃了其他可能的有益选择。这种选择所带来的成本就是资金的机会成本。这也是资金稀缺性所带来的一个重要经济后果。资金的稀缺性还体现在其获取和使用过程中伴随的风险和不确定性。由于资金供需失衡和机会成本的存在，投资者在使用资金时需要权衡风险和收益，这增加了决策的难度和复杂性。

2. 脆弱性

金融脆弱性也就是金融不稳定性。金融脆弱性由金融行业负债经营的特点所决定，这是狭义上的金融脆弱性，有时称之为“金融内在脆弱性”。广义上的金融脆弱性，则指一种趋于高风险的金融状态，泛指一切融资领域中的风险积聚，包括债务融资和股权融资。通常所说的金融机构负债过多，安全性降低，承受不起市场波动的冲击，就是广义金融脆弱性的表现。另外，还可以从现象上来定义金融体系的脆弱性，如I.P. 戴维斯写道：“金融体系的脆弱性被用来描述金融市场上出现这样一种冲击：他们可以导致信贷市场或金融资产市场上的价格和流量发生无法预测的变化，使金融公司面临倒闭的危险，这种危险反过来又不断蔓延，以致肢解支付机制以及金融体系提供资本的能力。”而米·阿格利塔则从金融运作者的行为这个角度来说明金融体系的脆弱性，他认为应把金融体系的脆弱性看作“微观经济行为与由这种行为所决定的宏观经济状况之间的一种特殊关系”，更确切地说，看作“下面这种经济状况所显现的或然性：即个体经济主体对他们感觉到的风险的理性反应，远远不会通过多样化的方式更合理地分配风险，而是导致普遍增加不安全感”。

到目前为止，对金融体系性质的认识有两种截然相反的观点。一种观点认为，金融体系本身是不稳定的，具有内在的脆弱性，因此，金融风险是普遍存在的。另一种观点认为，金融体系本身是稳定的，具有内在的完备性，金融体系的动荡是由于不确定的随机事件冲击，持这种观点的人认识出发点也是有所区别的：一种是新古典经济学的观点，认为资本主义经济本身是完善的，市场机制是完全有效的，市场均衡的破坏是由于受到外来冲击的影响，但这种背离均衡的现象是暂时的，市场在经过调整以后会重新回到原来的均衡位置；另一种是非线性经济学的观点，认为金融体系本身是稳定的，金融动荡来源于系统内部的随机扰动，而并非外在的噪声或冲击。

金融资源理论则明确指出，金融体系本身就是脆弱的，正因为它本身的脆弱性，才会容易发生金融危机和金融动荡。金融体系不像新古典经济学所认为的那样本身是稳定的。而非线性经济学的观点恰恰说明了金融体系的脆弱性，因为金融体系内部的随机扰动就能造成金融动荡。金融脆弱性在不同的历史阶段具体的表现形式也不太一样，无论是银行主导型金融体系，还是证券市场主导型金融体系，最终都体现为整个金融体系的脆弱。在发展中国家，金融脆弱性主要表现为银行体系的脆弱性，因此，银行体系的健全与否也就直接决定着整个金融体系的状况；在发达国家中，金融脆弱性则比较复杂，在银行体系和证券市场体系都会有所体现。

金融机构的介入和信用的作用，是现代金融体系正常运行的基础，它们使得金融过程在时间上和空间上出现了分离。在金融活动中，金融机构充当了资金提供者和需求者之间的桥梁，通过吸收存款、发放贷款等操作，将资金从盈余方转移到短缺方，实现了跨时间段的资源配置。

这种时间上的分离意味着资金提供者在当前时刻投入资金，而资金需求者可能在未来的某个时刻才使用这些资金并产生回报。空间上的分离则体现在资金可以在不同地区，甚至不同国家之间流动，无须资金提供者和需求者直接接触。

然而，这种分离也带来了信息不对称的问题。由于时间和空间的隔离，资金提供者往往难以获得资金需求者的完整和确定信息。需求者的财务状况、信用历史、项目前景等信息对于资金提供者来说可能是不透明或不完整的。这种信息不对称会导致一系列问题：资金提供者可能因为风险评估困难而提高贷款利率或拒绝提供贷款，需求者可能因为无法证明自己的信用而难以获得资金，金融机构则可能因为信息不足而面临信贷风险。

金融过程在时间上的分离，使交易者之间充斥着时间上的变数。经济金融活动的阶段性和周期性都与时间有关。商品交易市场上存在买与卖的分离；信贷市场上存在存款与取款、贷款与收回以及借款与偿还等环节在时间上的分离；股票市场上存在筹资与项目投资和买股与卖股的时间分离。时间因素对衍生金融市场的影响更是具有决定性的意义。金融经济活动各环节在时间上的分离是形成不确定性的基础，另外，金融过程在空间上的分离，同样增加了交易的不确定性。金融活动在地理空间上的不断扩展使金融过程的空间分离更为明显。通信技术的发展为这种分离提供了便利。空间分离不等于空间的隔绝，而是金融过程不同环节在空间上的分布和紧密的联系。一旦这种联系变动甚至中断，就可能严重影响各地的金融过程，同时这种影响还能相互传递和扩散。因此，信用关系在空间上的广泛联结和日益延伸，也在不断地增加其自身的脆弱性。例如，金本位货币制度崩溃后，纸货币的接受最终要由社会大众来决定，然后货币资金资源才能在经济发展中发挥作用。同样，人们对金融制度的信心也是其发挥功能的前提。历史证明，导致人们对社会信用信心丧失的因素很多，一旦对社会信用产生怀疑且这种怀疑积累到一定程度，就有可能发生金融资源迅速贬值的情况，货币、金融资产失去其代表的价值，而以金融资产为经营对象的金融机构和它们组成的金融体系就会瘫痪，丧失掉金融功能，即发生了金融危机。

随着市场经济的飞速发展，金融过程在时间和空间上会呈现出越来越大的分离倾向，这使金融的内在脆弱性会日益显露出来，加剧金融风险。因此，采取各种措施来规避或消除金融的脆弱性对金融造成的负面影响，是各国金融界必须重视的问题。

3. 配置性

金融已成为现代经济的核心，金融与经济相互渗透与融合，二者密不可分，在今天，离开了金融的经济已不再是现实的经济，离开了经济的金融也不再是现实的金融[①]。金融是一种特殊资源，金融资源可以配置其他资源。金融资源是所有经济资源中的支配性资源，它可以购买、调配其他经济资源。金融逐步渗透和扩散于经济和社会的方方面面，表现为金融资产快于实物资产增长和经济关系日益金融关系化，这一切表明金融资源在资源系统中的核心地位正在强化。金融内生于经济，经济日益金融化，金融与经济相融，金融成为经济本身。现代经济增长中，没有资金的先行调配，没有金融制度发挥配置功能，物质资源和人力资源等都无法配置。发展经济适用行政命令不行，用经济计划也不行，用武力胁迫更不行，但用金融资源可以办得到。金融资源是现代市场经济中的主宰性资源、支配性资源。

金融既是被配置的资源，又是配置其他资源的制度资源，这就是金融资源的配置性。资源配置主要通过金融或金融市场来进行。如果把金融整体性地理解为一个市场，我们就会发现（广义）金融市场实际上是以降低交易成本为目标的、比商品市场和其他要素市场效率更高的市场，是市场的更高级组织形式。由于金融商品具有较高的同质性、流动性，金融交易的成本更低，也由于金融市场的信息透明度更高因而效率更高，社会经济的供给和需求通过金融产品价格信号能够在信贷市场、资本市场等金融市场上得以更强烈、更准确地显示，从而能够更有效地引导经济资源流向配置效率更高的厂商、部门和地方。因此，作为市场经济二三百年发育、发展的结果，经济金融化通过市场替代来实现资源配置方式和手段的高级化，进而提高资源配置的效率。

---

① 白钦先:《金融可持续发展研究导论》前言，中国金融出版社，2001。

具体来说，作为一个整体，金融是创造社会财富的基本要素和源泉，从而体现了金融的资源属性；同时，金融又是社会经济中资源配置的核心制度。资源配置还有其他的制度（如财政制度），但随着经济全球化、经济金融化和知识经济的来临，金融制度在资源配置中的重要性越来越突出了。“现在我们已经清楚地看到，金融也是生产力，而且是有效配置资源的生产力，是最能体现先进生产力的产业，在国民经济发展中起着举足轻重的作用。同样的自然资源、同样的人力素质、同样的政治制度和文化，由于金融成熟程度不同，导致了社会生产力的巨大差距。”金融在市场配置资源中起着核心作用，金融是调节宏观经济的重要杠杆，世界各国的发展史证明，金融的发展，在很大程度上决定着经济、政治和社会的发展水平。下图描绘出金融资源的配置性。

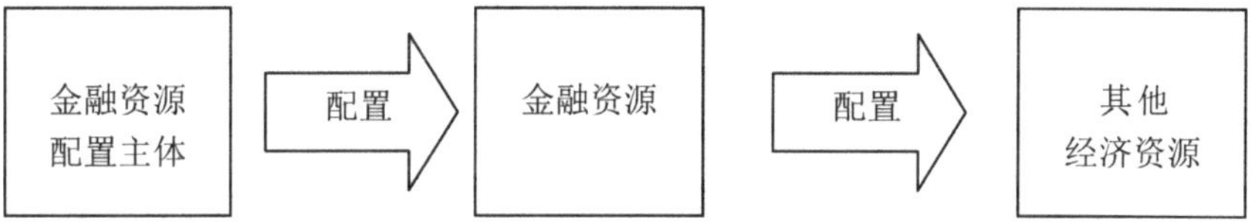

金融资源的配置性

金融资源的配置性向我们揭示了关于金融发展的新含义，这种含义与以往的经济学、金融学的结论有很大的不同。以往的经济学、金融学关于金融发展的含义主要有两方面：一是戈德史密斯将金融发展定义为“金融结构的变迁”，他用金融相关率（FIR）来评价金融发展水平的高低，因此，金融发展就是由金融资产和金融机构构成的金融结构的变化结果，其实质是量性金融增长；二是麦金农和肖提出的“金融深化”，即放松对利率和金融机构的管制，其实质是金融自由化。

实践证明，量性金融增长并不能自动带来金融整体效率的提高，金融自由化存在金融发展与经济发展相协调的问题，量性金融发展的缺陷在于无法保证金融的可持续发展。金融发展的关键在于金融的“质”的提高，在于质性金融发展。而合理地进行金融资源配置，是实现质性金融发展，进而实现金融可持续发展的必经途径。

4. 战略性

金融资源论的核心观点是：金融是一种资源，是一种具有极端战略重要性的资源。“金融是一种社会资源，是一种宝贵的战略资源。认识这一点、承认这一点，实际是认识和承认金融的客观性、即非主观性。而其所以是战略性资源，是源于它在全球及各国经济与社会发展中的极端战略重要性。”金融资源在一个国家所有经济资源中居于核心地位，也关系到国家主权和国家安全。金融安全是国家经济安全的核心问题。在金融经济时代来临之前，一个国家的国家安全和主权维护主要靠军事实力，军事实力强大就有了安全感。而在现今的金融经济时代，特别是在冷战结束后，和平和发展成为世界性主旋律的背景下，军事力量作用在减弱。经济金融力量在上升。一个国家金融实力的强弱，如外汇储备、币值的稳定性、金融制度的稳定性和效率性、金融政策正确与否等才是事关经济安全乃至国家安全的真正标志。因此，金融资源对于一个国家而言，已经成为具有和军事、政治实力相类似的功能，金融资源的战略性日益突出。当今国际的竞争，已不再局限于物质生产领域，金融的较量已成为竞争的核心内容。

苏联在钢铁、能源、交通等物质生产方面达到了很高的水平，但最终在国际竞争中落伍，以致解体，其重要原因就是金融落后，缺少完善的金融体系来高效率地配置资源。20 世纪 80 年代拉美国家的金融危机，1997 年亚洲金融危机，致使经济增长受到重创，损失巨大。在经济实力强的国家，表现为银行倒闭和巨额不良资产，在经济实力弱的国家，就出现政治危机、政权更迭。当前各国经济金融化以及由此推动的金融全球化破除了传统的市场界限，必然使一国金融特别是相对落后国家的金融面临更多的挑战和更激烈的竞争，而金融业的资本聚集能力和对一般经济的渗透和控制能力，将使金融在 21 世纪经济全球化和金融全球化继续扩展的过程中成为国际经济竞争的最主要领域之一，也成为大国间竞争、争夺与博弈的战略性新领域，并由此导致所谓的“金融霸权”“金融安全”和“金融主权”问题。

可以预见，由于资本实力和管理经验等方面的巨大悬殊，金融全球化所带来的激烈竞争必然使相对落后国家的大多数金融机构处于不利地位，而发达国家则有可能利用自己的优势地位，使相对落后国家的经济金融发展方向和进程被迫依从于发达资本主义国家的战略利益。发达资本主义国家对其他国家经济金融发展的这种控制和干预，是所谓“金融霸权”最重要的体现。由于“金融霸权”的存在，金融全球化即使有效提高资源配置效率，也是非均衡、非普遍的，甚至是理论上的而非现实的。因此，对于相对落后国家而言，防止“金融侵略”与“军事侵略”具有同等重要的意义。由于“金融霸权”存在的现实可能性，引发了人们在金融全球化下对“金融安全”和“金融主权”的重点关注。防止金融超级大国利用“金融霸权”从事金融侵略，或把金融同其他经济、政治、军事、外交手段综合运用，给某一主权国家致命性打击，成为新形势下的一大课题。

5. 金融共性之间的关系

上面论述了金融资源具有脆弱性、配置性、战略性，就不容不谈金融资源的配置了。金融资源的配置性、战略性与脆弱性之间有一定的冲突和矛盾。由于脆弱性是金融资源的固有属性，是客观存在的特性，我们无法从根本上消除它。除非在经济中“删除”金融，否则，脆弱性与金融资源同在。现代市场经济是金融经济，金融资源具有不可替代的资源配置功效，于是，配置性、战略性和脆弱性之间的矛盾不可避免。正如中山大学陆家骝教授所说：“经济关系金融化过程的正面效果是这个经济的资源配置能力和资源配置效率提高，而这个过程的负面效应则是整个经济体系的系统风险的增大。”

脆弱性代表着金融有可能积累起风险，引发金融危机的可能性，但可能性并不代表必然性，从金融“健康和稳定”走向金融“虚弱和危机”需要一个过程，正是由于金融资源配置失误，才导致被金融资源所配置的其他经济资源的配置失误。由于金融是经济运行的核心，金融危机发生导致金融崩溃就使一个经济丧失掉了资源配置能力。

在经济金融全球化时代，金融配置性、战略性和金融脆弱性之间的矛盾表现得更加突出了，各国的经济金融发展日益相互依赖，经济金融化和经济金融一体化则在大大便利和促进经济发展的同时，促使全球各民族国家和经济体，经济金融与社会发展的不稳定性空前增强，一荣俱荣，一损俱损。而经济金融波动危机的联动、互动、传动、传导、传染国际化，而且全球性金融资源和金融危机信号的传递，是迅速的跨国界流动与传导，金融危机具有累积性、隐蔽性、突然性和破坏性，于是金融安全成为国家安全的重要部分。经济金融全球化负效应时时存在，金融波动已成常态，人们必须逐步习惯于在这种此起彼伏波动危机中生存，我们的经济金融也只能在这种动态的状态下生存与发展。我们必须迅速适应这一历史性变动，并找到和建立一套在危机波动中求生存、求发展、求稳定的手段、工具、体制、观念、理论，以求得国家与地区经济金融的安全与相对稳定发展。

金融是强大的，也是脆弱的。只要人们对它有信心，只要它能健康地持续运行，它确实强大无比；然而一旦人们对它丧失信心，不再去存款反而去取款，或企业只借款、不还款，或存得少、取得多，或只借不还，或多借少还，金融体系就会瘫痪垮台，就会由金融危机而引起经济与社会政治危机[①]。所以，在经济全球化和经济金融化的新形势下，关于金融特性以及它们之间存在的矛盾和冲突的理论揭示其应当成为各民族国家、经济地区的全民族的共同认识。一般而言，金融脆弱性与金融

① 白钦先：《论经济一体化和经济金融化的挑战与启示》，1999 年“中国金融改革与建设研讨会”及“国际金融体系与国际金融秩序学术研讨会”报告。

稳定、金融配置性与金融效率、金融战略性与金融安全大体上有着对应的关系，而每一种对应都体现了金融特性的重要性。金融特性的重要性可以用下图表示：

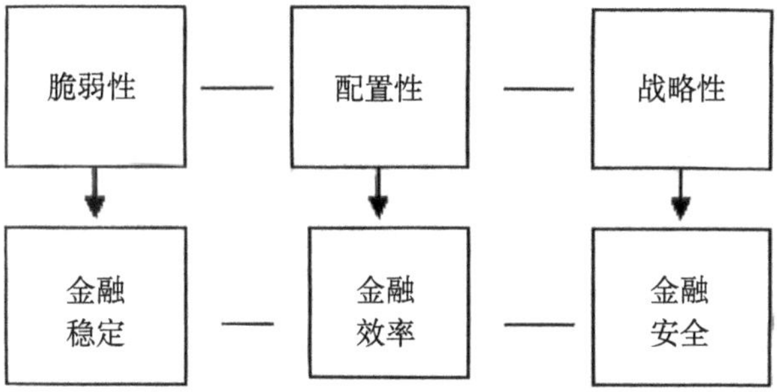

金融共性之间的关系

（二）中国金融特性：政治性、人民性、共享性、主体性

毛泽东主席在《矛盾论》中写道：对于物质的每一种运动形式，必须注意它和其他各种运动形式的共同点。但是，尤其重要的，成为我们认识事物的基础的东西，则是必须注意它的特殊点，就是说，注意它和其他运动形式的质的区别。只有注意了这一点，才有可能区别事物。任何运动形式，其内部都包含着本身特殊的矛盾。这种特殊的矛盾，就构成一事物区别于他事物的特殊的本质。对于中国金融的特色，概况如下：

1. 政治性

金融政治性主要体现在金融制度与国家的根本制度以及基本经济制度之间的紧密联系，以及金融工作在国家经济主权和重要经济职能方面的体现。金融和军队一样，是国家支柱，具有政治性，必须坚持党的集中统一领导。具体来说，金融的政治性体现在以下几个方面：

首先，金融制度作为经济社会发展中的基础性制度，其制定和实施受到国家政治环境和政策导向的深刻影响。金融政策往往是国家实现宏观经济调控、促进经济发展和维护社会稳定的重要手段，因此具有强烈的政治性。其次，金融工作的政治性体现在对国家经济主权的维护上。发行和管理货币是金融的首要标志，这体现了国家的经济属性和经济主权。国家通过发行和管理货币来创造信用，实现国家经济职能，这也是金融政治性的重要体现。此外，金融的政治性还体现在为推进中国式现代化服务上。金融作为现代经济的核心，其发展和创新对于推动经济转型升级、实现高质量发展具有重要意义。因此，金融工作应当紧密围绕国家发展战略，服务实体经济，支持科技创新和产业升级，为推进中国式现代化提供有力支撑。最后，金融的政治性也体现在对跨周期和逆周期调节的重视上。通过合理的货币信贷总量和社会融资规模调节，保持经济稳定增长，防止经济波动过大对社会造成负面影响。

要清晰地看到，金融和军队一样，是一个国家的战略性资源和执政的核心支柱，在我们国家坚持党的领导，更要坚持党管金融以及国家对金融具有绝对掌控力。资本的逐利性不应该在金融领域得到鼓励和泛滥。为了实现社会主义共同富裕的目标，必须保护好人民群众的金融资产安全，并把金融机构集聚的金融资源投入实体经济中去，进而产生就业和收入机会，推进人民群众生活水平提高，最终达到共同富裕，这是坚持金融的人民性，抑制资本在我国金融领域逐利的必然选择。

2. 人民性

人民性来源于金融广泛的渗透性以及经济金融化趋势。金融具有广泛的渗透性并导致了现代经济日趋金融化，这在现实生活中看得很清楚。银行、证券、保险、信托和基金等金融机构及其业务已经和人民群众的生活密切相连，几乎稍微有点积蓄的家庭都在银行开有存款账户，无论是定期还是活期，都是一种最基础的金融资产。还有另外一些家庭投资股票、信托、基金来保值增值，为了避险还投资保险产品，总而言之，社会财富已经越来越金融资产化，即使还有些传统家庭喜欢黄金，也大部分不会真正存储真实黄金在家里，持有的都是银行发行的“纸黄金”凭证。这种金融业务在大众生活中的渗透最终带来了经济金融化趋势。也就导致了金融成为经济运行的核心机制，离开了金融，现代经济无法运行。金融这种广泛的渗透性和经济生活日趋金融化使金融的人民性具有了客观基础。

坚持金融的人民性的底层逻辑在于我国社会主义制度。金融是现代经济的核心，要发展好经济，首先要发展好金融。金融本身是一个高度专业化的行业，具有自身特定的运行规律和规则，其中很重要的也是很著名的“三性原则”即要注意“安全性、流动性和风险性”，金融机构只要合理配置好资产，坚持做好这三个原则，就不应该发生金融风险。但为什么在西方国家的现实经济生活中金融危机每隔若干年就要发生一次，金融机构会发生资不抵债、倒闭被重组和被接管的情况，最终国家救助由纳税人买单呢?

我们一定要注意到金融机构所处的社会制度背景的不同。西方国家是资本主义制度，其金融机构大部分是私人股份，华尔街是以私人股份金融机构为主构成的一个行业集群，其资本逐利的本质导致了金融危机一而再，再而三来源于那里。现代金融资本的逐利性和原始资本积累时期并无本质区别，却因为现代金融具有的广泛渗透性、高度流动性和一体化全球化，使投机逐利更为疯狂和贪婪。改革开放40多年来，我们所见到的1998年东亚金融危机、2008年次贷金融危机，不都验证了吗?

中国走的是社会主义道路，社会主义金融机构不应完全以营利性为目的，要真正在安全性、流动性和风险性三方面取得恰当平衡，要避免金融空转以及经济过度虚拟化，要引导金融机构把金融资源投入实体经济中去。我国发展就是为了人民福祉的提升，因此，金融发展必须坚持以人民为中心的导向，坚持发展的人民性是中国特色社会主义的显著特征。作为现代经济核心的金融，也要坚持人民性，一切以人民性为出发点，自觉维护金融稳定和金融信誉，促进实体经济发展，防范发生系统性金融风险。

前一阶段，某些地区的村镇银行出现了诈骗存款人存款的恶性案件，导致银行被关停。这是令人震惊的恶性事件。曾几何时，为了搞活银行经营引入了股份制，甚至还出现了民营控股银行，一些大型民营企业也搞起了金融控股公司，控股银行、证券、信托和保险等金融机构，这种倾向不应该给予鼓励，应该采取一些限制性措施。社会主义金融如果任凭资本逐利，那就与社会主义制度和人民共同富裕目标相违背，一定要予以纠正和避免。

3. 共享性

金融的共享性体现在金融资源配置要使全体人民实现利益共享以及共同富裕，这是社会主义中国金融与资本主义西方国家在金融资源配置过程和结果存在的根本不同之处。这意味着金融发展带来的收益应该惠及更广泛的人群和企业，特别是中小微企业和弱势群体。通过普惠金融、绿色金融等创新金融模式，可以让更多的人享受到金融服务带来的便利和收益，从而实现金融的公平性和可持续性。坚持金融的“人民性”就要坚持金融共享性，这是促进共同富裕目标实现的必然选择。一直以来，金融普惠性已经成为金融发展所倡导的理念。小微企业、农民、城镇低收入人群、贫困人群和残疾人、老年人等特殊群体是当前我国金融共享性需要重点关注的对象，金融共享性强调的是金融资源要向中小企业和弱势人群倾斜，尽量避免“穷的越穷、富的越富”那种马太效应。习近平总书记强调，以人民为中心的发展思想，不是一个抽象的、玄奥的概念，不能只停留在口头上、止步于思想环节，而要体现在经济社会发展各个环节。要坚持人民主体地位，顺应人民群众对美好生活的向往，不断实现好、维护好、发展好最广大人民根本利益，做到发展为了人民、发展依靠人民、发展成果由人民共享[①]。

---

① 习近平：《深入理解新发展理念，推进供给侧结构性改革》（2016 年 1 月 18 日），《习近平著作选读》第一卷，人民出版社，2023，第 438 页。

金融的共享性与金融的普惠性在含义上有所交叉，但根本出发点并不相同。普惠金融的概念由联合国在 2005 年提出，是指以可负担的成本为有金融服务需求的社会各阶层和群体提供适当、有效的金融服务，金融的共享性比金融的普惠性更为宽泛，也更具有包容性，金融普惠性本质上是资本主义国家资本至上后的一种利益格局和收入分配的再调整，是被动的，是资本至上而不是以人为本的理念。而金融的共享性对内是坚持金融的“人民性”，是主动的、对人民利益的优先追求。金融共享性这个概念对外则是坚持金融的“人类命运共同体”理念，金融在“一带一路”建设，在推进全球贸易和人文交流方面，也会发挥巨大的作用，尤其是中国成为金融强国的过程中，中国的金融也要走出去，让全球人民共享中国金融的资源配置及其带来的中国红利。因此，金融共享性比金融普惠性更具有全球意义，也是中国未来掌握金融话语权一个很好的口号。

4. 主体性

金融主体性也是中国特色社会主义金融的一个特色，其含义一是坚持人民主体地位，以人民为中心；二是坚持国有金融在金融体系的主体性，这是指确保国有金融机构在金融体系中发挥主导和核心作用，以维护金融稳定、促进经济发展和社会进步。第二个主体性含义体现在以下几个方面：

国有金融控制力与影响力：国有金融机构通常具有较大的资产规模和市场份额，它们的稳健运营对整个金融体系的稳定至关重要。国有金融的主体性意味着这些机构能够在关键时刻发挥稳定市场、抵御风险的作用。国有金融机构需做好政策传导与执行：国有金融机构是货币政策和财政政策的重要传导渠道。它们能够更有效地执行国家的宏观经济政策，如调整信贷政策、实施定向降准等，以促进经济增长和结构调整。国有金融机构带头服务实体经济：国有金融机构在支持实体经济发展方面具有天然优势。它们更倾向于为国家重点项目、基础设施建设和关键产业发展提供资金支持，从而推动经济的高质量发展。国有金融机构稳健推进金融创新与改革：国有金融机构往往是金融创新和改革的重要推动者。它们拥有更多的资源和能力去探索新的金融产品和服务，以满足日益多样化的金融需求。国有金融机构需要承担社会责任：作为国有企业，国有金融机构承担着更多的社会责任。它们在提供金融服务的同时，也注重履行社会责任，如支持小微企业、农村地区和贫困地区的发展，推动绿色金融和可持续发展等。

未来中国成为金融强国之后，中国金融在全球将会具有主导影响、主体地位。这是主体性这个概念对于全球的含义，主体性还有自主性、创造性和主动性的意蕴；从更深层次来看，更是一个价值范畴，代表未来中国和世界之间一种能动的辩证关系，是对中国金融全球地位和贡献的一种积极评价。

5. 中国特色金融四个特性之间的关系

人民性是中国特色金融的价值观，或者说价值追求，这和党“全心全意为人民服务”的宗旨完全一致，也是中国共产党建党以来的一贯追求；政治性则是在顶层上实现这种价值观的根本保障，是在金融领域坚持四项基本原则的具体体现；共享性是目标导向，比价值观更具体，是党的金融价值观在金融体系的具体体现，党管金融就要求金融机构尤其是国有金融机构贯彻价值观，不能完全追求商业利益，要按照党中央的统一部署，构建新发展格局，在经济效益与社会效益之间取得恰当平衡；主体性是政策工具，也可以说是实现人民性价值观和共享性目标的手段，国有金融在金融体系中要发挥主导性、导向性，发挥带头执行政策、传导政策的主力军作用。

中国特色金融的四个特性是有机整体，完全不同于西方传统金融。有相当长一段时期内，有一些研究并没有把中国金融发展与西方金融发展的共性和区别说清楚，甚至有的研究主张在金融领域完全模仿西方，搞金融的“全盘西化”，这也是一种认识误区。固然中国与西方国家尤其是英美国家的金融发展可以相互借鉴，包括制度借鉴，这是文明的一种交流，但引进这些制度需要考虑中国的特殊性。尤其是，我们是社会主义中国，是追求人民共同富裕和人类命运共同体的大国，与资本至上、围绕资本、资本掌控政权的国家具有根本不同。在当前构建新发展格局阶段，我们更要坚持人民性，调动各方面积极性，促进共同富裕目标实现。

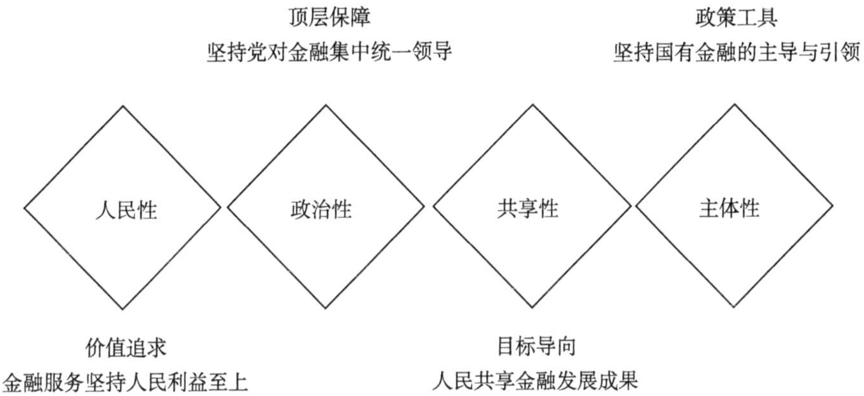

中国特色金融的四个特性关系

（三）中美金融比较：价值观、管理体制、对政权影响都存在不同

1. 中美金融的价值观完全不同

读过《资本论》的人们都知道这样两句话："资本会逃避动乱和纷争，是胆怯的。这当然是真的，却不是全面的真理。像自然据说惧怕真空一样，资本惧怕没有利润或利润过于微小的情况。""有适当的利润，资本就会非常胆壮起来。只要有10%的利润，它就会到处被人使用；有20%，就会活泼起来；有50%，就会引起积极的冒险；有100%，就会使人不顾一切法律；有300%，就会使人不怕犯罪，甚至不怕绞首的危险。"

美国华尔街，是美国金融的代表。作为全球金融中心，其资本逐利性确实强。华尔街的金融机构和投资者们总是在寻找能够获得最大利润的投资机会。这种逐利性是市场经济的本质特征之一，也是推动经济发展的重要动力。华尔街的投资者们通过对市场、行业和公司的深入研究，发现价值被低估的资产，并投入资本以获得回报。这种资本逐利的行为，不仅为投资者带来了收益，也为市场提供了流动性，促进了资源的有效配置。

然而，资本逐利性也可能带来一些问题。例如，过度的投机行为可能导致市场波动加剧，甚至引发市场危机。此外，一些投资者可能过于追求短期收益，而忽视了长期的投资价值和社会责任。例如，华尔街的逐利行为被一些观察家认为是导致美国产业空心化现象的因素之一。产业空心化指的是一个国家或地区的制造业等实体产业逐渐衰退，而金融、服务等非实体产业相对增长的现象。华尔街作为全球金融中心，其强大的金融资本和高度市场化的运作方式，确实在一定程度上影响了美国的经济结构和产业发展。华尔街的金融机构和投资者往往更关注短期收益和市场表现，因此可能更倾向于投资那些能够快速带来回报的领域，如金融、科技、娱乐等。相比之下，制造业等实体产业由于投资周期长、回报率低，可能不受华尔街资本的青睐。这种投资偏好可能导致实体产业的投资不足，进而加剧了产业空心化的趋势。当然，需要指出的是，美国产业空心化的原因是多方面的，华尔街逐利只是其中之一。全球化、技术进步、劳动力成本上升等因素也对产业空心化产生了影响。此外，政府政策、市场环境以及社会文化等方面的变化也在一定程度上推动了产业结构的转变。但无论如何，华尔街的逐利行为对产业结构的影响是非常重要的因素。

再如，索罗斯在 1997 年的亚洲金融危机中对东南亚国家进行了金融掠夺。索罗斯和他的盟友们将做空目标对准了东南亚市场，大量抛售当地货币，具体来说，索罗斯等投资者首先大量抛售泰铢，引发市场恐慌，导致泰铢汇率大幅下跌。泰国政府为了维护汇率稳定，动用了大量外汇储备来吸纳泰铢，但最终未能阻止泰铢的贬值。此后，索罗斯等投资者又对菲律宾比索、马来西亚林吉特和印尼盾等东南亚货币发起冲击，使这些国家的货币也大幅贬值。据报道，索罗斯在这次危机中赚取了巨额利润。但导致这些国家最终耗尽外汇储备，导致货币贬值、股市下跌，被迫放弃固定汇率制度，实行浮动汇率制度，给这些国家带来了巨大的经济损失。许多国家的经济增长化为灰烬，工厂倒闭、银行破产、物价上涨等社会问题层出不穷。此外，危机还导致了社会动荡和政局不稳，一些国家也因此陷入混乱。因此，对于华尔街的资本逐利性，我们要有清晰的认识。在肯定其对经济发展的积极作用的同时，也要警惕其可能带来的负面影响。此外，政府和监管机构也需要采取措施来规范市场秩序，保护投资者的合法权益，确保资本市场的健康稳定发展。

在中国，金融被看作是为实体经济服务的，具有强烈的人民性。这意味着中国的金融体系更加注重服务广大人民和社会经济发展，而不是仅仅追求资本的快速增值。相比之下，美国金融则更加体现资本的本性，其运作往往以追求最大利润为目标，这在一定程度上反映了两个国家不同的经济哲学和社会发展目标。在中国，金融的人民性与党的宗旨确实是一致的。金融的人民性体现在其服务于广大人民群众，致力于提高人民的生活水平和质量。而党的根本宗旨是全心全意为人民服务，这意味着党的一切工作和决策都是为了人民的利益。在金融领域，这种一致性表现为金融机构和金融政策都应以满足人民的需求和改善人民的生活为目标。让更多人享受到金融服务，这与党为人民服务的宗旨不谋而合。同时，金融监管也应以保护消费者权益为重点，防止操纵市场、内幕交易、利益输送等不当行为，这也是党维护人民利益的具体体现。

2. 中美金融管理体制完全不同

首先，美联储的决策独立性是指其在制定货币政策时，不受政府或其他外部实体的控制和影响，能够独立地根据经济状况和自身判断来作出政策决策。这种独立性是美联储维持货币政策有效性、确保价格稳定和经济增长的重要基石。美联储的独立性受到法律保障，例如，《联邦储备法案》规定了美联储在制定货币政策时不受包括总统在内的任何行政部门的干预。此外，美联储的组织结构也为其独立性提供了支持，如美联储理事会成员任期较长且错开，这有助于减少政治压力对政策制定的影响。

在实践中，美联储的独立性表现在它能够根据经济状况和政策目标，自由地选择适当的货币政策工具，如调整利率或实施量化宽松等，而无须过多考虑政治因素。这种独立性使美联储能够更专注于实现其经济目标，即物价稳定、经济增长等。然而，美联储的独立性并非绝对，它仍然需要与政府和其他经济实体进行合作与沟通。在某些情况下，政府可能会对美联储施加一定的压力，要求其采取特定的货币政策。此外，市场反应和公众意见也会对美联储的决策产生影响。因此，美联储在制定货币政策时需要权衡各种因素，以确保其决策既符合经济目标，又能够保持相对的独立性。

美国金融机构确实在很大程度上追求利润，这是市场经济体制下的自然行为。然而，说它们完全不受政府控制与影响是不准确的。美国有严格的金融监管体系，包括美联储、证券交易委员会（SEC）等机构，这些机构负责制定和执行金融法规，以确保金融市场的稳定和公平。这些监管机构有权对金融机构进行检查、监督和处罚，以确保它们遵守相关法规。政府在金融政策制定和执行方面也发挥着重要作用。例如，美联储通过调整利率来控制货币供应和经济增长，这直接影响到金融机构的贷款条件和盈利能力。此外，政府还通过税收政策、财政政策等手段来调控经济，这些都会对金融机构的运营产生影响。因此，虽然美国金融机构在追求利润的过程中享有一定的自主权，但它们也需要在法律法规的框架内运营。如果金融机构违反法律法规，将会面临法律制裁和声誉损失。

党的十八大以来，加强了党对金融工作的领导，主要体现在：党中央坚持和加强对金融工作的集中统一领导，对深化金融改革作出全面部署。这种领导体制为调动各方面积极因素、协调各方面力量共同做好金融工作提供了重要保证。坚持金融为实体经济服务，严厉惩治金融领域腐败，有效化解重大金融风险。这体现了党在推动金融高质量发展方面的决心和力度。加强党对金融工作的全面领导，加快建设金融强国。党从战略全局出发，积极探索新时代金融发展规律，不断加深对中国特色社会主义金融本质的认识，逐步走出一条中国特色金融发展之路。在以习近平同志为核心的党中央领导下，金融系统有力支撑经济社会发展大局，坚决打好防范化解重大风险攻坚战，为如期全面建成小康社会、实现第一个百年奋斗目标作出了重要贡献。

3. 中美金融对政权影响有重大差异

中美两国在金融领域对政权的影响上存在着显著的差异，这些差异是由两国的政治经济体制、历史文化以及金融市场结构等多方面因素共同决定的，也深刻地反映了两个国家在政治经济体制和金融市场结构上的不同。

在中国，金融体系是在党的领导下运作的，这确保了金融政策的政治性和方向性。中国的金融政策不仅关注经济的稳定增长，还注重社会的公平与和谐。党的领导确保了金融体系的稳定性，使其能够有效地服务于国家的发展战略。金融政策与国家的宏观经济政策和社会发展目标紧密相连，这有助于实现经济的整体平衡和社会的长期发展。相比之下，美国的金融市场，特别是华尔街，具有巨大的影响力。在美国的政治和经济体系中，资本的力量是不可忽视的。华尔街的资本不仅影响着美国的经济格局，还在很大程度上塑造了美国的政治格局。这种影响力甚至延伸到了国际政治领域，对全球的经济和政治格局都产生了深远的影响。这种差异反映了中美两国在政治经济体制和金融市场结构上的根本区别。在中国，金融体系的稳定性和方向性得到了党的领导的保障，而在美国，金融市场和资本的力量则对政治和经济产生了深远的影响。这些差异也进一步影响了两国的社会发展、政策制定以及国际地位。

美国资本大体上可以划分为华尔街金融资本和实业资本两大类别，这两者在美国经济中占据着举足轻重的地位。华尔街金融资本主要指的是集中在纽约华尔街的金融机构所持有的资本，包括银行、证券公司、投资基金等。这些金融机构通过金融市场进行资本运作，以获取利润。华尔街金融资本通过控制金融市场和金融工具，如股票、债券、期货等，对美国乃至全球的经济产生深远影响。金融市场的波动会直接影响到企业的融资成本、投资者的信心和整体经济状况。华尔街金融资本在美国政治中具有重要影响力。金融机构和富豪投资者通过捐款、游说等方式影响政策制定，以保护其利益。此外，金融市场的稳定与否也会直接影响到政府的政策选择。美国实业资本主要指的是投资于实体经济，如制造业、服务业等行业的资本。这些行业直接创造社会财富，提供就业机会，并推动技术创新。实业资本通过生产和销售商品与服务，直接影响国家的经济增长和就业情况。实体经济的繁荣与否直接关系到国家的经济基础和综合国力。实业资本家在政治中也具有一定的影响力。他们通过支持政治候选人、参与政策制定等方式来保护自己的商业利益。同时，实体经济的状况也会影响到政府的政策倾向和社会稳定。

华尔街金融资本与实业资本之间存在相互渗透的关系。一方面，金融资本可以为实业资本提供融资支持，推动实体经济的发展；另一方面，实业资本也可以通过金融市场进行资本运作，实现价值的最大化。尽管两者可以相互渗透，但它们之间仍存在基本区别。金融资本更注重短期的金融收益和资本运作效率，而实业资本则更注重长期的投资回报和实体经济的发展。前者以索罗斯、巴菲特这些人为代表，后者以马斯克、比尔·盖茨等为代表，这两种资本在运作方式、风险偏好和投资目标上都存在显著差异。但在美国，他们都是具有巨大影响力的资本势力。

通过对比中美金融，就可以知道，中美金融具有一些共性，如稀缺性、核心性、脆弱性、战略性，但中国金融还具有自己的金融特性，如政治性、人民性、共享性、主体性，中国金融的特色也体现在这四个特性上，应把握这些特性来管理与发展中国金融。列宁说，马克思主义的最本质的东西，马克思主义的活的灵魂，就在于具体地分析具体的情况。了解共性，把握特性，是做好中国金融工作的基础和前提。

五、改革开放以来金融理论研究评述

（一）改革开放以来，中国大量借鉴西方货币金融理论

改革开放之前，包括中国在内的传统计划经济国家在货币金融理论方面是缺乏的，或者说构不成完整的理论系统。这种状况可以从以下几个方面进行解释：

①计划经济体制的特点。传统计划经济国家实行的是高度集中的计划经济体制，国家对经济活动进行全面控制和计划安排。在这种体制下，货币和金融的作用被大大削弱，因为资源的配置主要通过计划指令来实现，而不是通过市场机制。因此，货币金融理论在计划经济体制下的重要性相对较低。②意识形态的影响。传统计划经济国家往往受到马克思主义政治经济学的影响，强调生产资料的公有制和计划经济的优越性。在这种意识形态下，金融市场和金融机构的作用被忽视或贬低，导致货币金融理论的发展受到限制。③封闭的经济环境。传统计划经济国家往往实行封闭的经济政策，对外经济交往有限。这种封闭的环境限制了货币金融理论的国际交流与合作，使这些国家难以接触到先进的货币金融理论和实践经验。④研究重点的偏移。在传统计划经济国家，经济

学研究的重点往往放在计划经济的理论和实践上，而对于货币金融理论的研究相对较少。这种研究重点的偏移也导致了货币金融理论的缺乏。

随着市场经济体制的逐步建立和全球化的深入发展，传统计划经济国家对货币金融理论的需求逐渐增加。随着经济体制的转变和全球化的推动，这些国家开始加强对货币金融理论的研究和应用，尤其是大量引入西方货币金融理论并在实践中加以借鉴，这种借鉴过程是为了更好地理解和应对金融市场的发展，以及提高中国金融体系的效率和稳定性。西方货币金融理论在经济学、金融学等领域有着深厚的研究基础，为中国提供了很多有益的启示和指导。通过借鉴这些理论，中国能够更好地理解货币政策的传导机制、金融市场的运行规律以及金融风险的防范和管理等方面的知识。需要强调的是，借鉴并不等于完全照搬。中国在借鉴西方货币金融理论的同时，充分考虑了自身的国情和发展需求，对理论进行了适当的调整和创新。正如习近平总书记所言：发展金融业需要学习借鉴外国有益经验，但必须立足国情，从我国实际出发，准确把握我国金融发展特点和规律，不能照抄照搬[①]。

（二）西方金融学难以解决全球乃至中国的现实经济金融问题

"金融"本身是一个界定并不明确的概念。根据我国著名金融学家、中国人民大学黄达教授的归纳，其大致存在两种并存的用法：①宽口径：指环绕货币、银行、证券、保险的有关领域。实务部门的工作者和多数理论研究者（特别是货币银行学领域）都采用这种定义。例如，《中国金融百科全书》中"金融"词条的注释是："货币流通和信用活动以及与之相关的经济活动的总称。"②窄口径：专指环绕资本市场的领域。这一般是理工学界研究金融所采用的定义，也是改革开放以后从国

① 《在十八届中央政治局第四十次集体学习时的讲话》（2017年4月25日），《人民日报》2017年4月27日。

外商学界引入的一个定义——金融就是指有价证券及其衍生物的市场，即资本市场。

与宽和窄的金融概念相对应，大体上可以把研究金融的理论划分为“宏观金融理论”和“微观金融理论”。20 世纪 50 年代之后，金融理论从宏观的抽象理论描述转向了一个市场化的研究。金融学逐渐转向技术化、实证化、工程化、操作化、微观化，其成果逐渐成为现代金融经济学主流派的主要内容。这些内容包括资产组合理论、衍生产品的定价理论以及风险管理技术，或称为金融工程，其理论核心部分都成为现代经济学的最核心最主要的内容。微观金融学的主要研究问题可以划分为两个部分：资产定价与公司财务。前者主要是以研究与指导投资者决策为出发点，后者主要是以研究公司财务决策为出发点，由于两者只是研究角度的不同，两者之间存在密切联系。

以资本市场为研究对象的“金融”以及在此基础上形成的“微观金融理论”固然名声很大（大都获得诺贝尔经济学奖）、体系也相对完整，具有一定的实用性，例如，对金融市场上的业务操作人员和公司财务管理人员有一定的指导作用，可它们对于理解金融运行和发展的规律、揭示金融和经济之间的关系等重大理论课题帮助并不大。我们搞金融研究不能把研究对象仅仅局限于资本市场，对于资本市场发展并不很成熟的发展中国家的理论工作者来说，就更不应当这样。经济研究的目的之一是对经济现象加以解释，金融研究也不应忽视金融领域中的一些基础性课题，这些基础性课题无法回避。这正是宏观金融理论存在的原因。总之，金融理论因“金融”概念上的差异划分为微观金融理论和宏观金融理论，下图描述了微观金融理论和宏观金融理论区别：

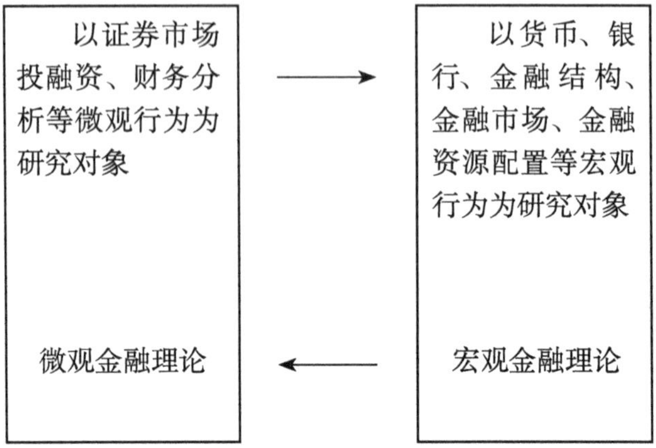

微观金融理论和宏观金融理论的区别

从20世纪90年代中期开始，白钦先教授对这种仅从“微观角度”定义的金融和金融学概念就完全不认同，他对全国各个大学金融学科建设过程中，金融学科的“全盘西化”深感忧虑。在赞同黄达教授主张微观金融理论和宏观金融理论可以并存发展的思路基础之上，他进一步指出：当代金融问题，首先，是全球性问题，然后，才是区域性、国别性问题；首先，是宏观性、战略性问题，然后，才是微观性、战术性问题；首先，是理论性问题，然后，才是决策性、政策性、行业性、实务性、技术性、操作性、实践性问题。20世纪六七十年代以来，宏观经济学、金融学理论研究的微观化，使宏观经济金融基础“悬置”、淡出，使宏观经济金融理论成为加总或放大了的微观经济金融业务理论，使金融学理论蜕变为只对金融市场业务技术操作人员和公司财务管理人员有某种指导作用的技术性学问。经济学、金融学理论研究中的这种宏观理论的微观化倾向，工具化、技术化、数字化倾向，人文社会科学脱离人文社会历史的唯自然科学化倾向，以及脱离基础理论创新的纯技术化创新倾向，已经或正在造成种种不良的理论与实践后果。这一倾向是令人忧虑并值得高度警惕的。

在经济金融全球化和经济金融化的条件下，金融已不再是一个国家的，一个产业性的、行业性的、专业性的局部问题，而成为影响全球各国经济与社会发展稳定的、具有极端战略重要性的全局性、全球性战略问题，金融安全与主权已成为各国国家安全与主权的重要构成部分。当代经济学显然缺乏应有的预见性和全面解释、解决现实经济金融问题的能力。当代经济学这种与实践相脱离的严重缺陷，也在提醒人们，在重新审视当代经济学理论在新形势下的有效性问题的同时，也应当对当代经济学的分析方法和思维方式进行深刻的反思。显然，在这种全新的形势下，人们必须以全新的视角，从战略高度观察、审视、分析与处理金融问题（包括经济金融理论的创新），以适应知识经济时代呼唤理性经济金融与社会可持续发展的需要。

（三）加强中国特色金融研究，形成中国学派理论

西方国家政府在制定经济政策时，会参考各种经济学理论，并据此确立一些国家经济学派。这些学派不仅为政府提供了理论支持，还帮助其形成了各具特色的经济政策。这体现了主流意识形态与其背后参考的经济学学派之间存在相互促进、相互影响、相互融合的良性互动关系。以下列举几个典型的案例：

大英帝国的崛起就和亚当·斯密等经济学家为代表的古典经济学派密切相关。古典经济学派起源于 18 世纪，强调自由放任的经济政策，认为政府应尽可能少地干预市场运行，让“看不见的手”自发调节经济。古典经济学派对西方国家政府的早期经济政策产生了深远影响，推动了自由贸易和市场经济的发展。

罗斯福新政背后的理论与凯恩斯经济学有密切关系。罗斯福新政实施于 1933 年，正值美国经济大萧条时期。凯恩斯经济学主张在经济危机时，政府应通过扩张性财政政策刺激经济增长，避免失业率上升和经济衰退。罗斯福新政的核心思想，即救济、复兴、改革，与凯恩斯的理论相契合，都强调政府在经济危机中的积极作用。通过增加政府支出，

如大力兴办公共工程，实行以工代赈，这与凯恩斯主张的扩张性财政政策相符。新政中的金融改革、产业复兴和农业调整等措施，均体现了政府对经济的积极干预，这也是凯恩斯经济学所倡导的。

罗斯福新政的实施在一定程度上验证了凯恩斯经济学的有效性，使该理论在经济学界和政界获得了更广泛的认可。同时，凯恩斯经济学也为罗斯福新政提供了理论基础和支撑，使新政的措施更加科学和系统。

里根经济学的核心理论基础是“供给学派”（Supply-Side Economics）。这一学派强调的是经济中的供应方面，认为通过提高生产力和效率，可以推动经济增长。与凯恩斯主义的需求管理理论不同，供给学派更注重于通过减税、减少监管等措施来激励生产和创新。里根经济学的具体措施：削减政府预算以减少社会福利开支，控制货币供应量以降低通货膨胀，减少个人所得税和企业税以刺激投资，放宽企业管理规章条例以减少生产成本。这是对战后执行的凯恩斯主义的纠正纠偏，20 世纪 60 年代末 70 年代初，凯恩斯主义政策导致了滞胀现象，即经济增长停滞与通货膨胀并存。供给学派则在这种情况下崭露头角，它提出的减税和减少监管的政策建议与里根的理念相契合，成为里根经济学的重要组成部分。里根经济学的效果比较明显，在里根执政时期，尽管有人批评里根经济学“劫贫济富”，但数据显示，所有经济阶层的收入都有所提高，包括最底层的贫穷人口。通过实施供给学派的政策建议，里根经济学在一定程度上帮助美国经济走出了滞胀的困境，并实现了较长时间的经济增长。

克林顿经济学背后的理论基础主要是新凯恩斯主义，同时也融合了其他经济学派的理论。新凯恩斯主义强调政府在经济中的作用，尤其是在财政政策和货币政策的制定和执行上。克林顿政府通过实施一系列有增有减的财政政策以及稳定、连续、中性的货币政策，成功扭转了财政赤字，并保持了 GDP 的多年稳定增长。克林顿经济学还广泛吸纳了其他经济学派的理论，包括新自由主义、货币主义、供给学派等，形成了一种折中主义的新混合思想。这种多元化的理论基础使克林顿经济学能够更全面地应对当时美国面临的经济问题，实现经济的稳定增长和结构升级。

撒切尔夫人经济学背后的经济学理论是一个综合性的理论体系，融合了货币主义、自由主义经济思想、私有化与去监管化政策、减税与福利政策改革以及打击工会力量等多个方面。撒切尔夫人采纳了货币主义的政策主张来治理国内经济问题。货币主义强调货币供应量的增长应与经济增长保持一致，以避免通货膨胀。通过控制货币供应量，撒切尔政府试图抑制高通胀，并稳定经济。撒切尔夫人推崇自由主义经济思想，主张减少政府对经济的干预。她认为市场力量的自由发挥能够更有效地配置资源，促进经济增长。撒切尔夫人实施了广泛的私有化政策，将国有企业转化为私有企业。这一政策背后的理念是，私有企业相比国有企业更具效率和创新能力。同时，她致力于减少行业监管，以激发市场活力和竞争力。为了刺激经济增长和投资，撒切尔政府实施了减税政策。此外，她对福利政策进行了改革，目的是减少政府开支并鼓励个人自助。撒切尔夫人认为强势的工会阻碍了市场效益的充分发挥。因此，她采取了一系列措施限制工会的权力，以降低劳动力成本并提高市场效率。这些理论和政策共同构成了撒切尔经济学的基础，对英国经济产生了深远影响。

西德经济学家弗里德里希·李斯特的经济学说对西德乃至全球的经济思想产生了重要影响。李斯特认为，财富是交换价值，而财富产生的原因则是生产力。他强调生产力比财富本身重要许多倍，因为生产力是创造财富的根本。李斯特将生产力分为四种类型：人的生产力（包括精神生产力和肉体的生产力）、自然生产力、社会生产力和物的生产力。他主张国民经济学应以生产力为研究对象。李斯特认为国家经济发展依赖于国民生产力的提升。他提出了国民生产力理论，并强调个人主要依靠国家，在国家范围内获得文化、安全和繁荣。李斯特批评了自由贸易学说，认为自由贸易政策只对经济发达的先进国家有利，对经济后进国家有害。他主张实行保护关税政策，以促进本国工业的发展。这一观点与当时德国作为后进国家的经济地位相吻合。李斯特强调国家在经济发展中的重要角色，认为国家应该通过政策引导和保护本国工业的发展。他提出国家经济发展阶段论，将国家经济发展分为五个时期，强调不同阶段应采取不同的经济政策。李斯特对以亚当·斯密为代表的古典经济学进行了批判，认为其忽视了国家在经济发展中的作用。他提出应建立一种国民经济学，即从民族的立场出发所理解的政治经济学，强调经济生活中的国民性和历史发展阶段的特征。李斯特的经济学说对西德战后的经济崛起提供了重要的理论指导。有助于西德在战后快速恢复并发展其工业和经济实力。

伟大的时代，产生伟大的理论。经济崛起的中国在呼唤中国经济学理论支撑。随着中国经济的快速发展和全球影响力的提升，构建具有中国特色的经济学理论体系显得尤为重要。重要意义如下：

解释中国经济发展模式：中国经济在过去几十年中取得了令世界瞩目的成就，这种发展模式与传统西方经济学理论并不完全吻合。因此，需要有一种能够解释中国经济发展独特路径的经济学理论，这有助于我们更好地理解中国经济的成功之处，并为未来的政策制定提供指导。

指导未来经济政策：随着中国经济的转型升级和高质量发展，需要更加精细化的经济政策来应对新的挑战。中国经济学理论可以为中国政府提供更加贴合国情的政策建议，确保经济政策的有效性和针对性。

增强国际话语权：拥有独立且完善的经济学理论体系，有助于提升中国在国际经济舞台上的话语权。这不仅可以为中国在国际经济合作与竞争中争取更多利益，还有助于推动全球经济的均衡发展。

培养经济学人才：构建中国经济学理论体系，可以激发国内经济学界的研究热情，培养更多具有国际视野的经济学人才。这些人才将为中国经济的持续发展提供智力支持。

促进经济学理论的创新与发展：通过对中国经济发展实践的深入研究，可以推动经济学理论的创新与发展。这将为全球经济学界带来新的思考视角和研究方法，丰富经济学的知识体系。

2016年，习近平总书记“在哲学社会科学工作座谈会上的讲话”中指出，一切有理想、有抱负的哲学社会科学工作者都应该立时代之潮头、通古今之变化、发思想之先声，积极为党和人民述学立论、建言献策，担负起历史赋予的光荣使命。以白钦先教授为学术带头人的学术团队在金融领域的研究已经持续了40余年，研究成果和贡献非常显著，在金融领域产生了广泛而深远的影响，为推动中国乃至全球金融理论与实践的发展作出了杰出贡献。一个具有中国文化特色的金融理论学术流派已初步形成。这个学术流派具有鲜明的中国特色，以我国实践为研究起点，提出具有主体性、原创性的理论观点，构建了具有自身特质的学科体系、学术体系、话语体系，围绕我国和世界发展面临的重大金融问题，提出了体现中国立场、中国智慧、中国价值的金融理念、发展主张与改革方案。该学派的理论是在马克思主义政治经济学生产力和生产关系、经济基础和上层建筑等基本原理指导下形成的，在学科体系、学术体系、话语体系等方面也体现出中国特色、中国风格、中国气派。

第五章

金融强国的标准特征

不以规矩，不能成方圆。

——《孟子》

金融资源是稀缺的，所以才产生了金融资源配置问题。金融资源配置有效率是实体经济资源配置有效率的核心机制。金融资源配置既有“量”的配置，也有“质”的配置，或者说，现实经济生活中，金融资源供给满足金融资源需求的过程中，应贯彻金融适度、金融适应、金融协调、金融可持续原则，才能称之为金融强国。下面先论述这几条原则。

一、金融适度：避免空转化、虚拟化、泡沫化

总的来说，金融资源供给受一国的宏观金融政策和金融发展战略影响极大。货币政策影响着货币和资金供给，而金融发展战略影响着金融制度资源和金融人才资源的供给。而金融制度又影响着货币资本和金融人才资源的形成和供给。当然，一个国家的政府并不能完全控制和把握金融资源供给，因为和金融资源需求一样，金融资源供给内生于一定的经济制度和社会环境。

金融资源供求状况反映着金融资源配置“非金融类”经济资源的能力，这种能力构成了资源配置的“金融约束”条件。任何经济在特定的历史时期所能配置的资源数量都是既定的，由此决定了这一阶段的经济增长存在一个最大的限度，这就是经济学中的“生产可能性边界”。在“非金融类”经济资源数量既定的前提下，金融资源供求力量的对比决定了三种不同的金融资源配置状态。

（一）金融供给适度，与实体经济需求相符合

把金融资源看成一个整体，它存在一个总的供求数量。在经济增长的一定阶段，金融资源供求存在一个“金融适度”状态。

“金融适度”的第一层含义是指此时一个经济体中的金融资源供给，基本上与生产可能性曲线边界所要求的金融资源需求（最适度金融资源需求）相均衡。金融资源的供给恰好满足了最适度的金融资源需求，不多也不少。当然，这是理论上的说法，实际上围绕这个最适度金融资源需求可以存在一个波动区间，在这个区间内都可以认为金融资源的供求大体均衡一致。“金融适度”的另一层含义是指金融资源的供给结构也基本与金融资源需求的结构相适应，没有出现供求结构错位和失调。以上两种均衡意味着金融资源本身得到了最佳配置，“非金融类”资源在当前的金融资源供求配置下也得到了最佳配置，逼近帕累托资源配置最

优状态。

“金融适度”意味着金融规模相对于经济规模是适度的，或者说，由金融代表的虚拟经济和实体经济的发展是相互协调的。与虚拟经济密切相关的概念——虚拟资本，最早是由马克思在《资本论》中提出来的，随着20世纪70年代以来金融创新的发展，特别是金融衍生产品市场的兴起，作为构成虚拟经济基本要素的虚拟资本，早已突破了单一有价证券的范围。虚拟经济是市场经济和金融业发展到一定阶段的必然产物。

一方面，它以实质经济的发展作为自己发展的前提和基础，表现出对实质经济的依附性；另一方面，它可以提高资金的运用效率，通过转移和降低风险、增加流动性的金融工具交易为实质经济服务，促进实质经济的发展。而且，金融工具交易中的杠杆效应和放大效应，也往往使金融虚拟经济与实质经济产生较大的背离。在金融自由化和金融全球化浪潮的推动下，国际资本流动的数量急剧增加，流动速度越来越快，国际资本市场的金融交易规模不断扩大，从而推动着虚拟经济的迅猛发展。金融虚拟经济的规模，已经成为衡量一国金融发达程度和经济竞争力的重要标志。金融虚拟经济规模不能过大，也不能过小，这其实就是金融适度。因此，虚拟经济与实质经济相互之间存在一个适度比例，比例合适，双方就会相互促进，比例不合适，就会出现金融不适度。

（二）金融不适度的两种表现形式：金融压抑与金融过度

金融不适度的第一种形式是金融压抑。这是指金融资源供给小于生产可能性曲线边界相对应的金融资源需求的状态，即现有金融资源供给不能把现有的其他资源最大限度地配置出来，“非金融类”经济资源存在闲置状态。即由于金融资源供给不足而导致经济增长和发展不充分，在既定时期内一国投资于金融业的资源过少，使得金融业所提供的金融服务不能满足实体经济发展的内在需求，金融作为“资源配置核心制度”的功能不能充分发挥出来，从而对经济增长和发展形成阻碍。

根据麦金农和肖的论述，金融压抑是这样一种金融现象，即由于政府过分干预金融市场、实行管制的金融政策以及未能有效地控制通货膨胀，使金融市场特别是国内资本市场发生扭曲，利率和汇率不足以反映资本的稀缺程度。简言之，如果政府对国内资本市场收税或造成扭曲时，那么从一定意义上说经济增长和发展就是被“金融压抑”而抑制住了。金融抑制会阻碍经济的发展，反过来呆滞的经济又限制了资金的积累和对金融业发展的需求，制约着金融体制的改革与发展。从全球金融历史来看，金融压抑最极端的是实行计划经济的苏联和前东欧以及改革开放前的中国，实行市场经济的发展中国家如日本、韩国以及东南亚等一些国家的金融都存在压抑现象。金融压抑往往呈现整体一国金融发展的特征，这些国家的金融发展蕴含着巨大的改革和发展空间。

金融不适度的第二种形式是金融过度。与金融压抑不同，金融过度往往体现为一国金融的局部特征，不体现在金融整体。金融过度，大部分体现在货币供应超过货币需求，造成通货膨胀或金融人才过度供给，造成人才高消费。“金融过度”意味着过多资源投资于金融业，一方面，会使实质经济因投资不足而减缓增长；另一方面，金融过度会引发资产价格膨胀并导致经济泡沫化，而经济泡沫的破灭会对经济增长和发展形成严重的损害。因此，这样的金融资源配置也是不适当的。

就全球范围而言，从总体上讲，明显地存在着对金融资源的开发过度和劣质金融商品的供给过剩的问题，金融的泡沫化问题相当严重。金融资源是一种社会资源，尽管它的质与量都有一个确定的客观规定性，但它的外在表现形式却有相当的人为主观性。这种资源的开发与供给也可以通过主要是外延的量的扩张来实现，从而将它的质量大大稀释与恶化。此外，由于经济发展中货币这一第一推动力的需要以及运行传导时滞、沉淀、流转等主客观因素的需要，它需要而且可以有一个附加的额外的量，加之股票、债券及许多金融衍生商品本身具有相当的虚拟性，这也就更为对金融资源的过度开发和劣质金融商品的超量供给提供了可能；还因为某种金融商品的供给成本与收益不对称，对某些金融资源的开发利用可以通过种种人为包装在全球范围内招摇过市进而获得很大收益，这种收益远远大于开发成本。由于劣质金融商品供给过剩导致的国内、国际经济金融波动危机等负面后果与风险，又可转嫁给所有经济体、经济人，或者供给者只承担其中极小的一部分，这与他们的收益远不成比例，即利益少数人得，风险所有人分担。这种不对称性更使金融泡沫化的趋势越发具有十足的内在利益驱动和不可遏制的势头。总体而言，在这一金融博弈中，发达国家占有明显的利益与优势，发展中国家则处在一种被动挨打的劣势地位，并且难以避免损失，或者其成本远大于收益。这一点应引起人们的高度警惕。

全球范围内对金融资源过度开发、金融泡沫化严重，这是事实，但又不能一概而论。大体上说，发达国家经济的金融化程度高，金融倾斜的历史性逆转十分明显。主要的金融中心都在发达国家，这些国家的金融监管比较健全而有力，信贷扩张的冲动受到较严厉的抑制，信贷资产质量较好，在这一领域一般较少存在对金融资源的过度开发问题，但证券市场、期货市场、金融衍生商品市场则存在明显的泡沫化倾向。全球证券市场在过去 10 年中价格上涨了 7 ～ 10 倍，大大脱离了实体经济的增长速度和业绩，大有“高处不胜寒”之感，随时都有爆炸的可能。

典型案例是日本泡沫经济，20 世纪 80 年代中期至 90 年代初期，日本经济高速增长后出现的虚假繁荣现象。日本巨额贸易顺差的积累带来了货币供应量的增加，为了调整美日货币间的比例关系，日本政府采取了金融缓和政策，这在一定程度上刺激了民间企业的设备投资。日本银行和政府在一段时间内采取了宽松的货币政策和财政政策，导致资金供应过度扩张，低利率和高度宽松的货币政策使信贷流动性过剩，资金流向了投机性的资产市场，加剧了泡沫经济的形成。在泡沫经济期间，房地产和股票市场出现了高度的投机活动，资产价格不断上升。人们纷纷把大量资金投入股市和房地产市场，形成了资产价格泡沫。一度的经济过热引起了日本政府的担心，政府开始采取行政手段对土地投机加以压制。然而，这些措施并未能有效阻止泡沫的继续膨胀。泡沫经济崩溃后，股市暴跌，房地产市场也崩溃，经济衰退，日本经济进入了长期的低增长和衰退阶段，被称为“失去的十年”。这期间，日本的 GDP 增长减缓，失业率上升，企业利润减少，经济增长乏力。政府税收减少，同时需要增加支出来刺激经济，导致日本财政赤字大幅上升，国债水平飙升。日本泡沫经济是一段痛苦的历史教训，提醒我们在经济发展过程中要警惕过度投机和资产价格泡沫的风险。

历史上，比较著名的泡沫经济还有三个：

英国的南海泡沫。南海泡沫始于 1711 年，当时英国政府为了解决国债问题，设立了南海公司。南海公司提出了一项大胆的计划，将英国政府的全部国债转移到南海公司名下，以此来换取政府对该公司更多的支持和特权。这一计划吸引了大量投资者，股价在短短几个月内从 100 英镑飙升到 1000 英镑。由于南海公司经营不善和政府对该公司特权的削弱，股价开始暴跌，最终跌回到 100 英镑以下。这场泡沫的破灭导致许多人破产或失去大量财产，给英国经济带来了严重的影响。

法国的密西西比泡沫。这起源于法国政府迫切需求解决严重的债务危机。法国政府采用约翰·劳的建议，设立皇家银行和印度公司。一方面，利用皇家银行发行大量纸币，为经济提供流动性；另一方面，授予印度公司贸易特许权，并允许利用政府债券购买公司股份。公众对印度公司的美好前景产生预期，大量抢购其股票，股价飙升。随着印度公司的业绩无法达到预期，股市泡沫破裂，大批投资者破产。纸币信用崩溃，货币供应量急剧下降，经济陷入萧条。

荷兰的郁金香泡沫。17 世纪中期，郁金香从土耳其被引入西欧，人们对这种植物产生了狂热。到 17 世纪 30 年代初期，购买郁金香已经不再是为了其内在价值或观赏之用，而是期望其价格能无限上涨并由此获利（博傻理论）。例如，一种叫 Childer 的郁金香品种单株曾卖到了

1615 弗罗林的高价。这场投机狂热最终破灭，导致许多投资者遭受巨大损失。郁金香泡沫是人类历史上第一次有记载的金融泡沫，对后世产生了深远的影响和启示。

这三次著名的泡沫事件都展示了金融市场的非均衡性和投机行为的危险性。它们提醒我们，在投资时要保持理性，避免盲目跟风，并关注市场的真实价值和风险因素。

相反，在广大发展中国家，这种情况则更多地表现为信贷高度扩张、信贷资产的呆滞和质量的下降或恶化、金融监管不到位或严重不力等方面；对金融资源的开发利用更多地表现为外延的量的扩张，即量性金融的发展，严重忽视质性金融的发展，金融衍生商品市场还根本谈不上发展或影响微小，证券市场很不发达或几乎还没有，所以这一领域的问题不是十分突出，但在达到中等发达程度的发展中国家或较发达的发展中国家，证券市场的泡沫化倾向也日益突出，值得注意。尤其是以美元泛滥为代表的全球范围内对金融资源的过度开发和金融泡沫化倾向严重，是一个十分严重的影响世界各国经济金融与社会发展稳定的具有极端战略重要性的全局性、全球性问题。这一问题可以说是国别或全球性经济金融危机的导火线与温床，切不可等闲视之。

（三）金融相关率是衡量金融适度与否的重要指标

戈德史密斯的金融相关率理论是由美国经济学家雷蒙德 · W. 戈德史密斯（Raymond.W.Goldsmith）在其代表作《金融结构与金融发展》一书中提出的。该理论主要通过金融相关率（FIR）这一指标来衡量一国金融结构与经济基础结构之间的关系以及金融发展的水平。

金融相关率是指某一日期一国全部金融资产价值与该国经济活动总量的比值，人们常用金融相关率去说明经济货币化的程度。戈德史密斯认为，在一国的经济发展进程中，金融上层结构的增长通常比经济基础结构的增长更为迅速，因此金融相关率有提高的趋势。然而，这个比率的提高并不是无止境的，当金融相关率达到一定水平（如 1 ～ 1.5）后，该比率将趋于稳定。

此外，戈德史密斯还指出，决定一国金融上层结构相对规模的主要因素是经济单位和经济集团之间储蓄与投资功能的分离程度。金融相关率越高，说明储蓄与投资的分离程度越显著。随着经济的发展，金融机构在金融资产的发行额与持有额中所占份额会逐渐提高，这体现了金融机构在储蓄与投资过程中的重要性。

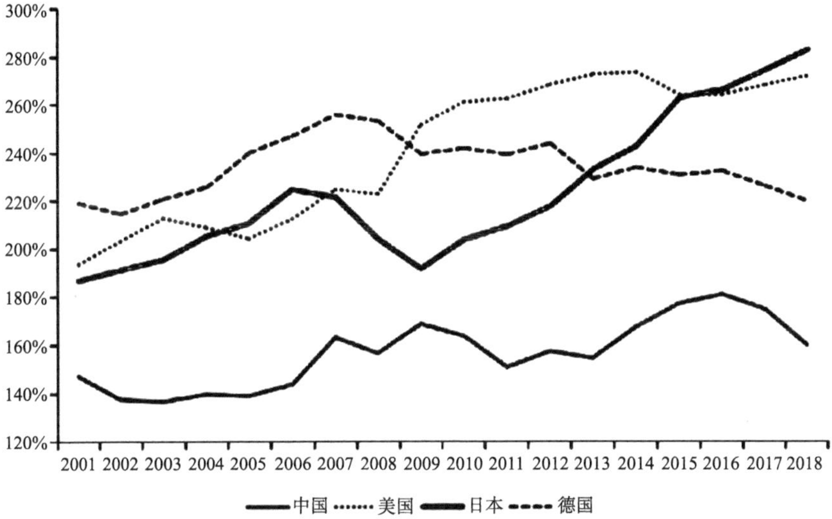

中国、美国、日本、德国金融相关率比较[①]

戈德史密斯的金融相关率理论为我们理解金融发展与经济增长之间的关系提供了重要的分析框架。通过这一理论，我们可以更好地评估一国的金融发展水平，并为政策制定者提供有益的参考。金融相关率（FIR）受到多种因素的影响，包括经济发展阶段、金融政策、市场

① 刘磊、邵兴宇、王宇：《金融结构特征与金融体系发展：大国的比较》，《国际经济评论》，《经济与管理科学》专辑，2022 年第 6 期。

结构以及文化背景等。发达国家通常具有较高的金融相关率，因为这些国家的金融市场更加成熟和发达，金融工具和产品更加多样化。相比之下，发展中国家的金融相关率可能较低，因为它们的金融市场可能还在发展中，金融服务的普及率和渗透率可能不如发达国家。

有关研究表明，随着各国经济规模的扩大，特别是人均收入水平的提高，金融相关率会不断提升。而一般而言，在经济泡沫化期间或金融危机爆发之前，金融相关率通常会异常加速提升，如日本在 1986—1990 年的经济泡沫化期间，产业结构未发生明显变化，但金融相关率的年均提高幅度达 7.75 个百分点；泰国在 1988—1996 年期间，年均提高幅度也高达 6.33 个百分点，增幅均比以往时期高 1 倍以上；韩国在金融危机爆发前的 1991—1996 年期间，金融相关率的年均提高幅度达 13.4 个百分点，增幅比以前最高时期（1964—1972 年为 7.22 个百分点）还要高近 1 倍。

日本和泰国金融相关率的异常加速提升主要是由土地或房地产和股票等资产价格过度膨胀引致的，属于典型的经济泡沫化。金融过度扩张及由此引发的经济泡沫化是日本和泰国发生经济金融危机的重要原因。韩国的情况与日本、泰国不同，其金融相关率的异常加速提升并非由房地产或股票等资产价格暴涨导致的，而是由于银行过度放贷并由此形成了大量隐性不良债权引起的。

到 1973 年日本以金融中介机构衡量的金融相关率已经达到 136.55%，1996 年达到了最高点 241.55%，同期，德国金融相关率为 133.52%，英国金融相关率为 104.2%，美国金融相关率为 52.56%，日本远超其他发达国家。然而，1996 年之后日本经济陷入战后最严重衰退，适逢 1998 年亚洲金融危机，金融相关率也开始滑落，在 2000 年日本退出量化宽松政策后，经济短暂复苏后又出现严重滑坡，陷入通货紧缩，同时又叠加了美国互联网泡沫和全球油价上涨等因素，2000—2002 年金融相关率经历了断崖式的下跌，从 225.80% 下跌到了 146.93%，回到了 20 年前的金融深化水平。2008 年金融危机过后，日本的金融相关率缓慢上升到 2012 年的 184.21%，之后有所回落。

美国的金融相关率从 1973 年到 2015 年一直保持在 60% ～ 70% 之间。英国的金融相关率变化幅度最大，从 1973 年的 29.74%，一路上升到 2009 年的 202.20%。直到金融危机过后才逐渐回落到 2015 年的 134.69%，最高位时英国的金融相关率是美国的 3 倍。德国的金融相关率在 2004 年之前一直高于英国、美国，而低于日本，2004 年之后，德国金融相关率平稳下降，开始低于英国和日本。

金融相关率的变化常常可以帮助我们判断金融资源配置是否处于过渡状态。无论是金融抑制 ——金融资本存量在社会总资本中比例过低，还是金融过度 ——过量资本投入金融业，均会损害经济增长。只有金融适度，与实质经济发展规模和速度相匹配，才能使经济增长达到最优增长状态。

需要注意的是，金融相关率并不是衡量金融发展水平的唯一指标。其他指标，如金融效率、金融稳定性以及金融服务普及率等，也是评估一个国家或地区金融发展水平的重要因素。因此，在进行各国金融相关率比较时，我们应该综合考虑多个指标和数据来源，以得出更全面和准确的结论。

二、金融适应：金融与经济、社会相互适应

除金融资源配置在“量”上要适度之外，金融行业与实体经济的适应性也很重要。金融行业的发展需要跟实体经济保持协调一致，这样才能让经济更加稳定和健康地发展。实体经济是金融发展的基础，而金融又是实体经济的血脉，两者相互依存、相互促进。当金融行业发展过快或者偏离了实体经济的实际需求时，就可能会导致金融风险积累，甚至

引发经济危机。所以，金融行业在发展过程中，一定要紧密关注实体经济的发展情况，合理引导资金流向，支持实体经济的发展，实现金融与实体经济的良性互动。这样，经济才能更加稳健地向前发展。直接融资和间接融资与实体经济需求相互适应。

（一）金融经济适应实体经济

金融经济适应实体经济是一个重要的经济原则，它强调金融体系的发展应当与实体经济的发展需求相匹配。实体经济是指基于实物和有形资产的经济活动，包括制造业、建筑业、农业等实际生产和服务领域。而金融经济则是指与金融活动和金融工具相关的经济领域。

金融体系需要不断创新，提供多样化的金融工具和产品，以满足实体经济多样化的融资和投资需求。例如，可以为小微企业提供灵活的贷款产品或者为创新型企业提供风险投资和股权投资等。实体经济中的企业往往需要不同形式的融资来支持其运营和发展。金融体系应当提供包括银行贷款、股权融资、债券发行等多种融资方式，以满足企业的不同融资需求。金融体系应提高服务效率，降低交易成本，为实体经济提供更加便捷、高效的金融服务。这可以通过采用先进技术（如区块链、人工智能等）来改进金融服务的流程和质量。加强金融与实体经济之间的联系，推动金融资源向实体经济领域倾斜。例如，可以通过政策引导金融机构加大对实体经济的支持力度，或者推动金融机构与实体企业建立长期稳定的合作关系。在金融体系与实体经济互动过程中，要密切关注金融风险，并采取有效措施进行防范和化解。这包括建立风险预警机制、完善风险处置机制以及加强投资者教育等。

金融经济适应实体经济是一个动态的过程，需要金融体系不断创新和调整，以满足实体经济不断变化的需求。同时，也需要政府、金融机构和实体企业等多方共同努力，加强合作与沟通，实现金融与实体经济的良性互动和共同发展。

（二）金融适应社会发展

金融服务在适应社会不同发展阶段需求方面起着至关重要的作用。随着社会的进步和经济的发展，人们对于金融服务的需求也在不断变化和升级。因此，金融服务需要不断地创新和适应，以满足不同发展阶段的需求。

在发展初期，社会对金融服务的需求主要集中在基础的存取款、贷款和汇兑等业务上。此时，金融机构主要提供的是传统的银行服务，如开设储蓄账户、提供小额贷款等，以帮助个人和企业进行资金的积累和流转。

随着经济的发展和社会的进步，人们对于金融服务的需求逐渐升级。在这个阶段，金融服务开始涉及更广泛的领域，如投资理财、保险、信托等。人们开始寻求更多的资产增值方式，并希望通过金融服务来规划自己的财富和未来。此时，金融机构需要提供更多的金融产品和服务，以满足人们多样化的需求。

到了社会发展的更高级阶段，金融服务的需求进一步升级。在这个阶段，数字化、智能化成为金融服务的重要趋势。人们开始追求更加便捷、高效的金融服务体验，对于金融科技的运用也提出了更高的要求。因此，金融机构需要借助先进的技术手段，提供更加智能化、个性化的金融服务，以满足人们对于高效、便捷、安全的需求。

此外，在不同的发展阶段，金融服务也需要关注到社会各个阶层的需求。对于低收入人群和弱势群体，金融机构需要提供更加普惠的金融服务，以降低他们获得金融服务的门槛和成本。对于中高收入人群，金融机构则需要提供更加个性化、专业化的金融服务，以满足他们更高层次的需求。

金融服务需要不断地创新和适应社会发展的不同阶段需求。从提供基础银行服务到涉及更广泛的投资理财领域，再到数字化、智能化的金融服务体验，金融机构需要密切关注社会需求的变化，并积极调整自身的业务模式和服务方式，以满足不同发展阶段的需求。

三、金融协调：金融自身发展协调，不发生系统性风险

金融协调是已故著名金融学家孔祥毅教授率先提出的金融发展理念，具有鲜明的中国文化特征。他指出：金融协调是在市场规则基础上，各个金融行为主体以金融安全与效率为中心，通过金融组织创新、金融产品创新和金融制度创新，实现金融与经济、社会协调发展的过程。它是金融发展的推动力，也是金融发展的保证。[①]

（一）本国金融体系具有内部协调性

金融体系内部的协调性至关重要，只有全国一盘棋，才能确保金融资源的高效配置和风险的有效防控。金融体系内部的协调性包括各金融机构之间的合作与信息共享以及金融政策与监管的协调统一。当金融机构能够紧密合作，共同应对市场变化时，就能更好地满足实体经济的融资需求，推动经济稳定发展。同时，金融政策和监管的协调统一也能确保金融市场的公平、透明和规范，维护金融体系的稳定和安全。金融体系内部协调性的具体表现涵盖了金融机构合作、政策与监管协调以及金融资源配置和风险防控等多个方面。这些方面的协调配合共同构成了金融体系内部协调性的完整画卷，为金融市场的稳定和发展提供了有力保障。金融体系内部协调性的具体表现主要体现在以下几个方面：

首先，金融机构之间的合作与信息共享是金融体系内部协调性的重要体现。这包括银行、证券、保险等各类金融机构之间建立良好的合作机制，通过信息共享和协同行动，共同应对市场风险，提高金融服务的效率和质量。这种合作不仅有助于提升金融行业的整体竞争力，更能为实体经济提供更加全面、高效的金融支持。其次，金融政策与监管的协调统一也是金融体系内部协调性的重要方面。政策制定者需要确保各项

---

① 孔祥毅：《金融协调的若干理论问题》，《经济学动态》，2003 年。

金融政策之间的衔接和配合，避免政策之间的冲突和矛盾。同时，监管机构也需要加强协调，形成合力，确保金融市场的公平、透明和规范。这种协调统一的监管体系有助于维护金融市场的稳定，防范系统性金融风险。最后，金融资源的高效配置和风险的有效防控也是金融体系内部协调性的重要体现。通过优化金融资源配置，确保资金流向最需要的地方，支持实体经济的发展。同时，通过有效的风险防控机制，及时发现和化解潜在风险，保障金融体系的稳健运行。

（二）国际金融领域也需要追求协调

国际金融领域的关系也需要追求协调。在全球化的今天，各国金融市场和经济体系紧密相连，国际金融领域的协调与合作显得尤为重要。以下是一些原因和措施，说明为什么国际金融领域需要追求协调。

①全球经济一体化。随着国际贸易和投资的增加，各国金融市场日益相互依存。一个国家金融市场的动荡可能迅速波及其他国家。②风险传播。金融危机的传播效应可能导致全球范围内的经济衰退。协调的国际金融政策有助于减少这种风险的传播。③资本流动。全球资本流动日益频繁，需要各国在金融监管、货币政策等方面保持协调，以防止资本流动带来的不稳定。④国际货币体系稳定。维持国际货币体系的稳定对于全球经济增长和贸易至关重要。协调的金融政策有助于减少货币波动和不确定性。

国际金融领域的协调措施主要有：①加强国际合作。通过国际组织如国际货币基金组织（IMF）、世界银行等，加强各国在金融政策、监管等方面的合作与沟通。②建立信息共享机制。建立全球金融信息共享网络，以便各国及时获取和分析全球金融市场动态，从而作出更明智的决策。③协调货币政策。在必要时，各国央行可以协调货币政策，以稳定全球金融市场和货币体系。④制定国际金融监管标准。通过制定统一的国际金融监管标准，减少监管套利，提高全球金融市场的透明度和稳定性。⑤应对危机机制。建立应对金融危机的国际合作机制，以便在危机发生时能够迅速、有效地进行协调应对。通过这些措施，国际金融领域可以实现更加协调的发展，从而有助于维护全球金融市场的稳定和持续增长。

四、金融可持续：反对“滥砍滥伐”金融资源，合作应对金融危机

金融可持续性的概念是在1998年由我国白钦先教授首次提出的。他认为，金融可持续发展是指金融体制和金融机制随着经济的发展而不断调整，从而合理有效地动员和配置金融资源，提高金融效率，以实现经济和金融长期内有效运行和稳健发展。随后，可持续金融理论得到了深化和细分，作为一种新兴的金融理念和实践模式，可持续金融正在全球范围内得到广泛关注和推广。

金融可持续发展理论是适应经济金融高度全球化和经济日益金融化这一重大挑战而提出的，以金融资源的本质属性为基础，研究国别和全球金融资源的开发利用、存量配置、流动、供给与需求、消耗与消费的初始条件、成本与收益、风险、后果与影响的一般规律，从而最终实现国别和全球经济金融现在与未来较长时间内的协调、稳定、健康、有效且持续发展的金融理论。它是面向21世纪知识经济时代的新金融观，是对传统金融理论的发展和创新。金融可持续发展观与金融可持续发展战略从空间地理的角度讲，可以简单划分为中国金融可持续发展与全球金融可持续发展。

（一）中国金融可持续发展

庞氏骗局、非法集资、无牌照的互联网金融和金融诈骗行为，确实

可以被视为金融领域的“滥砍滥伐”。这几种行为都涉及对金融资源的不正当利用和滥用，就像滥砍滥伐自然资源一样，对金融市场和金融生态造成破坏。这些行为不仅违反了相关法律法规，而且对金融市场的稳定和消费者的权益构成了严重威胁。

庞氏骗局是一种投资骗局，其中回报是由后来的投资者提供的资金支付给先前的投资者，而不是通过合法的业务活动或投资收益获得。这种骗局通常是以高额回报为诱饵，吸引更多的人投资，但当新投资者的资金不足以支付早期投资者的回报时，整个骗局就会崩溃。庞氏骗局不仅会导致投资者损失资金，还可能破坏金融市场的稳定和信心。

非法集资则是指未经批准，以非法手段吸收公众存款或变相吸收公众存款，扰乱金融秩序的行为。非法集资通常承诺给予投资者高额回报，但资金往往被用于非法活动或个人挥霍，最终导致投资者损失惨重。非法集资不仅损害了投资者的利益，还可能引发社会不稳定因素。

无牌照的互联网金融活动通常缺乏有效的监管和制度约束，可能存在诸多风险。例如，这些平台可能不具备足够的风险管理能力，导致资金安全无法得到保障。同时，它们可能进行超出自身能力范围的业务活动，进而引发金融风险。

金融诈骗更是直接损害消费者的利益，通过欺诈手段骗取公私财物。这种行为不仅违法，而且严重破坏了金融市场的公平性和诚信体系。金融诈骗的存在使消费者对金融市场的信任度降低，进而影响整个金融行业的健康发展。

为了维护金融市场的稳定和消费者的权益，必须加大监管力度，打击非法金融活动，并增强消费者的风险意识和法律意识。同时，政府和金融机构也应积极推动诚信体系建设，提升金融市场的透明度和公信力。

为了防范和打击这些行为，需要树立金融可持续发展观念，要加强对金融资源的保护，坚持金融资源的国家垄断经营和党管金融的基本原则。中国金融可持续发展是一个重要的议题，它涉及如何在维护金融稳定的同时，促进经济增长并保护环境。中国可以实现金融业的可持续增长并为经济发展提供有力支持。以下是中国金融可持续发展的一些关键方面：

①稳健的金融体系。中国金融可持续发展的基础是建立一个稳健的金融体系。这包括加强金融监管，完善风险管理机制，并提升金融机构的公司治理和透明度。中国已经在这方面取得了显著进展，但仍需持续努力以确保金融体系的稳定性和抵御冲击的能力。②绿色金融。绿色金融是中国金融可持续发展的重要组成部分。它涉及将环境、社会和公司治理（ESG）因素纳入金融决策中。中国已经积极推动绿色金融的发展，例如，通过发行绿色债券和为可再生能源项目提供资金支持，这有助于将资金引向更环保、更可持续的项目，同时降低对环境造成负面影响的风险。③金融科技。金融科技在中国金融可持续发展中扮演着重要角色。通过运用大数据、人工智能等技术手段，金融机构可以更高效地评估风险、管理资产，并提供更便捷的金融服务。金融科技的发展也有助于提高金融体系的普惠性，让更多人享受到金融服务的好处。④国际合作与交流。中国积极参与国际金融合作与交流，以推动金融可持续发展，这包括与其他国家和国际组织合作制定金融标准和规范，分享经验和最佳实践。通过国际合作，中国可以借鉴其他国家的成功经验，同时也为其他国家提供有益的参考和借鉴。⑤金融教育与普及。增强公众的金融素养和意识对于中国金融可持续发展至关重要。通过加强金融教育和普及工作，人们可以更好地理解金融风险和机会，作出明智的金融决策。这有助于促进金融市场的健康发展，并推动中国金融业的可持续增长。

（二）全球金融可持续发展

全球金融可持续发展确实在很大程度上依赖于金融强国之间的合作。在全球化的金融市场环境中，金融强国之间的紧密合作对于维护金融稳定、促进资本流动、应对金融风险以及推动绿色金融和普惠金融等方面都具有重要意义，还可以为全球经济的可持续增长提供有力支持。

首先，金融强国之间的合作有助于维护全球金融稳定。这些国家通常拥有庞大的金融市场和先进的金融体系，它们的政策调整和市场波动会对全球金融市场产生显著影响。因此，通过合作与协调，金融强国可以共同应对市场冲击和风险事件，减少金融危机的发生和传播。其次，合作可以促进国际资本流动。金融强国之间的合作可以降低资本流动的壁垒和成本，提高资本的配置效率。这不仅有助于全球经济的增长和发展，还可以为各国提供更多的投资机会和融资渠道。此外，金融强国之间的合作在应对金融风险方面也具有重要意义。这些国家通常拥有先进的金融监管技术和丰富的风险管理经验，通过分享信息和协作应对，可以更有效地识别和防范金融风险，保护投资者利益。最后，金融强国之间的合作还可以推动绿色金融和普惠金融的发展。随着全球对可持续发展和环境保护的重视日益提高，绿色金融已成为全球金融业的重要发展方向。金融强国可以通过合作推动绿色金融标准的制定和实施，促进绿色债券、绿色基金等金融产品的创新和发展。同时，通过普惠金融合作，金融强国还可以帮助发展中国家和地区提高金融服务的覆盖面和质量，推动全球金融的均衡和可持续发展。

提出金融可持续发展，是针对全球范围内出现的很多不可持续行为和实践现象的一种理论回应。例如，美国超发货币可以被视为一种“滥砍滥伐”金融资源的行为。美元在执行世界储备职能的过程中，通过超发带来了经济的虚假繁荣，但同时孕育着深刻的危机。这种危机不仅会对美国国内经济产生影响，还可能对全球经济造成冲击。

在美国，货币超发的主要形式是美联储通过购买国债等方式向市场注入大量流动性。这种做法在短期内可能会刺激经济增长，但长期来看，它会导致通货膨胀、资产泡沫等问题。当货币供应量远远超过实际经济增长需要时，物价就会上涨，货币的购买力就会下降，这就是通货膨胀。而资产泡沫则是指资产价格被推高到超过其内在价值，一旦泡沫破裂，就可能引发金融危机。

从更广泛的角度来看，美国超发货币更是一种对全球金融资源的“滥砍滥伐”。美元作为全球主要储备货币，其供应量的增加会对全球经济产生影响。美元的超发可能导致其他国家的货币升值，进而影响其出口和经济增长。此外，美元的超发还可能加剧全球贫富差距，因为富裕国家通常能够更好地应对通货膨胀和资产泡沫带来的风险，而贫穷国家则可能因此遭受更大的损失。为了避免这种风险，各国需要加强金融监管合作，共同应对跨国金融问题。同时，也需要推动国际货币体系的改革和完善，以降低单一货币主导全球经济所带来的风险。

五、构建金融强国的指标体系

金融强国的指标体系是一个综合评估国家金融实力和发展水平的标准体系，涉及多个维度和指标，涉及货币供应、金融机构运营、金融市场发展以及金融监管和法治建设等多个方面。应包括以下几类指标：

（一）在全球经济排名中名列前茅

金融强国具有领先世界的经济实力、科技实力和综合国力。

2024 年世界 GDP 前十国 ①

排名	国别	GDP 亿美元	实际增速	备注
第 1	美国	292101	2.9%	季调 291838
第 2	中国	189433	5.0%	
第 3	德国	46599	-0.2%	

① 数据引用：今年，印度 GDP 会超过日本，升至全球第四吗？南生看法是“否”https://baijiahao.baidu.com/s?id=1826116495710116638&wfr=spider&for=pc）

续表

排名	国别	GDP 亿美元	实际增速	备注
第 4	日本	40193	0.1%	
第 5	印度	38458	6.7%	
第 6	英国	36409	0.9%	
第 7	法国	31630	1.1%	季调
第 8	意大利	23728	0.7%	
第 9	加拿大	22405	1.6%	
第 10	巴西	21782	3.4%	

世界近现代经济与社会发展的历史与实践表明，经济强国与金融强国具有极为密切的必然联系与各自相对独立的区别。从定义上来看，经济强国更侧重于整体经济实力，包括国内生产总值（GDP）、产业结构、科技创新能力、劳动力生产效率等多个方面，而金融强国与经济强国在核心要素上存在差异。金融强国指的是在金融领域具有显著优势和影响力的国家，这通常体现在金融市场的成熟度、金融机构的实力、金融创新的活跃度以及金融监管的完善度等方面。从某种意义上讲，经济强国与金融强国如影随形，有交叉、有平行，二者常并行、正相关。经济强国是金融强国的前提与物质基础，金融强国则是经济强国的发展提升的高级化的集中体现。经济强国未必一定是金融强国，而金融强国必定是经济强国。此二者，不仅是发展的量的累积与差异，更是绝对的质的深度、公信力与国际竞争力、综合国力竞争、博弈与争夺的结果。

经济强国有小有大，数量众多，但金融强国的数量远远小于经济强国的数量。经济强国相对容易，数量也多，其中能成为金融强国者极少，到目前为止，能称之为全球性金融强国的国家也只有英国、美国两个国家。

（二）货币在国际储备体系中的比重名列前茅

总的来说，国际储备货币的排名会受到多种因素的影响，包括国家的经济实力、金融市场的稳定性、货币政策的透明度等。因此，这个排名并不是固定不变的，而是会随着时间和全球经济格局的变化而调整。

根据公开发布的信息，目前全球主要的国际储备货币排名中，美元位居榜首，其作为全球最主要的储备货币，占全球外汇储备总量的60%以上。美元的发行由美国联邦储备系统负责，它不仅是美国的法定货币，更在全球范围内被广泛使用，在国际贸易、投资和金融交易中占据主导地位。紧随其后的是欧元，作为欧盟成员国之间通用的货币，欧元也是全球第二大储备货币，占全球外汇储备总量的20%左右。欧元由欧洲中央银行发行，其在国际贸易、投资和金融交易中的使用也非常广泛。之后的储备货币排名可能会包括日元、英镑等其他主要货币，但这些货币在全球外汇储备中的占比相较于美元和欧元来说较小。

特别提款权（SDR）的权重比例是根据各组成货币在国际贸易和金融体系中的重要性来确定的。目前，特别提款权由美元、欧元、人民币、日元和英镑五种货币组成。根据最新的信息，人民币在特别提款权中的权重已经从10.92%提升至12.28%。这一调整反映了人民币在国际经济和金融体系中的重要性不断提升。然而，具体的权重比例可能会根据IMF的定期评估和全球经济格局的变化进行调整。除人民币外，其他货币的权重比例也会根据其在国际贸易和金融体系中的地位和影响力进行调整。这些调整旨在确保特别提款权的价值能够真实反映各组成货币在全球经济中的相对重要性。总的来说，特别提款权的权重比例是一个动态变化的过程，它受到多种因素的影响，包括国家的经济实力、金融市场的稳定性以及货币政策的透明度等。因此，投资者和政策制定者需要密切关注IMF的定期评估和全球经济形势的变化，以更好地理解和应对特别提款权权重比例的变化。

值得注意的是，人民币在近年来的国际化进程中逐渐获得了更多的认可，其在国际市场上的认可度和交易量也在逐步增加。虽然目前在全球外汇储备中的占比还相对较小，但人民币作为全球储备货币的潜力不容小觑。未来中国在建设金融强国的过程中，人民币也必将提升自己的地位，在国际经济生活中的比重会日益上升。

（三）中央银行货币政策调控能力名列前茅

中央银行货币政策调控能力的排名是一个复杂且主观的问题，因为它涉及多个方面的评估，包括政策效果、工具运用、市场反应等多个维度。而且，这种能力还受到国内外经济环境、金融市场发展程度、政治体制和法律框架等多种因素的影响。目前好像还没有一个权威的国际排名。要具体给出一个全球中央银行货币政策调控能力的排名是非常困难的，因为这需要对每个中央银行的政策目标、工具、传导机制以及实际效果进行全面的定量和定性分析。而且，这样的排名可能会因时间、经济环境和特定政策目标的变化而发生变化。但如果是金融强国，那么，货币政策调控能力就必须强大。

在全球范围内，一些中央银行因其货币政策调控的专业性和有效性而受到广泛认可。例如，美联储（Federal Reserve System）在执行货币政策和维持金融稳定方面享有很高的声誉。欧洲中央银行（European Central Bank, ECB）在欧元区经济和货币联盟中也发挥着关键作用。此外，英格兰银行（Bank of England）、日本银行（Bank of Japan）等也都在各自的区域内具有重要的货币政策调控能力。

我们可以比较一下德国货币管理的严谨性与美国货币的超发，它们反映了不同国家在货币政策和经济管理理念上的差异。

德国的货币管理以其严谨性和稳定性而著称。德国的中央银行，即德国联邦银行，在货币政策的制定和执行上扮演着关键角色。它负责调节流通中的货币数量和整个经济生活中的信贷供应，以维护本国货币的稳定。德国货币政策的最终目标是实现物价稳定和经济增长，而这一目标是通过一系列中间目标来实现的。德国中央银行运用各种货币政策工具，如再融资（包括再贴现和伦巴德贷款）等，来影响流通中的货币数量和信贷规模，以达到预期的货币政策目标。

相比之下，美国近年来被批评为货币超发。美联储通过增发美元来实现国内经济目标，如刺激经济增长和就业。然而，这种做法可能导致通货膨胀和资产泡沫，进而可能对社会经济造成负面影响，如贫富差距的扩大。美元作为全球基准货币，其增发不仅影响国内经济，还对全球经济产生影响，可能导致全球货币体系的动荡和不稳定。从某种意义上说，美国利用了二战后美元的国际储备地位，通过货币超发来无偿占有其他国家尤其是中国这样的制造业大国的劳动力，这种做法很自私、很无耻，明明是中国制造降低了美国发生通货膨胀的风险，并提高了美国人民的生活水平，却被倒打一耙且无端指责中国抢了他们的工作机会。这种损人不利己的做法最终也导致美国产业空心化，现在拼命打压中国，想重新建立实体产业，困难重重。

货币政策调控能力在中央银行全部能力和目标中最核心、最关键。在中国近现代史上，就有一个典型案例。国民党政府滥发金圆券是导致经济崩溃和政权崩溃的重要因素之一。这一历史事件提醒我们，货币政策的稳健性和可持续性对于经济的稳定和发展至关重要。

在解放战争后期，为了支付庞大的军费和弥补财政赤字，国民党政府大量发行金圆券，这导致了物价的疯狂上涨和货币的迅速贬值。恶性通货膨胀使城市中产阶级破产，民不聊生，政府大失民心。经济的崩溃加剧了社会的不稳定和政治的动荡，为国民党政权的垮台埋下了伏笔。具体来说，金圆券的发行是在 1948 年，当时国民党政府为了挽救其财政经济危机，决定废弃法币，改发金圆券。然而，由于政府滥发金圆券，没有有效的控制措施，导致通货膨胀迅速恶化。物价飞涨，货币贬值，人民的生活水平急剧下降。这种情况在国民党统治区引起了极大的民愤和不满，加剧了社会矛盾和冲突。最终，国民党政府的滥发货币行为对其政权产生了灾难性的影响。经济的崩溃导致了社会的动荡和不安定，加速了国民党政权的崩溃。在解放战争的末期，国民党军队在战场上的失利和内部的腐败问题共同作用，使其政权迅速走向灭亡。

（四）金融机构资本、资产在全球名列前茅

英国《银行家》杂志 2023 年全球银行 1000 强排行榜（基于一级资本）显示，2023 年是中国连续第二年有 140 家银行上榜。不过中国大型银行的增长速度有所放缓。其中，中国工商银行以 4973 亿美元的一级资本，连续 11 年位居榜首，中国建设银行、中国农业银行和中国银行，这四家银行连续 6 年居前四名。汇丰控股是前十名中唯一一家欧洲银行。

2023 年全球银行 20 强（按一级资本排名）　　单位：亿美元

排名	银行名称	一级资本规模
1	中国工商银行	497.281
2	中国建设银行	407.229
3	中国农业银行	379.867
4	中国银行	339.484
5	美国摩根大通	245.631
6	美国银行	208.446
7	美国花旗集团	169.145
8	美国富国银行	152.567
9	中国交通银行	145.443
10	英国汇丰控股	139.067
11	中国招商银行	131.588
12	中国邮政储蓄银行	117.312
13	法国农业信贷银行	113.898

续表

排名	银行名称	一级资本规模
14	日本三菱日联金融集团	111.355
15	法国巴黎银行	110.048
16	美国高盛集团	108.552
17	中国兴业银行	106.979
18	上海浦东发展银行	97.110
19	中国中信银行	96.063
20	西班牙桑坦德银行	88.333

2023年全球综合资产最大的20家银行　单位：亿美元

排名	银行名称	资产规模
1	中国工商银行	57429
2	中国建设银行	50168
3	中国农业银行	49190
4	中国银行	41921
5	美国摩根大通	36657
6	美国银行	30514
7	日本三菱UFJ金融集团	29697
8	英国汇丰控股	28646
9	法国巴黎银行	28496
10	法国农业信贷银行	25426
11	美国花旗集团	24167
12	中国邮政储蓄银行	20396
13	日本三井住友金融集团	20068
14	日本瑞穗金融集团	19094
15	中国交通银行	18837
16	美国富国银行	18810
17	西班牙桑坦德银行	18539

续表

排名	银行名称	资产规模
18	英国巴克莱银行	18238
19	日本邮政银行	17199
20	瑞士瑞银	16794

（五）拥有的金融中心排名名列前茅

2024年3月21日，英国智库Z/Yen集团与中国（深圳）综合开发研究院联合发布“第35期全球金融中心指数报告（GFCI 35）”。该指数从营商环境、人力资本、基础设施、金融业发展水平、声誉等方面对全球主要金融中心进行了评价和排名。第35期GFCI共有121个金融中心进入榜单，全球前十大金融中心排名依次为纽约、伦敦、新加坡、中国香港、旧金山、中国上海、日内瓦、洛杉矶、芝加哥、首尔。在新的经济金融环境下，金融中心发展呈现新特征和新动向。

GFCI 35全球15大金融中心排名[①]

金融中心	GFCI 35		GFCI 34	
	排名	得分	排名	得分
纽约	1	764	1	763
伦敦	2	747	2	744
新加坡	3	742	3	742
中国香港	4	741	4	741
旧金山	5	740	5	735
中国上海	6	739	7	733
日内瓦	7	738	10	730
洛杉矶	8	737	6	734
芝加哥	9	736	9	731
首尔	10	735	11	729

① 表格整理：《香港文汇报》记者李昌鸿。

续表

金融中心	GFCI 35		GFCI 34	
	排名	得分	排名	得分
中国深圳	11	734	12	728
华盛顿	12	733	8	732
法兰克福	13	732	14	726
巴黎	14	731	15	725
中国北京	15	730	13	727

值得注意的是，金融中心的排名可能会随着时间、经济环境以及相关政策的变化而发生变化，虽然上海、深圳等中国城市在国际金融中心排名中取得了显著的成绩，但我们也应认识到国际金融中心的竞争日益激烈，需要继续努力提升金融服务水平、优化金融生态环境，以进一步巩固和提升其国际金融中心的地位。

报告表示，全球金融中心整体平均得分上升 1.62%，增速较上期有所放缓。GFCI 研究表明，世界主要经济体经济前景已趋于稳定，各主要金融中心正加快在绿色金融、数字技术等领域改革，意图影响全球经济社会的发展进程。同时，全球金融中心排名结果呈现多样性。其中，58 个金融中心排名上升，11 个保持不变，52 个有所下降。

报告显示，顶级金融中心竞争激烈，纽约、伦敦两大全球顶级金融中心地位继续保持不变，新加坡、中国香港再次位列全球第 3 和第 4，得分差距仅为 1 分，与上期一致。美国主要金融中心在持续了两年的快速增长之后，本期排名有所回落。其中，洛杉矶和华盛顿排名分别下降 2 位和 4 位，位列全球第 8 和第 12，已落后于上海和深圳。本期 GFCI 全球金融中心十强行列中，美国金融中心数量从 5 个减少为 4 个。

分区域来看，本期指数中，亚太金融中心表现非常强劲，整体评分较上期上升 1.89%，从排名来看，该地区排名前 15 的金融中心仅有 2 个城市排名有所下降，且全球十强中，亚太地区金融中心占据了 4 席。

北美地区金融中心整体评分较上期上升 0.68%，尽管排名前 15 的金融中心有 4 个城市进入全球前 10，但也有 6 个城市排名下降。在西欧地区，雷克雅未克、泽西岛、格拉斯哥和卢加诺的得分增幅显著，但柏林、慕尼黑和哥本哈根的排名也出现较大下降。

本期指数香港及内地 12 个金融中心城市评分全部实现上升，除北京外，其他城市排名均保持稳中有进。上海、深圳各上升 1 位，位列全球第 6 和第 11。香港、上海、北京和深圳都进入了“未来可能变得更重要金融中心（Centres Likely To Become More Significant）”行列。此外，武汉、杭州、大连排名再次分别上升 9 位、5 位和 5 位，在全球的知名度和影响力进一步提升。分项排名方面，香港、上海、深圳和北京 4 座城市在营商环境、人力资本、基础设施、金融业发展水平、声誉五个方面已“整体”进入全球前 15 行列。其中，北京在营商环境和声誉领域已排名全球第 4，深圳在基础设施领域排名全球第 4，金融业发展水平领域排名全球第 7。随着时间的推移，中国金融中心城市的整体排名与分项排名的匹配度进一步上升。

报告指出，金融科技排名结果呈现多样化，中美仍具有较强优势。GFCI 根据金融科技领域表现，对 116 个金融中心的金融科技发展水平进行评估，排名前 20 的金融中心城市中，中美各占 6 席。其中，纽约、旧金山排名全球第 1、第 3，华盛顿、洛杉矶、芝加哥进入全球金融科技排名前 10。深圳排名继续居全球第 4，仅次于纽约、伦敦和旧金山，在中国金融中心中位次最高。与以往中美两国金融中心主导金融科技排行榜情形不同，本期首尔进入全球前 10 行列，日内瓦和苏黎世排名分别上升 15 位和 10 位，进入全球前 20 行列，金融科技排行榜区域多样性特征初显，但总体而言，中美仍具有较强优势。这预示着未来在金融领域，中美也会发生正面竞争，中国金融强国之路前途光明，但也不会一帆风顺，需提前做好应对各种情况的准备。[①]

（六）金融监管水平高，既遵循国际通用标准，又发挥中国优势

首先，按照国际通用标准来监管。因为金融行业的国际化标准已经确立，要做到主要有以下几个方面：①资本充足率要求。金融机构应满足一定的资本充足率，这是衡量其抵御风险能力的重要指标。国际货币基金组织和巴塞尔银行监管委员会制定的《资本协议》规定了金融机构的核心资本充足率和综合资本充足率等指标，以确保金融机构在面临风险时有足够的资本来应对。②风险管理要求。金融机构应具备完善的风险管理体系，包括风险识别、评估、监控和控制等环节。国际金融监管机构要求金融机构实施有效的风险管理策略，以降低潜在损失，并确保业务的稳健运营。③流动性管理要求。金融机构需要具备良好的流动性管理能力，以确保在面临市场波动或金融危机时能够及时履行债务和满足支付义务。国际监管机构会设定流动性覆盖率等监管指标，要求金融机构制定合理的流动性管理政策和缓冲机制。④透明度与信息披露。金融机构应向公众和监管机构提供准确、及时的信息披露，包括财务状况、风险状况、公司治理结构等。这有助于提高市场的透明度和投资者的信心。⑤合规性与法律遵守。金融机构必须严格遵守所在国家或地区的法律法规以及国际金融监管标准和准则。合规性是评价金融监管水平高低的重要因素之一。⑥跨境监管合作。随着金融市场的全球化，跨境监管合作变得越来越重要。高水平的金融监管应包括与其他国家或地区的监管机构建立有效的信息共享和协作机制，以应对跨境金融风险。

其次，高水平的金融监管需要从多个维度进行细致而全面的管理，

---

① 这部分内容转载自《证券时报》，《最新“全球金融中心指数”发布：上海、深圳分别位列全球第 6、第 11》，2024 年 3 月 21 日。

除了坚持国际标准，还要发挥中国优势，这就是发挥党组织和群众的作用。①培养良好的道德自律。金融行业的从业人员必须秉持高尚的职业道德，这是防范风险的第一道防线。通过加强道德教育和行业文化建设，可以引导从业人员自觉遵守市场规则，拒绝不正当的利益诱惑，从而维护金融市场的诚信和公正。②制定严格的法律法规。建立健全的法律体系是金融监管的基石。通过实施高压的法律法规，可以明确市场主体的权利和义务，对违法违规行为进行严厉打击，确保金融市场的健康有序发展。③运用先进的监管技术。随着金融科技的飞速发展，监管技术也应与时俱进。穿透式监管技术能够深入剖析金融业务的本质，有效识别和防范各种新型金融风险。通过大数据、人工智能等先进技术的应用，可以提高监管的精准度和效率。④引入可信赖的第三方独立审计。独立审计是金融监管体系中的重要一环。通过引入具备专业资质和公信力的第三方机构进行定期审计，可以客观评估金融机构的运营状况和风险水平，为监管部门提供有力的决策依据。⑤加强党组织教育与监督。党组织在金融监管中发挥着不可替代的作用。通过经常性的党组织教育和监督活动，可以引导金融机构坚持正确的政治方向和价值观念，确保金融市场的稳定和可持续发展。⑥鼓励广泛的群众监督举报。群众监督是金融监管的重要补充力量。通过建立健全的举报机制和奖励制度，可以激发广大群众参与金融监管的积极性，及时发现和纠正金融市场中的不正之风。

（七）金融人才队伍建设又红又专，腐败日益减少

金融人才需要具备深厚的经济学和金融学理论基础，这有助于他们更好地理解市场动态，分析经济形势，并作出明智的决策。金融人才需要不断更新自己的知识体系，以适应不断变化的市场环境。除了理论知识，金融人才还需要具备解决实际问题的能力，包括数据分析能力、投资策划能力以及风险控制能力等。金融人才需要与其他团队成员紧密合

作，有效沟通，并能在复杂问题面前展现出创新思维。金融行业对从业人员的职业道德和诚信意识有着极高的要求。金融人才需要时刻保持诚信，遵守行业规范，维护市场秩序。

金融行业本身就是一个高度专业化的领域，涉及复杂的金融产品和交易策略，金融人才难得，同时，一旦发生金融腐败，其隐蔽性和专业性也是反腐败工作面临的两大挑战。金融腐败分子往往利用技术手段隔离资金流和信息流，使腐败行为难以被追踪和发现。他们可能通过复杂的金融操作，如使用多个账户进行资金转移或利用境外账户进行隐秘交易，以此来掩盖腐败行为。金融腐败分子还可能利用结构化产品、股权代持等手段进行腐败活动。这些操作往往涉及复杂的金融知识和产品设计，使非专业人士难以理解和识别其中的腐败行为。金融腐败行为往往为贿赂等不法行为披上市场化的外衣，使这些行为在表面上看似合法的金融交易，从而增加了发现和查处的难度。金融腐败分子可能利用先进的金融科技手段进行腐败活动，如使用加密算法、区块链技术等来隐藏交易痕迹和资金流向。这些技术手段的运用增加了腐败行为的复杂性和隐蔽性。在某些情况下，金融腐败可能涉及行业内部的默契配合。这种配合往往基于共同的专业背景和行业规则，使腐败行为更加难以被外界察觉。

为了发展健康廉洁的中国特色社会主义金融，有效打击金融腐败，需要加大金融监管力度，提高监管人员的专业水平，同时利用现代科技手段对金融机构和资金流向进行动态监管。此外，还应加强金融从业者的廉洁教育和职业道德建设，从源头上预防腐败行为的发生。在金融领域加大反腐败力度是维护金融稳定、防止金融风险的重要举措。为了实现这一目标，可以从以下几个方面入手：首先，建立完善的金融监管体系是至关重要的。这包括对金融机构的严格监管，确保其业务运营合规，并对违规行为进行严厉打击。同时，监管机构应加强与司法部门的合作，形成有效的执法合力，对金融腐败行为进行查处和惩治。其次，加强金融机构的内部管理和风险控制也是关键。金融机构应建立完善的内部控制制度，确保各项业务操作的规范性和透明度。此外，还应加强员工教育和培训，提高员工的职业道德和法律意识，防止内部人员利用职权进行腐败行为。同时，推动金融行业的透明化和公开化也是反腐败的重要手段。通过公开金融机构的业务信息、财务状况和风险情况，增加市场的透明度，降低信息不对称的程度，从而减少腐败行为的发生。此外，还可以利用科技手段提高金融监管的效率和准确性。例如，利用大数据、人工智能等技术对金融数据进行实时分析和监测，及时发现异常交易和违规行为，为反腐败工作提供有力支持。最后，社会公众的参与和监督也是防止金融腐败的重要力量。应鼓励和保护公众对金融腐败行为的举报和投诉，同时加强媒体对金融腐败的曝光和批评，形成全社会共同参与的反腐败氛围。

第六章

金融强国的金融资源配置

金融很重要，是现代经济的核心。金融搞好了，一着棋活，全盘皆活。

——邓小平

在近现代经济学的发展史上，尽管学派更替不断，但一个始终未变的范式内容就是资源配置。明确金融的资源本质并保证金融资源配置的目标正确，是有效配置金融资源的前提。通过资源配置，以马克思主义政治经济学为指导的中国经济金融理论与西方货币金融理论可以找到一个合适的“链接点”和共同语言，也反映出既有原则，又有灵活，兼收并蓄，海纳百川的学术态度。

一、金融强国的资源配置目标

所谓金融资源配置目标，就是利用金融资源的合理分配所要达到的最终目的。

（一）计划经济目标：金融退化为财政，资金优先发展重工业和军事工业

认为金融从属于经济，甚至从属于政治，是迅速建立并发展国民经济，特别是发展重工业和军事工业为支撑行业的经济，进而是巩固无产阶级专政和赶超资本主义经济的“工具”和“手段”，是前社会主义国家对待金融的典型看法和典型观点。这些国家对待经济和金融有着自成体系的一套理论，即倡导计划经济，摒弃市场经济，金融退化为财政，采取计划机制配置资源（包括配置货币资金资源）。

这种经济理论形成也有个历史的过程。最初革命导师马克思和恩格斯在理论上论证了资本主义的灭亡和社会主义的胜利是同样不可避免的。资本主义制度为社会主义制度的建立创造了必要的物质条件和阶级基础。物质条件就是指社会化的大生产以及与此相适应的一系列发达的社会经济、金融和统计机构。工人阶级对待这些机构就不是像对待资产阶级国家机器那样加以彻底粉碎和废除，而是把它们作为现成的“机器”拿过来，利用它的形式，改造它的某些内容，为社会主义服务。他们在《共产党宣言》中提出了无产阶级夺取政权后“通过拥有国家资本和独享垄断权的国家银行，把信贷集中在国家手里”。他们总结巴黎公社的历史经验时，恩格斯提出：“最令人难解的，自然是公社对法兰西银行所表示的那种不敢触犯的敬畏心情。这也是极严重的政治错误，银行掌握在公社手中这会比扣留一万个人质还有更大的意义。”可见，社会主义经典理论家看待金融的着眼点是帮助工人阶级夺取并巩固政权，在革命没有成功，社会主义经济还未开始建设之前，从其理论体系的统

一性来看，这是很自然的逻辑。

俄国十月革命取得成功后，列宁在社会主义革命和建设新的历史条件下，对银行问题有一系列新的论述。他指出，“我们可以把它当作现成的机关从资本主义那里夺取过来，而我们在这些方面的任务只是把资本主义丑化这个绝妙的机关的东西斩断”。他指出，调节经济生活没有银行的国有化是不可能的。“谈调节经济生活而避开银行国有化问题，就等于暴露自己的极端无知。”从 20 世纪 20 年代末到 30 年代初，在苏联政权相对稳定的前提下，开始了大规模的社会主义经济建设。其社会经济指导思想和理论研究方面，开始追求区别于资本主义的社会主义独特的政策。20 世纪 20 年代中期，斯大林提出加速实现以重工业为主的工业化发展战略，因为工业化需要大量资金积累，在当时西方国家对苏维埃政权采取敌视态度的环境下，要获得外资是困难的。为了加速工业化进程，斯大林停止新经济政策，选择了牺牲农业的工业化道路。于是农业的社会主义改造被作为有效的解决办法提了出来。1926 年第一次编制全国性的年度控制数字，1933 年开始第二个五年计划，随着农业集体农庄的建立，国家计划不仅规定了直接下达给工业企业的任务，还规定了集体农庄的生产指标。年度计划不再作为控制数字而是作为具有法律效力的国民经济计划，同时分解到各个部门，直到企业。到了 20 世纪 30 年代中期，一个包括生产、技术与物资供应、劳动工资、成本财务等计划指标体系的高度集中的计划经济体制已确立。这是社会主义计划经济的典型模式，在后来的社会主义各国中得到普遍推行。

在金融方面，为重工业和军事工业积累资金，全面实行计划经济，必然要求取消商业信用，有偿贷款改为无偿拨付；取缔股票债券市场、外汇市场等；银行最终沦落为财政的账房和附庸；实行利率管制，强制压低居民储蓄利率和投资利率；金融机构名存实亡，金融只有货币资金层次，金融制度蜕化为财政制度。金融交易只不过是在政府系统“一家人”中的“块块”“条条”间进行，导致许多“机会主义”倾向和“搭便车”行为。工商企业的“资金饥渴症”和银行的行政性“超贷”就是这种行为的恶果。从金融发展进程来看，货币化指数从数量上看很高，但其质量上是“虚”的，并不能证明已经实现了经济货币化，更谈不到经济金融化以及金融和经济协调发展。这种金融制度为金融总量在计划经济体制框架内实现简单扩张提供了温床，与用庞大国有银行信贷及增发货币来支撑国有资本外延化增长的要求相一致，并日益积累着高位的金融风险。

计划经济时期，“计划点菜，财政买单，银行掏钱”，国家银行主要职能是出纳、会计、印币工厂，难以使有限资源得到充分利用。这种利用金融的目标就是典型的“从属论”“工具论”“手段论”“外生论”。其对金融本质的认识可以说是肤浅的、错误的、有害的。用计划金融配置货币资金，仅仅把货币资金等同于金融，认为只要将货币资金集中投入国家计划认定的优先行业和项目上，就能实现经济的快速增长和发展以及赶超资本主义经济的目标。这种利用金融的目标脱离了经济金融的发展规律，导致金融制度的严重压抑，金融在经济发展中发挥不了应有的功能，造成货币资金配置低效，浪费严重，失误频发。同时，这种方法也谈不上培养和形成金融人力资源，促进金融知识积累、信息收集以及普及，增强国民的金融意识。

（二）市场经济目标：宏观追求金融稳定，微观追求经济效益

在市场经济中，分散的经济主体在追求各自利益最大化的动机驱使下进行自由的经济交易包括金融交易，因此，存在多少金融交易主体，就存在多少金融交易的具体目标。金融交易的过程实际上也是金融资产配置的过程。一般而言，金融交易的具体目标可以划分为三类：①消费目标。这是家庭融资的主要目标，如各种住房贷款、汽车贷款等。②投资目标。家庭、企业融入资金，投资于生产领域或长期金融资产，用于扩大企业生产规模或企业控股并购等。③投机目标。有相当的微观主体

融资是为了在金融市场上进行投机。尽管具体交易目标千差万别，但我们对上述几类进行抽象概括就会发现，微观主体进行金融交易的一般目标不外是为了追求各自的利益或效用最大化。他们主观上是为了自己的利益，客观上却促成了金融市场的存在。通过广泛的、跨越时间和空间的金融交易，有效地配置了金融资源，从而也有效地配置了实物资源和其他经济资源。

一个理性的微观主体在进行金融交易时固然会遵循利益或效应最大化的原则，但由于金融资产不同于实物资产，其高风险、高收益、价格变化快等也对微观主体构成了其他理性约束。实际上在效益性、安全性和流动性中寻找最佳的均衡点才是真正理性的金融交易。但由于信息的不完全和交易成本的存在，使这种理想化的境界难以达到，于是，金融机构应运而生。为了降低交易成本和突破信息约束，避免商业信用风险和经济中的不确定性，形成了金融组织（金融机构）和由它们之间相互作用的体系、规则构成的金融制度。其中，如商业银行、储蓄贷款协会、共同储蓄银行、现代联盟、共同基金、养老保险基金、金融公司等都是以营利为目标的微观金融组织。它们在证券市场上联系剩余货币资金和投资（投机）的机会，实现在保值基础上增值营利目标。作为金融交易的媒介和中介机构，金融机构也参与了货币资金的配置过程。现代市场经济中，金融交易很少不通过金融机构来进行。金融机构存在的原因之一是为了捕捉运用金融资产盈利的机会，但客观上却能有效地配置货币资金资源。

金融机构和工商企业在配置货币资金资源过程中分别处于上下游地位。金融机构一般只进行金融交易，即发行初级金融证券融入资金，然后再买入次级证券卖出资金。假如这种纯粹的金融交易只在金融机构之间进行，而没有资金流入实际生产过程，那么，这就是在金融市场上金融机构之间的相互投机行为，以货币和金融资产为代表的社会财富总价值并不增长，金融对实际经济没有作用，处于中性状态。但实际上，有相当的金融交易与实际生产企业发生联系，金融交易的目标是投资而不是投机。交易双方成交过程中就像挑选普通商品一样，对拟购买证券（如股票和贷款债券）企业进行多方面评估选择，甚至被政府监管部门要求信息披露等。最终金融交易达成后，在最大限度的理性和最完全收集信息的基础之上把资金投向了相对收益高、风险小的企业。这就是货币资金资源配置的过程。企业得到货币资金后，购买生产要素，组织生产，最终完成货币资金资源配置实物资源。金融机构和工商企业都是为了各自利益最大化。

金融机构和家庭部门在金融资源配置过程中也是一种上下游的关系。当金融机构向家庭部门提供货币支付的便利性和类似于消费信贷的服务时，也就把一定的货币资金资源配置给了它们。金融机构在提供这种金融资源时，如同为企业提供信贷一样，需要进行选择和评估，这就是一个典型的配置过程。当然，在使用金融资源时，家庭部门远远没有工商企业那样频繁，所使用的金融资源量也无法与之相比，对国民经济的影响前者也远逊于后者。但这部分金融资源配置依然是一个不容忽视的部分，特别是在发达国家中消费信贷日益发达的趋势下更是如此。

微观主体进行金融交易并不能总体达到利益最大化的目标。由于信息的不完全，或者即使信息完备，但有限理性约束也会使得微观金融交易带有一定的盲目性，常常导致金融交易上的利益损失。这是市场缺陷在金融领域中的反映。由于现代市场经济中，由金融机构构成的金融体系和有关制度是“资源配置的核心制度”，如果对微观主体，特别是金融机构的追逐利润的行为放任自流，一旦经营失败，由于金融企业是负债经营，其破产倒闭后的损失会转嫁到储蓄者或证券投资者头上。也就是说金融具有巨大的外部性，特别是巨大的负外部性会对社会和经济的稳定造成巨大冲击和灾难。因此，各国政府不会坐视不管，也即微观主体的营利目标和宏观主体谋求的经济金融稳定存在冲突，这就是金融监管机构存在的理论根据。宏观主体可以有多重目标，保证金融体系稳定是首要目标。现代货币本质上是一种信用制度，是国家信用的产物。而金融立法则更需要宏观主体来垄断进行。中央银行最初就是为了解决商业银行投机造成的流动性风险而产生的。归结到一点，正是为了弥补以微观主体自由交易为基础的金融市场的缺陷和不足，才导致了宏观主体配置金融资源目标的产生。宏观主体产生在微观主体之后，宏观目标也产生在微观目标之后。

在市场经济中，归纳起来，配置金融资源的宏观主体的具体宏观目标有以下四种：①保证有效的货币控制和管理。②保持金融体系稳定性。③维护金融机构的效率性。④保护存款人或储蓄者。这其实就是金融监管的目标。这四个方面又可以归结为一个总的目标，就是要稳定和有效地配置金融资源。有效的货币控制和管理是最基础的目标。“货币本位的历史演变表明，货币已从实物商品转化为信用形式，这为政府旨在保证无通货膨胀的有效货币控制而实行最低限度的管制提供了主要依据。”一个国家宏观经济主体如果连这一点都难以保证，例如，通货膨胀现象严重，人们对金融体系的信心自然也是脆弱的。

金融体系的稳定性与金融机构的效率性冲突最明显，过于强调前者而忽略了后者就有可能造成金融长期处于无效率的压抑状态，发挥不出金融功能，导致资源配置低效率；过于强调后者而忽略前者就可能造成金融风险的累积和金融脆弱，甚至金融崩溃即金融危机爆发。由于经济金融化带来的社会财富日益金融资产化以及经济关系日益金融关系化，保护存款人和储蓄者正当的利益，不受各种过度投机带来的损害就是金融发展的必然要求，也是社会政治稳定的客观要求。特别是在以私有产权为主的金融体系中，以负债经营为特征的金融机构必须以保护存款人和投资者的利益，经济利益最大化为动机的和损人利己的“机会主义倾向”必须受这种宏观配置目标的制约。

在金融资源配置过程中，微观主体把追逐经济利益放在首位，有时走向极端甚至不考虑其他因素。宏观主体一般是代表政府的金融机构，其关注的首要因素是整个金融体系的稳定性，其次，才是效率性。这样，微观主体和宏观主体的配置目标就存在一定程度的冲突和矛盾。鉴于金融在各国经济中的核心地位和重要性，各国无不立法规定，微观主体的金融活动要受宏观主体所制定法律法规的制约和监管。也就是说，在配置目标发生冲突和矛盾时，微观主体的微观效率性要让位于宏观主体的宏观稳定性要求。但是，我们要看到，由于信息不对称、理性有限、不确定性等客观约束条件的存在，宏观主体的每一种监管和每一项法规不可能都是符合实际情况的，也不见得能真正实现保证金融体系的稳定性和效率性。因为金融活动总是不断变化并向前发展的，微观主体的金融创新是金融发展的常态和动力，金融创新达到一定的规模和既成事实后，监管法律法规也需要变革，也许会废除不适应时代特征的旧法规和旧制度，建立更具灵活性和市场化的新金融制度，即所谓的金融自由化，也就是宏观主体放松金融管制，使微观主体更有机会达到利润目标。宏观主体这么做并不是牺牲金融体系的稳定性，而恰恰是为了稳定性。因为从一个更长的因果链条来看，如果微观主体总是达不到赚取利润的目标，金融机构效益不佳，整个金融体系效率低下，其稳定性也失去了意义。

例如，在美国 20 世纪五六十年代，物价和利率较低而稳定，利率受 Q 条例约束，存款由联邦保险公司保险，转移资金好处不大，长期金融关系比较重要。银行资金来源成本低，利润稳定而不必力图创新，按照法律，各金融机构之间业务分工明确，各有关联的客户群，再加上跨州设立分行的限制，所以大公司只能找大银行，各地区银行有地区金融关系。20 世纪 70 年代以后，经济金融情况发生了很大变化，由于通货膨胀和市场利率同时上涨，银行受 Q 条例限制，存款利率不能随市场利率上升，许多投资银行纷纷设立货币市场基金用以购买国库券和商业票据等短期债券，利率随行就市。于是，造成银行存款流失转向货币市场基金。再加上各种形式的金融工具创新，如可流通存款单账户、超级可流通存款单账户、信用股等都是其他金融机构同银行竞争的工具，于是形成“资金脱媒”现象，严重影响了银行的效益和整个金融体系的稳定性。终于导致美国改变立法，放松对银行的管制，取消了以Q条例为标志的利率限制。

在金融历史上，类似的例子很多，相反的例子也不少，其实美国所取消的利率限制和金融机构分业规定就是1929—1933年经济金融大危机的产物。我们不能简单地认为加强金融管制或放松金融管制哪一种更好一些，或更差一些，所谓“此一时彼一时”。金融制度的稳定性是重要的，其效率性也是重要的，而且二者在短期可能存在矛盾和冲突，但长期又有一致和可协调之处。这样宏观主体对经济金融形势和金融创新动态的准确把握的能力和水平就是关键性因素。不过，宏观主体首要选择金融制度的稳定性目标，在此基础之上，追求稳定性与效率性的协调统一和有机结合。微观主体要无条件服从宏观主体的监管，这是保证正常金融秩序的前提。

可以看到，经济发展阶段、经济体制和经济金融理论基础的不同会导致不同的金融资源配置目标，大体上可以用下表描述：

经济体制与金融资源配置目标

经济类型	金融资源配置目标
计划经济	资金计划从属于经济计划，优先考虑重工业和军事工业资金需求
市场经济	宏观追求金融体系稳定 微观追求金融经济效益

（三）中国的选择：贯彻人民性与共享性，经济效益与社会效益并重

关于金融行业如何高质量发展，习近平总书记明确指出，要以义取利，不唯利是图。中华优秀传统文化强调“先义而后利者荣，先利而后义者辱”，见利忘义一向为君子所不齿。金融具有功能性和营利性双重

属性，营利要服从功能发挥。金融行业要履行好社会责任，实现金融与经济、社会、环境共生共荣。要稳健审慎，不急功近利。中华优秀传统文化强调“欲速则不达，见小利则大事不成”。国际上一些金融机构能够成为百年老店，基业长青，最重要的秘诀是稳健审慎。金融行业要树立正确的经营观、业绩观和风险观，稳健审慎经营，既看当下，更看长远，不贪图短期暴利，不急躁冒进，不超越承受能力而过度冒险。[①] 金融资源配置要实现经济效益和社会效益的双重目标的恰当均衡。

金融机构要重视经济效益。金融机构作为特殊企业，也需要重视经济效益。首先，通过优化资金流向，将资金投向具有高增长潜力和创新能力的行业和企业，可以促进产业升级和技术创新，从而提高整体经济效率和竞争力。金融机构尽可能降低融资成本，提高资金利用效率，为实体经济提供更多、更低成本的资金支持。如果金融机构完全听命于政府，无法独立经营判断，就会形成呆账坏账，损害股东特别是国有股东利益，也是一种侵害国有资产的行为。长期亏损的金融机构是不能持续经营下去的，一旦造成资不抵债，如果没有救助措施，就会造成社会问题甚至危机。

金融机构也要讲社会效益。除了经济效益，按照国家产业政策方向进行资产配置并开展业务，国有金融机构还能产生积极的社会效益。首先，通过金融资源的公平分配，可以缩小贫富差距，促进社会公平与和谐。例如，为小微企业和农村地区提供更多的金融支持，有助于推动这些地区的经济发展，提高当地居民的生活水平。其次，金融资源的合理配置还可以促进教育、医疗、环保等公共事业的发展，提升整个社会的福祉水平。最后，通过绿色金融、普惠金融等创新金融工具，金融资源的配置还可以推动可持续发展和环境保护，实现经济与环境的

① 习近平：《在省部级主要领导干部推动金融高质量发展专题研讨班上的讲话》（2024 年 1 月 16 日），《习近平关于金融工作论述摘编》，中央文献出版社，2024，第 172 页。

双赢。

中国特色金融贯彻人民性与共享性，需要同时注重经济效益和社会效益。这不仅符合中国特色社会主义的发展理念，也是金融行业健康发展的内在要求。通过政策引导、市场完善、机构创新和社会责任等方面的努力，我们可以推动中国特色金融实现经济效益和社会效益的均衡发展。

在中国特色金融的发展过程中，贯彻人民性、共享性，并重经济效益和社会效益的实现路径包括：一是加强政策引导，鼓励金融机构支持有利于经济效益和社会效益双赢的领域。二是完善金融市场体系，提高金融市场的透明度和效率。三是推动金融机构创新，开发符合人民需求的金融产品和服务。四是强化金融机构的社会责任感，促使其在实现经济效益的同时，积极履行社会责任。

二、金融强国的金融资源配置主体

金融资源配置主体也要划分为两大类，一类是宏观主体，如政府和财政部门、中央银行或类似机构；另一类是微观主体，其主要是众多的商业性金融机构。所有金融机构构成了一个以中央银行为核心的金融体系。

（一）金融机构：金融资源配置的供给方

在第一章中已经提到，金融机构可划分为多种类型。银行业金融机构：包括政策性银行、商业银行等。非银行金融机构：如保险公司、证券公司等。在市场经济中，金融资源的配置特别是货币和资金是由以上金融机构作出决策的。例如，银行通过吸收存款而积聚的社会闲散资金，通过各种信贷，分配给需要资金周转的企业和个人，这就是信贷机制。银行对贷款有绝对的自主权，根据每家银行本身所吸收到的社会资金，尽可能找到资金出路。银行除贷款之外，还提供大量信用。在高度发达的市场经济里，现钞已不再是重要的交换媒介，代之而起的是各种票据、信用卡、自动转账系统等。信用活动中比较常见的是商业票据，一纸票据代表出票人的信用，但这种信用大部分由银行在后台支持。银行利用其联系面广及拥有各种经济专家等优势，开展咨询服务或担任某些大企业财务顾问的角色。这些活动既是为社会提供服务，也有利于银行扩展其业务。

作为货币和资金的配置主体的金融机构相互联系、相互作用，就构成了金融体系。中央银行通过控制和调节基础货币量执行货币政策，调整货币供应存量，进而达到调控社会总需求的目的。所以，虽然中央银行掌握着金融体系赖以存在的“最底层”的核心控制机制——基础货币，但货币资金金融资源最终是由金融体系中各个金融机构相对独立做的，在总量上，货币资金可能受中央银行的货币政策影响很大，结构上也一定程度上受到制约，如中央银行通过对再贴现票据的选择和其他一些结构性辅助货币政策可以对货币资金的用途进行结构控制。但总的来说，货币资金是由金融机构特别是商业性金融机构进行相对独立配置的。

（二）政府平台：贯彻政府意图的一类特殊机构

政府影响金融资源配置的方式和程度因国家、地区以及经济体制的不同而有所差异。但通常来说，在一些市场经济国家中，政府或财政部等政府机构也直接或间接参与金融资源配置。这种介入通常包括以下几个方面：①政府金融平台。政府可以设立金融平台，如政府投资基金、开发银行或担保机构，通过这些平台直接向目标行业或企业提供贷款、担保或股权投资。②政策性贷款。政府可以利用这些平台提供低于市场利率的贷款，以鼓励特定行业或项目的发展。③政府担保。政府还可以提供担保，以增强企业或项目的信用评级，降低其融资成本。④股权投资。通过直接向企业注入资金，政府可以获得企业的一部分所有权，从而参与企业的决策和利润分配。⑤数据驱动决策。借助现代技术，政府可以实时分析金融数据，更精准地决定金融资源的配置方向，提高资源的使用效率。⑥直接干预。在某些情况下，政府可能会直接干预金融市场的运行，如实施外汇管制、资本流动限制等措施，以维护国内金融市场和经济的稳定。这种干预会直接影响到金融资源的跨国流动和配置。

然而，政府通过平台直接介入金融资源配置也存在一些潜在的风险和挑战：①市场扭曲。过度的政府介入可能会导致市场价格机制的扭曲，影响金融市场的公平竞争。②道德风险。政府担保或贷款可能会导致企业或项目方在风险管理上变得松懈。③财政压力。如果政府介入的规模过大，可能会给政府财政带来沉重负担。④资源配置效率。政府决策可能不如市场机制那样灵活和高效，有可能导致资源配置的低效或失误。因此，政府在通过平台直接介入金融资源配置时，需要谨慎权衡利弊，确保在促进经济社会发展的同时，不破坏市场的基本运行规律和金融体系的稳定性。同时，政府的介入应该是暂时的、有针对性的，并且在适当的时候应该逐步退出，让市场机制重新占据主导地位。

另外，政府可以通过以下几种方式来间接影响金融资源的配置：①货币政策。政府可以通过调整货币政策来影响金融资源的配置。例如，通过调整利率水平，政府可以影响借贷成本和资金流向。降低利率可以刺激投资和消费，增加货币供应，进而影响金融资源的分配。②财政政策。政府通过公共支出和税收政策来影响经济运行和金融资源配置。增加政府支出或减税可以促进经济增长，从而引导金融资源流向特定的行业或项目。③监管政策。政府可以通过制定和执行金融监管政策来影响金融市场的运行和金融资源的配置。例如，对金融机构的资本要求、业务范围和风险控制等方面的规定都会影响到金融市场的竞争格局和金融资源的分配。

需要注意的是，政府影响金融资源配置的方式和程度应该根据市场经济的原则和国家的实际情况进行合理把握。过度的政府干预可能会扭曲市场价格机制，降低市场效率，而适当的政府引导和监管则有助于促进金融市场的健康发展和金融资源的优化配置。同时，政府在影响金融资源配置时，还需要考虑到公平性和可持续性的问题，确保金融资源能够公平地分配给不同的经济主体，并支持可持续的经济发展。

（三）中央银行：货币政策对金融资源配置影响巨大

中央银行对货币资源、资金资源配置的影响是巨大的，一般要通过货币政策来对微观金融机构施加影响。这是研究金融的学者所熟悉的。但是，金融资源的内涵并不仅仅局限于货币资源和资金资源。在现代金融经济中，货币制度和金融制度的稳定性和效率性至关重要。现代的货币制度是国家信用货币制度，现代的金融制度是国家支撑的金融制度。没有强大的国家的介入和参与，货币金融制度就会呈现脆弱和虚弱。

金融制度是一个广义的概念，金融产权、金融组织、金融人力资源、金融法律法规等都是其中相关的要素。代表政府的金融监管机构，如中央银行或证券监管机构，就是金融制度配置主体，在金融制度安排（配置）上居于支配地位。上文已经提到，金融制度资源分为“正式约束性”和“非正式约束性”两类，中央银行或证券监管机构是“正式约束性”资源的开发和配置者，货币资源、金融机构、金融法规等都受它们的制约。对于“非正式约束性”金融制度资源的开发，如金融惯例、金融知识、金融意识等，它们主要起示范、推广、鼓励和指导性作用。监管机构所制定的金融制度安排一旦出台，现有的有关金融机构就得无条件遵守。所以，金融监管机构是金融制度的配置主体。

（四）企业和家庭：金融资源配置的需求方

企业和家庭在金融体系中扮演着至关重要的角色。作为金融资源配置的需求方和使用者，他们与金融机构之间形成了紧密的金融供需关系。企业和家庭在金融资源配置中扮演着核心角色。他们是金融资源的需求方和使用者，与金融机构共同构成了金融体系的基石。因此，理解企业和家庭在金融资源配置中的地位和作用，对于优化金融结构、提高金融效率具有重要意义。

对于企业而言，金融资源是其运营和发展的重要支撑。企业需要通过融资来扩大生产规模、进行研发投入、开展市场营销等。金融资源不仅提供了资金支持，还帮助企业优化资本结构、降低财务风险。在金融市场中，企业可以通过发行股票、债券等金融工具来筹集资金，或者通过银行贷款、股权融资等方式获取所需资金。

家庭则是金融资源配置的另一重要需求方。家庭需要管理自身的财富，包括储蓄、投资和消费等。金融资源为家庭提供了多样化的投资渠道和理财产品，如股票、基金、债券、保险等，帮助家庭实现财富的保值增值。同时，金融资源也支持了家庭的消费信贷需求，如购房贷款、汽车贷款等，提升了家庭的生活品质。

企业和家庭作为金融资源的使用者，是金融资源配置的“最后一站”。金融机构和金融市场提供的各种金融产品和服务，最终都是为了满足企业和家庭的需求。金融资源的合理配置和使用，对于促进经济增长、提高社会福利具有重要意义。

从上面的分析我们可以看到，不仅金融资源本身是一个系统，包含不同层次的客体，而且配置金融资源的主体也有很多机构，也构成了一个系统。

（五）坚持国有金融主体地位，最大限度避免资本消极面

金融可以被视为一种社会财富索取权、支付命令、资源配置权力和强大的“命令”与“资源支配权”。这些观点反映了金融在现代经济体系中的核心地位和多重功能。

①金融是社会财富的索取权。金融工具和金融市场允许个人和企业

通过投资获得资产，并从这些资产中获得收益。股票、债券、基金等金融产品都是获取未来财富的手段。因此，持有这些金融产品就意味着持有了一种对未来财富的索取权。金融系统，特别是银行体系，通过提供支付和清算服务，实际上在发出支付命令。这些支付命令确保资金能够按照既定的规则和条件从一方转移到另一方，从而维持经济活动的正常运转。②金融是政治权力之外的最强大的“命令”和“资源支配权”。虽然政治权力可以对经济产生深远影响，但金融体系作为一种相对独立的力量，其“命令”和“资源支配权”在很大程度上决定了经济资源的分配和使用。金融市场的波动、信贷政策的调整等都可以对经济产生重大影响，有时甚至能够左右政府的政策方向。金融体系通过信贷、投资和资本市场活动，引导资金流向不同的经济部门和项目。这种资金流向的决策权，实际上就是一种资源配置的权力。金融体系可以根据市场风险、回报率和宏观经济政策等因素，决定哪些部门或项目应该获得更多的资金支持。金融不仅关乎个人和企业的财富增长，还关乎整个经济体系的稳定和繁荣。因此，对金融体系的合理监管和引导至关重要，以确保其能够发挥积极作用，同时防范潜在的风险和危机。

以美国为例，有两大资本集团对美国国家政权产生巨大的影响。

首先，是犹太资本集团，这个资本集团主要集中在金融领域。犹太资本的历史源远流长，中世纪时期，犹太人在欧洲主要从事商业和高利贷业务。在 19 世纪和 20 世纪初，一些著名的犹太家族（如罗斯柴尔德家族）开始在金融界崭露头角。犹太资本在美国金融界具有显著影响力，例如，高盛、摩根大通等知名金融机构与犹太资本有深厚联系。美联储的历史上，也有多位犹太裔主席，显示了犹太资本在货币政策制定中的重要作用。犹太人在美国政界有重要影响，多位犹太裔官员曾在或正在美国政府中担任要职，如国务卿布林肯、财政部部长耶伦等。在媒体领域，犹太资本同样有深厚的影响力，诸如《纽约时报》、CNN 等主流媒体背后都有犹太资本的身影。其次，是盎格鲁 - 撒克逊资本集团

（昂撒资本集团），这个资本集团主要集中在实体经济领域。昂撒资本的历史与英国的崛起紧密相连，随着英国成为世界第一强国，一大批工商业巨头崛起，逐渐形成了昂撒财团。进入 20 世纪，随着英美两国成为世界新秩序的制定者，昂撒资本获得了更大的政治和经济影响力。昂撒资本在全球金融体系中占有重要地位，控制着大量的金融资本流动。通过直接或间接参与各国重要行业的投资，昂撒资本对全球经济具有深远的影响。昂撒资本不仅限于英国或美国，而是在全球范围内进行投资和经营，对世界经济格局产生重要影响。

犹太资本集团和昂撒资本集团都是全球金融体系中的重要力量。它们在历史背景、金融影响力、政治与媒体影响力等方面各有特点。这两个资本集团在全球范围内进行投资和经营，对世界经济和政治格局产生着深远的影响。当然，它们在某些领域存在竞争关系，美国两党政治斗争其背后都有两大资本集团的影子，也充分证明了美国是一个地地道道的资本至上、资本说了算的国家，是资本主义政权。但这种“资本政权”模式显然不适用于中国特色社会主义国家。

资本具有两面性。积极的一面在于资本是经济增长的推动力和关键要素之一。资本还可带来新的企业和项目，这些能够创造大量的就业机会，帮助降低失业率，提高民众生活水平。资本的流动和配置能够带动商品和服务的丰富与多样化，进而提升民众的生活品质。资本可以为科研、技术开发和创新型企业提供资金支持，推动社会创新和进步。消极的一面在于资本的过度集中可能导致贫富差距扩大，社会资源分配不均，从而引发社会矛盾。强大的资本可能形成市场垄断，限制竞争，影响市场经济的公平性和效率。追求短期利益的资本可能导致企业过度开采资源、忽视环境保护，对生态环境造成破坏。资本的过度投机可能引发金融风险，甚至导致经济危机，对社会经济稳定构成威胁。另外，资本集团做大后，可能会侵蚀政权，控制政权，甚至对政权产生威胁。

中国实现的是社会主义，是人民政权，不能听任资本说了算，要调动各方积极性。必须坚持金融的人民性、政治性、共享性和主体性。必须对金融资源配置主体保持掌控力和影响力，唯此才能实现中国式现代化和全体人民共同富裕以及承担在全球的共同发展责任。早在1924年，孙中山先生就提出“节制资本”，他主张发展国家资本和节制私人资本，他认为，不能把一些企业和有独占性质的企业完全交给个人经营，这些企业应该收归国家经营；而对于私人资本，应采取既保护、鼓励又加以限制的政策，以防止其操纵国计民生。孙中山先生提出这一思想的原因是，他看到资本主义文明的发展既有善果也有恶果，实行节制资本可以取其善果，避其恶果，既能振兴实业，开发富源，又能防止资本主义发展的流弊。

在计划经济时期，我国政府也采取了一系列措施来促进经济的发展，包括鼓励和支持集体经济、合作经济等形式的非国有经济发展。但由于对民营资本进行严格限制发展，也制约了中国经济增长。随着改革开放的推进和市场经济的逐步建立，我国逐渐放开了对民营资本的过度限制，为民营经济的发展提供了更加广阔的空间和机遇。事实上，自改革开放以来，民营经济在我国经济发展中的地位和作用日益重要。民营企业在推动经济增长、增加就业、改善民生等方面都发挥了积极作用。民营资本实力也大幅增长，据有关统计，2012年至2022年的10年时间中，中国经济经历了从高速增长迈向新常态的换挡，国有、民营、外资“三驾马车”在经济的起伏中保持了增长的韧性，民营经济在GDP中的占比从50%上升至60%以上，并贡献了五成以上的税收、七成以上的技术成果以及八成以上的城镇劳动就业岗位[①]。而根据2023年的福布斯中国内地富豪榜，百强富豪中共有25位富豪身家超过100亿美元，福布斯中国内地富豪百强榜上榜门槛为35亿美元，虽然较2022年下降了10亿美元，但对于普通老百姓而言，这些都是天文数字。诚然，这

① 《民营经济走向创新舞台中央》，《经济观察报》，2022年11月11日。

些民营资本集团都为国家经济增长作出了重大贡献，但应鼓励他们继续在实体经济领域发展，在金融领域则应保持国有金融的主体性和主导性。对实体资本向金融资本过渡和转变要保持一定的警觉和监控。说到底，还是要鼓励金融资本流向实体经济，避免出现金融投机、空转和泡沫经济。

三、金融强国的金融资源配置机制

资源稀缺是人类社会必须面对的一个基本问题，用有限的资源满足无限的人类需要，就产生资源用途选择即资源配置问题。资源稀缺这个基本问题又可以转化为生产什么，怎样生产和为谁生产这三个问题。要解决好这三个基本问题，又始终离不开资源配置机制的选择。以什么机制将社会资源分配到国民经济各个组成部分中去？或以什么样的资源组合搭配来保证经济资源得到最有效的配置利用来满足经济增长和发展的需要？

金融资源是稀缺的，采用什么机制配置才能达到最合理与最有效的结果，就是金融资源配置机制理论要解决的问题，从金融资源的配置主体到被配置的客体的作用机制可以有不同的选择。从人类社会发展历史来看，资源的配置机制有三种：计划机制、市场机制、市场和计划相结合的混合机制。金融资源既然是经济资源中的一种，金融资源配置的机制也不外乎这三种机制。

（一）金融资源配置的计划机制

计划机制是指政府或政府部门影响资源配置的机制。计划机制既存在于传统计划经济中，也存在于现代市场经济中。

计划机制不等于计划经济，但在传统计划经济国家中，计划机制覆盖的领域很广。在传统的计划经济体制下，资源配置完全采取计划机制。理想的计划经济体制是这样构想的：由中央计划机关在掌握社会全部经济活动信息基础上，求解经济均衡方程，编制统一的国民经济计划，通过等级制度组织社会去执行，实现资源的优化配置。在金融资源上表现为实际上不存在金融交易关系，而是金融资源的行政分配关系，货币只是名目，它只限于被当作经济核算和计划的尺度和工具，资金不仅和其他产品一样要纳入国民经济计划，而且资金分配还要依附于产品的分配，政府用指令性计划来强制资金配置，利率是人为规定的，不反映资金供求状况，因此对配置资金不起任何作用。以资金供给制为核心，即所谓的“工业包产，商业包销，物质统供，资金统给”，主要表现为金融从属于实物，只能跟着计划指标走，所谓的“钱随物走”，所以其作用是完全被动的。对应的金融制度安排也以单一的间接融资形式——银行为主，即储蓄者将不用的钱存入银行，而银行再把钱贷出去，投放到生产领域中。

在传统的计划经济体制下，企业只能通过银行获得资金，这种融资结构与高度集中的政府指令性计划，是使整个经济体系难以有效地运行的重要原因之一，造成了企业对政府和银行的过分依赖，并使国家银行超负荷运转。无论产业部门还是金融部门都不过是政府控制下的一个“车间”，只有职能上的分工不同，而没有排他性的产权边界，财政是企业固定资产投资的供给者，银行是企业生产流动资金的供给者，政府（计委）则是企业投资计划和生产计划的决策者，财政政策在产融结合中起主导作用。财政资金与信贷资金合一。本来财政资金是一种长期的公共资金，而信贷资金是一种短期的非公共资金，但在计划经济体制下，这种资本属性的差异被抹灭了。而信贷与发行权合一的“大一统”银行又具有无限的信用供给能力，能够保证国有企业生产计划所需的资金来源，当财政入不敷出时，可以不加限制地向银行透支、借款，财政和信贷存在千丝万缕的联系。货币资本被实物资本所替代，即“实物流引导价值流”。仅有货币资本并不能取得生产要素资源，还要有实物分配的计划指标。货币只是一种结算符号，银行在资源配置中不起决定作用，金融资本要依附于产业资本，这种机制存在内生的信用扩张和投资失控的可能性。因为货币资本和实物资本都是公共物品，在产权缺位的前提下实行计划分配很容易出现“公共地悲剧”，即银行信贷计划的失控和物质供给上的短缺。

以计划机制为主配置资源包括金融资源已经被历史实践证明是导致资源配置低效的根本原因所在。传统计划经济体制国家的经济金融理论界自觉或不自觉地固守传统金融理论，坚持“外生论”“从属论”和“工具论”，而事实上贬低或人为弱化了金融的地位与重要性，从而为实践的人们不适当地、过度地开发利用金融资源埋下隐患；而政府和企业乃至个人又从功利的角度，从工具和技术层面人为地、主观地滥用金融资源，这种理论和实践上的功利冲动包含着太多的风险与矛盾。于是，无论是用“休克疗法”的前东欧和苏联社会主义国家，还是采取渐进改革道路的中国，都对原有的经济体制包括金融体制进行了彻底的改革。但遇到了一系列困难和阻力。改革的实施成本和摩擦成本迅速加大，金融体制改革越来越显现出非帕累托改进的性质，由于制度缺陷带来交易成本的上升，金融业亏损则是制度安排中各种疑难杂症的综合反映，金融改革进入了一个关键阶段。

（二）金融资源配置的市场机制

在市场经济中资源配置的主要机制是市场机制，也称作市场价格机制。市场机制是需求、供给、价格三者相互影响、相互制约的有机运行过程，也就是供求机制与价格机制的结合。供求双方通过竞争在市场上取得最有竞争力的价格。在市场交换时，买卖双方都依据市场上反映出来的供给、需求和价格的演变趋势，确定以后发展的重大决策，如生产什么，为谁生产，如何生产，生产多少，获利多少。市场的运转，就好像有一只“无形的手”在经济活动的背后起着无形的作用。市场价格机制的作用集中地体现为对资源配置的作用，其具体内容包括用市场价格反映资源的稀缺程度，通过市场自由竞争把稀缺资源配置给出价最高的厂商，促使资源的有效利用和配置。如果利用资源不当，也可通过优胜劣汰，把失败者淘汰出市场。200 多年前，作为一面倡导自由竞争、自由放任的市场经济的旗帜——亚当·斯密的巨著《国富论》的问世，标志着一个新的时代的到来。随着商品经济的发展及工业革命的推动，自由放任、自由竞争的市场经济体制，终于战胜封建经济制度，突破重商主义国家干预的桎梏，首先在英国，随后相继在西欧各国崛起，从而使人类社会的生产活动基本上仰仗市场上的一只“看不见的手”来决定。通过市场调动微观经济主体的活力和效率，通过市场实现资源的配置和经济的均衡发展，而政府则远离市场，不加以具体的直接的干涉。用市场机制配置资源似乎具有无比神奇的力量，创造出了巨大的社会财富。

对于货币资本而言，就是用金融市场来联系货币资金的需求者和供给者。货币资本相对于经济增长的实际需求是不足的，即货币资本是稀缺的，因此，货币资本只能配置到经济效益最好的投资项目和投资机会上去。这要通过金融市场的价格机制——利率机制来配置，即通过资金的竞买竞卖，最终达到资金的供求均衡。假如没有交易成本，理论上就会达到帕累托最优的资金资源配置状态。即使考虑到交易成本，也比计划机制配置资金更加贴近帕累托最优均衡，达到次优状态。

按照制度经济学的观点，金融交易的对象表面上看是货币资金，实际上交换的是一组权利。为了使交易能够有效进行，产权界定是必要的。同时，为了降低交易成本，在信息不对称、有限理性和不确定性等因素的约束下，产生了金融组织（金融机构）和有关的规则，它们被称为金融制度。金融制度的产生有两种途径，首先，在长期的市场经济发展过程中，自然而然地产生了银行等信用制度，金融制度内部的结构，如银行和证券市场融资比例、商业性金融和政策性金融比例等，都可以被理解为市场自然形成或市场配置金融制度的结果。其次，如果政府为了经济的潜在发展可能性而主动地构造金融制度，这也可以算作是按照市场需求进行金融制度供给。这种主动构造机制与前社会主义国家那种“计划金融”还有本质上的区别，后者在构造“金融制度”的同时，也“删除”了金融制度的功能，把金融异化为财政的附属。而前者构造金融制度的根本目标在于利用和发挥金融制度的功能，促进经济增长和发展。然而，以 20 世纪 30 年代的金融经济大危机为标志，特别是金本位的崩溃和放弃，古典的自由竞争型的金融体制走到了它的历史尽头，中央银行等政府金融机构普遍介入金融资源配置，金融行业被强制实行许多额外的法律法规，金融监管作为一种重要的竞争约束被引入金融领域中。金融资源配置机制就不再是纯粹的市场机制，现代市场经济国家基本上金融资源配置都采取了混合机制。

（三）金融资源配置的混合机制

现代市场经济是混合经济，所谓混合经济，就是经济中资源配置机制采取市场和计划两种机制。当然，混合经济是凯恩斯主义的产物，是以市场配置机制为主，以计划（政府）机制配置为辅的经济。政府到底该不该干预经济，或怎样干预经济，在西方经济理论中有很大的争议，但实际上西方各国政府都在资源配置中扮演重要的角色，特别是在金融领域的金融资源配置上进行了强力干预。自从中央银行产生以后，特别是 1929—1933 年西方经济大萧条以后，市场经济就结束了它的自由配置状态，金融资源的配置无不有政府或政府的代理机构——中央银行等类似政府部门介入的身影。总的来说，所谓的商业性金融和政策性金融，就是市场和计划两种资源配置机制在金融领域内的具体体现。

1. 商业性金融

商业性金融是以商业性营利动机驱动的金融活动和领域，一般由商业性金融机构，如商业银行、储蓄和贷款协会、共同储蓄银行、信用联盟、保险公司、退休金基金、共同基金、货币市场共同基金、金融公司等来从事进行。这些金融企业通过创造金融工具，把储蓄者手中剩余的资金集中起来，配置到各类工商企业中去，经过产业循环，获得金融利润，实现资金增值的目标。其中，有一部分金融工具在金融体系内部流动配置，或为了保值，或为了流动性，亦可能是获得了风险的分散。这些商业活动的决策几乎都是由商业性金融机构独立作出的，功利性很明显，利润目标第一位。极端的商业性金融活动并不顾及社会经济效益。在东南亚金融危机中我们可以看到索罗斯这些人是怎样的贪婪和凶残，他们根本不会考虑那里的经济会由于他们的金融投机而崩溃，那里的人民会由于他们的疯狂行为而失业，金融大鳄只考虑谋求超额投机利润！当然，这是极端的商业性金融活动，不管怎么说，即使是正常的商业性金融机构，日常经营运行的主要目标是获得商业利润。众多的商业性金融追逐市场利润的活动过程就是市场机制发挥作用的过程。商业性金融机构追逐经济效益，既是市场经济的底层动力，也有一定的积极作用，但在社会主义中国，还不能完全如此，需要在经济效益和社会效益之间取得恰当平衡。

2. 政策性金融

市场机制并非万能，它的选择有时不完全可靠、不完全合理、不完全有效，易于产生“马太效应”。而控制“马太效应”的有效手段便是某种形式的政府干预。另外，金融资源可以按照资源流入之后是否会产生经济效益为标准可以分成两类：一类是几乎没有内部直接经济效益的项目，如国防、司法、行政等；另一类是具有内部直接经济效益的项目，如基础产业、工商企业等。后一类项目还可以按照社会平均收益率标准分为具有较高或良好内部直接经济效益和较低内部直接经济效益两种不同情况，并且还可以将具有较低内部直接经济效益的项目进一步分为具有明显外部间接净正效应和基本不具有外部间接净正效应的项目。显然，诸如国防、司法、行政等一般不具有较好内部直接经济效益的资源配置——公共产品的提供是必须保证的；对教育、能源等基础产业、基础设施等一般不具有较高内部直接经济效益但拥有明显外部间接净正效应的项目资源配置——准公共产品的提供也是不可或缺的；至于对具有良好直接经济效益、充满活力和生机的各类工商企业等的资源配置——私人产品的供应更是满足人类需求日益增长所不可缺少的；只有不具有良好内部直接经济效益又无法为社会经济发展带来明显外部间接净正效应的那部分私人产品的提供，在整个社会资源稀缺的情况下应该而且必须让位和被放弃，这是理性社会和理性人的必然选择，于是，政策性金融机构应运而生。西方市场经济国家在金融领域创造出了特殊的金融机构——政策性金融机构，政府通过它们介入了金融资源的配置过程，并以此为手段引导经济产业结构调整，加强基础性行业投资等。政策性金融机构充当政府发展经济、促进社会进步、调节和管理经济的角色，健全与优化一国金融体系的总体功能。它具有财政“无偿拨付”和金融“有偿借贷”的双重机制，是金融与财政、市场性与行政性、宏观与微观、间接管理和直接管理、有偿与无偿的巧妙结合体。[①]可以说，正是商业性金融追逐利润的本性，使它们无法胜任许多必要的、基础性的社会资源配置活动，才导致了政策性金融机构的产生。

从更为一般的意义上看，政策性金融是对一部分生产和投资领域赋予优先或优惠地取得金融资源权利的计划机制。现代市场经济中，市场机制起基础性作用，计划机制与市场机制相结合，政府主要在市场机制的“无形之手”够不着的领域伸入“有形之手”。市场机制活动的有效区域集中在具有良好直接经济效益的私人产品领域。政府计划机制的着力点是保证那些无法通过价格的运作而得以有效提供的公共产品的合理供给。同时，作为市场机制缺陷的弥补或弱点的矫正机制，政府计划机制理应承担供应准公共产品的责任。准公共产品的不可或缺性和市场机

① 白钦先：《白钦先经济金融文集》第2版，中国金融出版社，1999，第195页。

制与政府财政机制无法单方面有效提供的局限性，决定了准公共产品有效提供的唯一可能的途径：市场机制的“无形之手”与政府计划机制的“有形之手”的联手。这种政府计划机制在金融资源配置领域表现为政策性金融。

政策性金融也可以说是在金融领域中运用计划机制的具体体现。不过，这和传统计划经济中“超计划机制”和“超政策性金融”无论在配置资源的范围还是配置的规模上都无法相比。市场经济中的政策性金融是以商业性金融的存在为前提的，并以补充辅助后者配置金融资源为己任。计划经济几乎把全部经济资源包括金融资源纳入计划之中，并使微观经济主体丧失了自主决策进行资源配置的独立性。而政策性金融活动的范围仅仅在于金融资源范围中的一小部分。政策性金融和商业性金融如何搭配，各自占到什么样的比例？这些问题都因时因地而答案各异。例如，同是市场经济国家，日本的政策性金融比美英等国家更为发达，在资源配置过程中发挥的作用也更大。一般而言，政策性金融在整个金融领域中不宜占过大的比重，政策性金融机构的家数也不应太多。有研究者已经证明，政策性金融有金融抑制效应，政策性金融的广泛存在产生了市场分割效应和储蓄管制效应，造成了严重的金融福利损失。大凡金融抑制严重的国家，都是政策性金融覆盖程度很高的国家。因此，在全球范围内，政策性金融正存在着逐步萎缩的趋势。当经济发展到一定阶段，政策性金融也许会完成相应的历史使命，有可能撤销机构或转变成商业性金融。各国情况不一样，发展阶段不同，政策性金融也就有不同的需求，在中国现阶段，政策性金融还要发挥重要作用。

3. 中央银行在金融资源配置中的作用

由于商业性金融不能很好地处理商业利益和社会利益之间的关系，加上商业性金融机构在金融资源配置中居于基础性地位，其破产的社会成本远远大于私人成本，特别是当金融风险转化成金融危机时的负外部性会给社会经济增长和发展带来灾难性影响。以商业银行为例，其经营运行以资产的部分准备金制度为基础，通过把分散的存款人提供的流动性债务转化为对借款人的非流动性债权，进行负债经营。但是非流动性的硬资产和流动性的软负债在本质上的无法匹配造就了银行内在的高风险性，再加上追逐投机利润的目标常常带来更高的投机风险。这样，一方面，银行的正常经营依赖于社会公众的信任；另一方面，银行的高负债经营特点却决定了银行公共信任的脆弱性。一旦银行风险暴露过大，严重影响负债的安全性，银行挤兑现象就会发生。银行业如果爆发挤兑风波，中断社会债权债务的支付链条，引起金融恐慌，甚至阻滞储蓄与投资，就会破坏社会资本的形成，扰乱宏观经济的正常运转。所以，走市场经济之路的国家几乎没有完全允许商业性金融机构进行类似于工商企业那样的完全竞争，或完全由市场来决定竞争的胜负。

最初，中央银行的建立是为了稳定货币，并逐步用中央银行发行的银行券取代了商业银行五花八门的银行券，统一了货币，为市场的扩大和统一创造了必要的条件。后来，中央银行在凯恩斯主义的影响下，已经不仅仅局限于发行货币、稳定货币的功能。作为发行货币的银行、政府的银行、银行的银行，中央银行还通过货币政策对总需求进行总量和结构性的调整，以实现稳定物价、充分就业、经济增长和平衡国际收支四大目标。中央银行主要是通过货币政策和立法监管活动来对金融资源的配置施加影响。货币政策是中央银行为实现其特定的经济目标而在金融领域内所采用的各种控制和调节货币供应量或信用的工具措施，主要包括信贷政策，如再贴现政策、法定存款准备金比率政策、公开市场政策、直接信用控制、间接指导、消费者信用控制等；利率政策，如同业拆借利率政策、利率结构政策；外汇政策则包括国际储备政策、国际收支政策等。中央银行首先调节基础货币，或称高能货币，由公众所持有的铸币、现金以及商业银行所持有的准备金的总和，也就是中央银行对公众和商业银行的负债。在现代信用货币制度下，中央银行增加纸币发行以及增加向商业银行的放款，是增加基础货币的最重要的途径，也是增加社会货币供应量最有决定意义的步骤。基础货币量是货币政策的关键性中介指标，对它的调节手段就是上面提到的货币政策手段，通过这些政策的综合使用，有效地配置金融资源的总量和结构，使之调节总需求进而影响到总供给，最终达到有效配置其他经济资源的目标。

中央银行的监管活动对金融制度的安排和配置影响巨大。商业性金融机构在众多的金融法律法规限制下开展不完全的商业竞争，一旦它们发明了可以规避金融管制的金融工具或金融组织形式，绕过了现行的法律法规，中央银行则就会调整法规，或是承认金融创新的合法性，或是弥补法律漏洞，防止这些金融创新活动对金融稳定造成冲击。中央银行这种行为在客观上影响了商业性金融机构配置金融资源的活动。

4. 计划经济、计划机制和政策性金融之间的区别和联系

计划机制和计划经济并不等同。经济中计划机制覆盖的范围和影响的深度决定了混合经济的性质。在市场经济国家中，也存在计划机制，不过其配置资源的范围仅仅局限于相对比较狭窄的范围。在金融领域，计划机制大体通过国民经济中长期计划、产业政策、窗口指导、货币政策、政策性金融、金融产权国有化等几种由弱到强干预的形式来实现。例如，日本的金融资源配置就受国家政策影响很深，日本是世界上少数几个政策性金融比较发达的市场经济国家之一。而欧洲的法国，银行国有化已经成为政府和国民的一种习惯性共识，但我们不能否认法国的资源配置（包括金融资源配置）的机制基本以市场机制为主。传统计划经济国家以计划机制覆盖全社会的资源配置范围，这种“超计划机制”已经被历史证明是资源配置低效或经济崩溃的根本原因。

几乎现代所有发达国家的经济中都有政策性金融的存在，这实际上是在金融领域的一定范围内实行“计划机制”。政策性金融就是一种具体的“计划机制”，这种机制可以按照政府的政策目标配置货币资本资源。如果把全部金融资源的配置都采取计划机制，那就是“超计划机制”和“超政策性金融”，导致计划经济中的“计划金融”。从商业性金

融与政策性金融需要保持合适比例，不能走到计划金融，这里面有一个量变到质变的过程需要把控，用下图来描述这个过程：

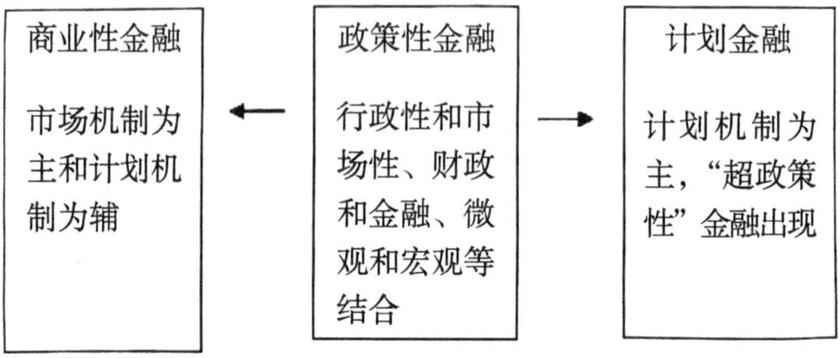

市场金融、政策性金融和计划金融的区别和联系

（四）中国的选择：采取混合机制，大力发挥政策性金融作用

从理论上来划分，资源配置机制其实只有计划机制和市场机制两种。但市场经济中的资源配置不存在纯粹的机制，一般是这两种机制的混合。市场经济的特征之一在于竞争，竞争是资源配置有效率的外在压力，但市场经济的历史证明，在金融领域却不能实行完全的竞争。金融资源具有配置性和脆弱性，这就要求我们不但要重视金融资源配置的效率性，还要重视金融资源配置的稳定性，在特殊的历史时期，甚至需要牺牲配置效率以换取配置稳定。

其实，一种机制本身没有好与坏，要依赖一定的具体条件。在一个经济的宏观层面中，配置资源采取市场机制比采取计划机制更有效率，经济增长和发展也更有可持续性，但这并不意味着计划机制完全没有用途。在金融资源配置中也应当客观地估价市场机制和计划机制的作用，不能完全肯定一种而完全否定另一种。在西方发达国家中，不受政府干预的市场经济并不存在。但这种政府干预，不是采取行政手段，而是更多地通过价格补贴、税收、利率等经济手段，多数情况下是间接干预，少数情况下采取直接干预，如物价管制，对特定商品限价，或对极端稀缺的商品实行配售制。干预目的是维持市场的稳定。市场机制并不能完全避免或排除商品积压或短缺现象的发生。没有总需求与总供给之间的平衡，价格也不能成为进行选择的可靠参数。西方的经济学者也看到，只依靠市场机制并不能保证资源配置有效率，市场有时失灵，造成资源配置失误，政府必须进行适当的干预。

中央银行、货币金融政策、政策性金融机构、金融立法监管等，从广义上说，都算是金融资源配置的“泛计划机制”，它们得到了许多国家的重视。但是，重视金融资源配置中的计划机制并不等于可以把它没有限制地扩展开来，计划经济国家中“计划金融”的后果人所共知。例如，在目前的中国，金融资源配置中计划机制与市场机制的矛盾仍旧比较突出，非市场因素对资金资源配置的影响依旧巨大。国有专业银行商业化改革以后，银行贷款虽然可以自主决定，但银行贷款主要是流向国有企业部门。建立证券市场以后，直接融资发展很快，但资金流向仍没有发生太大变化，多数流入国有经济中，民营经济发展也因此受到很大的限制。这种金融资源配置机制其实还是以往传统计划机制的延续，其结果导致资金流向与资金效益相背离，国有经济得到资金支持最多，但对经济增长的贡献却日益下降，民营经济得到的资金支持与其经济贡献率、实现税利、提供就业等方面的贡献很不相称。有数字估算显示，在我们的经济中，目前非国有经济对 GDP 的贡献已达 63%，对工业增加值的贡献已达 74%，而在全部银行信贷资产中，非国有经济使用的比率不到 30%，70% 以上的银行信贷仍然由国有部门利用，而国有部门目前对工业增加值的贡献率只有不到 30%。非国有经济的“融资渠道不畅”，阻碍了整个经济的进一步发展，制约了金融市场的成熟和发展。

从目前形势来看，在整个经济中最具活力的是非国有经济这一块，尤其是近几年发展得异常活跃，如果对应的金融服务跟不上，那么在资源的配置上就不能充分反映市场经济发展的内在要求。金融资源配置机制上的倒置状况必须予以改革，把配置机制扭转过来，以市场机制为主，计划机制为辅。这是金融体制改革的必然趋势。经济体制改革的目标是建立市场经济，也就是说要充分发挥市场机制在资源配置中的基础性作用。在这种情况下，市场的比重越大越好，市场在资源配置中要发挥主导作用，哪些企业应该获得资金融通，哪些企业应该优先发展，要由市场本身来决定。

金融是市场经济“资源配置核心制度”，具有一定的公共性，金融资源配置不能仅顾及微观金融机构的效益目标，还要完成宏观的社会效益目标。相应地，金融资源配置的机制也应当采取一种混合机制。否则，或是微观金融主体追逐利润的盲目性有可能造成金融资源配置失误，带来灾难性结果；或是忽视微观效益目标，片面追求宏观社会效益目标，用计划机制取代市场机制，对金融和经济的持续发展造成损害。所以，中国的金融资源配置应当采取混合机制。

需要澄清的是，党中央对金融的集中统一领导是政治上的，并不意味“计划金融”，金融管理部门不是金融机构的上级部门，而是对其实施监管的政府部门。金融是国民经济的血脉，是国家重要的核心竞争力。金融安全是国家安全的重要组成部分，是经济平稳健康发展的重要基础。加强党对金融工作的领导，完善党中央对金融工作集中统一领导，是深化金融改革、促进金融业健康发展的内在要求，也是金融机构和金融市场良性运行的根本保证，更是维护金融稳定、防范化解系统性区域性金融风险的前提。同时，党对金融的集中统一领导，并不意味着金融市场的自由化、金融创新的灵活性会受到限制，更不意味着要回到计划经济时代的“计划金融”。相反，党对金融的集中统一领导是为了更好地发挥市场在资源配置中的决定性作用，更好地促进金融业服务实体经济、防范化解金融风险。

政治领导主要是确保金融政策与国家的整体发展战略相一致，通过国有金融板块来落实政策，维护新发展格局，维护金融市场的稳定和公平。金融业务的开展应遵循市场规律，由专业的金融人才在法律法规的框架内进行。这就需要选拔金融领导干部时，要注意选拔德才兼备的金融高级人才，他们不仅具备专业的金融知识和技能，还具有良好的道德素养和职业操守。他们能够在复杂多变的金融市场中作出明智的决策，为金融机构和投资者创造价值，同时维护金融市场的稳定和公平。另外，还要选择认同党的事业目标的金融人才，他们能够更好地理解和执行党的金融政策，确保金融工作服务于国家的整体发展战略。这类人才在金融工作中能够积极践行社会主义核心价值观，为推动金融行业的健康发展贡献力量。当然，对这些人才也要有外部监督机制，无论是党纪国法，还是金融内控监督，都必不可少。对于金融腐败分子要坚决查处，不留死角。

四、金融强国的金融结构配置

一国的金融结构是一个复杂的体系，它涉及多个方面，包括金融机构、金融工具、金融市场等。金融资源学派从产权结构、所有制结构、业务结构和融资结构开展研究。

（一）产权结构：单一还是混合

在金融领域中，产权结构主要指的是金融机构或金融资产的所有权结构。这包括公有制（如国有银行、国有企业持有的金融机构）和私有制（如民营银行、外资银行等）。产权结构对于金融机构的治理、经营策略以及风险控制都有重要影响。

产权制度具有资源配置功能，是市场经济中的制度基础，那么金融产权制度的安排和配置也就成为金融资源有效配置的制度基础。市场经济是正式制度安排与非正式制度安排相结合的产物，而市场经济中最基本的制度安排就是产权制度。最基本的制度规则就是产权的规则。改变产权的规则，就改变了整个经济系统的运行机制。资源的稀缺性是现实经济生活的一个特点，如果没有在稀缺性资源配置过程中建立产权，就必然会导致市场交易的混乱无序。如果没有产权界定，资源就成为公共品，其价值或“租金”就会很快消散掉。资源配置就不会遵循一定的规则，市场经济就不会产生。

金融机构作为一种金融制度中的组织形式，在本质上也是一种产权交易机制或契约安排，只不过由于金融在国民经济中特殊重要的地位和金融具有脆弱性的特点，才使金融产权结构中存在公共产权安排。例如，在普通工商企业群体中，是不需要存在类似于中央银行这样的以公共产权为基础的组织或机构来监管的。普通工商企业经营不善，导致破产倒闭，是以市场退出完结的，这是市场经济正常竞争的必要条件之一。另外，新工商企业的市场进入条件也比较低，而金融企业的创办和市场进入却要经过监管机构的严格审查和控制。

中央银行是金融体系中的核心机构，它的产权安排从目前的案例看，基本上都是公共产权或“准公共产权”形式。现代金融体系中，政策性金融机构占有重要的席位，它们的产权安排也是典型的公共产权。由于金融行业的特殊性，金融体系中的金融产权结构也不可避免地要存在公共产权安排。即便是商业性的金融机构，也可以采取混合的企业产权结构。所以，无论是微观还是宏观上，金融产权的安排上要考虑私有和公共两种产权相结合的混合结构，这是在金融制度最底层保证金融制度的效率性和稳定性的关键。

（二）所有制结构：国有还是民营

所有制结构通常指的是金融体系中不同所有制类型金融机构的比例和分布。例如，国有金融机构、股份制金融机构、外资金融机构等。所有制结构反映了金融体系的多样性和竞争格局，对金融服务的效率和质量有直接影响。

在金融体系中，如果国有金融机构数量超过民营金融机构数量，那么我们就称之为“金融所有制结构以国有为主”，反之则称为“金融所有制结构以民营为主”。其实，如何准确定义“民营银行”也充满争议。国际惯例的提法是私人银行或民有银行，按照国际上的一般标准：私人股份占全部股份的 51% 以上的金融机构就叫私人银行或民有银行。但如果国家股占的比例是 49%，而私人股份比较分散，国有股还是有着控股的地位，也无法说这个银行就是私人银行或民营银行。区别民营银行和国有银行还是要看股权主体在产权结构中的控制力和影响力。

英、美等国的金融体制是自然形成并逐渐建立的，受古典经济学自由放任思想的影响，政府对于创办金融机构或对金融机构参股、控股并不感兴趣。因而，在相当长的时期内，在这些国家的金融体制中，以民营金融机构为主，多数资本主义国家都作此种选择。不过，世界各国对银行准入的条件，如资本金要求、经营者素质、商业计划的严格审查、事后监管等控制都很严格。

但是，经济情况发生变化时，所有制结构存在相反的制度选择，这方面以法国为代表。法国金融体制是在一个世纪变迁中自然逐渐形成和建立的。所有制结构一开始以民营金融机构为主，然而，从 1945 年开始，法国公布“国有化”法令，在把一些大的工业集团“国有化”的同时，对法兰西银行和几家大银行实行“国有化”。这个运动一直持续到 20 世纪 80 年代初，法国 5 个大的工业集团、39 家法国银行、2 家钢铁公司、2 家持股公司以及大部分军事及宇宙航空工业都转为国有，进一步加强了国家垄断资本，形成了以国有银行为主的所有制格局。法国五大“国有”银行集团是巴黎国民银行、里昂信贷银行 、法国兴业银行、巴黎荷兰银行及东方汇理苏伊士银行。这种选择适应了二战后法国的经济现实，迅速恢复和发展了经济。但即便是这样，法国的金融体系中还存在众多的民营金融机构，它们和大型国有银行一样在资源配置过程中发挥着重要作用。

传统计划经济国家走了极端，他们把银行全部国有化，完全禁止非国有成分金融机构的存在，银行也听命于政府，成为财政的工具，消灭了正常的竞争环境，金融机构缺乏发展动力，实践证明其资源配置效果并不好，这些国家在经济改革或转轨后都开始尝试金融机构民营化和金融机构股份化。在我国，已经开始在制造业内积极发展民营经济，引入市场竞争，在金融领域也有允许民营资本进入以及外资金融机构的逐步放宽放开。但后续也暴露出一系列弊端和问题，中国特色社会主义金融如何搞?

总的来说，金融所有制结构和金融产权结构关系密切。金融所有制结构不应当过于简单地单一化，国有金融机构和民营金融机构、独资金融机构和股份制金融机构应当在竞争中决定市场份额和比例。从所有制结构来看，多样化的金融所有制结构优于单一的金融所有制结构。民营银行与外资银行是传统体制外的新生力量，所以，从优化产权配置来看，其发展是必要的，其发展不应当人为设置任何障碍。至于发展速度的快与慢的控制，则要看具体的经济金融形势，目前来看，国有金融机构在金融体系中必须唱主角。

（三）业务结构：商业性金融还是政策性金融?

常规的业务结构描述了金融机构所提供的服务和产品的种类和比例。这包括传统的存贷款业务、投资银行服务（如并购咨询、股票和债券承销）、资产管理、信托服务等。业务结构的多样性和创新性是衡量一个金融体系发达程度的重要标志。这里分析的业务结构是宏观层面的，主要看商业性金融和政策性金融比例哪个更多。

商业性金融是指以营利（经济主体收益或效用）为目标的市场导向型的金融活动。政策性金融则是与商业性金融相对称的概念，它是指明显带有政府目标和政策性导向的金融活动。凡目标函数中社会效益占据主要权重的金融机构，其行为均属于政策性金融。混合经济是指商业性投资和政策性投资并存的经济制度。在混合经济中，商业性投资是指以经济效益为主要决策目标的投资行为，政策性投资是以社会效益为主要决策目标的投资行为，这一类投资一般都对于维护国民经济的平稳运行、保护幼稚产业或者提供公共服务等方面表现出较高的社会效益。虽然这一类投资往往经济激励不足，但往往成为政策性金融的支持对象。商业性金融和政策性金融之和就构成了全部金融业务。前者比例超过后者称之为“金融业务结构以商业性金融为主”，反之称为“金融业务结构以政策性金融为主”。

自1894年法国成立第一家政策性银行以来，在凯恩斯主义、国家干预主义的理论支持下，政策性银行分别在20世纪30年代资本主义经济危机、二战后经济重建和发展时期经历了两次大发展，承担着对农业生产和销售进行政策干预、促进出口以占领国际市场、开发住房金融市场、提供长期资金以促进社会投资、增加需求、培植主导产业等重要职责，对西方国家克服市场机制的缺陷获得进一步发展发挥了不可磨灭的作用。政策性金融的产生是市场经济资源配置的内在要求，可以在发挥市场商业性金融配置资源的效率性的同时，通过政策性银行提高资源配置的稳定性、合理性、社会效益性和可持续性，可以兼顾经济效益和社会效益、局部利益和整体利益、近期利益和远期利益。

一些国家如英国、美国等，虽有政策性金融机构，但金融业务总的来说还是以商业性金融为主。虽然不能说金融所有制结构与金融业务结构上存在着严格的对应关系，但是，民营金融机构一般以商业性金融为主，而国有金融机构往往会体现政府的政策意图。日本和德国，其金融机构以民营金融机构为主，因此，其业务也以商业性金融为主。但日本有庞大的政策性金融机构体系，政策性金融在日本金融业务中占有相当的比重，对日本经济发展作出了巨大贡献。政策性金融机构和商业性金融机构共同促进了经济与社会的发展。

传统计划经济国家出于巩固政治统治和优先发展重工业和军事工业目标的考虑，强化了金融的资金形成和积累功能，弱化了金融的资源配置功能，把金融机构几乎全部收归国有，形成了以国有金融机构为主的金融所有制结构格局，由此造成的金融业务结构也以“超政策性金融”为主，即计划金融。当这些国家开始进行金融体制改革时，其所面临的金融制度变迁的初始条件是高比例的政策性金融，而金融改革所追求的目标是建立以商业性金融为主、政策性金融为辅的业务结构。

政策性金融是政府管理职能的一种延伸，政府通过政策性金融对市场进行间接调控，来实现管理职能。政府和政策性银行要各司其职，不能缺位。政策性金融是在商业性金融的基础上产生的，同样具有信用中介的职能，必须按金融规律办事，不以自身利润最大化为经营目标，但也不能经常性亏损，它主要起着引导和补充的作用。政策性金融和商业性金融并不是水火不相容的关系，业务适度重叠甚至竞争是正常的，可以相互配合和相互提升，但各自的规模和范围应当根据各国经济发展状况由政府宏观部门来调控。

（四）融资结构：银行融资还是证券融资？

融资结构指的是经济体中企业和政府筹集资金的方式和比例。在各国金融发展的历史上，存在着两种融资渠道：通过银行的融资机制叫作间接金融，通过证券市场融资的机制叫作直接金融。直接融资和间接融资是市场经济下两种基本的融资方式，它们特点不同、资金中介的方式不同、兴起的条件不同、适用范围不同、基本功能不同。直接融资和间接融资及其相互关系构成了融资结构的核心内容。

纵观市场经济国家的金融体系的融资结构，基本上可以划分为两类：一类以银行融资为主，一些国家如德国、日本，银行在动员储蓄、配置资本资金、监督公司管理者的投资决策以及在风险管理手段上扮演着主要的角色，因此可以归类到银行主导型。另一类以证券市场融资为主，一些国家，如英国和美国，证券市场和银行同等重要，在提供金融服务上，证券市场更有活力和效率，因此是市场主导型。

两种融资方式并不是互不相关的，其发展的顺序和比重也不是平行的。抽象地采取横截面这种分析，融资方式自然是可以划分为两种，但从金融发展的历史来看，两种融资方式遵循着一定的规律。

各国金融发展的历史表明，银行发展在先，证券市场发展在后，开始是银行融资量远远超过证券市场融资量；随着经济金融的发展，特别是经济金融化开始后，证券市场融资量开始上升，银行融资量会下降，最终会出现比重逆转，证券市场融资量占据主要份额。随着经济的发展，银行系统在金融机构资产总额中的比例会趋于下降，尽管它在一国金融资产总额中的比例在一定时期内还会继续上升。与此同时，新型的金融机构，主要是储蓄银行、建房协会、抵押银行、人寿保险公司、政府与私人退休基金、投资公司和金融公司等，在全部金融机构的资产中以及金融资产总额中的比重均有所提高。在新资源学派理论中，这种现象被归纳为一个词语——金融倾斜及其逆转。

以美国为例，从二战结束到1950年，商业银行的资产仍占当时主要金融机构资产的60%左右。而从1970—1990年已逐渐下降为30%以上，即非银行金融机构资产已上升到60%以上，与1950年的比例正好相反。

英国的工业在19世纪中期就相当发达，企业自我资金积累能力很强，对长期信用的需求并不旺盛，银行一般只办理短期信用业务以供企业的短期资金流动，因此，在英国的金融体制中，曾经长期以商业银行短期的业务为主。其他老牌资本主义国家情况也类似，直到二战后证券市场资产才超过银行资产。

在资本主义国家中，德国和日本属于后发展起来的国家，它们自觉地保持了银行的主导地位，其中既有客观因素制约，也有迅速发展经济的主观意图。19世纪后期开始进行工业革命的德国，银行没有多大余地作为商业银行而发展，不得不办理产业金融业务。在重工业化的进程中，德国的银行利用信用参与、发起业务，为企业创立发行、承购股票，不仅供给短期运转资金，而且还供给长期的设备资金。所以，在德国没有证券公司存在的余地，银行以“万能银行”的形式对企业起支配作用。

日本也与德国一样，比英国迟了大约100年才开始工业化。为了发展生产，振兴工业，明治政府首先采取了育成和整备银行制度的方针。明治时代，国民收入水平很低，所以政府认为：为了迅速建成近代工业，就要进行必要的产业投资，而进行产业投资又需要资金，这样，最好的办法是，一方面，通过银行吸收零散的储蓄；另一方面，积极利用银行的信用创造能力。结果，日本的银行系统在金融体制中占很大的地位，证券业是以战前经济中财阀公司的封闭性自我融资为基础而发展起来的，受到了政府的限制和抑制，其发展步伐缓慢，居于次要地位。这种状况一直持续到战后经济高速增长时期，形成在日本金融体制中，银行间接金融占优势的特点。对银行系统的扶植和对证券市场的抑制，体现了日本自觉的金融战略选择。随着日本在二战后30年间的经济高速增长，其银行的资产比重大大下降，而信托、保险、投资等金融机构的资产比重却大大上升。日本于20世纪80年代开始加速证券市场发展，但由于加速过快，市场监管措施没跟上，造成“泡沫经济”，最终导致了金融危机，对日本经济金融的发展打击很大。

从上面可以看到，后发展国家为了迅速发展工业，超前育成、培植银行体系，充分利用间接金融的资金积累功能、信用创造功能，在此基础上适度发展证券市场直接金融，此种选择无疑是正确的。在经济发展水平不高，人均国民收入较低的前提下，不先完善和发展银行体系而谋求证券市场的迅速发展就是在建造空中楼阁。证券市场越是发达，越是需要稳健的银行体系，银行发展在先，证券市场发展在后，证券市场的高度发展取代不了银行体系的作用，这是金融发展的规律。所以，从金融倾斜及其逆转现象来看，银行不但不能被取消，而且还要发挥更大的作用。

习近平总书记对融资结构有深刻的理解和具体的指示，他指出，要下决心优化融资结构体系，打造适应实体经济发展的金融链。资本市场是我国金融体系的短板，直接制约着去杠杆进程。要把发展直接融资特别是股权融资放在突出位置，加快资本市场改革，尽快形成融资功能完备、基础制度扎实、市场监管有效、投资者合法权益得到充分保护的多层次市场体系。要更加注重提高上市公司质量，稳步推进股票发行注册制改革，完善退市制度，强化优胜劣汰。要发展天使投资、创业投资等风险投资。要改善间接融资结构，加快实现国有大银行战略转型，发展中小银行和民营金融机构。要完善中长期融资制度，满足准公益性产品和基础设施融资需求。要促进商业保险发挥长期稳健投资作用，发挥经济“减震器”和社会“稳定器”功能。[①]

五、金融资源配置如何保障金融资源向实体经济倾斜

（一）金融与实体经济关系的哲学思考[②]

金融产生于源于实体经济，依存于依赖于实体经济，服从于服务于实体经济；金融既不能过度偏离于实体经济，也不能独立于实体经济，更不能实现纯粹意义上的“自我实现”“自我循环”。自 20 世纪后半期开始，金融危机爆发的频率不断加快，特别是 1997 年的亚洲金融危机以及 2008 年的美国次贷危机，对实体经济造成的打击极其深重。

分析金融危机产生的原因，第一，相对实体经济发展的需要，金融发展过度超前了。1997 年的亚洲金融危机使东南亚新兴经济体国家金融自由化程度远远超越了必备的经济基础这个前提条件，金融上层建筑脱离了经济基础的支撑。2008 年的美国次贷危机的发生，原因之一是

---

① 习近平：《服务实体经济，防范金融风险》（2017 年 7 月 14 日），《习近平关于金融工作论述摘编》，中央文献出版社，2024，第 53 页。

② 这部分内容来源于白钦先教授与薛阳博士合作撰写的文章：《金融与实体经济关系的哲学思考》，刊于《沈阳师范大学学报》，2016 年第 7 期。

金融创新成了脱缰的野马无所羁绊，加之美联储主张市场原教旨主义，对衍生金融工具不监管或面对金融创新金融监管力不从心，助推了金融市场非理性繁荣，非理性繁荣又助推了金融资产价格过度偏离基础价值，金融泡沫过度膨胀。

第二，金融危机实质是金融理论的危机。面对金融“脱实向虚”日益严重，我们必须搞清楚金融与实体经济究竟是什么关系？我们必须回答金融究竟可以偏离实体经济有多远？这是金融基础理论问题，这个问题不解决，类似的金融危机还会发生。因此，从金融与实体经济关系的视角，从两者辩证关系的哲学视角，深刻揭示实体经济的基础地位，又不可忽视金融可以凌驾于实体经济之上，反作用于实体经济的本质特征，对国家从顶层设计层面防止金融“脱实向虚”、自觉增强调控金融运行的能力，坚守金融服务实体经济不动摇的根本原则，并以此制定金融和实体经济协调发展的战略决策，不仅具有鲜明的基础理论意义，而且具有深刻的政策含义。何德旭指出，金融归根到底是为实体经济服务的，金融发展长期地偏离实体经济，一方面，必然导致金融业为实体经济融资的功能降低，实体经济融资成本居高不下；另一方面，会形成大量的流动性在金融体系内部空转，放大市场主体的杠杆率，导致资产价格泡沫的积累。其中的风险不可小视。

总之，从金融与实体经济相互关系的哲学高度，科学地摆正金融服务于实体经济的位置，在积极发挥金融对实体经济的资源配置功能，发挥金融引领实体经济快速发展的积极作用的同时，需要不断地重新审视实体经济与虚拟经济的基本关系，要促进实体经济与虚拟经济的和谐发展，必须“坚守实体经济更实，虚拟经济不虚”的铁律。所谓实体经济更实，就是实体经济的发展必须更坚实、更牢固、更强大，切忌实体经济虚化、弱化、空壳化。所谓虚拟经济不虚，就是虚拟经济的发展不膨胀、不泡沫化、不浮肿、不漂浮化，要适度。也就是虚拟经济的发展必须建立在实体经济基础之上，并且扎根于、依从于、服务于实体经济，而不能自我扩张，自我实现。这也是从根本上防范和治理金融危机的有效途径。

现代经济发展的特征是：实体经济发展到哪里，金融便随之扩展到哪里，即哪里有经济哪里就会有金融。反之，金融发展到哪里，未必经济就发展到哪里。金融无所依托之际，便是金融空转之时，距离金融经济危机到来也就不远了。习近平总书记指出，回归本源，服从服务于经济社会发展。为实体经济服务，满足经济社会发展需要，是金融的本分。金融只有在为实体经济服务中才能实现自身持续健康发展。金融要把为实体经济服务作为出发点和落脚点，主动适应全面建成小康社会新形势，主动适应深化供给侧结构性改革新要求，全面提升金融服务效率和水平，把更多金融资源配置到经济社会发展的重点领域和薄弱环节，更好满足人民群众和实体经济多样化的金融需求，有效保护不断积累的社会财富。[①]

（二）计划经济虽然重视实体经济，但长期看弊端明显，不可持续

回顾历史，计划经济对实体经济尤其是重工业、军工业非常重视，往往通过财政计划保障资金优先流入实体产业。

在计划经济下，政府可以通过制定详细的计划和指导，确保资源被优先配置给实体经济部门。这意味着关键的生产资料和资金会流向那些对国家经济发展至关重要的实体产业，如制造业、农业等。与市场经济中资金可能过度流向金融市场等虚拟经济部门不同，计划经济能够更好地控制资金流向，防止资金过度集中在非实体经济领域，从而避免经济泡沫和金融风险。另外，计划经济优先支持重点产业发展，计划经济允许政府根据国家发展战略和产业规划，有针对性地支持重点实体产业的

① 习近平：《在全国金融工作会议上的讲话》（2017 年 7 月 14 日），《习近平关于金融工作论述摘编》，中央文献出版社，2024，第 51 页。

发展。通过制定优惠政策和提供资金支持，可以促进这些产业的快速成长，进而推动整个实体经济的繁荣。实体经济是国民经济的基础，其发展对于稳定经济增长、提高就业率和改善人民生活具有重要意义。计划经济通过优先支持实体经济，有助于增强经济的稳定性和抵御外部经济冲击的能力。

计划经济体制下的国家强调在重工业和军事工业的发展上必须自力更生，依靠自己的力量进行生产和发展。这主要是为了保障国家安全，减少对外部的依赖，确保在面临外部威胁时能够有足够的生产能力和国防力量进行应对。计划经济体制下的国家，如中国，长期实施重工业优先增长战略。这主要是因为重工业的发展能够迅速提高国家经济实力，并为国防提供重要支撑。在经济发展水平低、资金严重短缺的情况下，为了发展重工业，往往需要牺牲农业与轻工业的发展，通过抑制对消费品生产的投资来满足重工业发展的资金需求。重工业的发展需要大量的资金投入，因此，计划经济体制下的国家往往采取高积累政策，以确保重工业和军事工业能够得到足够的资金支持。例如，在1953—1992年的39年中，中国的年积累率超过30%的就有23年，其中最高的年积累率高达43.8%。在计划经济中，政府通过中央计划的方式来统一安排和调配资源，以满足重工业和军事工业的发展需求。这些资源的配置往往以公共利益和国家的整体利益为导向，旨在实现经济的稳定发展和社会的全面进步。通过大力发展重工业和军事工业，计划经济体制下的国家能够在一定程度上实现经济和社会的稳定性。重工业的发展为国家提供了坚实的物质基础，而军事工业的发展则为国家安全提供了重要保障。

总的来说，计划经济在重视实体经济和引导资金优先流入实体产业方面具有独特优势。然而，也需要注意到计划经济的局限性，如民生产业的忽视和低效率，资源配置效率可能不如市场经济、可能抑制创新和竞争等。从长期看，计划经济是不可持续的，是不能在整个社会推行的。特定历史阶段，计划经济也发挥了极为高效的作用，如苏联和中国都是通过计划经济迅速建立了重工业体系，构建了日后市场改革与开放的实体经济基础。但在和平发展阶段，市场经济体制更能有效促进经济增长和社会发展，这已经被历史所证明，无须赘言。

（三）金融机构经济效益和社会效益并重，不能唯利是图

中国的商业性金融已经足够大但不够强，长期观察中国金融业的各种数据，指标众多，重扩能，重增长，重数量，而轻质性发展与轻效应。改革开放几十年，仅借贷数量高度扩张，而百元借贷资金的利率却是长期持续下降的，这才是问题的关键。如以百元借贷资金给金融业本身带来多少利润，带来多少税收，方可视为是一个兼顾微观与宏观、企业与国家利益的指标，是客观可取的，是符合经济与社会发展以质量提升、效率与效益提升为主的目标。

市场经济作为一种经济体制，其核心目标是实现资源的高效配置和经济的持续增长。然而，单纯追求经济效益而忽视社会效益是不可持续的，并可能带来一系列负面影响。中国特色社会主义市场经济要求经济效益和社会效益并重，这是市场经济健康发展的必然要求，也是实现可持续发展的重要保障。以往市场化过度的领域，如医疗、教育、养老甚至科研领域，通过几十年改革开放的检验，不都证明了这些领域乱象频生，人民群众获得感很差的现实吗？一切向钱看，唯利是图，只为赚钱，只讲经济效益的做法，在任何社会里，都是贻害不浅，荼毒后世子孙的。在社会主义中国，这些事关国计民生的领域，国家必须介入资源配置，尤其是保障金融资源配置向这些领域倾斜，哪怕是经济效益低，但社会效益大，是中国社会可持续发展的基础。

金融机构追求经济效益天经地义，毕竟它们是企业，尽管是特殊企业。但无论如何要避免金融空转。这是指资金在金融系统内部循环，而没有有效流入实体经济的现象。这种现象会带来多方面的坏处，主要包

括以下几点：金融空转导致大量的资金在金融系统中流动，但并未形成实际的投资和产出。这不仅浪费了有限的金融资源，降低了资金的使用效率，而且可能导致经济增长放缓。例如，当大量的资金被囤积在金融体系内，而不是投入实际的生产和服务中，这些资金就无法创造真正的经济价值。金融空转可能加剧金融市场的风险。当资金过度投机或参与高风险项目时，金融市场可能出现泡沫。这种泡沫是虚假的繁荣，一旦破裂，可能会导致金融市场的大幅波动，严重时甚至可能引发金融危机，对整体经济造成巨大冲击。金融空转还可能加剧收入分配的不均，引发社会问题。由于资金往往流向那些具有更高收益但风险也更高的项目，如股市、房地产等，这可能导致贫富差距进一步扩大。富人通过金融投资获得更高的收益，而穷人则可能因无法参与这些投资而进一步落后。金融空转使资金无法有效流入实体经济，导致实体经济得不到充足的资金支持。这不仅会限制实体经济的发展和创新，还可能影响到就业和社会稳定。实体经济是国家经济的基础，其健康发展对于整个经济体系的稳定和繁荣至关重要。

政府要引导教育金融企业树立正确的社会价值观。首先，金融企业在追求经济效益的同时，也应该承担起社会责任。这包括但不限于环境保护、员工福利、公平竞争等方面。金融企业不能仅仅以盈利为唯一目标，而忽视对社会和环境的负面影响。金融企业尤其是国有金融机构的金融资源配置不能唯利是图，要贯彻落实金融的人民性价值观，最大程度做到金融共享与普惠。金融机构需要考虑其对社会的贡献，如支持可持续发展项目、小微企业融资、农村金融等。

（四）金融资源投入实体经济，要充分发挥政策性金融的功能与作用

回顾我国政策性金融这 20 年的发展历程，在肯定其对社会主义现代化建设发挥了积极作用的同时也暴露出了很多问题，特别是政策性金

融机构商业化倾向日趋明显，具体表现为“保本微利”的政策性业务相对减少而以追求利润的商业性业务增加，特别是近几年，某些政策性金融机构营利性指标突飞猛进，在某些领域与商业性金融形成竞争态势。“新资源学派”在白钦先教授带领下，对政策性金融有系统持续的研究，早已经明确政策性金融具有公共性，不能向商业化运作方向转变，那不是金融改革的方向，也不是金融发展和金融进步。

政策性金融服务于国家的战略需求和公共性政策的执行。政策性金融的存在与国家的存在紧密相关，这体现在其资金投向往往是为实现国家某种战略所需要的产业和项目，以我国三家政策性金融机构主要经营的业务来看，国家开发银行致力于国家基础设施重点工程项目的建设，进出口银行为成套机电设备进出口和战略性资源的进口提供融资与担保，农业发展银行则服务“三农”，以支农、促农、富农为其最高宗旨，每个政策性银行都有其明确的服务对象，而这些服务对象往往是我国经济建设中的重中之重或关系民生、民本之大计，可见，政策性金融具有强烈的国家主义色彩，与国家权力、政治政策结合紧密，此为世界各国政策性金融之通例。政策性金融公共性特征强调了它在利益取向上必须追求和实现公共利益，并以此为起点与终点；体现了人民主权、公利、公益、公平与正义；公共性目标或利益的实现必须与国家权力与政治相结合，国家资本、主权信用、税赋减免都是国家权力的体现；不以利润最大化为其最高宗旨而以国家经济社会发展战略与政策公共利益为其最高目标，以及相应的特定选择性和准竞争性等，都是由政策性金融公共性这一最核心的本质性特征所决定与制约的。①

在构建新发展格局的过程中，政策性金融无疑要发挥重要作用。新发展格局的构建是为了应对国内外形势的新变化，把握发展主动权，其

① 白钦先、张坤：《政策性金融公共性与财政公共性的比较研究》，《中央财经大学学报》，2014年第10期。

重点是实现科技自立自强、提高供给质量和效率、持续扩大内需以及优化提升国际大循环。为了实现这些目标，政策性金融可以从以下几个方面发力：

政策性金融可以通过提供优惠贷款、担保等金融服务，支持国内企业在关键核心技术和创新领域的研发投入，推动科技自立自强。例如，可以针对高新技术企业或研发项目提供特定的金融支持，降低其融资成本，加速科技成果的转化和应用。政策性金融可以引导资金流向高效、环保、高质量的生产领域，通过提供资金支持，推动企业进行技术改造和设备更新，提高生产效率和产品质量。同时，政策性金融还可以支持供应链金融的发展，优化产业链和供应链的管理，提高整体供给效率。政策性金融可以通过支持消费升级和基础设施建设等领域，推动内需的扩大。例如，可以提供消费信贷等金融产品，刺激居民消费；同时，也可以投资基础设施项目，改善民生条件，进一步拉动内需增长。政策性金融在支持企业“走出去”和参与全球竞争方面具有重要作用。可以提供出口信贷、国际保理等金融服务，帮助企业拓展海外市场，提高国际竞争力。同时，政策性金融还可以支持国际产能合作和“一带一路”建设等项目，推动国际大循环的优化和提升。

国家首先应处理好仍重制约政策性金融发展完善的几个历史遗留问题，如相关立法严重滞后，定位与定位不统一任意性的问题，自身实力与肩负重任不匹配不均衡，及监督相混淆等问题。政策性金融“不可或缺、不可取代、只能加强、不能削弱”；其存在发展“不是短期的权宜之计，是长久性战略决策”；这是一百几十年来世界各国的共识，例如，美国将其农业发展银行法定性为“永久性公法法人”。不应长期摇摆不定，而应坚定不移，有法可依。

2035 年是一个历史性的过渡与关节点。在此之前，中国必将实现发达的教育、发达的医疗、发达的养老保障体系。这一社会基础设施，实现教育、医疗较高水平的 100% 全免费和覆盖养老保障的这一千百年的梦想终成现实。要做大做强三项社会基础设施，就须做大做强全民教育、医疗、养老三大国家公共性金融基金，今天我们称之为政策性金融。坚定地义无反顾地告别前三大领域的商业化、市场化及养老较高水平的全保障。进一步地在我国现有政策性银行之上，整合公共政策性金融功能要义，建立类似金融稳定委员会的新时期全国政策性金融功能性协调机构，统一推进国家公共政策性金融顶层设计、功能定位、政策立法、机构改革和运营监管等，更为有效率地、战略地支持新发展历史时期，包括新兴基础设施、高能级主导产业创新、高质量城市更新和城市带建设以及银发经济时代所需要的人类健康命运共同体系列工程。关于金融强国建设如何发挥政策性金融的作用，在本书中会单独开辟章节，在第七章有更深入的论述。

（五）打造现代金融机构和市场体系，疏通资金进入实体经济的渠道

前文已经说过，新资源学派提出融资结构遵循“金融倾斜”规律或规律性。为什么如此呢？为什么银行融资在先，证券融资在后，并随着金融发展，证券融资甚至会超过银行融资呢？首先，无论是发行股票还是债券，这都需要一个完善和健全的契约社会，如果社会信用不能得以确立，发行股票、债券是不可能的。而社会契约化是市场经济高级阶段的产物，是社会法治化的产物，需要一个历史的发展过程。其次，股份制企业的形成和建立，是在商品经济发展到一定阶段后的产物，没有股份制就没有股票市场的直接金融，这又需要一个历史的过程。再次，政府大规模介入公开市场业务，是在自由资本主义阶段结束后，国家垄断资本主义兴起后才确立起来的，是凯恩斯主义的产物，也就是说，政府证券市场的发展也是市场经济发展到一定历史阶段后的产物。另外，直接金融的发展，往往是国民收入达到一定水平的产物。国民收入高，才会有证券资产需求，而对间接金融的金融资产（如银行存款）的持有，

不必需要过高的国民收入。国民收入的提高是经济社会发展到高级阶段的产物，这也需要一个历史的过程。最后，直接金融在市场主体、资金融通、结算服务几方面都依赖于间接金融，没有间接金融（如银行体系）的成熟发展，要想有直接金融的成熟发展是不大可能的。

融资结构的“金融倾斜”规律或规律性是客观存在的，这个规律或规律性意味着没有高度发达的银行间接金融而想构造出高度发达的证券市场直接金融，几乎是不可能的。另外，直接金融是经济金融化的产物，是金融经济、信用经济、契约经济和法治经济的结果，社会信用建设是一个必不可少的条件。证券市场的交易主体——非银行金融机构也需要一个大力发展的过程。总之，对于发展市场经济的国家而言，遵循融资发展规律是首要的，在此基础之上再创造条件，实现融资结构的变迁。一个国家金融体系中的间接金融和直接金融的比例实际上无法通过人为主观确定，但可以根据国内具体的经济金融发展状况通过立法予以影响。间接金融和直接金融既是一种协作关系，也是一种竞争关系。随着信息技术的进步以及交易成本的降低，市场运行的障碍逐渐减弱，直接金融日益取代部分间接金融的功能。面对挑战，间接金融也通过开发令客户更为满意的产品以及针对金融市场尚不能作用到的业务领域提供高效服务来重建竞争优势。金融体系就是在间接金融和直接金融这两种可供选择的制度安排之间的辩证关系中演进的。直接金融和间接金融是一种互动的关系，既有协作又有竞争，而动态地看金融体系的演进时，两者是互补关系，相互加强，相互促进。

习近平总书记指出，要着力打造现代金融机构和市场体系，疏通资金进入实体经济的渠道。我国金融体系规模已经很大，但资金配置不均衡，融资结构不合理，可以说不缺资金缺本金，关键是提高融资效率，重点解决资金“苦乐不均”和“钱多本少”“耐心资本”不足等问题[①]。

---

① 习近平：《在中央金融工作会议上的讲话》（2023 年 10 月 30 日），《习近平关于金融工作论述摘编》，中央文献出版社，2024，第 61 页。

在直接融资体系建设进程中，还需要解决一系列制度建设问题，包括国有资本的投资及退出流程需要适应市场发展，还有国有资本从事风投业务的“耐心监管”及如何合理考核，等等。如果要保证国有资本在突破“卡脖子”技术以及支持我国科技创新创业领域发挥出应有的作用，按照市场化、法治化、国际化建立完善的金融融资制度，才能真正确保金融资源流向实体经济，并得到有效配置，实现良性循环。

六、金融资源配置的经济社会环境

金融不是孤立的，它内生于经济社会环境，经济社会环境对金融资源配置有很大的影响。如果相关的环境要素和条件不具备，或者说不配套，金融资源配置本身多半是无效率和低效率。现代市场经济是金融经济、法治经济和信誉经济，在市场经济条件下，规避风险，严守信用，确保经济交往中的各种契约关系的如期履行，是市场经济体系正常运行的基础前提，这就要求必须迅速建立起信用制度来，不管它是否完备，都将是有益的。如果一个经济和社会中的微观主体，无论是自然人还是法人，都漠视信誉和信用，法律又不能起到维护信用制度的作用，其中的金融资源配置效率就可想而知。

金融活动在中国历史上一直存在，并且具有深厚的根基。事实上，中国的金融业可以追溯到很久以前，远早于西方市场经济的兴起。中国早在先秦时期就已经开始使用货币，如刀币、布币等。随着时间的推移，铜钱、银两等成为广泛流通的货币。钱庄和票号是中国古代的金融机构，它们提供存款、放款、汇兑等服务。特别是山西的票号，在清朝时期达到了鼎盛，其经营模式和信用体系在当时是非常先进的。中国历史上，政府也参与了金融活动，如设立官银钱局等机构来管理货币和金融事务。除了官方的金融机构，民间也有丰富的金融活动，如典当行、高利贷等。

近代以来，随着西方列强的入侵和西方经济思想的传入，中国的金融业开始与西方接轨。银行、保险公司、证券交易所等现代金融机构逐渐在中国出现。改革开放以来，中国的金融体系不断完善，涵盖了银行、证券、保险、信托等多个领域。中国也积极参与国际金融合作与竞争，成为世界金融体系中不可或缺的一部分。因此，金融不仅仅存在于西方市场经济中，也深深植根于中国悠久的历史文化中。从古至今，中国金融一直在不断发展和演变，形成了今天这样一个多元化、现代化的金融体系。

中国自古以来就注重经商以及票号要讲究信用，儒家思想在中国传统文化中占有重要地位，它强调诚信、正直和道德。在经商中，儒家思想倡导以诚信为本，讲究信誉和口碑。这种思想对商业行为产生了深远的影响，使中国商人在经营过程中注重信誉和诚信。例如，票号是中国古代的一种金融机构，主要经营汇兑和存放款业务。票号的兴起与发展，离不开对信用的重视。票号在经营过程中，非常注重信誉和口碑，以诚信为本，为客户提供安全、可靠的金融服务。这种信誉至上的经营理念，使票号在当时赢得了广泛的信任和认可。另外，在中国古代，商业道德是商人们非常重视的一部分。商人们普遍认为，诚信是商业经营的基础，只有讲究信用，才能赢得客户的信任和忠诚。这种商业道德的传承，使得中国商人在经商过程中始终坚守诚信原则。中国古代的商业文化中，注重经商信用是一个重要的组成部分。商人们通过口口相传、师徒传承等方式，将讲究信用的商业理念代代相传。这种传统商业文化的熏陶，使中国商人在经商过程中始终保持着对信用的重视。

因此，无论是中国古代商业和金融，还是西方市场经济，都讲究遵守信用。金融资源配置的经济社会环境也就是所谓的信用环境，发达的金融制度的基础是健全的信用环境，市场经济是信用经济，是一种以信用交易为主的信用经济，企业信用管理和社会征信系统建设都是保持信用经济稳定运行所必要的重要架构。信用是市场经济的生命所在，良好的社会信用是建立规范的市场经济的保证。没有信用，就没有秩序，市场经济就不能健康发展信用体系对国家经济的规模、水平和竞争力产生决定性作用。只有在一整套严格的信用管理体系基础上建立起稳定可靠的信用关系，现代市场经济才有可能存在。通过经济主体严格的信用约束机制配置金融资源。如果信用制度缺损，只有国家信用，没有企业信用、个人信用、社会信用，金融资源配置的链条就会中断，导致金融资源配置的失误和低效率。在经济风险大、社会不安定因素多、法治环境和信用基础差的地方金融资源配置不可能真正有效率。要想搞好金融资源配置，社会信用环境的建设与治理不可或缺。

（一）企业环境：建立产权明晰，权责分明，管理科学的现代企业制度

企业环境中的“企业”主要是指工商企业。现代市场经济是信用经济，也是法治化了的市场经济，企业仍是微观经济的基础、开发创新的主体和市场竞争的主力军，但企业必须遵守有关法律和政策，按“游戏规则”进行竞争。如果企业不讲诚信，丢掉了信用，不仅要付出沉痛的代价，甚至可能导致破产。金融资源具有配置性，也就是说，它既是被配置的资源，也是配置其他资源的制度资源。只有有效地配置了金融资源，才能有效地配置其他资源。

在现代经济社会中，经济活动的基本单位是企业和个人。企业是从事生产和流通的经营性组织，也是基础性的经济单位。而企业的资金融通、筹集又是现代企业正常、顺利运转的基础和前提条件。因此，企业的融资不仅对于单个企业来说具有生死攸关的重要性，而且对整个社会经济的发展也具有重要的意义。只有融入经营和生产所需的货币资金，然后才有可能启动真正的生产经营过程。因此，企业融入货币资金是企业经营和生产过程的必要前提。市场价格不仅有资源配置功能，而且也

有收入分配功能，因为劳动、资本、土地等资源要素的价格同时也就是这些要素的所有者的主要收入。换句话说，每个居民户的收入主要来自其向企业提供的生产要素，居民户作为要素所有者把要素的服务出售给企业，出售的价格也就是他们的收入。这些收入的一部分被用来购买企业生产的消费品和服务，从而再生产出劳动要素，另一部分则通过金融制度进行储蓄并投放出去，形成对企业的投资，企业以此购买资本品，变成实物资本，进而开始生产过程。当然，通过金融体系的居民户的投资可以是股权，也可以是债权，可以直接融资投入，也可以通过间接融资投入，但这些都不会改变企业是资金资源最终的配置者这个事实。企业使用资金的过程实质上就是资源配置的过程。特别是在市场经济条件下，资源的使用是有偿的，其他资源只有经过与资金的交换才能投入生产。这样，经济资源的配置就最终表现为企业的资金配置的问题。因此，不同行业、不同企业获得资金的渠道、方式与规模实际上反映了社会资源配置的效率。企业融资过程实质上也是一种以资金供求形式表现出来的资源配置过程，即企业能否取得资金，以何种形式、何种渠道取得资金。将有限的资源配置于产出效率高或最有助于经济发展的企业或部门，不仅可以提高社会资源配置的效率，同时也将刺激效率低的部门提高效率，否则，它们就会因为资金断绝而被淘汰。这样，通过资金的运动，个别企业在实现自身利益最大化的过程中，来实现整个社会资源的优化配置和经济效率的提高。

实践证明，企业资金配置效率与宏观经济效率密切相关。企业资金配置效率对经济增长和发展的持续性具有根本性的决定作用。要保证现代经济的顺畅运行和稳定高速发展，必须创造良好的企业环境，以实现企业最佳融资能力和资金配置效率。良好的企业环境是金融资源配置有效率的必要条件，发达市场经济国家这个条件是天然既定的，后发展的国家特别是转轨国家则不具备这个条件，必须进行企业体制改革。要建立现代企业制度，即建立以“产权明晰，权责分明，管理科学”为特征的现代企业制度，国有企业要割断与政府的“血缘”关系，成为真正意义上的独立经济主体，并通过股份制重构企业的产权组织形式。现代企业制度是市场经济存在的基础，一个国家经济规模越大，地域越辽阔，就更应当选择现代企业制度。让经济主体自由选择，通过分散决策来分散风险正是市场经济的基本特征之一。

（二）政府环境：依法办事，依法行政，营造良好的营商环境

政府环境主要指政府的政策和行为。政府制定的金融政策是推动经济发展的核心问题之一，有效的金融政策和服务对一国经济的稳定和发展将产生巨大的作用。它不仅可以最大限度地避免发生金融危机，而且对促进经济增长、减少经济震荡、消除贫困十分重要。政府环境对资源配置影响也很大，其本质就是怎样处理好资源配置中政府与市场的关系。在这个问题上，存在着两种不同的政策取向。一种取向强调政府干预，认为即使在市场经济条件下，政府仍然可以通过直接强力干预和产业政策等工具，在资源配置中发挥重要作用，以增强本国产业的国际竞争力。这种意见经常援引日本、韩国及东亚其他国家和地区政府干预的例证，暗含的一种主张是以政府至少部分取代市场的作用。另一种取向则强调主要或尽可能多地使市场起作用。政府作用依然重要，但主要体现在培育、完善和维护有效率的市场环境上。创造一个有效率的市场环境更具有基础意义。强调市场起作用并不否认政府起作用，但政府起作用的重点和方式应有根本性的转变。政府应当将主要注意力、发挥作用的基本点放到创造有效率的市场环境上来。政府是否有效很大程度上要通过市场是否有效来检验和评价。

在现代市场经济中，政府对金融资源配置的干预是必要的，金融市场机制成败的关键在很大程度上取决于政策环境，高效、安全、运行良好的金融市场需要有完备的法律法规及监督和激励机制的支撑。建立坚实的金融体系基础设施和良好的金融监管有助于金融体系健康有序地发

展，防止欺诈行为的出现。强调市场竞争的重要性，并非要轻视政府的管理。微观利益和宏观利益、当前利益和长远利益应当协调平衡。政府的政策选择，产权界定等规则的制定，对经济的发展至关重要。但只能是力求市场自身的完善，即只能规范市场而不能代替市场。政府应主要起到监督与提示作用，尽量避免直接干预。否则必然成为腐败滋生的土壤。为了建立起完善的金融安全网，政府应该在健全金融制度框架中发挥适当的作用。金融资源配置不能完全放任自流。但政府对金融资源的配置应当只限于影响和调控，政府行为不应替代商业性行为。发达市场经济首先是市场规则严密，经营活动有序，法治环境完善，政策透明有效的经济，政府不直接干预市场和企业活动。政府部门必须避免直接干预和管制，把工作重点放在研究制定和严格执行市场经济体制规则、健全法治上，为经济发展创造良好的体制条件。要防止权力腐败，杜绝那些扰乱金融秩序规章的出台。政策性金融不应当占据过大的比例。要处理好政府和市场在金融领域中的关系。在资源配置上包括金融资源配置上，政府应当充分信任市场机制，让市场机制发挥基础性作用。

政府环境的改善需要不断进行政府体制改革。政府环境主要涉及政府对待金融和经济关系的认识水平、对金融发展规律的把握程度、政府人员金融知识、金融意识、金融观念、政府金融行为方式等几个方面状况。但归结到一点，政府环境的好坏还是在于政府行为的规范性上。政府行为方式必须与经济市场化和提高资源配置效率的要求相适应，政府已经成为提高市场化水平的一个关键。但经济学理论有证据证明，政府的权力如果不加限制，总是趋于膨胀就有可能危害到国民的共同利益。政府必须在法律规定的范围内行动，而法律应当从根本上维护市场经济秩序。遗憾的是，现实中的政府并不都能促进经济资源特别是金融资源的配置。许多国家中的政府包括发达市场经济国家中的政府，其行为也并不能在主观或客观上真正维护正常的市场经济秩序。政府容易受到各种因素的干扰和影响，包括政治体制、利益集团、理论观念、信息不对称、理性有限、人员素质、行政控制力等方面的制约。由于金融在现代市场经济中是资源配置的核心制度，政府控制了金融资源配置就基本上控制了经济资源配置，因此，政府行为的规范问题显得更为突出。

在中国，由于国有商业银行占有市场份额的优势，客观上为政府按照自己的偏好对其加以利用提供了便利。地方政府也在争夺金融资源的配置权。由于地方政府对金融市场和金融活动干预不当，从而影响金融市场的正常运行，使市场参与者对政府政策的稳定性和合理性信心不足，也造成金融市场的种种寻租行为，加大了金融市场的机制风险。政府这种支配信贷资金补贴国有企业的做法，带来的不仅仅是国有银行的贷款损失，还对整个社会的信用基础造成了破坏性影响。一是产生较强的示范效应，动摇全社会的银行信用基础。由于企业的逃废债行为在制度上得不到有效的监管和惩罚，导致其他企业效仿，形成拖欠银行贷款的风气。许多企业希望银行贷款被无限期地拖延，最终通过破产而取消。而银行方面则出于防范风险的要求不得不退出部分市场，甚至基于谨慎的考虑，出现“惜贷”现象。二是产生强大的扩散效应，破坏全社会的商业信用基础。由于企业的逃废债行为扩散到关系客户，使企业间的“三角债”得以繁衍，正常的债务链反而被切断，导致企业相互间失去了起码的信任，商业信用基础遭到严重损害。所以，在金融资源配置上，政府应当正确定位，做应该做的事情，不做不应该的事情，实际上就是在金融资源配置的效率和稳定二者之间找到恰当的平衡点。国有金融机构对项目资金的使用要有自己独立的专业判断，不能盲目跟随地方政府意向，要在经济效益和社会效益之间取得均衡。

（三）法治环境：有法必依，违法必究，维护信用，动态更新

法治环境在市场经济的资源配置过程中具有决定性的作用，市场自身的秩序和规则必须依赖法治维护。金融信用的基础是法治，金融信用制度的建立与法律制度的建立是一个相互促进的演进过程，同时与法

治演进和变迁的方式联系在一起。金融信用是货币资金供求双方之间发生的一种合理期待或信赖关系，它存在于金融交易之中。在市场经济早期，人们的生产活动基本上是为了满足自给自足的需要，偶尔发生的金融交易大多是个人信用和商业信用，因此，信用问题相对比较简单。主要是通过习惯、舆论与道德等机制来保障信用的实现。当市场经济发展到一定程度后，由于人们之间的交换与交往方式更加复杂和多样，并出现了银行信用取代个人信用和商业信用，以降低交易成本，促进社会资源的有效配置。这种情况下，仅仅依靠传统的习惯与道德等机制已不足以保障金融信用的实现，国家必须通过立法方式，将市场经济中的交往规则以固定制度和法规的形式加以体现，并以法治的力量保证其实现。

市场经济中最重要的部分是合同制度和产权制度。产权是一种特殊形式的合同，金融产权明晰化是金融交易得以存在的前提，金融产权为金融资源配置提供动力激励。如果没有相关的法律来界定和保护金融产权，金融资源配置就无法展开和进行。市场经济能否正常运行的另一个必要条件是交易合同能否执行。如果没有执行合同的法律，所谓市场经济就只能停滞在现买现卖的阶段，也就是说，在市场经济中有没有长期的交易关系取决于合同能否执行。更重要的不是在形式上具备法律，关键在于执法，因为在执法不力的情况下，再好的法律也很难发挥作用。没有执法，法律就形同虚设。金融交易是经济交易中最活跃、最核心的部分，金融交易的过程就是金融资源配置的过程，也就是说金融交易对经济资源配置有着重大的影响。如果金融交易合同可以被肆意践踏，金融合同违约成为一种习惯，市场经济中的秩序也就无法保证。没有法治权威，金融信用不可能存在，金融信用的缺失实际上与立法、执法、司法、守法诸环节紧密相关。要建立金融信用环境，必须从改善法治环境入手，建立独立法治的权威。没有法治作为支撑，不可能形成公平竞争、诚信经营的市场经济秩序。所以，完善金融立法和严格执行金融法律是金融资源配置有效率的一个重要外部条件。

法律法规的存在是至关重要的，不能出现空白或缺失。在推进改革开放进程中，法律法规可以并且应当随着社会进步和技术发展进行更新和改进，以适应新的环境和挑战。法律法规的存在为社会提供了秩序和稳定性。它们是社会规范的基石，为人们的行为提供了明确的指导和约束。没有法律法规，社会将陷入混乱和无序状态，人们的权益无法得到保障，公共利益和社会秩序将受到严重破坏；法律法规是保护公民权利的重要工具。它们确保了个人的自由、财产和安全不受侵犯，并提供了救济机制来纠正侵权行为。没有法律法规的保障，个人的权利将无法得到有效的维护，社会将陷入弱肉强食的丛林法则；法律法规还承担着调节社会关系、促进社会公正和谐的重要角色。它们为社会提供了解决纠纷和冲突的途径，确保了社会的公平和正义。没有法律法规的引导和裁决，社会将充满不确定性和冲突，人们的信任和合作将受到严重影响。

因此，金融强国建设的法治关键至关重要。不能没有法律法规，也不能出现空白。需要不断更新和动态改进法律法规，以适应社会的发展和变化，但同时也要确保法律法规的连续性和稳定性。只有这样，我们才能维护社会的秩序和公正，保护公民的权利，促进社会的和谐与进步。

（四）文化环境：诚实守信，以义取利，提升国民的现代金融意识

推动金融高质量发展、建设金融强国，要坚持法治和德治相结合，大力弘扬中华优秀传统文化，积极培育中国特色金融文化。[①] 金融文化环境是一个国家在金融实践中形成的并对一个国家的货币政策、金融机构的经营管理活动以及金融发展等产生持久影响力的文化集合，包括金

① 习近平：《在省部级主要领导干部推动金融高质量发展专题研讨班上的讲话》（2024 年 1 月 16 日），《习近平关于金融工作论述摘编》，中央文献出版社，2024，第 171 页。

融领域中的金融观念和金融意识、金融思维、金融习惯、金融知识等要素。一定的文化理念，是在一定的社会物质生产条件下，受各种社会关系的影响而产生并发展的。金融文化是金融制度的非正式制度。新制度经济学的分析表明，非正式制度与正式制度相辅相成，但非正式制度对正式制度具有一定的制约性，往往是整个社会范围支持各种正式制度的运行和发展的基础，并且为其提供合适的氛围和基础动力。

中国传统的金融文化特征包括信用与诚信、家庭和共同体意识、节俭与储蓄以及以义取利等价值观。这些特征在中国经济生活中发挥着重要作用，并持续影响着中国人民的金融态度和行为方式。中国传统的金融文化特征可以归纳为以下几点：

信用与诚信为核心：在中国传统金融文化中，信用与诚信是被视为最重要的品德之一。这种价值观对现代商业活动产生了深远影响，例如，在借贷行为中，个人或企业的诚实守信能力是其能否获得贷款或合作机会的重要考量因素。家庭和共同体意识显著：家庭在中国社会中被视为最基本的经济单位，这种家庭和共同体意识也深刻影响了金融活动。例如，在贷款行为中，亲戚朋友之间往往会相互借贷以满足各自需求。节俭与储蓄受到重视：由于过去经济条件有限，节俭与储蓄在中国传统金融文化中占有重要地位。这种价值观也对现代金融活动产生了积极影响，许多中国人在投资时更倾向于选择稳健且长期回报较高的方式。强调以义取利：中国传统金融文化中，金融活动并非仅仅追求利益最大化，而是强调在追求利益的同时要遵循道义和原则。所谓“君子爱财，取之有道”。这种以义取利的观念对现代金融活动具有重要的指导意义。

中国传统文化的讲信用与西方市场经济讲信用可以实现有机结合，中国传统文化中的讲信用更侧重于道德层面，强调内心的诚信和品德。西方市场经济的讲信用则更侧重于经济行为中的可靠性和履约能力。两者结合可以形成互补，既强调个体的道德品质，又注重经济行为中的信用表现。这种综合的信用文化有助于提升整个社会的信用水平。可以体现在以下几个方面：①信用价值的共识。中国传统文化强调“诚实守信”，认为这是人与人之间相互信任的基础，也是社会和谐的重要保障。西方市场经济同样重视信用，信用被视为市场经济运行的基石。在商品经济中，信用是交易顺利进行的关键。②信用机制的融合。在中国传统文化中，信用主要依赖于个体的道德自律和社群的舆论监督。西方市场经济则通过法律制度和信用记录来保障信用的执行。例如，在美国等西方国家，个人或企业都有信用记录，任何不良记录都会影响其生存质量和经济活动。③信用工具的创新。在西方市场经济中，信用工具如票据、信用证等在交易中发挥着重要作用，提高了交易的效率和安全性。中国可以借鉴这些信用工具，结合自身的文化特点进行创新，以适应现代市场经济的需求。例如，可以开发符合中国传统文化理念的信用产品，如“诚信贷”等。④信用教育的普及。在中国传统文化中，诚信教育一直受到重视。通过家庭教育、学校教育以及社会教育等途径，可以培养人们的诚信意识。同时，可以借鉴西方市场经济的信用教育理念和方法，如开展信用知识普及活动、建立信用教育体系等，提高全社会的信用意识和信用能力。

按照金融文化对金融制度结构的影响深度，将金融文化划分为几个层次：金融观念或金融意识、金融思维、金融习惯、金融知识等。在这几个层次中，金融实践活动促使人们产生金融观念和金融意识，并引发金融思维，形成人们的金融习惯，最后累积为金融知识。当然，这个链条反过来也成立，因为金融知识也会引导人们形成金融观念、金融意识，在金融实践中养成金融习惯。这种因果循环充分反映了金融文化也是一个由众多要素构成并相互作用的巨系统。一个国家与民族金融观念的现代化程度的高低以及合格的高素质金融人才的拥有量，将是衡量其金融资源质与量状态的重要标志，也将是未来国际竞争能否取胜或者竞争力高低的重要制约因素，也将是后发国家能否迅速缩短同发达国家差距并实现现代化的决定性因素。[①] 金融文化属于上层建筑的范畴，能有效地反作用于经济基础，促进社会生产力的发展，良好的金融文化是一种先进的市场经济文化。从这个意义上讲，金融文化就是市场经济文化。政府、银行、企业和个人，其经济行为都要建立在信誉的基础上，它们共同构成了一个文化环境。

谈金融资源配置不能忽视金融文化的作用，它实际上体现了一个国家对金融认识的理论水平。金融文化并不直接参与金融资源配置，但它通过提高可配置金融资源要素的素质来发挥作用。试想一个有借有还、尊重信用、重视金融风险以及金融知识水平高的社会肯定要比赖账、逃账、信用混乱、金融投机严重、金融知识贫乏的社会的金融资源配置要更为有效。好的金融文化环境对金融资源配置的影响深远，可以弥补正式法律法规的缺陷和不足。反之，糟糕的金融文化环境只会对金融资源配置起到糟糕的作用，其结果就是金融资源配置失误和金融危机不断发生。随着经济日趋市场化，经济也日趋金融化，国民的金融意识大大强化，金融文化也逐步积累，这种金融环境是建立市场经济体制必须具备的一个条件。金融文化环境的改善本质上就是构建讲信用的市场经济文化，金融资源配置的优化依赖于这个必不可少的文化环境，必须因势利导，提升全体国民的现代金融意识。

（五）国际环境：加强国际资本监控，力争国内国际双循环相互促进

在经济、金融全球化的时代，一个国家的金融资源配置不可能孤立于世界经济和国际金融，国际经济、政治环境对金融资源配置也有着重大的影响。国际游资的横行、金融自由化、金融国际化、地区金融一体

---

① 白钦先：《论经济一体化和经济金融化的挑战与启示》，1999 年初“中国金融改革与建设研讨会”及“国际金融体系与国际金融秩序学术研讨会”报告。

化、金融全球化等都会对各国金融资源配置产生直接影响。

当今时代国际资本规模庞大，流动速度惊人，私人资本成为资本流动的主体，官方资本流动只起辅助作用。资本流动从银行借贷为主转变为直接投资、证券投资和银行借贷三足鼎立。发达国家之间的资本流动规模已超过发达国家向发展中国家的资本流动规模。资本流动全球化把整个国家都联系在一起，但是很多国家的金融制度和法律框架尚缺乏与国际金融市场平稳对接的机制，有可能使国际资本流动与本国经济政策和规章制度处于摩擦状态。在金融高度全球化的条件下，国际资本的无序流动对各国国内金融资源配置的不良影响，这一点在亚洲金融危机中表现得淋漓尽致。当外部资本大量流入东南亚国家，破坏资金平衡，造成通货膨胀压力，绝大多数东道国及时地提高了利率，试图紧缩货币供给，然而高利率反而进一步诱导了外部资本的疯狂涌入，使紧缩性的货币政策导致了膨胀性的结局。

显而易见，在缺乏一种规范的全球性金融监管体系的条件下，国际资本的自由流动对各国国内金融资源配置的影响并不总是带来净的正效应，有可能导致各国内外难以两头兼顾，即所谓的内外经济失衡。如果金融自由化进程缺乏监管，就有可能导致金融市场出现无序的剧烈波动和恶意投机，甚至破坏正常的市场秩序和市场游戏规则。资本流动自由化导致投机性行为，使金融虚拟化程度远远超出真实经济的承受力，出现我们在前面所论述的货币资本供求失衡。金融产品的离岸交易增加，再加上衍生工具迅速膨胀，使原来那种集中监管模式更难实施。随着网络化交易的迅速发展，金融危机的爆发更具突然性。为有效化解国际资本流动对国内金融资源配置造成的负面危害，每一个国家必须具有稳健的经济结构和健康的金融体系，并实行有序的对外开放，唯有如此，才能保证本国金融资源配置的稳定性。金融高度全球化无疑为每个国家带来了一个新课题，当经济一体化达到一定程度，需要各国遵守国际惯例和有关法规，如世界贸易组织中对金融业国民待遇的规定等都会对金融制度结构产生影响，进而影响货币资本资源的配置；各国货币金融政策也不再仅仅对本国有政策效果，相互还有博弈互动的过程；等等。

国际资本流动虽然在一定程度上促进了全球经济的发展和资源的优化配置，但其潜在的危害也不容忽视。尤其是国际资本大鳄那种国际游资，国际资本流动可能引发利率和汇率的波动，这些波动可能对一国的货币政策执行造成干扰，增加经济调控的难度。大量的资本流动，特别是短期投机性资本的快速进出，可能导致金融市场的动荡，甚至触发金融危机。过度的国际资本流入可能使输入国在经济、技术等方面过度依赖资本输出国，甚至成为其经济附庸。当外资渗透到国民经济的重要部门时，可能使输入国的经济主权受到侵蚀，影响国家经济政策的独立性和有效性。国际资本的流入往往是为了绕过贸易壁垒，进入并占领输入国市场，这可能会对民族工业造成冲击，影响其生存和发展。外资企业的产品和服务可能挤占国内企业的市场份额，加剧国内市场的竞争压力。过度的国际借款或发行国际债券可能导致输入国陷入债务危机，特别是当这些资金不能被有效使用或产生预期效益时。债务负担的增加可能会加大政府的财政压力，限制其在公共服务和社会福利方面的支出。国际资本的自由流动可能增加金融系统的脆弱性，使金融机构面临更大的风险敞口和流动性压力。在资本流动突然逆转的情况下，金融机构可能会面临资金短缺和信贷紧缩的问题，进而影响整个金融系统的稳定性。国际资本流动的不稳定性可能导致社会经济的不平衡发展，加剧社会阶层分化和社会矛盾。在极端情况下，国际资本的突然撤离甚至可能引发社会动荡和政治危机。

因此，各国在吸引外资的同时，也需要加强对外资尤其是国际游资的监管和引导，以确保国家经济的健康稳定发展。力争实现国内国际双循环相互促进，意味着在推动国内经济循环的同时，也要注重与国际经济的互动和合作。具体来说，要以满足国内需求为出发点和落脚点，以国内分工体系为载体，畅通国内生产、消费、分配、流通等环节，提升新动能，形成内生运行动力。同时，也要充分利用国际市场、资源和要素，促进国内经济与国际经济的深度融合，形成内外联动、互利共赢的经济格局。在这个过程中，需要应对目前国际大循环动力不足、外需下降等挑战，但也不能简单地将国内大循环与国际循环割裂开来，而应该看到二者之间的相互联系和促进作用。通过加强国际合作与交流，可以共同应对全球性经济问题，推动构建更加公正合理的国际经济秩序。

第七章

金融强国视角下的政策性金融

民惟邦本，本固邦宁。

——《尚书》

一、金融强国理论的重要一翼：公共政策性金融理论

世界各国的发展实践证明，政策性金融的产生是历史的必然。关于受政府委托从事代表国家意志，以国家金融行为方式发展融资的公共金融机构，国际上并没有统一称谓。常见的称谓包括开发银行、开发性金融机构、政策性银行、振兴银行、公共投资机构等。这些机构的使命极为多样化，但都以这样或那样的方式体现着国家意志与发展目标。

（一）公共政策性金融理论的演进历程

1989 年，白钦先在《比较银行学》中正式提出“政策性金融”这一概念。该书围绕这一制度的产生背景、基本特征和基本战略构想进行了初步阐述。例如，“在中国旧有金融体系之下，商业性金融业务和政府指令性、政策性金融业务是混合进行的，这是‘大锅饭’的必然产物”；“政策性金融机构的基本特征是业务的政策性、开发性和资金运用的有偿性、非营利性”；“政策性金融应提高到国家经济金融发展战略选择的高度，构建以中央银行为核心，以商业银行为主体，以政府政策性开发银行和各类非银行金融机构为两翼，以中外合资银行或外国独资银行为补充的现代金融体系”。当时，囿于篇幅，相关内容只是作为《各国政策性金融机构比较》的一个章节出现，对此更为深入全面的阐述则是在 1993 年出版的《各国政策性金融体制比较》中展开。《各国政策性金融体制比较》一书的正式出版，在当时中国政策性金融方兴未艾的背景下引起了社会各界的广泛关注，好评如潮，认为该成果对各国政策性金融机构问题进行了全面、系统、多角度、全方位的比较研究，在许多方面取得突破性和开创性进展，填补了政策性金融研究的空白，为我国政策性金融机构体制的设计和建立提供了理论依据和经验借鉴，对于深化我国金融体制改革具有重要的理论意义和实际指导价值，社会效益巨大。

1998年恰逢中国人民银行建行50周年，在黄达与戴相龙主编的《中华金融辞库》中，第一次为政策性金融“单独开门立户”，特设政策性金融分卷，白钦先教授带领团队主编并撰写了《政策性金融总论》，将其定位在与商业性金融对称、平行与并列的地位，并将其提到经济学、金融学基础理论的高度。这标志着“政策性金融”这一概念得到学术界的广泛认可，政策性金融理论体系基本完善。在政策性金融分卷中，首先，对政策性金融的概念、政策性金融机构的特征、政策性金融依法享有的特殊优惠、政策性金融正常运行的决定性条件等进行了细致探讨；其次，从一般功能和特有功能两个方面分析了政策性金融的经济金融功能；最后，把政策性金融提高到基本经济学金融基础理论的高度，分析了政策性金融产生发展的必然性，以及发展经济学和可持续发展理论对政策性金融的推动。

在国内也有不少知名学者及其所带领的学术团队陆续投入这一理论研究领域，形成了百花齐放、百家争鸣的态势。对政策性金融本质特征的研究一直是理论界和实务界重点关注的问题。这个问题直接决定了很多实务工作是否可以由这三家政策性金融机构开展，决定了它们和商业性金融机构的关系，包括市场份额、利益分配、话语主导权等尖锐的问题。1998年，中国人民银行专门组织各政策性金融机构和各大商业银行的主要负责同志，就政策性金融基本特征的界定举行了一次研讨会，最终讨论形成结果。政策性金融的基本特征包括政策性、融资性、有偿性、优惠性和贷款可得性。当时，来自各大商业性金融机构的同志认为，对于政策性金融机构服务的对象而言，因其自身经营实力较弱，能够获得贷款支持已经不错，如果还享受较低的利率恐怕引起市场的过度竞争；对于政策性金融而言，其所谓的优惠性应更多地体现为贷款可得性，而不是价格的优惠。这一界定不能说没有道理，但更多的是从操作层面就事论事，没有从学理上把这个问题讲透彻，这在某种程度上也为后来政策性金融的曲折发展埋下了伏笔。

（二）中国公共政策性金融的特征

2010 年以来，白钦先教授团队对公共政策性金融的特征进行了新的概括，中国公共政策性金融主要有以下几个特征：

（1）金融性。这是出发点，是问题的本源，是对非金融而言的，尤其是对财政而言的，回答金融与非金融的、财政的区别与边界。财政是单方面的无偿拨付，是一种政府行为，无须归还，是政府的一种无偿行为。而金融则是双向的有偿借贷，尽管有一定甚至相当的优惠性，但需要还本付息，是政策性金融机构的一种有偿行为。

（2）国家金融性。直接针对非国家金融，具体而言是主要界定国有金融与国家金融二者的区别和边界。国有金融指国有商业性金融，在法律上它是企业，它是“民”而不是“官”，它以追求利润最大化为最高宗旨。国家金融性，讲的是它与国有金融的联系与区别，国家金融也必是国有金融，但它的神圣职责是秉持与恪守国家意志、意愿、意图，以贯彻政府经济与社会发展相关战略与政策为己任；它人民至上，坚定不移，这就是它的政治性、人民性之所在，它不以利润最大化为其最高宗旨；它不是企业，而是政府特殊机构或部门，从法理上讲，它是“官”的一部分，而不是“民”。这是它与一般性、商业性国有金融二者的边界。

（3）国家信用性。这一特征是国家金融性的必然延伸，既是它与国有商业性金融的区别，也是它国家信用性的独特本质。国有金融不享有国家信用，而国家信用系列中的最高表现形式是主权信用，这是它的独特权威与优势。

（4）公共性。公共性这一概念源于德国哲学家康德，它由逆定理与正定理构成。值得注意的是，它首先是逆定理，而后才是正定理。它的逆定理的基本含义是非排他性、非竞争性，是公共性的前提条件与首一要素；然后是它的正定理，即任何一项公共性项目想要获得成功而不失败，就必须保持与政府的密切联系与支持，但又力戒行政的过度干预。

这也是公共政策性金融的本质性特征之一。公共政策性金融提供的长期规模化资本具备特定的金融功能，能够有效地帮助国家战略意图的实现和社会福利的普惠化。国际政策性金融机构运营多年的实践表明，一些国家的政策性金融机构的经营管理颇具可持续性，通过运营可以实现政策性金融投入资本金的返还。近年来，全球公共政策性金融在绿色经济、低碳经济、环保经济等新领域、新场景不断开拓，越来越多地涉足公共设施、城市更新、环境保护、社会保障、银发经济、国民教育和战略能源等新领域，更加追求经济与社会、人与自然的和谐、协调与可持续发展。

二、国家金融与公共政策性金融的辩证统一

（一）公共政策性金融凸显“中国制度优势”

公共政策性金融凸显了中国能迅速集中力量办大事的制度优势。政策性金融作为政府实现特定政策目标的工具，能够迅速响应国家政策的调整，将政策意图转化为具体的金融措施，从而有效地引导资金流向和政策目标的实现。在中国特色的社会主义制度下，政府具有较强的资源整合能力。政策性金融可以充分利用这一优势，通过政府信用背书、优惠性存贷利率等手段，吸引更多的社会资本参与国家重大项目的建设，形成合力，推动经济社会的发展。相对于商业性金融机构，政策性金融机构在决策机制上更加灵活。它们可以根据国家政策的需要，快速调整贷款额度、利率、期限等条件，以满足国家重点项目的融资需求。这种灵活性使政策性金融能够更好地服务于国家战略和产业政策。政策性金融具有明确的政策目标导向，即为了实现特定的政策目标而采取金融手段。这使政策性金融在资金投放和使用上更加精准有效，能够确保资金投向符合国家战略和产业政策的领域和项目。政策性金融机构通常由政

府设立或支持，具有较强的风险承受能力。在面对国家重大项目时，政策性金融机构可以承担更多的风险，为项目的顺利推进提供有力的金融支持。

在大历史观视角下，通过全球国别的发展可以清晰投射出国家意志的综合力量，进而影响全球治理演进的方向。国家层面对来自全球竞争和政治格局所作出的反应，体现在政治经济社会发展的规划设计之中；国家战略利益实现及其资源配置，愈发成为影响各国区域融合、持续竞争力的主导力量；区域及国别维度的成功，越来越多地取决于顶层设计和政府、市场力量交互的分寸感，在持续运转过程中需要可持续的纳什均衡。这些特征成为“嵌入国家制度体系的市场”的国家主导型政治经济学愈来愈受到各国重视的背后深层逻辑。随着世界主要国家进入“全政府—全社会”模式的综合国力竞争时代。哪个国家能够更有效地融合各领域的国力，通过合理、有效配置金融资源，并将其投射在科技创新、产业升级、民生福祉和治理能力重塑之上，哪个国家就能够在当今世界百年未有之大变局中赢得可持续发展的基础。

研究表明，政策性金融公共性的实现依靠国家为主体，由国家的强制公权力作为保障，政策性金融是中国特色社会主义金融的政治性、人民性、主体性、共享性的直接体现。在这个意义上，政策性金融本质上具有国家金融的基础属性，进而也有别于传统意义上的国有金融，具有了独特的以国家信用为特征和以国家意志实现为己任的国家金融功能。这些特有功能包括：直接扶植与强力推进功能、逆市场选择功能、倡导与诱导性功能、虹吸与扩张性功能这些主导功能，以及专业性服务与协调功能这些辅助性功能两类。从更具体的角度来说，政策性金融具有资源定向配置功能和促进特定产业发展的功能，如社会稳定功能、地区协调发展功能、引导消费功能、金融稳定功能。

（二）中国式现代化，中华民族伟大复兴需要公共政策性金融

在以中国式现代化全面推进中华民族伟大复兴的历史背景下，公共政策性金融是国家金融、国有金融不可或缺的重要构成部分，是以贯彻执行国家产业战略与政策、社会发展战略与政策为己任，而不以利润最大化为最高宗旨的金融综合服务。同时，也是在公共服务、区域发展、乡村振兴和全民共同富裕伟业中的生力军、突击军，也是治理和防范系统性风险的重要手段。例如，1990 年，德国统一进程中采取的若干政策性金融手段；1938 年，由美国国会创立的房利美，在 2008 年 9 月的次贷危机中被联邦住房金融局（FHFA）接管，随后大量利润直接流进了美国财政部。世界各国皆如此，毫无二致。从可持续发展的角度而言，公共政策性金融业务的整体基本要求是保本微利，但也可以在特殊情况下获取较大的额外利润。由于政策性金融机构是政府出资设立并贯彻执行国家经济政策、产业政策与社会政策，是实现国家意志的重要金融载体，因此，其性质属于政府机构或特殊公共性法人机构。这些都与当前我国金融治理体系的变革演进，保持着高度的逻辑自洽。

正如习近平总书记所指出：要深入研究世界经济和我国经济面临的新情况新问题，为马克思主义政治经济学创新发展贡献中国智慧。中国特色社会主义政治经济学是以推动“人的全面发展”为核心命题的现代政治经济学；“以人民为中心”是中国特色社会主义政治经济学的出发点和落脚点，也是国家金融和社会资本在构建新发展格局中的着力点。这些都深度地契合了人口规模巨大的现代化是建设中国式现代化的第一要义。

综上所述，在理论探索和具体实践中，不断完善国家金融内涵和公共政策性金融制度体系安排，是发展中国特色社会主义政治经济学、完善具有原创意义的公共政策性金融理论及其实践的应有要义。同时，这也成为践行在建设金融强国的历史进程中，以人民为中心的发展思想的具体体现；区域发展、乡村振兴和共同富裕，实现中国式现代化的重要

理论与实践基础；保障强位弱势群体及区域的金融发展权和金融平等权。同时，必将进一步整体提升我国金融服务的普惠性，推动金融资源实现高质量配置的社会合理性。特别是要在特定历史时间节点上，充分发挥公共政策性金融特有的金融功能和服务属性，实施针对性的、弹性化的、或长或短的“强国与富民”并举并重并协调“双均衡”的战略或政策。

三、公共政策性金融机构正在全球范围内复兴

（一）在全球范围内，公共政策性金融至今都在发挥重要作用

在一个多世纪以前政策性金融产生之初，就是以贯彻执行国家意志和特定战略，以国民经济政策、产业与社会政策、公共利益为最高宗旨，是一国的长久性战略决策与选择。从全球公共政策性金融运营角度来看，始于19世纪具备现代政策性金融机构的那些雏形机构就通过提供大规模长期投融资活动，极大地加速了欧洲大陆的工业化，这些机构从诞生起就具有明显的社会资本属性，在各国工业化的追赶进程中，这类机构扮演了公共企业家的角色；在美国有关农业政策性金融机构的法律明确地将其定性为“永久性公法法人”，大部分已运行半个世纪到一个世纪以上；日本在1898年就建立了专司北海道开发建设的北海道拓殖银行，二战以后更形成“三行九库”体系。

2022年3月底，日本政策投资银行（DBJ）——日本政府对1951年设立的日本开发银行和1956年设立的北海道东北开发公库进行重组，并由日本政府全额出资并赋予其特殊法人地位而设立的政府系金融机构，以及涵盖国民生活、农林水产、中小企业等广泛领域的日本政策性金融公库股份有限公司，专营国际金融业务的日本国际协力银行股份有限公司，限定于冲绳地域政策性金融业务的冲绳振兴开发金融公库，还

有对中小企业联盟及其成员提供金融支持的日本商工组合中央金库股份有限公司，上述五家政策性金融机构贷款余额合计达到68.6万亿日元（约合当时5073亿美元）。据统计，日本政策性金融机构的信贷量占日本全国信贷量的1/3。可谓异军突起，作用巨大，不可或缺，不可替代，可以借鉴。

根据北大新结构经济院团队（INSE）、法国开发署（AFD）对全球公共性发展金融领域的联合研究：①在基于政府掌舵其作为单独实体机构战略定位，积极主动的公共政策导向，以有偿性金融工具作为主要产品和服务等核心特征特性，对全球公共性发展金融机构进行甄别。②统计显示，从2018年以来，公共开发银行（PDBs）与发展融资机构（DFIs）的总体机构数量和总资产规模呈波动式上升趋势，从2018年的17.2万亿美元增至2019年的17.8万亿美元，2020年的22.3万亿美元，再到2021年的22.4万亿美元。③全球三年疫情防控期间，PDBs和DFIs致力于调动所需的金融支持，逆商业周期为具备社会和环境价值的投资项目提供融资支持，将金融资源等引导、转移至商业银行和私人资本不能或不愿进行投入的关键性公共领域，以应对社会经济和健康危机。④PDBs和DFIs的总资产绝对规模和相对规模在北美和东亚地区的分布最为集中，总资产占GDP的比例已经高达1/4。

从全球范围内公共性发展金融领域，具有政策性金融特征性机构的主要资金来源趋势分析，基本特征可以概括为：一是政府在国别开发银行融资过程中发挥着重要作用。二是债券发行是将主权信用证券化实现资本市场融资的最主要途径，即政府直接或间接的国家信用保障了能够以相对低的价格获得长久期的债券市场融资。三是内源式融资方式和来自政府或国家主权类基金的权益类融资发挥着更重要的角色。四是政府主要通过注资、借款、存款、基金、政府补助、税收优惠、提供服务费等多种渠道和方式支持投融资。五是国别开发银行以及多边开发银行的转贷款和官方发展援助项目资金，对增补投融资资金来源起到重要作用。六是居民部门的储蓄存款成为全球大约 1/3 国别开发银行的结构化资金来源。简而言之，当今世界正在见证国家公共政策性金融机构在国际和各国层面的复兴。

（二）开发性金融机构正在全球范围内复兴

北京大学徐佳君教授团队在对全球 539 家开发性金融机构深度研究基础上，于 2021 年 6 月发布了《全球开发性金融机构全景概览：内涵、理据和多样性》，从中趋势性地显现出：①具有公共政策性质的开发性金融机构正在全球范围内复兴，以应对经济、社会和环境发展方面新的挑战。②无论是发达国家还是发展中国家，最近都已建立或正在计划建立新的国别开发性金融机构（NDFIs）和多边开发银行（MDBs）。③公共政策性金融的使命导向型投资推动了新一代技术的涌现，进一步拓展了市场空间。④国家在新一代科技创新链中扮演着重要的投资引导角色，促进创新引领型增长。

截至 2023 年第四季度，全球公共性发展融资机构统计数据库内，公共开发银行（PDBs）与发展融资机构（DFIs）总数扩充至 533 家，覆盖全球 155 个国家和经济体。根据 2024 年第一季度发布的总资产数据更新，公共性发展金融机构总资产测算估算约为 23 万亿美元。

（三）历经探索与波折，中国公共政策性金融终于回归“政策性”

从公共政策性金融实践与趋势情况看，一个完备的政策性金融体系包括四个元素，即开发性金融、支持性金融、补偿性金融和福利性金融。上述整体对应了目前我国现有的政策性金融机构，并留出了对未来政策性金融机构扩展的空间。回顾过去的 30 年，中国政策性金融从理论构想到实践检验经历了极不平凡的曲折发展演变历程。1993 年，党的十四届三中全会决定建立 3 家政策性银行，中国政策性金融从无到有。30 年来，这 3 家政策性金融机构在公共基础设施开发建设、成套机电设备进出口及支农、扶农、助农等领域多有作为、多有贡献，成效斐然、可圈可点。尽管如此，由于建立之初先天不足，缺乏充分的理论认知和理性决策，加之无法可依、无章可循，致使中国政策性金融在实践过程中无可避免地经历了反复摸索与不断试错。2013 年，党的十八届三中全会通过了《中共中央关于全面深化改革若干重大问题的决定》，政策性金融改革成为 60 条改革项目的一个方面，标志着最高决策当局对这一问题的高度重视与直面的决心。2015 年，国务院集中批复 3 家政策性金融机构继续深化改革的方案，明确指出回归“政策性”是以后改革的方向，争论了 10 年的“转型论”尘埃落定。

可以预见，在全面建设社会主义现代化国家的新征程中，中国三大政策性银行在资源定向配置，促进特定产业发展、社会稳定与地区协调发展以及引导投资消费与维护金融稳定方面持续作出重要的、不可或缺、不可替代的贡献。与此同时，其自身也不断发展壮大，实力日益增强。

四、中国式现代化建设给公共政策性金融带来发展机遇

（一）中国式现代化带来巨量精准的金融资源需求

2023 年，迎来了中国政策性金融体系建立 30 周年纪念。当前正值中华民族伟大复兴事业进入一个深度展示累积和第二个百年奋斗目标征程的历史性节点，我国 14 亿多人口整体迈进现代化社会，规模超过现有发达国家人口的总和，其艰巨性和复杂性前所未有，必须把发展的主导权牢牢掌握在自己手中。党的二十大擘画了中国式现代化的蓝图，实现中国式现代化我们面临着巨大增量的金融资源配置需求，对应的是未来大致五个方向社会资本结构性增量，包括国家安全战略体系化构建、

数字化中国、能源体系转型、公共服务和乡村振兴。全体社会发展、国家安全及其相关产业链系统成为新时代发展背景下的第一要素重要关切。由此就需要政策化、长期化、结构化、规模化的社会资本可持续的有效供给，实现金融资源社会公共效用的最大化。2022 年 12 月召开的中央经济工作会议就指出，政策性金融要加大对符合国家发展规划重大项目的融资支持，维护产业链供应链安全稳定，提升服务实体经济的能力，支持构建现代产业体系。

从数量级上来初步估算：限于篇幅，我们仅就我国未来一个时期在以乡城一体化和乡村振兴为主的新型城镇化建设、科技基础研发、新基建领域以及聚焦国家林木粮油安全领域的投资需求进行考量：①我国 2023 年末全国常住人口城镇化率为 66.16%，比上年末提高 0.94 个百分点，城镇化建设将由独立型的发展阶段迈入高质量发展的新阶段，预计超大级别的投资将带动数以 10 万亿计的城市化红利。② 根据国家统计局发布的国民经济和社会发展统计公报，我国 2023 年实现 GDP 达到 126.06 万亿元，按美元计价，中国经济总量约 18 万亿美元，人均 GDP 超过 1.2 万美元，全社会研究与试验发展经费投入总量超过 3.3 万亿元人民币，经费投入强度（研发经费与 GDP 之比）达到 2.55%，比上年增长 8.1%，总量上大致全球排名第二，其中基础研究经费支出为 2212 亿元，占研发经费的比重为 6.65%，但是投向相对分散，而且需要长期投入的基础研究领域严重缺乏资金，相较于主要创新型国家的 15% ~ 20% 差距仍然较大。③新基建领域除了自身具有十几万亿级体量的投资需求，还将通过数字经济产业化、传统产业数字化、研发创新规模化等，在全产业链上产生万亿级的资本叠加需求。④国家林木粮油安全领域资本叠加需求也在万亿级以上。

综上所述，无论是基于国家意志、国别实践，还是社会需求、资源供给，抑或是大国博弈、百年变局，我国公共政策性金融发展都远不充分，供需之间缺口存在鸿沟，未来发展无疑蕴含着巨大的商业价值和社会责任。这也就是为什么我们提出，在实现中国式现代化的进程中，全国性和区域性公共政策性金融的自身服务者和实践者能够预期实现空前发展与历史性的提升，是中国公共政策性金融发展的新阶段、黄金期。这不是主观臆断、空穴来风，是言之有据，实打实的。

（二）中国公共政策性金融须承担起重大的历史使命

从金融资源供给的角度来看，当前我国金融机构体系中，无论是全口径存贷款总量，还是金融资产管理机构可提供的长期资本相对不足，中国居民持有的金融资产总体规模在 150 万亿～ 200 万亿元，而保险机构和养老金的金融资产管理规模仅约美国的 10%。根据 2022 年报数据，我国银行业总资产、总负债、总权益规模分别为 379.39 万亿元、348 万亿元、31.39 万亿元，3 家政策性银行的总资产、总负债、总权益规模分别为 33.27 万亿元、31.02 万亿元、2.25 万亿元。政策性银行的资产规模、负债规模与权益规模分别占银行业的 8.77%、8.91% 与 7.25%。这两组数据反映出，我国政策性银行的规模在银行业中整体占比较低，并远低于全球主要国家政策性金融的平均占比；规模实力与功能定位存在错配，特别是政策性银行权益规模占比更低，严重制约政策性银行国家金融功能的发挥。初步估算显示，中国公共政策性金融的资本和资金整体实力应该翻两番、三番，即到 2050 年与彼时 GDP 相对应的我国公共政策性金融的供需总量大概是不低于超过 100 万亿元水平的量级。这样才和它所承担的重大的历史使命相匹配。

从公共政策性金融体系建设的角度来看，我们也必须认真对待我国公共政策性金融体系自身在中国式现代化的历史进程中，在一定程度上存在的综合性失衡等矛盾：主要表现在立法失衡（公共政策性金融立法严重滞后）、监督失衡（政策性金融机构监督及绩效评价体系缺失）、区域失衡（地方性政策性金融服务缺位）、产业失衡（政策性金融功能缺位）、机构失衡（国计民生战略领域有待建立必要的政策性金融机构），以及政策性金融机构自身出现的具体运营业务行为等问题。

同时，从强国建设和共同富裕的角度来看，目前中央已经提出了包括金融强国在内共计十四个“强国建设”决定。整体而言，这些“强国建设”都与人民的生活水平、生存环境和生态环境密切相关。总体观察“强国与富民”，大体可以这样说，前者是基础，是物质技术基础，是手段；后者是主人、主导与主体，是最终目的。习近平总书记时时牵挂的、关心的、强调的，也是民生、富民。但是全球190多个国家中，公费教育、较高水平的社保与医保、住房等的统计与全球排名，中国都在中位或后位，不利于社会的祥和稳定。全民富，则中国稳；全民难富，则中国难稳。这就要求公共政策性金融在践行金融性、人民性方面，支撑“国富民强”并举并重“双均衡”格局方面拿出具体举措。

（三）中国公共政策性金融在民生保障中可发挥巨大作用

当今世界正经历百年未有之大变局，全球地缘政治、经济、科技、治理体系等正经历深刻变化。党的二十大报告提出“加强重点领域安全能力建设，确保粮食、能源资源、重要产业链供应链安全”，“强化金融稳定保障体系”的任务要求，进一步明确了金融保障国民经济安全作为维护国家安全能力的重要内容，是国家间竞争之要素、维系国运民生之必需。公共政策性金融肩负重任、责无旁贷。习近平总书记在2013年中央城镇化工作会议上发表重要讲话时曾经指出，推进政策性金融机构改革，当前要发挥好现有政策性金融机构在城镇化中的重要作用，同时研究建立城市基础设施、住宅政策性金融机构。顶层设计高屋建瓴，实践执行任重道远。

要充分发挥中国特色社会主义金融的政治性、人民性、共享性与主体性，进一步明确、增强我国公共政策性金融制度、金融工具和金融机构的整体功能，在服从服务于人民关心的教育、社保、医保、住房、物价与货币购买力以及充分就业等方面的公共政策性金融服务创新和突破。这样才可能在2050年前后，从“以人民为中心”高质量发展的角度，不仅在传统意义上GDP统计口径上超越当今世界主要发达经济体，还要以市场汇率计算的美元兑换人民币汇率，以购买力平价计算由美元与人民币比值转换因子的高低，全国人民获得感、幸福感、安全感、体验感和向往实现感来实现综合国力与综合国际竞争力的可持续提升。

公共政策性金融将与产业转型进一步融合，为实体经济提供更加有效的公共政策性转型金融服务。随着全球公共政策性金融更多地涉足并深深地融入各国产业升级、公共设施、城市改造、环境保护、社会保障、国民教育和新能源等新领域。在产业升级和转型金融框架下，进一步扩展与提升我国公共政策性金融功能和实务创新，进一步发挥对于各战略性新兴产业领域新时期发展目标强大战略性支撑能力、履职保障能力和管理运营绩效指标等均衡向好式提升。

第八章

金融强国的信用评级

人而无信，不知其可也。

——《论语·为政》

一、金融强国须掌握信用评级话语权

（一）信用评级是金融监管的感应器

金融功能是一种功能性高层金融资源，具有客观性、稳定性、层次性和稀缺性等四大基本特征。金融功能性资源要比核心性货币资源、基础性实体资源（包括金融组织、工具、制度、法规与人才等）更客观，更易于整体观察与把握，更少人为干预，更难能、更难成、更难得，从而更稀缺。从功能的角度观察研究金融较之以往以金融组织（机构与市场）为主的研究视角有两大优势：一是对功能的研究可以有更大的客观性，也更接近于研究金融发展与经济发展的最终目的与目标性（即发展金融以发展经济）。二是金融功能自身的自动出清与扣除的净结果的相对准确性，而因其客观与稳定，更因其可自动排除与扣除种种可计量与不可计量的、已知的和尚未知的成本、消耗、摩擦、不适应、不协调、不吻合的诸多因素，最大限度地减少了人为干扰的可能性及由观察、统计指标与手段的非科学性而产生的不确定性，从而使最终结果有更大的相对准确性。因此，从功能的角度出发，较之其他角度观察与研究信用评级就更具优越性和准确性。

“金融是经济的血脉。”如果说，监管是血脉的监测仪，信用评级则应该是感应器。在相当长的一段时间内，信用评级都被视为金融市场中一个足够重要的和高度明显的指标。作为金融高度相关行业，信用评级具有特殊且完整的金融功能，它能够对一国的金融发展造成深刻影响。现代经济在总体上是信用经济，信用是现代金融发展的基础。货币的运动和价值及信用关系连结在一起，并由此形成了新的范畴——金融。

信用是以偿付为条件的价值让渡，不同于简单的商品买卖。在狭义的信用即借贷活动中，贷方将货币价值转移给借方，同时借方并没有对贷方进行任何形式的价值补偿。金融范畴中的信用有其特定含义，它既指借贷行为本身，也包含信用风险。债权人和债务人之间发生的债权债务关系是一种有条件的付出，且这种付出只是使用权的转移，而所有权并没有转移，因此，偿还性和利息支付和风险是它的基本特征。

信用评级于 20 世纪初期在美国诞生。1902 年，穆迪公司创始人约翰·穆迪基于美国横贯铁路的举债风险，开始对当时发行的铁路债券进行评级。此后延伸到各种金融产品及各类评估对象。标准普尔和惠誉等其他机构也在之后诞生，并随穆迪一道迅速壮大。究其业务，因金融而产生，也因金融而发展。然而，它会不会也因金融而衰败，或因金融而消亡?

信用评级的分类按照评估对象，可以被分为企业信用评级、证券信用评级、项目信用评级和国家主权信用评级等四类；按照评估收费与否，可以被分为有偿评级和无偿评级两种；按照评估方式，可以被分为公开评估和内部评估两种。信用评级是高度金融相关的，它具有特殊的但完整的金融功能，它能够导致全面的金融效应，它会对金融发展造成深刻影响。

首先，信用评级的根本目的在于揭示受评对象违约风险的大小，而不是其他类型的投资风险，如利率风险、通货膨胀风险、再投资风险及外汇风险等。其次，信用评级所评价的目标是经济主体按合同约定如期履行债务或其他义务的能力和意愿，而不是企业本身的价值或业绩。最后，信用评级是独立的第三方利用其自身的技术优势和专业经验，就各经济主体和金融工具的信用风险大小所发表的一种专家意见，它不能代替资本市场投资者本身做出投资选择。虽然国际上各大评级公司对信用评级的定义存在细微不同，但有一个共性——社会中介服务，这也是美国主要评级机构对自己的定义，它们为社会提供资信信息、信用评级指标体系图或为单位自身提供决策“参考”，而不是决策意见，因此不对参考信息的客体负责。参考信用评级的定义，信用评级首先具备典型的金融信息功能，但通过事先进行定义说明的方式，自己为自身开脱了责任。无论是国外还是国内法律，依据较为宽松的定义，信用评级机构只被定义为金融信息服务机构，而不是“典型的”金融机构。可以说，类似这些定义，只是产业定义，而不是功能定义。但依据功能定义，具备强烈金融功能的机构，应被列为金融机构，而绝不是其他机构。

虚拟性是现代经济和现代金融的显著特征。信用评级机构的业务在于预测各种债务证券及债务发行人的违约概率。尤其是信用债券，它是指根本无抵押品，全赖公司良好信誉而发行的债券。一般只有经济实力雄厚、信誉较高的企业才有可能发行这种债券。信用评级依据标准化的质量类别，反映了债务证券及时和完整支付的可能性。一般债券的风险，是指债券的绝对违约概率，即绝对信用风险。但是，信用评级的重点却并不在于绝对违约概率，而在于各个不同债券的相对风险程度。然而，相对风险比对也能够反映绝对风险，绝对信用风险反映是信用评级的副产品。此外，信用评级通常典型地反映信用的长期发展趋势，而对市场的短期波动不作反应；而新的重要信息，仅仅被反映为升级或降级；在评级过程中，定量和定性评级方法均得到应用。

（二）信用评级的正金融功能

基础功能：信息服务和中介功能、监控功能。金融的基础功能是服务功能和中介功能。也就是说，金融产生以后在相当长的历史时期内金融的基础功能是服务功能和中介功能，主要是为经济社会活动提供交易、兑换、结算、保管等服务功能以及进行简单资金融通的中介功能，最终都是为了便利与促进价值的运动。

信用评级提供了市场和监管所需的信息以及与此相关的服务，因此分别具有信息中介功能及信息服务功能。在新制度主义金融理论中，评级机构可被描述为信息中介。作为市场交易过程中的咨询者，以克服市场双方的信息不对称。简单说来，在市场中，它们通过减少信息成本的方式创造了价值。在这里，评级不仅仅传递了发行人的信用信息，而且也将发行人的正直度，通过评级机构全面传递给大众。评级机构的专业知识或专业技能已不单单是评级的手段而已，甚至已经被大家作为债券本身了。当然，评级结果的信息价值必须依赖于评级服务的信息质量，也就是说这些信息应该是真实的和完整的。因此在大多数情况下，人们不会仔细区分其信息价值和声誉价值。正是这样，它们有时才共同造成了信息中介功能的放大。

在债券市场方面，发行人从评级机构获得较高的信用等级，将使他们能够吸引更多数量的投资者，并以更低的成本销售债务证券。信用评级的信息功能对债务证券的市场价格也有一定的解释力。在股票市场方面，公司的股票价格对评级变化有反应。然而这样的估量，却可能面临更大的风险，即扭曲评级的许可价值。如果评级的调整改变了发行人的跟踪评级，则一般会导致其对股价的强烈冲击。在衍生品市场方面，所有的评级公告一般都会导致其价格的显著反应。此外，信用评级还有另外一种特殊的功能，即“协调机制的供给”，或被表述为在企业解决投资决策时，为多重均衡提供一个“聚焦点”。

核心功能：认证功能、声誉功能。除了信息功能，信用评级今天还普遍与其第二个主要功能联系起来——金融市场失察或疏忽的监督管理工具，即认证功能。打比方说，结构化债券，是专为得到特定评级而设计的（风险预测）。在现实中，评级业务已经被作为债务担保（或债券）建设过程中的审批行为或准入行为。这种观点认为，评级机构，不仅指定了信用评级，而且为被评级对象发放了“许可证”。在私营部门中，认证功能也有其对应物，在那里评级则作为一个机构担当着风险管理标尺的角色，如银行或投资基金（如欧洲央行 ECB，2004，第 8 ～ 9 页）。信用评级往往界定了合格资产的范围，有时或被称为“评级触发条款”（Rating Triggers）。

信用评级在金融活动中具有声誉功能。在信用评级金融功能行使的整个过程中，一旦机构做出评级，人们就可以通过比较评级结果与相关债务票据市场价格的手段，或参考其他的现成数据如公司年报，以观察债券的声誉价值。特别是在这个充满廉价信息、技术和严格披露要求的世界中，这种比对尤易实现。一般来说，评级和市场数据需要具有“一致性”，因为当今世界的金融市场是效率优先的，各类经济信息更新不断，并力求保持彼此同步。

扩展功能：经济调节、风险规避。金融的扩展功能是经济调节功能和风险规避功能。扩展功能并不是意味着在核心功能充分发展以后才出现的，而是金融功能在横向上的一种扩展。作为金融市场中的通用指标，信用评级当然具有经济调节和风险规避功能。但是，一方面，由于信用评级的经济调节功能是通过对债券价格的影响而发挥作用的，因此，还不能说其具备直接调节经济的功能；另一方面，由于信用评级的风险规避功能要通过其风险分散功能起效，因此作用也不是直接的。由于评级被视为金融产品发行人的主要资产，必须加以认真保护。

衍生功能：风险分散、标准化功能（区域协调）。除信息功能、声誉功能、认证功能以外，信用评级还承载着额外的金融功能，即标准化功能。人们常常提到，信用评级创造了相对性及其附属价值，所以使其对所有评级资产乃至对所有主权国家资产的风险投资，都可以被轻易地比较。信用评级机构通过标准化的信用评估过程建立价值，却没有依据信用评级的真实信息价值。评级机构建构了信用关系本身，并从而降低了发行人和投资者之间的总体不确定性（General Uncertainty），一方面由信息不对称导致，另一方面也由各家机构的评级标准不统一导致。因而，有权威的信用评级，尤其是有垄断权威的信用评级，为市场提供了标准化功能。

信用评级的一个典型变量是地理因素。我们经常可以明确地区分地方、区域、国家和国际的市场。对于信用评级，因为各国的金融法规和标准存在潜在差异，所以国家和国际市场就显得尤为重要。然而，面对地理差异的基本限制，赋予了信用评级进行风险全球可比性的可能，同时在另一方面，也使他们可以维护自己的垄断性权利。

（三）信用评级的负金融功能

金融资源的无效配置及金融市场的不稳定。评级机构因此不能够人为地限制评级的数量或质量。任意一国的评级机构更不能“国家性地”通过信用评级去干预甚至是扰乱其他国家的利益。经济效率是国家最基本的问题之一，信用评级实现了信息生产的规模经济。效率的最简单形式可以被描述为“不存在浪费”。

国家旨在创造能够促进竞争的市场环境，从而加强其效率——这样的一种态势称为反托拉斯。反托拉斯假定，良好运作的市场可以提供最佳的经济效益。第一个概念是“静态效率”，它不应与“市场效率”混为一谈，“市场效率”通常指的是“信息的效率”。第二个概念是，动态效率。信用评级产业的发展，还是导致了近几十年来的许多产品创新（如评级量表、新的细分市场/服务的拓展）。但是，国际信用评级业存在垄断，主要显现为美国两大评级机构的垄断。

信用评级是金融市场本身的一部分。国家可以通过干预去影响具体的评级行动，从而导致更好的金融生态。信用评级可以被用于限制金融的系统性风险，并提高金融市场的信心。在全球次贷危机中，大多数国家监管当局都选择了抛弃监管，而转向一个更具策略性的手段，即观察市场参与者的具体行为。然而，在政治实践中，配置手段也有相当的分量。一个很好的例子就是美国改革信用评级产业的立法倡议，以及美国国会众议院通过的《信用评级机构双寡救济法》（*Credit Rating Agency Duopoly Relief Act*，2006）。这也暗示了美国国内评级市场垄断的市场结构是该产业问题的主要来源。

为了解决这种垄断，国家关注的重点应该是，一个严格的国家许可，似乎在某些利益群体看来是一个过于严厉的措施，但因为全球化的存在，评级机构可以在任何地理区域上充当评级服务提供者，也由于官方认可为评级机构创造了经济价值，所以就必须通过较强的监管措施，激励他们通过付出一定的监管代价以维护现有的地位。这是不违背市场竞争的，也是各国当今的共识。

不当行为以及额外的评级成本负担。威胁性过低评级，不依靠侦测，它就不能被有系统地发现。垄断市场力量可能转化为这种反竞争行为。从经济学角度看，任何通过不公平手段去减少竞争对手的商业机会，以阻碍竞争者的行为，都是反竞争的。滥用市场支配力通常涉及凭借过低的评级或根本无评级（的威胁）去压迫发行人，以获取额外利润。国家应主要关注阻碍竞争对手的主动企图，但监管当局应该不认同信用评级产业中的反竞争行为。

非请求评级。评级机构可能滥用非请求评级（Unsolicited Ratings），并以此为威胁，迫使发行人购买“适当的”评级。一个不请自来的评级是“可怕的”，因为它可能将发行人的信用风险置于一个比实际低的情况之下，同时又辩称它所反映的只是公众信息。

欺骗性评级。只要有超额利润，欺骗在任何时期就都是存在的。评级机构的趋利性导致它不可能一直维持其广为人知的标准，一旦存在足够有吸引力重大的利益诉求，甚至是政治诉求，他们就可能做出欺诈行为。

级别微调和捆绑销售。惩罚性级别微调是一把钝剑。但在实践中，结构化金融产品低风险的性质，创造了惩罚性级别微调的真正可能。一个下行微调评级很可能会使一些资产担保证券无法发行。因此，发行人会尽一切可能去获取所需的评级或防止下行微调的评级。“捆绑销售”是一个标准的反垄断经济学概念，它描述的是“卖方在一个产品的购买上施加购买另一种产品的条件的做法”。具体来说，一个机构可能只发布评级，但发行人还要购买其他附属服务。另一种形式的捆绑是用一个评级去制约其他评级。在这个意义上，级别微调是捆绑的一种形式。捆绑阻碍了竞争者进入市场，发行人的自由选择也受到限制。

“戴有色眼镜”的主权评级。主权评级（Sovereign Ratings）与信用评级的权力相连，是一个主权国家能够进入国际资本市场的重要因素。主权评级的下降，一般会引发当地货币、债券和股票市场的贬值。实际的信用利差，特别是新兴市场的主权债务，在传统上平均都低于主权评级的建议。

利益冲突导致的评级信息扭曲。市场支配力的附属物是利益冲突，在于发行人和评级机构相互勾结获得了额外租金，基本的经济诱因始终明晃晃地摆在那里。亚洲金融危机、次贷危机，以及安然、世通等公司对穆迪和标准普尔所造成的伤害，远远低于许多人的预料。市场权威虽由声誉而起，却最终超越了声誉。投资者接受大型评级机构为既定权威，同时接受他们的规则。评级机构是标准制定者，他们充当“协调服务公司”，建立起一个对信用价值的共识。从这个角度看，评级机构主要并不是信息的提供者，而是提供了一套有关信用价值的、可由投资者自愿采纳的标准。而自愿采纳，正是症结所在。由于标准只应该建议如何采取行动或如何解释信息，因此职责应在于用户，而不应在于标准的制定者。因此一旦发生损失，投资人自己就要对使用低质量评级承担责任，而不能责怪评级机构。而评级机构可能反过来永久性地降低它们的质量。由于缺乏信用评级的替代品，而且受以评级为基础的监管“所迫”，投资者将继续使用标准化的评级，并持续保持高支付意愿。

潜在关系多样性背景下的监管误导。国家和信用评级产业之间关系的主要困难是，潜在关系的多样性。从功能监管的角度来看，当我们把信用评级机构视作准监管机构的时候，对于评级的垄断力量和效率的争论就显得极为重要了。对评级机构来说，分析较不清楚的是关于一个极为政治化的概念——“监管权力”。从基于评级的监管的角度看，其主要目标是运作一个声誉机制并让它提供高质量的评级，因为国家明确依赖于它。评级机构也不应该触发利益冲突，这也是有关信用评级的最后一个问题。在更广泛的框架内，功能和效率，不仅仅是对评级产业而言的，而且也是整个金融系统必须考虑的。国家常常为结构性风险而担忧。从经济学的角度看，究竟什么样的组合才会造成“市场失灵”，也可以说，国家干预何处才可以在最大程度上改善整个社会的福利。

时效性。时效性在一定程度上已经是评级质量的一部分，评级机构应迅速审查新的信息并相应地改变评级结果。在安然或世通公司等案件中，存在明显的混乱迹象，并且至少都不是以债券和股票价格下降的形式体现的，这种看法已经为所有评级机构所接受了。不过，穆迪、标准普尔和惠誉国际评级，直到违约出现的前几天还维持着投资等级。显然，这些评级在这些时间里是低质量的。

评级膨胀。信用评级是在其本质上就是一个相对风险措施。对于国家来说，信用评级膨胀的危险在于使部分发行人结构性获益，最后由投资人承担。发行人支付膨胀评级的意愿会越来越高，因为他们的融资成本将会不断下降。因此，存在巨大的激励促使发行人依靠评级膨胀逃避监管。

二、信用评级垄断是支撑美国霸权的超级战略性武器

“控制全球硬通货”“控制全球银行体系”和“控制全球资本市场”，一直是二战后美国国家战略的首选目标。为此，美国首先通过建立以美元为主导的布雷顿森林货币体系，逐渐树立美元霸权，随后却将其无情抛弃，又以无限扩张美国国家信用为手段掠夺世界各国；其次，是通过掌控信用评级的国际话语垄断与霸权的方式，掌控了全球资本市场的定价权。

著名国际战略学家亨廷顿在其所著的《文明的冲突与世界秩序》一书中，向美国政府提出了其国家必须优先掌控的 14 个战略性领域。他将控制全球硬通货、控制全球银行体系和控制全球资本市场列为其中之

第一、第二和第四位，而只将“军事控制”列为倒数第二。这不仅是美国学者的理论论证与对策建议，事实上，美国早就在这么做了，二战后它一直将“三大金融”控制列为其国家战略中的超级战略目标。在“三大金融”战略目标中，除了透过主导世界银行、IMF和国际清算银行等国际金融机构以及相关金融理论、金融自由化、金融创新与金融监管等的主导权与游戏规则制定权以控制全球银行体系，又以美元霸权控制了全球硬通货，并通过两大评级机构为媒介，以信用评级的话语垄断与霸权控制了全球资本市场的定价权。

（一）以信用评级的国际垄断与霸权掌控“全球资本市场”

美国以及世界的现代信用评级业的产生以1909年穆迪公司发布美国及世界第一份信用评级报告为标志，该公司以评级报告的形式对美国各家铁路公司所发行的债券进行评级。在美国历史上，早在19世纪30年代初始，铁路建设对美国经济规模和生存空间的扩张具有极其重要的影响，它在美国现代化由北向南、自东向西逐步推进的百年历程中所发挥的作用是无与伦比的。正是在这一艰巨任务、对资金以及伴随着通过债券发行而产生的信用评估的巨大需求和美国政府支持鼓励的大背景下，独立于政府和一般民众的专业信用评级机构便应运而生，并逐步发展壮大。但直到20世纪70年代末，这些机构的业务范围大都局限于美国本土。据美国信用评级协会（2010）统计，在历史上美国最多曾存在过2000余家信用评级机构，这一高峰出现于20世纪80年代中期，目前已降至400余家。

美国的信用评级产业始于百年以前，最高峰是20世纪80年代中期，对各国的主权信用评级也始于20世纪60年代至70年代，大规模走向世界也从20世纪80年代至90年代开始。请读者特别留意“20世纪80年代”这个时间背景，这是一个极其特殊而又影响深远的年代。20世纪80年代是美国国家信用开始高度扩张做大美元的年代，是金融自由化、金融创新、金融衍生产品及垃圾债券勃兴且一浪高过一浪的年代，客观上互联网和信息产业革命也为此提供了技术上的保证，资本市场也由传统上相对封闭的国别性市场演变为高度开放的、高度流动性的真正意义上的全球性市场。[①] 只有在此时，美国三大评级机构才能掌控全球性信用评级垄断和掌控国际金融话语权，才有了他们无限广阔的用武之地；才能迅速将信用评级提升为美国国际金融话语权的重要构成部分；才能使其同美元霸权一起成为支撑美国霸权的两大超级战略性武器。

简而言之，配合疯狂扩张美国国家信用做大美元，“控制全球的硬通货”，适应向真正的全球性资本市场这一转变和美国控制全球资本市场的需要，美国评级机构在经过百余年发展演变并已形成高度的国家垄断的基础上，从 20 世纪 80 年代迅速走向世界。到目前为止，它已在北美、欧洲与亚洲主要国家（包括中国）遍设机构，迅速地垄断了全球 90% 以上的国际信用评级业务，在这一领域建构了高度的美国独家垄断与国际超级霸权。

就信用评级自身的本质而言，它是公共产品，作为信息传递的媒介和通路，它拥有强大的市场话语权；但在现实经济中，其非排他性却为私人生产提供了可能，使该话语权垄断逐渐演变为经济金融垄断，进而形成经济金融霸权。更有甚者，这种高举市场自由主义大旗和形式上私人公司制的寡头垄断，模糊和掩盖了其背后的国家指定与认定，以及浓厚的国家政治性和国际政治性所共同缔造的实质性国家垄断与国家经济金融霸权。信用评级产品的市场话语权，可以决定市场经济中某一机构的融资成本与交易可行性的大小，整体而言，在相当大的程度上可以决定一国的经济金融安全与主权。近期发生的欧债危机以及与之相连的垃圾级国家主权评级，已经引发欧盟当局的严重抗议，这便是非常典型的

---

① 白钦先：《百年金融的历史性变迁》，《国际金融研究》，2003 年第 2 期。

证据。掌控了信用评级的国际话语权就掌握了全球资本市场的定价权，就落实了亨廷顿“控制全球资本市场”的美国国家战略目标。

（二）高度的政治性、封闭性、扩张性与垄断性霸权特征

一般而言，某一个国家的或国际的经济金融企业或机构，哪怕是某些特大的国家国际商业银行、投资银行乃至中央银行，其地位与影响都无法同美国三大信用评级机构所拥有的极其特殊的国家政治性与国际政治性及特殊敏感度与全球关注度相比。尤其是在经济日益全球化、经济金融化和金融全球化及科学技术突飞猛进的条件下，在虚拟经济与虚拟金融日益脱离实质经济与传统金融的趋势下，就更加彰显了信用评级的特殊战略重要性，此次金融危机也更加凸显了这一点。

可以毫不夸张地说，在当代谁掌控了金融谁就掌控了世界，谁失去了金融谁就失去了世界。二战后拥有美元霸权和掌控国际金融话语权是支撑美国超级霸权的两大战略性武器。美国以美元霸权为手段实现了其国家利益的最大化，并且以掌控国际信用评级为主要手段的国际金融话语权为其战略保证。美国三大信用评级机构以其百年的历史积累和国际金融运行的路径依赖以及其国家认可特许的超级信誉价值红利而称雄世界。它很牛，它一身而三任，既是规则制定者，又当“裁判”，同时也是“球员”：①它给世界各国进行“主权信用评级”。②给全球著名的上市金融企业与工商企业进行市场信用评级。③给各国各类金融工具、金融衍生产品进行投资风险评级。在这三方面，美国都占压倒性优势。许多情况下美国人简直就是自己给自己评级，也给各国评级，而且常常是不请自来，不要你出钱、我居高临下主动给你评级。这就极有可能导致其他国家的意志被蔑视、被绑架，被人为降级或升级，你不评也得评，然后在评级中体现或贯彻美国的国家意志、意愿与意图。在次贷危机中三大评级机构给负债累累的美国国家信用债券的高评级；前几年中国国有银行改革引进战略投资者前后，对中国国家主权信用、国家银行

信用的人为压抑性较低评级，最近对冰岛、希腊、西班牙等西欧国家主权信用的垃圾级评级以及危机前许多年对 CDO 和 CDS 的 80% 的 AAA 级、19% 从 AA 级到 BB 级和 1% 的垃圾级评级，都严重误导、绑架与欺骗了各国的投资者，而这些都是众所周知的事实。这一切在国际信用评级中表现得尤为突出，无一不鲜明地凸显了美国国家意愿、国家战略与国家利益对评级强烈的影响。

（三）高度的对外封闭性与高度的对外扩张性共生

按理说美国是一个高举经济自由主义和开放主义的市场经济国家，而事实上它在许多方面却又是高度对外封闭、排斥与自我保护主义的，这一点尤以国际信用评级市场为甚。在全球的 160 ～ 180 家信用评价机构中，只有 10 家在美国有机构与资质，它们分别属于美国（7 家）、日本（2 家）和加拿大（1 家）三国。另据知名投资网站——“违约风险”的统计，截至 2008 年 3 月，公认的“全球”信用评级机构有 73 家，其中欧洲 33 家，中国大陆 4 家，中国台湾 1 家，日本 2 家。日本的一家在本土，另一家是与巴基斯坦和马来西亚合资的，总部在巴基斯坦，这两家日本机构均获得美国官方即 NRSROs 的认可。日本与加拿大的 3 家评级机构虽在美国有资质，却由于美方的种种“高门槛”和制约条件而至今仍未能开展评级业务。同时，又以“没有在美国的办公室和客户”为由拒绝给予中国“大公国际”在美开展业务的资格认定。而自己的三大评级机构则几乎垄断了全球评级业务的 90% 以上，这种超级国际垄断是极不正常和极为有害的，这一局面必须打破，这一体制必须改革。由此可见，美国的信用评级体制的对外高封闭、高排斥与高扩张、高垄断并存，这一鲜明特征凸显了美国独霸国际金融话语权这一严重事实。

而与此形成鲜明对比的是在过去五六年间，美国三大评级公司不声不响、实打实干地迅速进军中国，或参股或收购或战略合作，其触角迅速伸向中国全国各市场，短短几年已占据了中国评级市场业务的 2/3，且正在逐步掌控中国资本市场的定价权和金融话语权。可令人惊异的是，面对这种非对等、非公平、非均衡的局面，美国人却一点儿也不觉得有什么矛盾和不正常，反而要求中国更大的金融开放，问题究竟出在哪里？对此，中国自身应有特别的回顾与反思。

（四）极高的国家垄断性与极高的国际垄断性并存

前已述，美国至今有大小评级机构 400 余家，小机构数量极大而市场占有率极低，早已形成了少数几大机构垄断国内市场的局面，这当然也以三大机构为首；而国际垄断则比国内垄断更高，三大机构更是巨无霸。大机构才有话语权。

信用评级市场的层次性非常鲜明，低端市场众多评级机构是过度竞争的、服务是低质低价的，而高端市场是过度垄断的、服务是低质高价的，二者并存且都剑指评级服务的低质量和经济金融的高风险。整体而言，信用评级市场是一种高风险市场，是一个金融服务的非均衡卖方市场，评级供给者处主动地位、居强势，评级需求者处被动地位、居弱势。为什么后者是被动和弱势的？这同金融信用评级市场服务的高度垄断性与特殊性（通过信用评级而决定投融资成本与价格进而影响资本市场与经济发展进程）相关，也同需求方的“刚性需求”相关：评级服务的需求或者迫于市场信息、信用披露的刚性需求，或管理层迫于要向自身股东大会的交代，或迫于种种融资或投资而必经的行政或法律程序的硬性规定。低端市场过度竞争导致的低价低质高等级评级和高端市场过度垄断导致的高价低质高等级评级，都双双指向经济与金融的高风险。这种现象与机制，在美国次贷危机的形成过程中，尤其是三大评级机构对金融衍生产品 CDO 和 CDS 的极高（低质）信用评级和 3 倍于一般评级费率的高价评级，终究会酿成高金融风险与全球性金融危机。

（五）大举迅猛进军中国，危害威胁国家金融安全与主权

前文的研究表明，以三大信用评级机构为代表的美国信用评级业是一个信用性与金融性、国家政治性与国际政治性、国家垄断性与国际垄断性及机构道德风险与国家道德风险极高的霸权性产业，这同许多其他国家特别是发展中国家的信用评级业有很大不同，在思想认识和理论上清晰地区分二者是非常重要的。

在国际货币金融话语权方面，国际货币体系中的美元霸权和国际金融体系中的信用评级话语权是极为关键的两个重要方面。其地位举足轻重，代表国际金融市场及国际金融秩序中的话语权，也是美国主导下的全球金融体系的中坚力量，是美国的核心竞争力之一与实现美国霸权的超级战略性武器。在金融是现代经济的核心，金融是各民族国家与经济体经济与社会发展稳定中的主导性、主体性、战略性核心要素，是各国最高决策当局必须首先慎重处理的重大战略性领域之一和越来越成为大国间竞争、博弈与争夺的战略性新领域的新形势下，如亨廷顿所建议的那样，“控制全球硬通货”“控制全球银行体系”“控制全球资本市场”，已成为美国的国家战略，并已成为现实。

美元霸权和信用评级话语权垄断权与霸权，美国对全球“货币”和“资本市场”的掌控与霸权是此次以美国次贷危机引发的全球性金融危机的体制性深层根源。信用评级机构本应是警示风险，但在危机前它反而是掩盖风险、制造风险与累积风险，在危机中是放大与加速风险，事实证明它不是监测风险反而是风险与危机的推手。美国的上述三大金融霸权严重危害与威胁包括中国在内的全球各国的国家金融安全与主权。

乘虚而入、战略性迅猛进军中国，已控制中国信用评级业的2/3，危害威胁中国国家金融安全与主权。21世纪初，中国国有银行和地方性区域性中小银行深化金融体制改革，包括多种形式的股份制、战略性并购和引进国外战略投资者，客观上强化了对信用评级报告的极大需求，而中国本土的评级机构则正在成长中，实力与资力亟待提升，一时

间形成信用评级需求与供给的一大缺口，此其“虚”之一；“虚”之二，当时我们还未认识到信用评级业的战略重要性及其同中国国家金融安全与主权的紧密联系，在不惜一切代价也要引进与利用外资的冲动之下，几个部委联合发文强挺境外审计与评级机构，这给境外特别是美国的法律、会计、审计和评级机构强烈的推荐信号并“一路绿灯”，一时间形成对本土相关机构的“次国民待遇”和对境外相关机构的“超国民待遇”，对境外机构而言实乃天赐良机。

当此之时，美国三大信用评级机构早已整装待发，乘此良机从2005年开始，对中国进行迅猛的战略性进军，短短五六年的时间，对中国本土评级机构采取或并购或收购或合作等方式，迅速控制了中国评级市场的2/3，真可谓干净利落。这意味着在中国本土，中国在相当大的程度上丧失了对国家自身信用评级和资本市场的话语权。生存与发展空间控制了资本市场的战略制高点，乃至于人民币资产的定价权，直接威胁中国的金融安全与主权。而美国则顺利地对正在和平崛起的中国取得了可以说是战略性的胜利，从而极大地强化了美国对信用评级市场与资本市场的国际垄断与霸权，严重危害与威胁中国的国家金融安全与主权。

在信用评级这一特殊领域，美国的垄断与霸权对中国的危害最大。为了说明美国国际信用评级话语权垄断与霸权对中国国家金融安全与主权的严重影响甚于对欧美及日本、韩国等亚洲国家的影响这一严峻形势，请看如下事实：尽管美国信用评级机构进入日本与韩国的时间比进入中国的时间长得多，但迄今美国信用评级机构在日韩的市场占有率并未超过20%，标准普尔在印度的评级机构CRISIL也仅有9.57%的份额，这同美国机构对中国本土单一机构49%～51%的股份及全国评级市场2/3的极高比率形成鲜明对比，可以说在这方面，中国是一座“不设防的城”。而且美国在对日韩20%不到的市场份额下，更有日韩当局对评级市场战略重要性的清醒认识，对本土评级机构的刻意扶持与培植，日本官方规定企业评级必须有一家本土评级机构的评级报告，日本信用评级机构（JCR）很早就获得日本监管当局的认可，从而使本土机构可以主导本国评级市场，进而其国家可以掌控国家评级主权，并确保其国家金融安全。

（六）以其为战略性武器实现美国国家利益最大化

应美国铁路建设与现代化进程之机之需而生乃世界之最。按照标准定义，世界和美国的第一份信用评级报告由穆迪公司于1909年发布，该公司以评级报告的形式对美国各家铁路公司所发行的债券进行评级，该报告的覆盖范围最早可以追溯到1850年左右所发行的铁路债券。此可被视作以独立信用评级机构和“专业信用评级报告”为标志的现代信用评级业的开始。相较于今日，当时的信用评级业务在空间上仅仅限于美国本土，评级所涉及的产业范围只是铁路建设，被评级的金融产品只有债券，并无咨询等其他业务。

回顾美国的经济史，铁路对美国经济规模和生存空间的扩张具有极其重大的意义，它在美国现代化由北向南、自东向西逐步推进的百年历程中所发挥的作用是无与伦比的。这一进程始于1820年左右，当时的美国政府正着手计划建设横贯美国本土东西的大铁路。但事实上，这一计划最早是在1790年左右由私人银行和铁路公司所构想的，他们积极游说政府尽快启动建设和倡导国民参与。最终，这一庞大计划“以美国政府的名义”“由私人银行和铁路公司承办”得以实施。于是，建设费用除少数由联邦政府出资外，这个以欧洲移民为主的年轻国家的铁路建设投资主要还是由私人财团完成的，但在如此宏大的任务面前，个体及少数私人公司的财力局限性暴露无遗，因此必须借助发行债券筹资。考虑到美国初创未稳以及随之而来的第二次美英战争和南北战争，加之国民财富有限，以及近代社会相对保守的投资观念，这些铁路债券必然需要政府对其信用向民众进行保证。然而标榜自由、不偏袒的联邦政府又不便公开表示支持，于是这些财团（包括德国犹太移民财团 Goldman Sachs，即高盛）便要求美国政府出面大力宣传建设铁路的爱国意义和美国梦，并奖励给铁路公司铁路沿线两侧的巨量土地，以为实力支持。正是在这一艰巨任务、巨大需求和政府支持鼓励的大背景下，独立于政府和一般民众的专业信用评级机构应运而生了。

进入 19 世纪 30 年代，一些类似于现代信用评级机构的商业信用信息机构陆续产生。1841 年，刘易斯・塔潘——一个纽约的干货和丝绸商人开始建立客户的跟踪信息和信用记录，之后决定专注于该业，并成立了 Mercantile Agency，并通过该机构的网络全面搜集全美的此类信息。该公司于 1859 年更名为邓恩公司（R.G. Dun and Company）。1870 年，它所发布的报告只有 7000 余份，但到了 1900 年，报告的数目已达 100 万之巨。人们可以看到，自初创伊始，该机构的名字原来是“机构”或“代理”，后来才演变为“公司”。前者中介或服务的色彩较重，主要在满足自己信息需求的基础上，行有余力，才能为他人提供服务；而后者则逐渐演化成纯粹依靠出卖专业信息牟利的商业组织。另外一个较早的机构是“约翰・布拉德街・辛辛那提”（John Bradstreet of Cincinnati），与大名鼎鼎的华尔街名字类似，都以街道命名。该公司在 1849 年也建立了一个类似的公司，并在 1857 年做出世界上第一份商业信用报告。Dun 与 Bradstreet 在 1933 年合并为 Dun & Bradstreet，并在 1962 年兼并了约翰穆迪于 1909 年成立的公司，也就是今天的穆迪投资者服务（Moodys Investors Service）的前身。

由此观之，在专业评级报告方面，穆迪是最早的（1909 年）；但就机构而言，穆迪则不是最早的，类似的机构早在它 50 年前就已出现，即邓恩（Dun，1859）。合并后的邓恩・布拉德街公司最终收购了穆迪，可视为穆迪的母公司。因此可以说，穆迪在报告和机构两方面都是美国最早的，当然在世界也是最早的。

长期展业于本土并逐步形成国家垄断。如前所述，信用评级报告与信用评级机构的历史已百年有余，肇始于美国，真可谓是一项影响深远的“金融创新”，此亦为世界之最。但一直到20世纪70年代末期，这些机构的业务范围大都局限于美国本土。坐落于华盛顿特区的信用评级协会ACB（Associate of Credit Bureaus），是一个自组织的、松散联合的行业协会。其本身也有下设的评级机构，只有36名职员，自称能够提供自1947年以来美国境内企业和个人的信用报告。它对自己的定位是“贸易信息机构”，并受《格雷姆·里奇·比利雷法》[①]之Title V的保护和授权。它的会员包括500个“消费者报告机构”，其中包括400余个能够从事信用报告提供的机构，其会员需根据《公平报告法案》（The Fair Credit Reporting Act，FCRA）行事。

根据该协会网站2010年的说法，在历史上美国最多曾存在过2000余家“信用评级机构”，这一高峰出现于20世纪80年代中期，目前已降至400余家。其实，信用评级是一个很大的产业，各个机构所从事的业务各具特色、各有专攻，但核心业务大同小异。经过几十年的发展演变，信用评级市场已显现了由少数几家大评级公司垄断的行业垄断，从而为其大规模走向世界奠定了坚实的基础，并导致了美国公司垄断世界评级业的独家垄断局面。有关其他国家，德国于1934年、法国于1946年、西班牙和意大利于1962年，才先后建立了评级机构，是为现代信用评级在欧洲的初创期。

高举市场自由主义大旗与私人公司制模式。美国人很聪明，在一个市场经济高度发达的国度与环境里，在全球化背景下，信用评级是必不可少的，且是被广泛普遍和持续需求的。但如何定位？还是高举市场自由主义为最高最妙，美国从一开始就作了十分清晰而准确的认定。不是吗？评级市场是市场经济整体的一部分，评级行为是市场行为，评级的供需双方表面看来似乎是平等自愿的和非强迫的。这种定位与定性的要

① 《格雷姆-里奇-比利雷法案》（GLB Act），也就是1999年的《金融服务现代化法案》。

害，成功地免除了评级机构由于不当评级而引起的法律与经济责任，至于其国家则隐身在后，并且在高举市场自由主义的旗帜下，在解放了众多信用评级机构的同时，也成功地解放了政府自己，豁免了因官方认定与认可所连带的应负法律和经济责任。所以，强调评级机构市场准入认定的“市场基础性”实为高明之举。而市场准入或认定之权，又牢牢地掌握在国家政府手中，一点儿也不妨碍其国家意志、意愿、意图，国家战略和国家利益的贯彻与执行。

评级技术经验丰富、评级方式与相关信息秘而不宣晦而不明。在100年的历史发展中，美国的评级机构积累了丰富的评级经验，许多评级方法、流程、标准与技术对各国均有重要的参考借鉴意义，应虚心学习，认真汲取。但整体而言，这一特殊敏感性行业的透明度与公开性是很低的。为什么会如此呢？一是故弄玄虚、虚张声势，或故意做作、炒作以增加其神秘性和不确定性，简而言之，就是让你展开想象的翅膀去神猜。二是一些关键性的非经济金融因素，例如，国家的意志与利益、政治与外交、特殊利益集团的偏好与图谋，这些都属于只能做不能说之列，简而言之，就是让你永远也猜不着。三是给自己预留出口，留有在市场自由主义和私人公司制商业秘密的大旗下，可进可退的余地，以最大限度地减少自己的风险，逃避可能的经济与法律责任。越言多，就越容易语失；越具体，就越容易核查、考察；越可查就越被动，故秘而不宣实为上上之策。至于晦而不明，就是真实的信息、关键的信息透露得越少越好，一定不能信息透明要“朦胧”，天朦胧、地朦胧，山朦胧、水朦胧，言朦胧、语朦胧，总而言之，让你雾里看花，实则是大雾底下好逃生。神秘性还会滋生敬畏与崇拜，强化对它的依赖与信任，提高评级的信誉价值，从而进一步强化评级的垄断与霸权。

国家指定与国家注册制陷入循环性的两难困境。信用评级机构的市场准入是一个极重要的监管问题。美国国会许多法律法规及经济金融监管当局，乃至于世界银行、IMF 及国际清算银行以及各国监管当局都普遍运用信用评级结果，对金融市场进行着基于评级的监管。特别是“基于美国信用评级机构改革法”的市场准入制度的“自循环性”，即为了被市场接受，官方的认可是绝对必须的；而为了被官方认可，市场接受又是必须的。可以说二者互为因果，且由于信用评级本身的种种特质特性决定了在理论上逻辑上说“市场认定”是基础性的和更重要的；而在实际运行中“官方认可”才是核心的和具有决定性意义的。由此可见，前者是“虚”，后者才是“实”。官方认可几乎必然会过度提高其市场地位，会造成评级质量的隐性下降与评级欺诈，更易于逃避责任、节省开支，进一步诱生反竞争行为；市场认可也会因官方认可而居高不下，进一步导致垄断与集中，还使少数评级机构获得官方“认可价值”，且进一步使市场认可强化。显然，这是一个怪圈，在现行理念、理论与制度下是无法破解的。其出路在于官方认可应建立在其他准则的基础上，例如，“金融伦理”与“社会责任”理念的引入及尽可能地制度化以及严格的金融监管与惩罚机制，而这又常常会与隐身在官方认可背后的那些国家意愿、战略与利益相矛盾。

尽管以上的讨论并不特别令人满意与鼓舞，但这对所有国家与金融当局来说却都是重要和严肃的。对我们的启示是人们必须在清醒地认识到现存市场准入制度本身的自循环矛盾与怪圈以后，去谨慎而巧妙地追求二者的均衡以及制定相应的对策与反对策。更深一层的启示是：鉴于信用评级的特殊政治敏感性，许多带有本质性、实质性的问题与意图都被深深地人为隐藏起来，显然不能简单地从其国家制定和公开颁行的众多规则、法律与制度本身得到深刻认识与理解。

三、强金融必须强评级：信用评级与金融监管的辩证关系

金融监管理论和实践应提高先验性、事前性和灵活性，实现向金融功能监管的转变。作为一种准公共物品，信用评级是一种事实影响金融市场参与者行为的简易工具。信用评级是金融监管的重要基础之一，尤其是对股票和债券市场监管来说。

（一）“强金融”与“强评级”的国际经验

到 2023 年为止，在美国“至少有 8 个联邦法案和 47 个联邦规章，以及超过 100 个国家法律法规，将 NRSRO[①] 认可的评级作为了监管基准”。大多数欧盟成员国将评级用作各种目的。很多其他国家都以信用评级作为基础进行金融监管。各国监管当局都普遍运用信用评级结果，对金融市场进行着“基于评级的监管”。必须承认，因此，其内部投资程序变得更易于改善，同时在监管方面又没有产生任何直接的准入壁垒，它的确减少了私人安排的摩擦。但无论如何，既然作为监管者与被监管者之间的手段、媒介和通路，它就更应位于监管之下，而不是少受或免受监管约束。

在美国信用评级也是作为一种副产品产生的，20 世纪 30 年代它才被首次纳入美国的实质监管系统中。当时是为了维护银行体系的稳定性及保护证券持有者的利益。在 1940—1973 年的这段时期内，美国并没有对进一步发展的信用评级业作出实质性的、重要的监管规定。不过，20 世纪 70 年代初的信用危机之后，美国监管当局于 1973 年采纳了明确针对私人信用评级的新规定。美国证券交易委员会还首次推出了信

① NRSRO（Nationally Recognized Statistical Rating Organization），即美国的国家认可统计评级组织。

用评级的标准定义。依据美国法规，只有“国家认可的统计评级机构”（NRSROs）所做出的评级才可以被使用。NRSRO所授予的称号很重要，因为它明确地指出了哪些才是经过认证的评级机构。自1975年以来，美国监管当局又陆续出台了很多新的规定，NRSRO认证的信用评级也随之扩展到很多领域，如证券、保险、银行、养老基金和房地产业。以评级为基础的监管在同一时期里也在其他许多国家逐步推广开来。

美国的NRSROs制度已经运行了将近10年，标准普尔和穆迪等几大评级机构在美国政府授权之下，进一步发展壮大。美国国内的五大官方认可的“全面用途评级机构”，也初步完成了国际评级布局，触角遍及整个欧洲和亚洲大部分发达国家和地区。以标准普尔为例，1980年在其产业集团只有30名专业工作人员，而在1995年这一数字急剧上升到了800人。在20世纪60年代至70年代，主权国家也首次被美国机构评级。欧洲债信评等和日本评级机构，已在本土范围内树立起良好声誉和市场权威。

同时，很多大机构的合并与收购已经完成，形成了一种以美国为代表的国际评级垄断力量，树立了“双评级规范”。如早期的标准出版公司和普尔公司的合并，美国的惠誉与英国的IBCA于1997年合并，2000年合并之后的Fitch IBCA又再次与DCR合并成为新的惠誉，1998年日本债券研究所和日本投资服务公司合并等。此外，穆迪和标普接连在欧洲和日本开设当地办事处，并陆续收购了一些创立于20世纪八九十年代的当地评级机构，进而后来扩展到许多新兴市场。例如，韩国通过与穆迪的合资，建立了韩国第一大评级机构——韩国评级，仅从字面来看，这就是一个绝对具有国家权威的机构。

站在世界的角度，防止“监管套利”，也是国家必须进行信用评级监管的理由。我们可以看到，信用评级的大蓬勃时期伴随着20世纪70年代至80年代的“垃圾债券”，以及同一时期的巨大金融创新。但是，在一些国土面积小但本身金融业却很发达的国家，如开曼群岛、百慕大群岛、法属圭亚那等，却始终都没有设立公共信用评级机构，这是容易被我们忽略的。[①] 为何金融业如此发达，却没有信用评级机构？也许就是由于这种“宽松的”环境才使全世界的投机者，对此趋之若鹜吧！站在这些国家的角度看，在国土狭小且没有其他产业支持的国民经济环境下，依靠缺乏官方监管和公众监督的金融环境，大力发展金融业，吸引国际资本，也无可厚非。但任何一个成熟稳定的经济体系，都离不开这些创造财富的人，而不是那些想方设法转移财富的人。冰岛，这个曾经是世界领先的富裕国家，一夜之间“国家破产”，都是因为太过依赖金融，或者说太过依赖金融创新。由于金融全球化的发展，实际上它们这些国家并不会承担或根本不能承担的金融风险，都间接地被转嫁给世界。因此，类似中国的大国，引导国际信用评级机构的监管既是保障自身利益，也是大国责任之体现。

（二）作为金融发展“副产品”的中国信用评级发展经验

20 世纪 80 年代，中国大力发展股票和债券市场，基于金融监管的目的，信用评级只是作为一种“副产品”被产出的。经过三四十年的发展，中国已有 52 家央行备案法人信用评级机构。根据《信用评级业管理暂行办法》（人民银行、发展改革委、财政部、证监会令〔2019〕第 5 号），中国人民银行是信用评级行业主管部门，主管全国的信用评级监督管理工作。截至 2023 年 7 月 14 日，在央行备案的法人信用评级机构有 52 家，其中由外国法人独资的信用评级机构有两家，分别是惠誉博华信用评级有限公司和标普信用评级（中国）有限公司。

① 在这些小国中，开曼群岛是世界第四大离岸金融中心；国际投机金融家索罗斯开始的双鹰基金的基地就设在荷属安的列斯群岛的库拉索岛，以逃避美国证券交易委员会的检查和资产收益税。

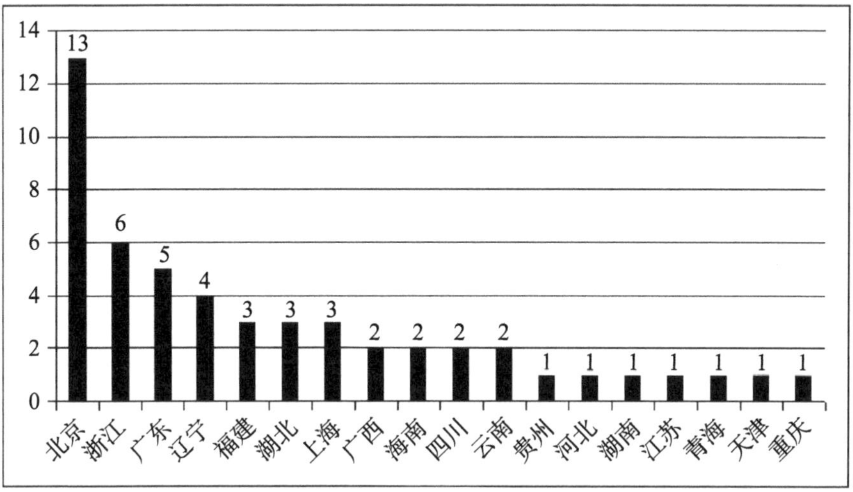

央行备案法人信用评级机构数量（截至 2023 年 7 月 14 日）

数据来源：中国人民银行。

伴随着金融市场的蓬勃发展，信用评级业务规模呈爆发性发展趋势，行业集中度尤为明显。从综合评价来看，52 家信用评级机构中综合评价为 AAA 类的机构有 13 家，A 类及以上的机构数量有 26 家。但在这些机构中，较大的、具备在全国开展业务能力的机构仅有 5 家（分别是中诚信国际信用评估有限公司、大公国际资信评估有限公司、上海新世纪资信评估投资服务有限公司、中国联合信用评级有限公司、远东资信评估有限公司），这勉强相当于美国的“全面用途评级机构”。更为现实的情况是，大多数中国本土的评级机构都选择以与国际评级机构“联姻”的形式发展业务。美国正在大规模收购中国信用评级机构，这 5 家机构中有 3 家——中诚信、上海远东、联合资信已经引入外资。2006 年，美国穆迪收购了中诚信国际 49% 的股权并接管经营权；同年，美国控制香港新华财经收购上海远东 62% 的股权；2007 年，美国惠誉收购联合资信 49% 的股权；而标准普尔于 2010 年也已经宣布与上海新世纪宣布战略合作。目前，美国资本已经控制了中国信用评级市场 2/3

的份额。

（三）监管合力是信用评级高质量发展的制度性保证

长期以来，除中国银行间市场交易商协会和中国证券业协会可直接对评级市场进行管理外，财政部、国家发改委、中国人民银行等部门都或多或少具备管理权，存在监管思路方式标准不一、监管空白与重复监管并存的现象，难以形成监管合力。缺乏统一监管主体，长期分散管理，不同部门认可资质的标准和准入门槛高低不同，使得评级机构在公司背景、管理水平、业务素质等方面良莠不齐、高低不一。多头监管、多头认证极易导致信用评级机构监管重叠和监管套利，极易引起无序恶性竞争，影响信用评级行业的公信力。

缺乏信用评级专门法律，标准体系不健全，涉及信用评级的法规文件有 60 余项，发布的主体有国家发展改革委、中国人民银行、中国银保监会、中国证监会、上交所、深交所、银行间市场交易商协会等，但大部分是针对评级结果使用的规范或要求，专门针对信用评级机构及其评级行为进行约束管理的法规文件较少，仅仅适用各自管理的市场，且标准不统一、层次较低，规范和要求粗疏，整体性差，可操作性不强，缺乏国家层面发布的评级标准。

为进一步提高信用评级行业监管的协调性和统一性，人民银行会同国家发展改革委、财政部、中国证监会等部门于 2019 年 12 月出台了《信用评级业管理暂行办法》（以下简称《办法》），明确了信用评级行业主管部门和市场监督管理部门之间的协同监管模式，建立了跨市场的信用评级统一监管框架；明确了信用评级机构及其人员管理、业务程序、独立性、信息披露等方面的要求，规范信用评级机构和从业人员的行为；提出为信用评级机构和高级管理人员建立信用档案，按照有关规定共享和公开信用评级机构及高级管理人员信用档案信息、评级业务信息、检查及行政处罚等信息，加强监管部门之间的监管协同；通过加大处罚力度对评级机构恶意扰乱金融市场秩序、破坏金融稳定的行为形成有效威慑，促进国内评级机构规范发展。

但是，目前该《办法》仍主要参照《中华人民共和国公司法》将信用评级机构定义为商业化经营的营利机构，更加倾向于公司治理的视角；而未以金融功能的视角将其定义为金融机构或准金融机构。

（四）构建更加具有中国特色的信用评级制度，引领信用评级全球治理

提升信用评级的战略地位，明确信用评级金融资源理念。

对于建设金融强国而言，未来 10 ~ 20 年是一个非常重要的关键期，能否获得成功，很大程度上取决于能否摆脱或纠正两个误区：一是注重“向外发力”而忽视“向内用力”；二是相较于规则、制度方面的改革更注重器物或技术层面的进步。货币金融领域的竞争涉及全局，目前中国金融发展水平和质量同美国相比，尚处于蓄力阶段，故必须尽力避免直接在货币金融领域冲突。我们可以着力于信用评级这一金融高度领域涵养实力，建立朋友圈，打造话语权。

信用评级机构不同于一般的工商企业与金融企业，它的特殊之处在于：①信用评级产品的特殊公共性。②由国家“充权”行为而产生的“准监管功能与准监管权力”。③特殊的政治敏感性。这一点在国际信用评级中表现得尤为突出，此时，其国家意志、战略与利益可能会强烈地影响评级，此类事例不胜枚举。例如，2003 年，由于德国反对伊拉克战争，标准普尔将德国最大的钢铁制造商蒂森·克虏伯公司在内的一系列德国企业（均为关系德国经济命脉的大企业）的信贷评级降至垃圾级，蒂森·克虏伯公司的股票价格因此跌至有史以来的最低点，一年以后才得以恢复，这令德国人愤怒不已。而与此同时，更加戏剧性巧合的是，当年澳大利亚全力支持美国对伊动武，标准普尔就将澳大利亚的外汇债券评级升至最高级。一个是最低级、一个是最高级，一个是打压、

一个是奖励，如此鲜明而强烈的对比，这哪里有什么自由、公平呢？

由于中国和美国信用评级产业面临的状况不同，所以监管的视角也应该切换。最后一个问题，中国信用评级现今的监管问题，重要的不在监督，而在管理和引导。进一步说，是功能监管的问题，而不是机构监管的问题。因为从历史经验来看，各大机构的合并和收购是频繁的，而且机构的产生和消亡也不是单独一个机构的问题，而是整体功能的问题。从配置金融资源的角度来看，因为信用评级具有指导溢价的作用。因此，单独监管某一个机构或者某几个机构，并不能从根本上解决功能的问题。

我国已经是 GDP 总量世界第二的大国，不少外媒已经宣称世界进入美国和中国的“G2”时代，此时，中国的话语应是掷地有声。最后，如果能够建立一个超主权的国际性评级机构，并合理按照各国在国际资本市场上的份额享有话语权，应不失为良策，中国和欧盟应该通力合作，共同打破美国的评级垄断。

（五）进一步统一监管主体，建立金融信用评级专门法

虽然《信用评级业管理暂行办法》，明确了信用评级行业主管部门和市场监督管理部门之间的协同监管模式，但目前人民银行、银保监会、证监会都有名义管理权，但由于信用评级只是债券“审批”制度中的一环而已，因此还谈不上实质“监管”。金融市场是复杂的和迅速变化的，所以存在过时监管程序的无效率成本，也存在不断实施新监管程序的行政费用。多头监管不仅会导致潜在的监管成本上升，更为严重的是，监管主体不明确会导致监管的规模不经济。在理论分析和模型建构上，可以用“抽象化的”国家概念简化分析，但在具体实施上必须明确监管主体。由于信用评级在债券和股票市场中的巨大作用，因此应和国外一样处于证监会的监管之下，如美国的 SEC 和欧盟的 CESR。我们这里所说的标准并不是要以中国的“甲乙丙丁”去简单替代美国的“ABCD”，也不是本土标准是否能够对抗美国标准的问题，更不是向世

界“输出中国标准”的问题；而是要先规范自己，既要国家规范，也要行业规范。首先，我们要明确金融信用评级的监管主体。换句话说，谁能够授予市场权威才是重要的。

根据国际的一般做法和信用评级的专业特点，笔者认为中国证监会作为信用评级的监管主体是适宜的。监管对象应包括中国本土机构和在中国境内的外资机构，并吸取本次全球性金融危机的教训，应明确其应承担的相应法律与经济责任以及违规后的惩治条例。在此基础上，应进一步按照以金融功能框架建立对应的法律框架，区分金融信用评级与非金融信用评级，对涉及金融信用评级的准监管行为作分别立法，为此设立专门法。

在此过程中，行业协会可以参与制定和更新共同的评级质量标准。这将确保评级结果的一致性和连贯性，同时也使监管当局保证了灵活性并最小化了成本。此外，行业协会将确保国际的解决方案，防止监管破裂，甚至是“竞向底部”（Race to the Bottom）的监管。只有在监管主体明确和质量标准统一的前提下，信用评级才有可能规范发展。

四、着力培育中国评级机构的国际话语权

（一）作为美债最大持有人，对世界债券评级的中国没有国际话语权

在中期战略考量上，应更多地考虑本土评级机构业务的可持续性，而非获得更多的国际主导地位。因为在全球化分裂状态下，短期内，任何大国都无法提供得到国际社会普遍认同或遵守的国际规则。

信用评级的发展主要取决于具体的金融环境以及它在其中所扮演的角色。有关信用评级机构的讨论，实际上只是世界范围的讨论，甚至更为严格地说，是对美国信用评级机构的讨论，是对穆迪和标普的讨论，

而与我国的评级机构“基本没有关系”。而更为可怕的潜台词是，我们已经默认了美国信用评级机构的世界主导权，并且预期这种主导权将来会继续存在。基于以上原因，我们不能把国际信用评级机构的问题移植或照搬到中国。例如，利益冲突的问题在金融发展的任何时点、任意离散时段都存在；在任何国家的市场、任一特定产业都存在。利益冲突只能被限制，而不能被消灭。

目前，国际公认的专业信用评级机构只有 3 家，分别是穆迪、标准普尔和惠誉国际，他们全部来自美国。国际清算银行（2009 年）列出了 29 个“最大的”全球和区域评级机构。但是，虽然他们中的一些来自金融界，且没有一个机构是受控于单独一个所有者的；但在这些机构中，我们并未发现任何一个来自中国的公司，甚至是任何一个由中国参股的公司，该数据代表了世界信用评级的现状和我国机构所处的尴尬的国际地位。作为美国国债的最大持有人，中国却对世界债券评级没有国际发言权，无论从逻辑上还是从理论上，都是发人深省的。目前，既然我国的信用评级业已经被美国控制了 2/3 的市场，唯一的选择只有把国内的评级做大做强，才是立足之本。

（二）通过加强认证功能的手段，培育有潜力的本土评级机构

与普遍的观点相反，相对于传统的（非天然）垄断，信用评级产业中的有限垄断权力对我国并无多大的损害，尤其对国家利益来说。我国的评级产业与美国存在本质的不同，实际上我国的评级机构是缺乏权威和市场领导力，而不是像美国那样存在过度的市场垄断，所以我们的问题不是约束垄断以限制权威，而是要加强认可以树立权威。国家应该加强信用评级产业的引导，首先，要完善市场退出制度，合并和裁撤小机构；其次，引导相似领域和邻近区域的评级机构进行合并；第三，剥离非核心业务，建立关注专属领域的专门机构；第四，加强对目前已有权威机构的官方认可，通过加强认证功能的手段，培育有潜力的本土评级

机构，这实际上是最重要的手段。

遵循市场细分策略，只专注于一个领域或行业的市场细分策略。在市场细分方面，我国的信用评级机构，作为国际市场参与者的唯一成功手段就是遵循市场细分策略，只专注于一个领域或行业的市场细分策略，或者更为具体地说，只关注我国的债券市场或特定的产品领域。只有先在特定领域树立声誉，才能进一步将声誉全面转移。其实这也是一个先做强，后做大的策略。我们要着力于“科技金融、绿色金融、普惠金融、养老金融、数字金融”五篇大文章，做好这些细分行业的信用评级。

首先，有计划、有选择地催生发展与扶持几家有实力的本土评级机构，用高起点快节奏的方式迅速做强、逐步做大；其次，实施倾斜性政策扶持。WTO 架构并未提及信用评级业务，因此我们可以采取某些特殊性的倾斜政策，这并不违反 WTO 规则，别人也难以说三道四。即使人家说，我们也不必理会就是了。一是可以仿照日本的做法，采用凡信用评级报告的需求者，必须有一份本土评级机构的评级报告。二是凡影响国家经济金融安全与主权的敏感性行业与企业，境外评级机构或中外合资评级机构不能涉足，以防商业秘密与战略信息泄露。三是遵循市场细分策略，先做强后做大。某些机构只专注于一两个领域和行业，如只专注于我国的债券市场和特定产品领域。只有先在特定领域树立声誉做强才能进一步将声誉全面转移做大。四是强化对于已有权威评级机构的官方认可，以强化认证功能为手段，培育有潜力的本土评级机构。这是一种与美国演进立场相反的演进策略。本土评级机构是中国评级话语权的基础，也是境外评级机构要大举进军中国的攻击对象或争取对象，因此，使中国本土评级机构先做强后做大是符合特定形势及自身特点与特殊环境的明智之举。做好自强这一基础，就可以形成可进可退，既可以是防御的盾，又可以是进攻的矛的态势。总部在伦敦的欧洲债信评等和日本评级机构，已在其本土范围树立了良好的声誉与市场权威，这就是成功的例证。

（三）以中国思维引导信用评级全球化治理

就信用评级本身的本质而言，信用评级的产品与服务属于纯公共产品，同时具备非竞争性和非排他性特色。因此，从逻辑上和理论上讲，这种产品的生产者和提供者应该是公共性机构，既不是私人公司机构提供，也不应带有很强政治性的国家来提供。

可事实上，美国在150多年前，是由私人机构自己定位在民间的“贸易信息机构”，这在当时并无明显不可取之处。但就“纯贸易信息机构”，或者后来的“信用评级机构”来提供实质上是纯公共产品的评级服务，它以利润最大化为运行机制，它的客观性与悖谬之处也是显而易见的。信息需求者和信息提供者，在付费的基础上获得该产品，存在“利益冲突”问题且极有可能一对一形成合谋与欺诈的局面。加之，这一市场准入制度中的“认可指定”与“认可注册”都不可避免地陷入循环性两难困境，被“充权”行为，使其极不同于一般工商企业的市场准入审查或认可。对此，英国BBC评论道：由于三大信用评级机构被美国政府、中央银行和监管者赋予很大权威，因此他们俨然就是“市场信用之神”，并且相应享有了超商业范围的政治权力。这些弊端已由大量实际事例所证明。

信用评级产品的纯公共产品性质决定了它应该由非营利性的公共机构来提供，而不是由私人机构来提供。信用评级一旦超越了一国的主权范围，从逻辑与理论上说，就应由国际性公共机构组成超主权的国际性信用评级机构或超主权的区域性的公共性的信用评级机构来提供国际性信用评级产品与服务，这才是科学与合理的。这将有利于打破美国三大信用评级机构的国际垄断，也有利于国际金融体系改革与国际金融新秩序的建立，同时也指明了今后国际信用评级机构改革的原则与方向。

我们的国家战略诉求是：从全球和国家战略的高度认识与处理信用

评级问题，牢牢把握中国信用评级的国家主导权、主控权及资本市场定价话语权，加强发展相关法治建设与监管。以 G20 为平台，积极参与并促进国际货币金融体系改革，尤其是信用评级体制的改革与适度审慎监管，建议建立超主权的国际性公共信用评级体系。开辟与扩大中国信用评级走向世界的生存与发展空间，加强这一领域的地区及国际合作，逐步增强中国信用评级的国际话语权。逐步打破美国信用评级的国际垄断与霸权，维护中国的国家安全与主权，促进全球经济金融的发展与稳定及国际经济金融新秩序的建立。

第九章

金融强国的金融发展战略

需要加快建设我们的国家，使我们国家更快地成为具有现代工业、现代农业、现代科学文化和现代国防的社会主义强国。

——周恩来

一、金融发展战略

金融发展战略是一国从政治、经济、外交的全局高度对金融业进行的总体规划，它是一国经济发展战略的最重要的组成部分，旨在通过前瞻性筹划和布局，释放金融潜力、提升金融效率、维护金融安全，使金融更好地服务于国家的经济发展、社会进步和对外交往并实现金融业的长期稳健发展和国家的整体利益最大化。正确的金融发展战略可以促进一国经济发展，错误的金融发展战略可能阻碍其经济发展。金融发展战略问题的实质就是在制定和选择社会总体发展战略时，如何处理经济与金融二者关系的问题。就世界各国而论，金融发展战略可以分为常规型、滞后型和超前型。

（一）金融超前型战略

超前型金融发展战略是指金融发展超越实体经济增长的阶段和需求，表现出自我膨胀和金融自由化的特征。这种发展战略可能会导致金融脱离实体经济，进而产生金融泡沫，甚至引发金融危机，对实体经济增长造成破坏。超前型金融发展战略的主要特征是金融发展的速度和规模超过了实体经济的承载能力。这种战略往往伴随着过度的金融创新和金融市场的过度扩张，导致金融资本过度积累，而实体经济无法有效吸收这些资本。

超前型金融发展战略会造成一定的风险与后果：①金融泡沫。当金融发展超前于实体经济时，大量的资金涌入金融市场，推高资产价格，形成金融泡沫。一旦泡沫破裂，将对金融市场和实体经济造成严重冲击。②金融危机。金融泡沫的破裂可能引发连锁反应，导致金融机构的信贷紧缩和资产贬值，进而引发金融危机。这种危机可能迅速蔓延至整个经济体系，对实体经济造成深远影响。③实体经济增长受阻。超前型金融发展战略会破坏实体经济的稳定增长。一方面，金融市场的过度扩张会挤占实体经济的资源；另一方面，金融危机可能导致实体经济陷入衰退。

以日本为例，日本在明治维新后采取了超前型金融发展战略，该战略得到了政府的大力支持和法律保障，为金融业的稳健发展创造了有利条件。政府通过制定相关法律和政策，为金融业的超前发展提供了制度保障。通过政府的强力扶持优先发展金融业，以此推动商品经济和市场机制的发展。超前型金融发展战略为日本经济的飞速发展提供了重要支持。通过优先发展金融业，人为地培育和引进了现代金融制度，完善了金融体制，为民间资本的发展提供了资金保证和良好的金融服务。这在一定程度上促进了日本产业的优化升级和经济的快速增长。通过实施超前型金融发展战略，日本在短时间内建立了一个较为完善的金融体系，提升了其在国际金融市场的竞争力。不过，这种战略也埋下了日后金融危机的隐患。银行主导型金融体系容易使银行与企业产生绑定效应，导致银行、企业的相互独立性、灵活性和创新性减弱。这种绑定效应可能降低资金使用效率、市场竞争程度和企业创新能力。银行主导型金融体系往往倾向于把资本投向有业务往来的老客户、财务标准化程度高的客户，这些融资特点对创新性项目不利，可能阻碍新兴产业的发展。虽然超前型金融发展战略在一定程度上促进了日本经济的增长，但也增加了金融体系的不稳定性风险。特别是在经济泡沫时期，过度的信贷扩张可能导致资产泡沫的形成，进而引发金融危机。政府在超前型金融发展战略中扮演了重要角色，但过多的政府干预可能导致市场机制的扭曲，影响金融资源的有效配置。在 20 世纪 90 年代初，日本经济泡沫破裂，导致了长达数十年的经济停滞，被称为“失去的十年”。这个例子说明了超前型金融发展战略可能带来的严重后果。

东南亚国家金融超前开放过度也是一个案例。东南亚国家的经济对外开放程度普遍较高。例如，新加坡、泰国、马来西亚等国的对外开放程度均超过了 100%，其中新加坡的开放度更是高达 276.05%。这种高度的对外开放使这些国家的经济运行对汇率的波动极为敏感，因此寻求货币合作、稳定汇率的必要性就越大。然而，由于政治文化等因素，东南亚各国之间的劳动以及资本要素流动性不高，货币流通和相互间认可程度也不高，这可能加剧了金融开放过度的风险。1997 年的东南亚金融危机中，许多国家和地区的汇市、股市轮番暴跌，金融系统乃至整个社会经济受到严重创伤。其中的一个重要原因就是过早地开放金融市场和加入国际金融一体化进程。

超前型金融发展战略虽然可能在一定时期内带来经济的快速发展，但长期来看却存在巨大的风险。因此，在制定金融发展战略时，应充分考虑实体经济的需求和承载能力，避免金融过度扩张和泡沫经济的产生。同时，政府应加强对金融市场的监管和调控，确保金融市场的健康稳定发展。

（二）金融滞后型战略

滞后型金融发展战略是指金融发展落后于实体经济增长的战略模式。这种模式下，金融体系的发展未能及时跟上实体经济的需求，可能导致金融资源配置的低效率和制约经济的进一步发展。滞后型金融发展战略的特征在于金融体系的发展明显滞后于实体经济的增长需求。通常表现为政府财政收入受限，同时又想快速发展经济，因此，通过一系列措施如提高存款准备金要求、信贷利率上限规定等，为优先发展部门提供资金支持。

政府主导型经济发展战略下，为了快速发展经济，政府可能会采取措施限制金融体系的自然发展。这些政策包括设定较低的利率水平、实施信贷配给以及限制外资流入等。然而，这些政策却导致了以下问题：

①经济货币化程度不高。在滞后型金融发展战略下，经济的货币化程度可能相对较低，限制了金融对经济增长的促进作用。②储蓄率下降。由于实际利率低于市场均衡利率，储蓄的吸引力降低，导致整体储

蓄率下降。③投资效率低下。银行更倾向于贷款给低风险、低回报的国有企业或大型企业，而这些企业的投资效率往往较低。这导致了整个社会投资效率的下降。④中小企业融资难。由于信贷配给政策和金融市场分割，中小企业和私人部门难以获得足够的融资支持，限制了这些部门的发展和创新。⑤经济增长受阻。由于上述问题的存在，整个经济体系的增长潜力受到限制，形成了金融压抑和经济落后的恶性循环。财政收入限制和对特定部门的资金倾斜也可能导致金融体系发展滞后。⑥金融资源配置低效。由于金融体系发展滞后，可能无法有效地配置金融资源，导致资源错配和低效使用。

以某些经济落后国家如原来的计划经济国家、落后的发展中国家等为例，这些国家往往采取滞后型金融发展战略，导致金融系统功能几乎丧失，制约了经济的增长。可以观察到这些国家的金融相关比率（FIR）通常较低，表明金融体系相对于实体经济规模较小，金融发展滞后。

滞后型金融发展战略虽然在短期内可能有助于特定部门或项目的快速发展，但长期来看会对整个金融体系和经济增长产生负面影响。因此，为了实现可持续的经济增长，需要促进金融体系与实体经济的协调发展，避免采取过于滞后的金融发展战略。

（三）金融适度型战略

适度型金融发展战略是一种介于超前型和滞后型之间的金融发展战略，它强调金融发展与实体经济增长之间的平衡与协调。这种战略旨在避免金融过度扩张带来的泡沫和风险，同时也防止金融发展滞后对经济增长的制约。适度型金融发展战略具有以下特征：

①平衡性。适度型金融发展战略的核心是保持金融发展与实体经济增长之间的平衡。它不求过快发展，也不滞后于实体经济的需要，而是与实体经济保持同步增长。②稳健性。此战略注重稳健发展，避免过度

的金融创新和风险积累，以确保金融体系的稳定和安全。③配合实体经济需求。金融体系的发展应紧密配合实体经济的需求，为实体企业提供必要的融资支持和服务。④风险管理与控制。在推动金融发展的同时，要加强风险管理和控制，防止金融风险的发生和扩散。⑤渐进式改革。金融体系的改革应采取渐进式的方式，逐步推进，以避免对实体经济造成过大的冲击。⑥促进经济稳定增长。适度型金融发展战略有助于实现经济的稳定增长，避免因金融过度扩张或滞后而产生的经济波动。⑦降低金融风险。通过稳健的金融发展和风险管理，可以降低金融风险的发生概率，保障金融体系的稳定运行。⑧提高金融效率。适度型金融发展战略有助于优化金融资源配置，提高金融体系的运行效率和服务实体经济的能力。

（四）中国的选择：稳中求进，适度超前

稳中求进的金融发展工作原则。稳中求进的工作原则强调在保持稳定的基础上积极进取，这一原则同样适用于金融领域。金融系统的高质量发展需要坚守这一方法论，即在守住金融安全根基、稳住金融市场阵脚的同时，积极进取，以攻坚克难的态度推动金融创新和改革。通过精准有力的宏观调控和切实有效的金融监管，可以扩大内需、提振市场信心，并有效防范金融风险。

适度超前的金融发展战略。在新发展格局下，金融发展需要适度超前，以支持经济增长和结构调整。这体现在央行、外汇局等金融机构出台的多项举措上，例如，加大对重点投资项目的资金支持力度，主动对接重大项目，并推动新开工项目尽快开工。此外，金融机构尤其是国有金融机构，特别是政策性金融机构还需合理购买地方政府债券，支持地方政府适度超前开展基础设施投资，以此促进经济的稳步增长。

金融发展适应新发展格局。新发展格局对金融发展提出了新要求。金融作为经济运行的“血液”，需要建立具有高度适应性、高效性和普

惠性的现代金融体系。这要求金融体系不仅要服务于国内大循环，还要促进国内国际双循环，以适应全球化背景下的经济发展需求。金融机构应加大对实体经济的支持力度，优化金融资源配置，提高金融服务的效率和覆盖面，从而更好地服务于新发展格局。

二、金融开放战略

抛开经济与金融不对外开放的国家不谈，金融开放可以划分为两种类型，且中国已经选择了第二种类型开放战略。

（一）激进型金融开放战略

激进型对外开放是一种在较短时间内迅速且全面地对外开放本国金融市场和金融服务业的策略。激进型对外开放是指在较短的时期内，国家迅速取消对外资金融机构在市场准入、经营业务和经营范围上的各种歧视性限制，实行国民待遇原则，并允许资本自由流动。这种开放模式的特点是速度快、力度大，旨在迅速融入全球经济体系。

一些国家在历史上采用了激进型对外开放策略。例如，澳大利亚、新西兰等发达国家，以及东欧国家、阿根廷、乌拉圭等发展中国家，都曾在特定时期选择了激进型对外开放模式，以迅速吸引外资、推动经济发展。激进型对外开放会带来以下影响：

吸引外资：激进型对外开放能够迅速吸引大量外资进入本国市场，为经济发展提供资金支持。促进市场竞争：外资的进入会加剧市场竞争，从而推动本国企业提升服务质量、降低价格，最终惠及消费者。技术和管理经验引进：外资企业的进入往往伴随着先进技术和管理经验的引入，这有助于提升本国企业的竞争力。经济波动风险：短时间内大量外资的流入和流出可能对本国经济造成冲击，影响经济稳定性。

以墨西哥为例，该国在20世纪80年代末开始大幅度对外开放，放松了外汇管制和外国直接投资的限制。这一政策导致外资大量涌入，推动了墨西哥经济的快速增长。然而，过度依赖外资也导致墨西哥经济在面临全球经济波动时显得尤为脆弱。1994年的墨西哥金融危机就是一个深刻的教训。

再以苏联解体后的东欧国家为例，苏联解体后，东欧国家在金融领域进行了全面的开放。东欧国家在苏联解体后，逐步放开了金融市场，允许外资进入本国市场，参与金融活动。这不仅包括外资银行、保险公司的进入，还包括外资参与股票、债券等金融市场的交易。东欧国家逐步实现了资本账户的开放，允许资本自由流动。这使外资可以更方便地进入和退出东欧国家的金融市场。许多东欧国家的银行在苏联解体后进行了私有化改革，引入了外资和市场竞争机制，提高了金融市场的活力和效率。东欧国家积极吸引外资银行入驻，这些外资银行带来了先进的金融理念和技术，推动了东欧国家金融市场的发展。为了确保金融市场的稳定和公平，东欧国家在开放金融市场的同时，也加强了金融监管。它们建立了完善的监管体系，对金融机构进行严格的监管和风险控制。东欧国家还积极与国际金融组织合作，学习借鉴国际先进的金融监管经验和做法，提高金融监管水平。东欧国家在金融开放的过程中，积极推动金融创新，开发出了许多新的金融产品和服务，满足了不同投资者的需求。

金融开放为东欧国家带来了更多的资金来源和投资机会，推动了经济的发展和繁荣。但需要注意的是，东欧国家总体来说，无论是国土面积，还是人口数量、经济体量，都还只是小国经济。激进型对外开放后，一个在大国看来不可忽视的现象是外资金融机构在这些国家的金融体系中占据了重要地位。在一些东欧国家，外资银行在银行业中占据了主导地位。例如，据统计，近年来中东欧国家银行业私有化进程加快，外资银行在中东欧国家金融市场中占据了绝大部分份额。具体来说，斯洛伐克的外资银行市场份额高达95%，克罗地亚为91%，捷克为84%，保加利亚为80%，匈牙利为76%，波罗的海国家为69%，波兰为65%，罗马尼亚为57%，斯洛文尼亚为38%。这些数据清晰地反映了外资银行在东欧国家金融体系中的高比例。除了外资银行，其他外资金融机构也在东欧国家的金融体系中占有一定的比例。例如，捷克、波兰等国家对外国金融机构进入本国市场采取了国民待遇原则，使外资金融机构能够更广泛地参与这些国家的金融市场。此外，外资金融机构还广泛参与东欧国家的股票市场、债券市场、货币市场等。外国金融资本控制了这些国家的金融体系，这在社会主义大国的中国是行不通的。中国在对外开放几十年里，实际上采取了渐进式开放战略。

（二）渐进式金融开放战略

渐进式金融开放战略是一种逐步、有序的金融市场开放策略，其核心思想是避免过快、过猛地开放金融市场，以减少对国内经济和金融体系的冲击。渐进式金融开放采取分步骤、分阶段的方式，逐步放宽外资准入、扩大金融市场的开放范围。在开放过程中，政府会根据国内经济的承受能力和金融市场的成熟度来制订开放的计划和步骤。渐进式开放注重风险控制和防范，确保在开放过程中金融市场的稳定和安全。通常从风险较低的领域开始开放，如先开放银行间债券市场等，再逐步扩大到股票、保险等其他金融市场。逐步放宽外资金融机构的准入条件，如降低注册资本要求、放宽业务范围等。在开放过程中，加强与国际金融监管机构的合作，共同防范金融风险。

渐进式金融开放的优势：渐进式开放能够避免金融市场因突然全面开放而产生的剧烈波动。通过逐步开放，政府可以更好地控制金融风险，确保金融市场的稳定。国内金融机构和企业可以逐步适应开放带来的竞争和压力，提升自身的竞争力。

渐进式金融开放的风险：开放速度过慢可能导致错失发展机遇，影响国内金融市场的国际竞争力。在逐步开放的过程中，可能面临国际金融市场波动的冲击和影响。

以中国为例，自改革开放以来，中国金融市场采取了渐进式开放的策略。从最初的设立经济特区、引进外资银行，到逐步放宽外资准入、扩大金融市场的开放范围，中国金融市场在保持稳定的同时，也实现了快速发展，表明渐进式开放取得了显著成效。

（三）中国的选择：以点带面，鼓励自贸区大胆金融创新

1. 自贸区负面清单管理

自贸区建设是近年来我国对外开放的重要举措之一，而上海作为我国的经济、金融中心，一直在尝试和探索新的开放模式。自贸区以特殊关税区、自由港、出口加工区、保税区等形式存在，为参与国提供了更加便利的贸易通道和低成本贸易机会。我国自贸区政策主要通过关税减免、贸易自由化、投资自由化以及金融自由化和创新等方面，促进贸易和投资的发展。

以上海自贸试验区为例，自设立以来，已吸引了大量外资企业和投资项目。货物贸易和服务贸易的进出口额持续增长，显示出自贸区的强大吸引力。在数字贸易和知识产权保护方面，上海自贸试验区也取得了重要进展，为国内外企业提供了良好的营商环境。

2013 年，上海自贸试验区首份负面清单发布，初步列出了不允许外资进入的领域。特别管理措施达 190 条，对外商投资设定了较多的限制。随着时间的推移，上海自贸试验区开始逐步缩减负面清单的内容。到 2014 年，负面清单调整为 139 条，同比缩减了 26.8%。这不仅减少了外资准入的限制，还进一步开放了部分行业和领域。上海自贸试验区继续优化负面清单，进一步放宽外资准入。2015 年，负面清单上的特别管理措施减少到 122 条，进一步放宽了外资准入。随后的几年中，负面清单不断缩减，到了 2021 年版外资准入负面清单，已经缩减至 27

条，压减比例为 10%。至此，自贸区负面清单制造业条目清零。总的来说，上海自贸试验区的负面清单发展历程是一个不断缩减和优化的过程。通过减少外资准入限制，吸引更多外资进入，促进了上海自贸试验区的经济发展和贸易自由化进程。同时，这也体现了中国不断扩大开放、优化营商环境的决心和行动。

2006 年 12 月 11 日起，中国开始给予外资银行国民待遇，人民币存贷款业务对外资银行全面开放，标志着外资银行全面进入中国。自 2018 年开始，中国逐步放宽对外资银行的控股比例限制。2019 年之前，外资在中国银行和保险机构的持股比例一直限制在 50% 以内。2019 年 2 月，原中国银保监会宣布将外资人身险公司外方股比放宽至 51%，并计划在 3 年后放宽至 100%。2024 年 1 月 25 日，国家金融监督管理总局宣布取消外资在银行保险机构的股份比例限制。从此时开始，外国资本可以持有银行保险机构 100% 的股权，实现完全控股。这样，中国允许外资控股银行的过程经过了多年的逐步放开，最终在 2024 年实现了外资可以完全控股银行的目标。众多金融机构汇聚于上海自贸试验区，截至 2023 年 6 月末，上海自贸试验区内银行业机构数量达 588 家，保险业机构数量达 135 家。

2. 鼓励自贸区尝试新的金融开放：探索经济领域的“一国两制”

2013 年底，《关于金融支持中国（上海）自由贸易试验区建设的意见》出台，跨境人民币双向资金池作为其中的重大举措之一，可以大大方便跨国公司集团内全球资金的集中管理，为跨国企业提高资金使用效率，节约财务成本。通过境内商业银行搭建跨境资金池，跨国公司可以实现境内、境外联通，集中管理集团企业区域乃至全球资金，能够有效化解跨国公司跨境资金统筹管理的难题。这项改革措施受到了跨国公司的普遍欢迎。但是，有一些改革措施也没有达到预期效果，如 FT 账号（自由贸易账号）。自贸区企业 FT 账号开户程序及结算程序烦琐，给企业带来的时间成本颇高，所以远远没有达到便利化效果。当然，这不仅仅是流程化简问题，还涉及诸多因素，特别是资本管制，所以仍需要精心研究破局。

除了现有的负面清单和其他开放措施，继续鼓励自贸区尝试新的金融开放是必须的。尤其是上海自贸试验区要勇于担当对外金融开放的排头兵，要大胆创新，蹚出一条路来。例如，能否搞经济领域的“一国两制”，在自贸区内的临港新片区或东方枢纽国际商务合作区设置“特区”，在其中运行更加自由的贸易金融规则甚至包括离岸注册、离岸金融和离岸贸易？这些也是我们新资源学派一直在积极研究的开放举措，这里不展开论述。中国和西方的制度建设之相互借鉴和交融是未来全球化中的一个必然趋势，是文明文化交融的一部分。

在中国领土上，在我们主权管理之下，可以思想解放，大胆尝试经济领域的“一国两制”，这是借鉴学习国外现有的制度；另一方面，我们也可以预见，在未来，中国的一些行之有效的做法和制度，也会被其他国家所借鉴利用。总之，中华文明的特点就是兼收并蓄，海纳百川，合作共赢，这方面我们不应有思想障碍。敢于试错是一种改革智慧，当年，在上海发展的重要关口，邓小平同志嘱咐上海要抓住机遇，大胆地试，大胆地闯，激励我们走出一条具有中国特色、时代特征、上海特点的改革发展新路。2023 年 11 月末 12 月初，习近平总书记来到上海考察，对上海也提出了殷切期待：“在推进中国式现代化中充分发挥龙头带动和示范引领作用。”我们相信，随着“五个中心”建设的加速推进，上海这颗“东方明珠”，必将绽放出更加璀璨的光芒。

（四）人民币国际化战略：围绕“一带一路”与区域经贸协定稳步推进

人民币国际化是指人民币能够跨越国界，在境外流通，成为国际上普遍认可的计价、结算及储备货币的过程。其战略性目标主要是提升人民币在国际金融市场上的地位和影响力，以促进中国经济的全球化发展。习近平总书记指出，在稳步推进人民币国际化这个问题上，要讲两句话。第一句是积极有为、扎实推进。作为经济大国，我国货币国际化是大势所趋，人民币早晚要成为世界货币，这个前进目标不应改变。第二句是顺势而为、水到渠成。人民币国际化是一个自然历史过程，要顺应规律，同现代化建设相辅相成、统筹考虑。人民币国际化要求稳步推进资本项目可兑换，我们要找到兼顾我国国情和国际标准的对接区，有序推动资本账户开放。要不断完善宏观审慎政策体系，保留紧急情况下的特定处置手段，把人民币国际化可能带来的风险降到最低。①

人民币国际化已取得丰硕成果。例如，2023 年跨境人民币收支规模大幅增长，人民币国际支付在全球的占比也有所提升，已成为全球第四大国际支付货币。此外，人民币的国际接受度提升，国际投融资功能显著增强。未来人民币国际化仍面临诸多挑战，如金融市场不够完善、融资成本高、中小企业融资困难等。同时，随着人民币国际化的深入推进，国家宏观调控难度也将加大。可从以下几个方面考虑推进：

①不断推动金融市场的开放和改革。包括扩大外资在中国金融市场的进入，放宽外资银行在中国设立分支机构的条件，提高人民币跨境使用便利程度，以吸引更多外国投资者和机构使用人民币进行跨境交易。②加大人民币国际支付清算的力度。中国人民银行已设立境外人民币清算行，并与其他国家的央行签署了人民币本币互换协议，以扩大人民币在国际贸易结算中的使用。③推动人民币的国际债券市场发展。中国政府已发行了一系列人民币主权债券，并允许外国机构在中国发行人民币债券，以提升人民币国际债券市场的规模和影响力。④加强金融合作和交流。中国与其他国家签署了一系列双边货币互换协议，以推动人民币与其他国家货币的直接交易，同时参与国际金融组织和机构，提升人民

① 习近平：《在全国金融工作会议上的讲话》（2017 年 7 月 14 日），《习近平关于金融工作论述摘编》，中央文献出版社，2024，第 139 页。

币在国际金融机构中的影响力。

除上述措施之外，还要重视两个重点方向：

首先，重视“一带一路”方向国际经济合作，配合实体项目推进人民币国际化。通过加强政府间合作，推动中国与共建“一带一路”国家各项协议的签订，有助于增进互信，提升共建国家对人民币的使用意愿。此外，双边货币互换、人民币合格境外机构投资者、境外人民币清算行等人民币基础设施的完善，也有效促进了海外人民币的使用。加强设施联通，中国在共建“一带一路”国家开展的基础设施建设不仅有助于增加海外对人民币的需求，还有利于提升人民币在共建国家的流通性和影响力。通过“一带一路”倡议密切双方贸易往来，激发贸易潜能，可以推动人民币成为贸易计价结算货币。这有助于提升人民币的国际地位，并促进中国高附加值产品的出口。注意通过文旅发展人文交流，中国与共建“一带一路”国家的文化交流可以增强互信，提升共建国家对人民币的使用意愿。这为人民币国际化创造了良好的社会基础。在“一带一路”建设的货币战略上，需要寻求重点突破。例如，利用中国在基础设施建设方面的经验和资金动员上的能力，大力促成人民币成为沿线基础设施融资的关键货币。同时，利用产业园区在贸易创新、产业集聚等方面的特有优势，积极引导人民币的使用，促进人民币离岸市场合理布局。

其次，重视通过 RCEP（区域全面经济伙伴关系协定）等区域贸易协定，因势利导推进人民币国际化。随着 RCEP 的签署，成员国之间的贸易往来将更加频繁。中国可以积极推动人民币在贸易结算中的使用，减少对美元的依赖，提高人民币的国际地位。鼓励中国企业在 RCEP 区域内进行投资时使用人民币，同时，吸引区域内其他国家使用人民币进行对华投资，从而增加人民币的跨境流动。可以进一步开放金融市场，允许 RCEP 成员国的金融机构进入中国市场，提供更多的人民币计价金融产品，从而增加人民币的投资渠道。加强与 RCEP 成员国在金融监管领域的合作，共同打击跨境金融犯罪，维护金融市场的稳定，为人民币国际化提供安全的金融环境。推动离岸人民币市场发展，在新加坡、日本等金融发达地区加强离岸人民币市场建设，形成“在岸－离岸”人民币市场的良性互动，为人民币提供顺畅的“流出—回流—流出”循环机制。丰富离岸人民币产品，推动离岸人民币市场上金融产品的创新和发展，提供更多的人民币计价和交易的金融产品，满足不同投资者的需求。加强与 RCEP 成员国政府间的沟通与协调，推动各国政府认可并接受人民币作为国际货币的地位，为人民币国际化提供政策支持。与 RCEP 成员国签订双边货币互换协议，增加人民币的国际储备货币职能，提高人民币的国际信誉和地位。

未来，中国将继续稳慎扎实推进人民币国际化，聚焦服务实体经济发展，稳妥有序推进资本账户开放，提升金融市场制度型开放水平。同时，积极把握数字化趋势，完善全球人民币基础设施，以进一步推动人民币在国际舞台上的地位提升。人民币国际化战略是一个长期且复杂的过程，也是与金融强国相生相伴、齐头并进的一个过程，需要中国政府和金融机构的持续努力和国际社会的支持与合作。“主权货币国际化本质上是提高市场信任度的过程，要通过改革创造更好的市场环境，完善人民币汇率形成机制，稳步推动人民币国际化。这件事是个自然历史过程，不可急功近利，不要操之过急，能干多少干多少，时机好就干得快一些，时机不好就干得慢一点，一切以我国发展根本利益和经济安全为依据。”①

① 习近平：《关于加快推进关键性改革》（2016 年 12 月 14 日），《论坚持全面深化改革》，中央文献出版社，2018，第 312-313 页。

第十章

金融强国的竞争策略

政策和策略是党的生命，各级领导同志务必充分注意，万万不可粗心大意。

——毛泽东

战略是全局性、长远性、根本性的规划，通常涉及一个组织或国家的长期目标和愿景以及如何达到这些目标的总体规划和布局。战略关注的是“做正确的事”，即确定组织的发展方向和目标。策略则是为了实现战略目标而采取的具体行动方法和手段。它是在战略指导下，根据具体情况制定的行动方案。策略关注的是“正确地做事”，即如何有效地实施战略，达到预期的目标。在金融发展战略下，还需要有发展策略。

一、需要关注的国家或地区的特点

（一）英国的特点：曾经的殖民强盗，现在采取一定的务实主义

尽管英国已不再是全球超级大国，但其在经济、文化、科技等领域的影响力仍然不可小觑。作为全球第五大经济体，英国拥有稳定的经济体系和强大的金融业、科技产业以及文化创意产业。这些领域的实力使英国在国际上保持着广泛的影响力。英国是联合国安理会五大常任理事国之一，这赋予了它在国际安全事务上的重要角色。同时，英国也是北约、欧盟（尽管已脱欧，但仍保持紧密联系）、英联邦等国际组织和联盟的成员，这些身份使英国在国际事务中具有显著的影响力。

1. 强迫中国贸易开放的鸦片战争及后面历次战争，突显殖民时代的强盗特征

第一次鸦片战争加上后面的历次对中国的侵略战争，尤其是英法联军火烧圆明园，赤裸裸地显示了殖民时代英帝国的强盗特征。法国著名作家雨果曾这样评论："在地球上某个地方，曾经有一个世界奇迹，它的名字叫圆明园。圆明园是梦幻艺术的代表。它汇集了一个民族的几乎是超人类的想象力所创作的全部成果。……它是靠两代人的长期辛劳才问世的。这座宛如城市、跨世纪的建筑是为谁而建？是为世界人民。因为历史的结晶是属于全人类的。世界上的艺术家、诗人、哲学家都知道有个圆明园，伏尔泰现在还提起它。人常说，希腊有巴黛农，埃及有金字塔，罗马有竞技场，巴黎有巴黎圣母院，东方有圆明园。尽管有人不曾见过它，但都梦想着它。这是一个震撼人心的、尚不被外人熟知的杰作，就像在黄昏中，从欧洲文明的地平线上看到的遥远的亚洲文明的倩影。……一天，两个强盗走进了圆明园，一个抢掠，一个放火。可以说，胜利是偷盗者的胜利，两个胜利者一起彻底毁灭了圆明园。……这两个胜利者一个装满了口袋，另一个装满了钱柜，然后勾肩搭背，眉

开眼笑地回到了欧洲。这就是两个强盗的故事。”

2. 马岛战争与香港回归，衰落的英国采取两种不同的应对方式

马岛战争，也被称为马尔维纳斯群岛战争，是1982年4—6月间，英国和阿根廷为争夺马岛（阿根廷称“马尔维纳斯群岛”）的主权而爆发的一场战争。这场战争的背景复杂，涉及历史、政治和经济等多个方面。早在18世纪，西班牙、法国和英国都曾在该地区争夺殖民地。英国在1765年首次占领马岛，但随后在1770年被西班牙夺回。英国于1833年再次占领该群岛，并在岛上建立定居点。然而，阿根廷在1816年独立后，一直主张马岛是其领土的一部分。

在战争爆发前，阿根廷国内经济形势严峻，通货膨胀率高，制造业产量下降，而英国则计划从马岛撤离部分军事力量。这些因素使阿根廷政府认为，通过武力夺取马岛控制权的时机已经到来。战争期间，英国采取了果断的军事行动，包括使用空中力量摧毁了阿根廷的军事设施和港口设施。阿根廷军队在战争初期表现出了强大的战斗力，但在英国的持续打击下，其军事力量逐渐削弱。最终，英国在战争中取得了胜利，重新夺回了马岛的控制权。马岛战争对英国和阿根廷都产生了深远的影响。对于英国来说，这场战争维护了其在南大西洋的利益，增强了其在国际社会中的影响力。然而，战争也暴露了英国军事力量的不足，促使英国政府加强了对军事现代化的投入。对于阿根廷来说，战争失败导致了其国际地位的下降，国内政治和经济形势进一步恶化。

英国对香港的殖民统治始于第一次鸦片战争后，清政府战败并签订《南京条约》，将香港岛及鸭脷洲割让给英国。随后在第二次鸦片战争期间，清政府再次战败，签订了《北京条约》，将九龙半岛界限街以南及昂船洲（时称九龙司地方一区）交给英国管治。之后，清政府又与英国签订《展拓香港界址专条》，将九龙半岛北部深圳河以南、界限街以北的地区及附近230个大小岛屿租借给英国，并将租借地称为“新界”，租期为99年。

然而，中国政府一直拒绝承认这些不平等条约，并要求英国将香港岛和九龙连同新界一并交还。经过长时间的外交谈判，中英双方最终在1984年12月19日正式签署了《中英联合声明》，决定从1997年7月1日起，中国在香港成立特别行政区，重新行使主权和治权。香港回归这一事件标志着中国政府对香港岛、界限街以南的九龙半岛以及新界等土地重新行使主权和治权，也代表着中国人民洗雪了香港被割让的百年国耻。

英国用武力抢占马岛，却将香港归还，英国为何不敢像对阿根廷那样，对中国动武？马岛和香港在地图上距离近2万千米，但在20世纪80年代，八竿子打不着的两个地方，却因为英国人而联系在一起，成为世界关注的焦点。1982年是一个很特别的年份，那一年，中国和英国就香港和平回归问题进行谈判。有人说，这两件事不相干，无法进行比较。但我们不这样认为，这两次面对面的斗争以不同的方式开始，又以不同的结局收尾，难道不值得去思考吗？

香港回归谈判的时间，和马岛战争不过相差几个月。刚完成远洋作战并且取胜的英国意气风发，带着“胜利者”的余威和中国展开对话。“铁娘子”撒切尔夫人在谈判中说道：有关香港的3个条约，白纸黑字写在那里，任何人都不能抹杀这一事实。既然这些条约仍然存在，那么就必须得到遵守。如果中国收回香港，就会给香港带来灾难性影响，破坏香港的繁荣。这很显然是在威胁中国。

面对赤裸裸的威胁，邓小平同志给予有力回应：“主权问题不是一个可以讨论的问题。”邓公态度之强硬，就连撒切尔夫人都铩羽而归。

撒切尔夫人动用武力，不惜横跨大西洋和阿根廷兵戎相见，也要保住马岛，却把香港还给中国，为何态度相差如此之大？英国不敢像对阿根廷那样对中国，根本原因很简单，那就是中国比阿根廷强大，如果不是中国足够强大，英国会考虑中国的态度吗，会有耐心谈判吗？如果中国仍然弱小，英国哪里会考虑如期把香港还给中国，它只会像百余年前对待清政府那样，蛮横无理，恃强凌弱，继续霸占香港。1984 年 9 月，经过长达两年共 22 轮的谈判，英国不得不按照中国的要求，就香港的过渡和接收问题与我们达成共识。1997 年 7 月 1 日，被英国占据百余年的香港终于回到祖国怀抱。

衰落的大英帝国还是能看得清形势的，看得清实力对比，采取了务实的态度，也算保住了日不落帝国的最后脸面。即便在现在，英国在国际事务中，也相对美国而言比较务实，英国外交以务实闻名，一部英国近现代外交史充满了无数关于实用主义外交的例证。这句话常常被引用作为英国实用主义外交的箴言。从对华政策来看，英国外交中的实用主义显著，既注重实际利益，也强调双边关系的长期发展。英国政府一直在强调与中国保持积极关系的重要性，并寻求在互利互惠的基础上发展双边经贸合作和文化交流。

3. 围绕大英帝国利益，均势外交，灵活变通，脱欧后推行“全球英国”战略

19 世纪，英国首相帕麦斯顿是英格兰第二帝国时期最著名的帝国主义者，积极推行对外扩张政策。他发动了两次侵略中国的鸦片战争，并配合清廷镇压了太平天国。他挑起了克里米亚战争，与俄国争夺地盘。在印度，他镇压了当地的民族起义。在美国南北战争期间，他支持南方的奴隶主集团。帕麦斯顿有一句广为人知的名言：“没有永远的朋友，仅有永远的利益。”这句话成了英国外交的立国之本。

英国外交政策的制定和执行以实际的政治、经济和军事利益为出发点，注重在国际事务中追求实际效果和影响力。均势政策是英国外交的重要特征之一，英国历史上多次通过巧妙的外交手段维持欧洲大陆的均衡力量对比，致力于建立多元化的外交关系，不仅与传统盟友保持紧密合作，也积极与其他国家发展广泛的经济、政治和文化联系，以确保自身利益。另外，英国外交政策的执行具有灵活性和变通性，能够根据国际形势的变化和国家利益的需要做出相应的调整和应对。在后脱欧时

代，英国提出了“全球英国”外交理念，旨在构建一个更为国际化、外向型的国家形象。该战略包括发展英美特殊关系、加强与英联邦国家的联系以及促进与主要新兴经济体的经贸往来。

4. 中国的选择：在建设金融强国的道路上，英国是可以争取合作的对象

英国与中国的金融合作具有悠久的历史和坚实的基础。两国在金融市场、金融机构、金融产品等方面的合作不断深化，为双方带来了巨大的发展机遇。中国五大银行均已在伦敦设立了分支机构，伦敦人民币离岸市场也蓬勃发展。此外，首只人民币期货市场交易所基金也在伦敦证券交易所挂牌，这进一步促进了人民币国际化进程和中英金融市场的融合。随着全球对可持续发展的关注度不断提高，绿色金融已成为中英金融合作的重要方向之一。同时，金融科技的发展也为中英金融合作注入了新的动力。随着两国金融合作的不断深入，越来越多的中国金融人才选择赴英工作和学习，同时也有大量英国金融人才来华发展。这种人员交流不仅促进了中英金融行业的共同发展，也为两国之间合作奠定了坚实的基础。此外，中国赴英留学生的数量在近年来呈现出稳步增长的趋势。特别是在 2022 年，中国留学生申请英国大学的人数达到了破纪录的 31400 人，相比之前的数据有了显著的增长。这种增长趋势显示出中国学生对英国高等教育的兴趣和认可度在不断提升。过去 10 年间，中国申请留学英国的人数增长了足足 175%。这种大幅度的增长反映了中国家庭对英国教育资源的认可和追求。越来越多的中国学生选择前往英国攻读硕士或博士学位，以获取更高质量的教育资源和更广阔的发展机会。

另外，作为全球金融中心之一的中国香港，毋庸讳言，其金融制度就深受英国金融制度影响。作为前英国殖民统治地区，香港在金融、法律和政治体系上保留了许多英国的传统和制度。香港的金融制度在建立和发展过程中，借鉴了英国的金融体系和监管模式。在银行业务、资本

市场运作、保险和投资管理等方面，香港也吸收了英国的许多做法和经验。此外，英国的金融文化和职业操守也对香港金融界产生了影响。国际金融市场联系：英国作为国际金融中心之一，与香港有着紧密的金融联系。这种联系不仅体现在跨境资本流动上，还包括金融服务的相互提供、金融创新的交流等方面。香港的金融专业教育和培训也受到了英国的影响。许多香港金融从业人员接受的是基于英国教育体系的金融专业教育，这进一步加深了英国对香港金融制度的影响。中国建设金融强国，在金融制度上还可以继续与英国相互交流学习，取长补短，根据国情进行取舍。

（二）美国的特点：话语双标，自私自利，打击“老二”，重视实力

长期以来，美国以其强大的科技实力和创新能力在全球工业领域保持着主导地位，确立了其经济霸权。然而，近年来美国的霸权地位已经不可避免地动摇了，尤其是在中国崛起之后。这一变化反映了全球政治和经济格局的演变以及其他国家实力的增强。

美国的特点如下：

话语双标：美国在言行上常常表现出双重标准。例如，在科技领域，美国一方面强调创新和自由竞争，另一方面却对其他国家进行技术封锁和制裁，这种做法显然与其宣扬的价值观相悖。此外，在处理国际事务时，美国也往往根据自身利益来选择性地应用国际法和国际准则。

自私自利：美国在处理国际关系时，往往以自身利益为重。为了维护自身利益，美国不惜伤害别国利益，甚至不顾别国的死活。这种做法不仅损害了美国的国际形象，也引发了全球范围内的不满和反抗。

打击“老二”：美国在历史上多次打压崛起中的“老二”国家。这种打压行为不仅体现在经济领域，还包括政治、军事和文化等多个方面。即便不是“老二”，只要某个国家甚至其中的某个公司发展迅速，

威胁到美国的领先地位，美国也会通过各种手段来遏制这些国家甚至公司的崛起，美国用阴招损招破坏其他赶超国家发展的卑劣做法世人皆知。

以美国制裁法国阿尔斯通公司并逮捕其高管的行为为例。阿尔斯通公司曾被称为法国的“工业明珠”，在电力和交通设备领域具有重要地位。该公司在能源领域拥有多个“世界第一”，如水电设备、核电站常规岛、环境控制系统等。其业务遍布全球63个国家，拥有来自175个国家的8万多名员工。在2013年4月14日，阿尔斯通的高管弗雷德里克·皮耶鲁齐在抵达纽约肯尼迪机场时被美国联邦调查局（FBI）逮捕，并被指控在印尼的一项投资案中行贿当地政府。皮耶鲁齐最初认为这是一场误会，但随后被投入监狱，并在长达5年的时间里遭受监禁，直到2018年9月才获释。在美国的司法压力下，阿尔斯通最终与美国司法部达成认罪协议，被处罚金7.72亿美元，这是当时美国司法部对外国公司开出的最大一笔罚金。此后，阿尔斯通的电力业务被其主要竞争对手——美国通用电气公司以130亿美元的价格收购。这一事件导致了阿尔斯通这家曾经横跨全球电力能源与交通运输行业的商业巨头被“肢解”。尽管阿尔斯通是法国的重要企业，但法国政府在面对美国的制裁和收购时并未能有效支持本国企业。有观点认为，法国政府可能受到了美国的要挟或其他因素的影响，从而默许了这场收购。在出狱后，皮耶鲁齐将自己的经历写成了《美国陷阱》一书，他认为这是美国进行全球经济战争的新形式。他的遭遇也警示了其他国家和企业，在国际竞争中要警惕类似的经济和司法陷阱。

类似的事件还包括美国对华为公司的打压，特别是孟晚舟事件。2018年12月1日，华为公司首席财务官孟晚舟在加拿大温哥华转机时被捕。美国向加拿大要求引渡她，加拿大法院随后定于12月7日举行保释听证会。在经过一系列听证会后，孟晚舟于12月11日获得保释。然而，美国在2019年1月29日正式向加拿大提出引渡孟晚舟的请求。

此后，引渡程序经历多次庭审和听证会。孟晚舟在 2019 年 3 月 3 日对加拿大政府提起民事诉讼。事件发生后，中国外交部及驻外机构迅速做出反应，向美加两国提出严正交涉，要求立即释放孟晚舟。中国外交部副部长甚至紧急召见加拿大驻华大使，表达强烈抗议。中国政府一直密切关注孟晚舟事件的进展，并通过各种外交渠道向加拿大和美国施压，要求公正对待孟晚舟。中央领导人的关注和介入显示了祖国对海外华人的坚定支持。孟晚舟事件也激起了国内民众的广泛关注和声援。社交媒体上，大量网友表达了对孟晚舟的支持和对美加行径的谴责，形成了强大的舆论压力。最终，在政府和社会各界的共同努力下，孟晚舟得以获释并乘坐中国政府包机回国。此事件引起国际广泛关注，涉及中美关系、加美关系以及科技与政治的交织。两个公司、两个高管，受到了美国霸权主义的“长臂管辖”，但结果大相径庭。两个国家的态度和举措也形成鲜明对比。阿尔斯通的前高管弗雷德里克·皮耶鲁齐在谈及孟晚舟事件时，非常感慨，他高度赞赏中国政府在孟晚舟事件中所做的努力。他认为，中国政府通过外交途径和国际法律手段为孟晚舟的释放作出了巨大贡献，这体现了中国政府对海外公民的坚定保护。皮耶鲁齐再次批判了美国的“长臂管辖”做法。他指出，这种做法不仅违反了国际法原则，也破坏了国际市场的公平竞争环境。他呼吁国际社会共同抵制这种不正当的竞争手段。

2024 年 4 月，美国总统拜登签署了《外国应用程序交易限制法案》，该法案授权美国政府禁止任何被认为对国家安全构成威胁的外国应用程序，TikTok 被列入该法案的限制范围之内。美国国会众议院通过法案，要求字节跳动在特定时间内剥离 TikTok，否则该应用程序将在美国被禁止上架。最初设定的剥离期限是 165 天，后改为 270 天。如果在剥离期限即将结束时 TikTok 的出售取得进展，白宫还可以行使将剥离期限延长 90 天的权力。TikTok 在面对美国的打压时，采取了多方面的反击策略，TikTok 及其母公司字节跳动向美国哥伦比亚特区联邦巡回上诉法院提起了诉讼，挑战美国总统拜登签署的 TikTok 剥离法案。TikTok 主张该法案违反美国宪法，特别是第一修正案中关于言论自由的规定。TikTok 通过平台弹窗的方式，号召其 1.7 亿美国用户共同反对封禁，旨在提高公众对其立场的认识和支持。美国政府对 TikTok 的做法堪称“赤裸裸直接抢劫”，正所谓欲加之罪，何患无辞。美国政府就连市场经济要求的最基本原则——公平竞争以及私有产权神圣不可侵犯都抛弃了，让全世界感到震惊。

然而，打压这种做法往往适得其反，激起了被打压国家的反抗和报复。中美两大经济体的角力，从当初美国一家独大变成现在的彼此势均力敌，这个变化引起了美国政府的恐慌。尤其是 2010 年之后的十几年，中国的互联网行业进入了飞速发展时期，在中国的经济崛起路上起到了重要的作用，加上华为、中芯国际、振华重工等一系列高科技企业崛起，加剧了美国的恐慌和焦虑。这个专门打“老二”的老大，面对大一统的中国显得手足无措，无所适从，甚至玩起了流氓无赖乃至强盗的把戏，而中国稳坐钓鱼台，一再以一种更加文明大度，不卑不亢的态度对待美国。例如，相比于美国政府威胁强买强卖乃至封禁 TikTok 的态度，中国政府对待同样是外资企业的特斯拉的态度则要大度得多。2024 年 4 月 29 日，中国汽车工业协会发布了特斯拉车型符合安全监管要求的公告。这是通过本次公告的 6 家车企里唯一一家外资企业，同时通过的车企还有比亚迪、理想、路特斯、合众以及蔚来。虽然之前也有媒体曝出特斯拉有可能涉及收集用户个人信息、环境信息等潜在的安全风险，但是中国政府在依法依规的范围内处理此事的方式和态度，明显要更加符合市场经济公平规则。

重视实力：诚然美国依托其强大的经济军事实力，对外搞霸权主义，但美国在现实中对外也是认实力的，也就是说，美国信奉实力外交。实力外交是指一国凭借本国的综合国力，尤其是军事实力，以强制或者威胁的手段推行其对外政策的外交方式。实力外交中的“实力”指一国在经济、军事和科学技术等物质性力量以及文化、意识形态和国际制度等非物质性力量方面所具有的综合国力。美国以其所拥有的实力为基础进行谈判，外交家们应当明白他们所能得到的只能是他们力量所允许得到的，即“强权即公理”。实力外交古已有之，它曾经是欧洲列强殖民扩张和帝国主义争夺世界霸权的外交准则。一旦美国遇到有实力的对手，在靠自身实力拿不下，无可奈何之际，就要被迫谈判，通过妥协解决问题。从抗美援朝战争到越南战争，很多事例都证明了这一点。美国通过各种手段，搞垮了几个赶超的“老二”，包括苏联、日本等，现在遇到了中国。应该说，美国没有预料到会遇到中国这样的对手，出现了战略误判，2024 年 5 月 18 日，在中法建交 60 周年之际，央视新闻《高端访谈》独家专访“友谊勋章”获得者、法国前总理拉法兰，这位法国前总理说，如果说世界上有真正关心和平的国家，那一定是中国。中国从未对外发动过战争，只有在遭受侵略时才会奋起反击。中国、中国人民展现出了对和平的热爱。他这个评论准确地概括了中华民族热爱和平的特征。

（三）欧洲等其他区域的特点

欧洲对华外交呈现出积极、务实和多元的特点。要注意到德国、法国对中国崛起总体来说是认可的，没有如美国那么多的敌意。欧洲市场的开放度也比美国好很多，美国掺和了太多政治因素，损人也不利己。欧洲总体来看，是可扩大开放，进行金融合作的方向，但暂时还无法动摇其原有的金融体系，如运行很顺畅，不影响贸易和人文交流，就应该在相互尊重主权前提下维持现状。2024 年 10 月 4 日，欧盟不顾中方反对，执意推动对华关税提案。在针对是否对中国进口电动汽车加征反补贴关税的最终投票中，欧盟成员国以 10 票赞成、5 票反对、12 票弃权，未能阻止欧委会的征税提案。此前有消息传出，欧盟将在投票表决后继续与中方就关税问题进行谈判。投赞成票的是法国、爱尔兰、意大利、立陶宛、保加利亚、丹麦、爱沙尼亚、拉脱维亚、荷兰和波兰 10 国；弃权的 12 国分别为瑞典、西班牙、比利时、捷克、希腊、克罗地亚、塞浦路斯、卢森堡、奥地利、葡萄牙、罗马尼亚和芬兰；投反对票的是德国、匈牙利、马耳他、斯洛文尼亚和斯洛伐克 5 国。10 月 8 日，中国商务部宣布对欧盟进口白兰地实施临时反倾销措施，将向欧盟白兰地品牌征收 30.6% ～ 39% 不等的保证金。一时间，欧盟白兰地生产商，尤其是法国干邑业“慌了神”，欧盟及法国等国声称此举“毫无道理”，并揣测称这是针对欧盟对华电动汽车加税的报复性措施。欧盟委员会发言人开始拿“规则”说事儿，表示将向“世界贸易组织”（WTO）喊冤。对此，商务部驳斥称，中方对原产于欧盟的进口白兰地采取反倾销措施，是应国内产业申请依法发起调查并采取的正当贸易救济措施，完全符合世贸组织规则。上述案例可见中国与欧洲关系弹性很大，空间也很大，欧洲并不是铁板一块，而且随着时间推移，即便是现在是“对手”，将来也可能变成“朋友”。中国的对策也应该保持弹性和灵活。

东南亚、中东、俄罗斯和中亚五国、南美，都是与中国有商品贸易和资源贸易的重要区域，中国继续维持同它们的和平友好关系，并可在这些国家稳步推进“一带一路”金融和人民币国际化。东盟（东南亚国家联盟）和中亚五国在贸易协定和“一带一路”倡议下的合作情况各有不同，但都在不断加强与中国的经贸联系。

东盟与中国之间的贸易关系紧密，双方已签署了一系列贸易和投资便利化协议。此外，东盟还通过加强与中国的双边和多边合作，推动区域经济一体化进程。在“一带一路”倡议下，中国与东盟国家的贸易往来更加频繁，促进了区域内的互联互通和经济发展。在“一带一路”倡议的推动下，中国与东盟国家在基础设施建设、产能合作、金融融通等领域取得了显著成果。例如，双方共同推进了一批重大基础设施项目，包括铁路、公路、港口等，以改善区域内的交通和通信条件。同时，双方还在能源、农业、旅游等领域加强了合作，推动了经济的共同发展。

中亚五国与俄罗斯和中国的贸易关系也十分重要。这些国家与俄罗斯和中国签署了多项贸易和投资合作协议，以促进彼此间的经济合作和发展。在“一带一路”倡议下，中亚五国与中国的贸易联系进一步加强，双方在多个领域展开了深入的合作。对于中亚五国而言，“一带一路”倡议为其带来了重要的发展机遇。中国与中亚五国在基础设施建设、能源开发、农产品贸易等方面展开了广泛的合作。特别是在基础设施建设方面，双方共同推进了一批重大项目，如跨国铁路、公路网络的建设以及跨国油气管道项目的实施，这些都极大地促进了区域内的互联互通和经济发展。

至于俄罗斯与中国的贸易协定及“一带一路”进展，两国在政治和经济领域的互信与合作不断深化。双方已签署了一系列贸易和投资保护协定，在多个领域展开互利合作。在“一带一路”框架下，中俄两国在基础设施建设、能源、科技等领域的合作日益密切，共同推动着两国及地区的经济发展。

总的来说，无论是东盟还是中亚五国，它们都在不断加强与中国的经贸联系，并在“一带一路”倡议下取得了显著的合作成果。这些合作不仅有助于促进各区域的经济发展，也有助于加强国际的互联互通和友好关系。

（四）中国的选择：敢于斗争，善于斗争，力促美国与中国共担大国责任

敢战，才能止战。朋友来了有好酒，豺狼来了有猎枪，中国靠自己努力崛起，靠实力崛起之势势不可挡。中国不惧美国的军事威胁。在面对任何形式的挑衅和威胁时，中国都坚持不主动挑起战争的原则，但同时也明确表态不惧怕战争。台湾和南海是中国的固有领土，这是中国的核心利益，也是不能被逾越的红线。在维护国家主权和领土完整的问题上，中国人民的态度是坚决的、明确的。任何试图挑战中国底线、侵

犯中国核心利益的行为，都将遭到中国人民的坚决斗争。我们将坚定不移地捍卫国家的尊严和利益，无论面对何种困难和压力，都会奉陪到底。中国实力的增强和国际影响力的提升，在一定程度上会促使美国更愿意通过谈判和协商来寻求建立新的国际秩序。中国的快速发展已经使其成为全球重要的经济、政治和文化力量。中国在维护自身国家利益的同时，也积极参与全球治理和国际合作，为解决全球性问题贡献了中国智慧和中国方案。这种实力和影响力使中国在国际事务中发挥了越来越重要的作用，自然也会在美国等国家的决策中产生影响。随着全球化的深入发展，各国之间的相互依存程度不断加深。在处理国际关系时，各国需要更多地考虑共同利益和长远利益，而不是仅仅追求自身的短期利益。因此，通过谈判和协商解决分歧和争端，成为越来越多国家的选择。但在大国之间，实力还是第一位的因素。

当然，大国竞争虽然激烈，但从大国竞争走向大国战争并不是必然的结果。其间存在许多可以操作和调控的空间，以避免冲突升级。国家可以通过外交手段进行斡旋，寻求共同利益，建立互信机制。例如，中美两国虽然存在竞争，但也有许多共同关心的全球性问题，如气候变化、反恐等，这些都可以成为合作的契机。在全球化的今天，大国之间的经济依存度很高。通过加强经济交流与合作，可以增进相互理解和信任，降低战争的风险。例如，中美之间的贸易额巨大，双方都有动机维护这一重要的经济关系。大国可以通过军控和裁军谈判来减少军事对抗和误解的风险。这类谈判有助于建立透明度，减少军事误判的可能性。通过加强文化交流和教育合作，可以增进不同国家人民之间的了解和友谊，从而为和平共处奠定基础。民间往来的增加也有助于缓解政府间的紧张关系。另外，大国也需重视国际法和国际组织，用以约束国家的行为，防止冲突升级。例如，联合国等国际组织在维护世界和平方面发挥着重要作用。中美之间建立有效的危机管理和预防机制，可以在冲突初期就及时介入，防止事态恶化。这包括建立热线联系、进行军事安全磋商等。中美两国都是大国，理应共同对全球和平发展负责，经过两次世界大战的人类难道还不能吸取教训，用文明的方式来实现共同发展吗？这需要大国智慧。

“中美国”这一概念是由美国哈佛大学著名经济史学教授尼尔·弗格森和柏林自由大学舒拉里克教授共同创造出的新词，旨在强调中美经济关系联系的紧密性，并声称中美已走入共生时代。这个概念主要指的是最大的消费国美国与最大的储蓄国中国构成的利益共同体以及这个利益共同体对世界经济的影响。随后出现的“G2”（两国集团）概念也与“中美两国”有相似之处。“G2”概念最初由美国著名经济学家弗雷德·伯格斯滕提出。

这一概念强调了中美两国在全球经济中的重要性和影响力以及双方合作的必要性。在全球化日益加深的背景下，中美两国的经济联系越来越紧密，双方在经济、安全、环境等领域有着广泛的共同利益。通过“G2”合作，可以更好地协调两国在全球经济治理中的立场和行动，以应对全球性挑战和危机。“G2”概念在国际社会引发了广泛的关注和讨论。有人赞成这一提议，认为中美合作将有助于解决全球性问题；也有人对此持怀疑或反对态度，担心这种合作可能导致其他国家被边缘化以及中国被针对，“G2”概念在克林顿政府期间并未得到实质性落实。

美国在全球舞台上仍然是一个重要的力量，其在经济、政治、军事和金融方面的实力不容忽视。作为世界上最大的经济体之一，美国经济影响力深远，技术创新和创业环境都走在全球前列。在军事方面，美国的军费开支居世界之首，其军事实力在全球范围内都有显著的影响力。政治上，美国在国际事务中发挥着重要的作用，其外交政策对全球政治格局有着深远的影响。在金融领域，美元作为全球最重要的储备货币，对全球经济有着巨大的影响。美国还拥有一众盟友，这些盟友关系对于美国维持其在国际上的地位和影响力具有重要作用。如五眼联盟盟友：这是一个由美国、英国、加拿大、澳大利亚和新西兰组成的情报共享联盟，体现了这些英语系国家之间深厚的合作关系。如北约盟友：美国是北约的主导成员之一，北约目前有 32 个国家，主要集中在欧洲和北美洲，是美国实现全球战略的重要军事工具。虽然“G2”是美国学者提出来的，但也代表对两国经济融合，难以完全脱钩断链现实的承认和发展方向的一种探索。中国是负责任的大国，上面指出的美国那些特点全球其他国家也日益看得清楚。只要中国继续坚持和平崛起，继续推进全球化，也可以用自己的行为和话语影响全球，改变全球。“G2”的思路虽然可参考，但中国是一个独立自主、热爱和平，不结盟、不拉帮结伙的大国，是追求人类命运共同体的文明体，中华文明具有巨大的包容性和融合性，“人类命运共同体”理念显然比“G2”概念更具有包容性和兼容性。

据 IMF 估计，2024 年，美国经济将占全球的 26.3%，表明美国在全球经济中占据重要地位。有预测认为，到 2027 年，美国的 GDP 占全球 GDP 的比例可能会略有下降，约为 23%。中国的 GDP 占比：IMF 估计，2024 年，中国 GDP 将占全球的 16.9%，显示了中国经济的快速发展和对全球经济的贡献。中美经济在全球占比 40% 左右，按照美国方面的统计，2022 年，中美两国的商品和服务贸易总额估计为 7584 亿美元。其中，美国对中国出口额为 1955 亿美元，从中国进口额为 5629 亿美元，美国对华贸易逆差为 3674 亿美元。这一事实显示了中美两国在全球经济中的重要地位和相互依存的关系。在这种情况下，合作而非对抗被公认为是更加明智和有益的选择。通过加强合作，中美两国可以共同应对全球性挑战，促进全球经济的稳定和繁荣。在国际关系中，任何国家都应该秉持成熟、理性和负责任的态度。撒泼耍赖、像不讲理的小孩子一样的行为，不仅无助于解决问题，还可能加剧矛盾和紧张局势。对于美国这样的大国来说，更应该以大国的姿态和担当来处理国际事务，遵守国际法和国际准则，通过对话和协商解决分歧和问题。只有这样，才能维护国际秩序和稳定，促进世界和平与发展。

当然，任何国家都有可能犯错或作出不理智的决策。在这种情况下，国际社会应该通过外交渠道进行沟通和交涉，促使相关国家纠正错误，而不是采取对抗或报复的方式。国家之间的相处需要相互尊重、平等协商和合作共赢的精神。只有这样，才能建立和谐稳定的国际关系，实现共同发展和繁荣。

美国前国务卿基辛格曾说他自己一直深信不疑的信念就是美中之间关系至关重要，而国际化、全球化的进程中，又不能没有中国参与，一旦脱钩，对两国来说都是劣势。中美两国可以在多个领域展开合作，以推动全球经济发展。例如，在贸易方面，双方可以通过减少贸易壁垒、扩大市场准入和加强知识产权保护等措施来促进双边贸易的健康发展。在科技创新方面，中美两国可以加强交流和合作，共同推动科技进步和创新应用的全球化进程。此外，在应对气候变化、推动可持续发展等全球性问题上，中美两国的合作也具有重要意义。需要指出的是，合作并不意味着放弃各自的利益和价值观。相反，真正的合作应该是建立在相互尊重和平等的基础上，以实现共同利益为目标。通过对话、协商和互利共赢的方式解决问题，中美两国不仅可以为本国人民带来福祉，还可以为全球经济的稳定和发展作出积极贡献。

中华文明有着5000多年的悠久历史，经历了多个朝代的更迭和文化的交流融合，形成了博大精深、多元一体的文化体系。这种历史底蕴使中华文明在面对各种挑战和变革时，能够保持相对的稳重和从容。同时，中华文明在漫长的历史进程中，不断吸收和融合各种外来文化，展现出了强大的包容性。相比之下，美国虽然历史较短，只有200多年，但其发展迅速，成了全球最强大的国家之一。美国文化也具有其独特的魅力和影响力，然而，由于历史相对较短，美国在某些方面可能缺乏像中华文明那样的深厚底蕴和稳重气质。在国际事务中，往往展现话语双标，蛮横无理，动辄使用武力的霸权主义，这方面已经被全世界人民看得清楚并厌恶，也显示了其文明发展尚不够成熟。

面对美国的蛮横无理，恃强凌弱，弱肉强食（如布林肯的“餐桌论”），中国要继续坚持“人类命运共同体”理念，不仅自己发展，也推动全球发展。在经济金融领域，中国应继续寻求与美国合作，推进新阶段的全球化，但对美国的不合作以及贸易、科技等方面的封锁、限制和打压以及奉行的丛林法则，也要予以坚决斗争，维护中华民族的根本利益，维护全球和平发展。核心的一条还是要发展自己，只有中国强大，有实力，自己不犯战略性、颠覆性错误，即便他人有亡我之心，也不敢行动，也做不到。

在中美关系的发展过程中，中国要保持战略定力，也要提醒、鼓励、促成美国保持战略定力，不被一时一地的偏航风浪所左右。正如习近平主席在美国旧金山斐洛里庄园同美国总统拜登举行中美元首会晤时所说：50 多年来，中美关系从来不是一帆风顺的，总会有这样那样的问题，总是在曲折中向前发展。这么两个大国，不打交道是不行的，想改变对方是不切实际的，冲突对抗的后果是谁都不能承受的。我还是那个看法，大国竞争不是这个时代的底色，解决不了中美两国和世界面临的问题。这个地球容得下中美两国，我们各自的成功是彼此的机遇。中美两国历史文化、社会制度、发展道路不同，这是客观现实。但是，只要双方坚持相互尊重、和平共处、合作共赢，完全可以超越分歧，找到两个大国的正确相处之道。我坚信，中美关系的前途是光明的。

二、中国的策略选择

毛泽东主席说：“政策和策略是党的生命，各级领导同志务必充分注意，万万不可粗心大意。”建设金融强国，也缺少不了策略。策略，不是阴谋诡计。策略是一种阳谋，是公开、透明和正面的思维方式和方法，旨在通过巧妙的安排和规划来达到目标，而不是通过阴谋诡计或欺骗手段。策略是处理各方关系的正确准绳，它能够帮助我们在复杂的国际竞争环境中找到最佳的解决方案，实现各方的共赢。中华文化中蕴含着丰富的策略智慧，这些智慧是我们在处理国际关系、解决问题时的重要参考。同时，中华文化也强调诚信、正直和道德，这些价值观与策略的运用是相辅相成的。

（一）“合纵连横”策略

“合纵连横”是古代中国政治和外交领域的一种策略。合纵指南北纵列的国家联合起来，共同对付强国，阻止强国兼并弱国。在战国时期，秦国逐渐崛起，成为其他国家的威胁。为了自保，一些弱小的国家开始寻求联合，共同抵抗秦国。这种联合被称为“合纵”，通常由有影响力的纵横家提出并推动，如公孙衍和苏秦等。他们通过游说各国君主，促成联盟的形成。合纵策略在一定程度上遏制了秦国的扩张，维护了弱小国家的利益。然而，由于各国之间的利益纷争和矛盾，合纵联盟往往难以长期维持。

连横指强国拉拢一些国家，共同进攻另外一些国家。在战国时期，主要表现为弱小国家与秦国结盟，以获取支持或保护，同时，秦国也借此分化其他国家的联盟，扩大势力范围。这种策略的目的是通过投靠强国来避免被其他大国吞并，同时借助强国的力量来扩张自己的势力范围。连横策略通常由强国的外交家或谋士提出并推动，如张仪、甘茂、司马错等。他们通过外交手段与弱小国家建立联盟关系，以对抗其他国家。连横策略使秦国能够分化其他国家的联盟，并逐步扩大自己的势力范围。然而，这种策略也加剧了战国时期的国际竞争和冲突。

习近平总书记提出的“人类命运共同体”是一种理念，强调“天下为公”，以天下人（也就是全球）的共同利益为优先。当“合纵连横”与“人类命运共同体”的理念相结合时，可以形成一种强大的策略和美好的愿景。在“合纵连横”的策略中融入“人类命运共同体”的理念，意味着联合行动不仅仅是为了对抗霸权，更是为了维护全球的和平与繁荣。在当今世界，中国甚至各国仍可以借鉴这种策略来处理国际关系，促进世界和平与发展。例如，在面对全球性问题时，各国可以加强合作与交流，共同应对挑战；在处理国际争端时，可以寻求和平解决方式而非诉诸武力；在推动全球发展时，可以关注全人类的共同利益而非仅仅追求本国利益。

美国在两次世界大战中采取了“坐山观虎斗”的策略。这种策略可以归纳为以下几点：①保持中立并观望。在两次世界大战初期，美国都选择了保持中立，观望战争的发展。这主要是因为美国独特的地理位置使其能够在战争初期避免直接卷入冲突。例如，在第一次世界大战中，美国保持避战立场长达 3 年（1914—1917 年）。②利用战争机会发展经济。美国在战争期间向交战国出售军火和其他物资，从中获得了巨大的经济利益。这不仅刺激了美国经济的增长，还为战后的全球扩张奠定了基础。③选择性介入。当战争进行到对美国利益有利的时机时，美国会选择性地介入战争。例如，在第一次世界大战中，德国试图拉拢墨西哥对抗美国，导致美国最终加入协约国对德宣战。在第二次世界大战中，日本偷袭珍珠港事件直接促使美国全面介入战争。④加强军备与国防。在观望期间，美国并没有放松对国防的建设。相反，它利用这段时间加强了自己的军备和国防力量。例如，在第一次世界大战期间，美国为了应对可能的威胁，大幅扩充了常备军的数量。⑤外交策略与联盟构建。美国在保持中立的同时，也积极与其他国家进行外交接触和联盟构建。这为其在战争中争取到了有利的国际环境。⑥利用战争结束后的国际格局变化。战争结束后，国际格局往往会发生重大变化。美国利用这些变化来扩大自己的影响力和利益。例如，在第二次世界大战后，美国成为世界上最强大的国家之一，并积极参与了战后的国际秩序重建。

“合纵连横”这个策略被美国用得很熟练，使美国能够在战争初期保持中立并观望态势的发展，同时利用战争机会发展自身经济和军事实力。当战争进行到对美国有利的时机时，它会选择性地介入并最终成为战争的主导者之一。这种策略使美国在两次世界大战中都获得了巨大的利益和影响力。但是，美国没有“天下为公”的理念，其往往以“美国优先”为出发点。中国和美国的出发点不一样，中华文明很早就有“天下为公”“世界大同”的思想，所以中国是负责任的大国，倡导和平与发展，反对霸权，反对战争，有智慧地应对各种挑战，维护中华民族根本利益和全球发展利益。

（二）“合作竞争”策略

这种策略的核心思想是在保持竞争的同时，寻求与竞争对手的合作，以达到双赢的结果。在竞争中寻找与对手的共同利益点，这是建立合作的基础。通过分析和了解竞争对手的需求和优势，可以找到双方互利共赢的合作方式。合作并不意味着放弃竞争。在合作的过程中，仍然需要保持一定的竞争意识，以推动双方不断进步和创新。这种适度的竞争有助于激发双方的潜力，实现共同成长。建立定期沟通的机制，确保双方能够及时分享信息、意见和进展。这有助于减少误解和冲突，促进合作的顺利进行。使用有效的沟通技巧来传递信息和意见，这可以提高沟通的效率，避免不必要的误解和冲突。合作竞争策略的核心是共赢。通过强调共赢的理念，可以促进双方之间的合作和信任，从而实现共同的目标。

国家之间“合作竞争”的案例非常多。例如，中美两国在多个领域都有广泛的合作。例如，两国在贸易、投资、科技研发、教育交流等方面保持着密切的合作关系。这种合作不仅促进了两国经济的发展，也推动了全球经济的增长。尽管中美之间存在广泛的合作，但两国在某些领域也存在着激烈的竞争。例如，在科技领域，中美两国都在积极发展人工智能、5G等前沿技术，以争夺未来的科技制高点。此外，在国际贸易、地区影响力等方面，尤其是在国际金融领域，两国也存在一定的竞争关系。

中美“合作竞争”关系是一种复杂而多变的关系模式。两国之间既有广泛的合作基础，也存在一定的竞争关系。这种关系模式不仅影响着各国自身的发展轨迹和前景，也对全球政治经济格局产生着深远的影响。认识到合作竞争是常态，对合作欢迎，对竞争也欢迎，这是中国的大国态度，美国也需要逐步认识到竞争要公平，不能采取非公平手段。

（三）“以柔克刚”策略

“以柔克刚”则是指用柔和、灵活的方式来应对刚强、固执的对方，通过巧妙的策略和方法来化解冲突和矛盾。这种策略认为，柔和并不意味着软弱或退让，而是一种智慧和技巧的结合。“以柔克刚”是中华文化的一个重要特征和精髓，它体现了中国哲学中的阴阳平衡和智慧。这种思想认为，柔软、温和的力量可以战胜强硬、刚烈的力量，强调以柔化刚，以退为进。

在中华文化中，“以柔克刚”思想被广泛应用于各个领域，包括武术、艺术、政治、经济等。在武术中，太极拳就是一种典型的“以柔克刚”的武术，它强调用意不用力，通过柔和的动作和呼吸来化解对方的攻击。在艺术领域，中国的水墨画也体现了“以柔克刚”的思想，通过墨色的深浅、笔触的轻重来表现出画面的层次感和动态美。此外，在政治和经济领域，“以柔克刚”的思想也有重要的应用。在处理国际关系时，中国倡导和平、合作、共赢的理念，通过柔和的外交手段来化解矛盾和问题。在经济竞争中，中国也强调合作共赢，通过协商和合作来解决分歧和争端。“以柔克刚，后发制人”是中华文化的一种独特智慧和精髓，它体现了中国人对和谐、平衡和智慧的追求。这种思想在实际生活中有广泛的应用，可以帮助人们更好地处理各种复杂的问题和挑战。

我国在20世纪末和21世纪初，屡次遭到美国咄咄逼人的针对甚至出现悍然轰炸我们驻南联盟使馆的暴行。当时我国国力尚弱，无论是经济实力还是军事实力都不足以与美国彻底决裂翻脸，但我们也进行了坚决的有理、有利、有节的斗争，迫使美国道歉赔款，并没有影响改革开放尤其是随之而来的加入 WTO 进程。相反，我们还抓住了美国“9·11”被恐袭的机遇，坚决站在反恐正义的一面，缓和了中美关系，为中国后面十几年的高速增长争取了良好的外部环境。这就是中华民族善于隐忍，善于“以柔克刚”的典型例证。

“以柔克刚”等策略是中华文化的精髓，是中华民族对世界文明的一种贡献，是一种强调道德力量和柔和手段的处理方式。它要求我们在面对冲突和矛盾时，既要坚持自己的原则和立场，又要尊重和理解对方的需求和感受。通过展现高尚的道德品质、采取机智巧妙的手段以及强调和谐与合作的态度来解决问题，从而实现双方的共赢和和谐发展。

（四）“有备无患”策略

“有备无患”这句话，传达了一种稳健且前瞻性的战略思维。“有备无患”是一种追求卓越、稳健发展的理念。它要求我们在面对挑战和变化时，既要保持不败的地位，又要具备预见性和风险防范能力，以确保长期稳定发展。

“有备无患”意味着始终保持在一种不败之地，不会因外界的变化或攻击而轻易崩溃。这要求竞争实力具备坚实的基础、清晰的目标和强大的适应能力。“有备无患”也强调预见性和风险防范。它意味着在事情发生之前，就已经做好了充分的准备和预防措施，从而避免了可能出现的问题和危机。以华为公司做鸿蒙系统为例，很早华为就有危机意识，担心被美国所制约，由于美国政府对华为实施了一系列的制裁措施，包括禁止华为使用美国的技术和软件，这导致华为无法继续使用谷歌的 Android 系统。因此，华为需要自主研发一款操作系统来替代 Android，以确保其业务的持续运营和发展。当然，华为发展鸿蒙系统还有万物互联这一更为高远的目标追求，但作为防范美国“卡脖子”的一招，也是值得称道的策略。

例如，美国通过限制使用 SWIFT 系统对其他国家进行制裁的方式，是一种强有力的金融手段。SWIFT 系统是全球最重要的金融信息交互平台，连接着世界各地的金融机构，提供安全、快捷的金融信息交换服务。美国通过联合其他国家和组织，如欧盟、英国等，共同宣布禁止被制裁国家使用 SWIFT 系统。这种制裁方式直接切断了被制裁国家与全球金融体系的联系，使其无法进行跨境支付和结算，从而对其经济造成重大打击。

这种制裁往往造成以下效果：①经济孤立。被移除出 SWIFT 系统意味着被制裁国家无法与其他国家进行正常的金融交易，这会导致其在国际贸易中陷入孤立，严重影响经济发展。②贸易受阻。由于无法使用 SWIFT 系统进行跨境支付和结算，被制裁国家的进出口贸易将受到极大阻碍，导致贸易额大幅下降。③资本外逃。由于金融制裁和贸易受阻，被制裁国家可能会出现资本外逃的情况，进一步加剧经济困境。④货币贬值。被制裁国家的货币可能会因为无法参与国际交易而贬值，导致通货膨胀和购买力下降。

以俄罗斯为例，美国联合欧盟、英国及加拿大等发表联合声明，禁止俄罗斯使用 SWIFT 系统。这一制裁措施对俄罗斯经济产生了重大影响，切断了其石油和天然气出口收益的主要渠道，占俄罗斯财政总收入 40% 以上的收益被切断。同时，也导致了俄罗斯本国货币的大幅波动和大量资本的外逃。

美国通过限制使用 SWIFT 系统对其他国家进行制裁的方式具有极大的破坏力，这种制裁方式也引发了国际社会的广泛关注和争议，因为它可能对全球金融稳定和经济发展产生深远的影响。一方面，中国尽量“以柔克刚”，避免极端情况出现；但另一方面，也应做好两手准备，做好备份。中国可以考虑建立“泛全球新银行结算联盟”与美国控制的

SWIFT 系统相抗衡。联盟以中、俄、伊朗、沙特阿拉伯、阿联酋为核心，绕开美元，绕开 SWIFT 系统，联合已形成的欧亚经济联盟、金砖国家、上合组织，形成最广泛的货币结算统一战线，不拘一格。

（五）“曲折向前”策略

在看待金融强国发展路上遇到的挫折时，我们应该采取客观、全面的态度，并认识到挫折是前进中的常态，而非例外。金融市场的复杂性和多变性决定了发展过程中必然会遇到挫折。金融市场受到全球经济、政治、社会等多重因素的影响，这些因素的变化往往难以预测，因此金融市场的发展也充满了不确定性。金融创新和改革的过程中，不可避免地会遭遇到传统观念、制度惯性等阻力，这些阻力也会导致挫折的产生。挫折可以暴露出金融体系中存在的问题和不足，为进一步的改革和完善提供方向。挫折能够促使金融行业进行更深入的反思和调整，推动金融市场的健康发展。

美国专门打压“老二”的做法就给中国成为金融强国带来无法回避的挑战和麻烦，美国不会让中国轻易成功。在 19 世纪末和 20 世纪初，美国通过一系列外交和经济手段，限制了日本在亚洲和太平洋地区的影响力。在二战后，尽管日本是美国的盟友，但美国依然对日本的军事发展进行了严格的限制，如制定日本宪法等，以确保日本不会再次成为军事威胁。在冷战期间，美国与苏联进行了长期的对抗，通过各种手段试图削弱苏联的影响力。美国发起了对苏联的经济和技术封锁，试图减缓苏联的发展速度。美国有时会通过影响欧盟的经济政策，特别是货币政策，来维护美元的全球地位。在某些国际贸易协定中，美国与欧盟存在竞争关系，美国会利用各种手段来维护自身利益。美国对任何可能威胁到其全球霸主地位的国家或组织都保持着警惕，并可能采取打压措施。例如，通过经济制裁、外交孤立或军事威胁等手段来限制这些国家或组织的发展。另外，美国还惯于打着各种幌子制造地区紧张局势。例如，打着“民主”“自由”“人权”的旗号，通过种种卑劣手段挑唆地区争端，甚至直接发动对外战争。这些行为不仅破坏了地区和平稳定，也损害了其他国家的利益。例如，美军在南海地区的多次挑衅行为，包括“海下撞潜艇、海上掉飞机”等事件，都显示了美国在不断制造麻烦和破坏地区稳定的企图。美国的对外政策是复杂且多变的，不同历史时期和不同政府领导下的政策也会有所不同，但其阻碍对之有威胁的对手的习惯是一贯的。

在迈向金融强国的征途上，我们应该采取正确的辩证思维，前途是光明的，道路是曲折的，要树立应对挫折的正确态度和策略。金融强国的发展路上遇到挫折是不可避免的，我们应该正视这些挫折，从中汲取教训和启示，采取有效的应对措施，推动金融市场的持续健康发展。同时，也要保持信心和耐心，相信在不断的努力和探索下，我国金融市场一定能够不断壮大和完善，为实现金融强国的目标奠定坚实基础。

（六）“久久为功”策略

需要注意的是，金融强国的形成是一个长期且复杂的过程，涉及多个方面的因素。英国在 19 世纪中期已经展现出金融强国的实力，而美国在 20 世纪中叶随着其经济的崛起也逐步成为金融强国。

英美两国成为全球性金融强国都经历了百年以上的历程。1694 年，英格兰银行的建立以及伦敦商业银行的发展，标志着伦敦成为新的金融中心，英国开始崛起为经济强国。1816 年，英国从法律上确立了金本位制，随后逐渐将这一货币制度推广到欧洲以及其他大洲。到 19 世纪中期，英国已经成为世界领先的金融中心。通过工业革命和海外殖民扩张，英国的经济实力进一步增强，金融影响力也随之扩大。1944 年布雷顿森林体系建立后，美元成为国际货币，美国金融实力开始凸显。二战后，随着美国经济的迅速发展和全球影响力的扩大，纽约逐渐成了与伦敦相抗衡的金融中心。到 20 世纪中叶，随着美国成为世界第一经济大国，其金融实力也达到了顶峰，美国成为世界上金融发展程度最高、实力最强的国家之一。

金融强国是一场持久战，不可能一蹴而就。我们要学习毛泽东主席在《论持久战》等著作中展现的对抗战的持久性的深刻认识和乐观主义精神。他认识到中国抗战是持久战，只有通过持久战才能打败日本侵略者，夺取抗日战争的胜利。他认为持久战是中国抗战唯一正确的战略方针，并通过全面考察国际国内时局，集中全党智慧，系统阐明了党的抗日持久战战略总方针。西方丛林法则崇尚弱肉强食，美国作为世界第一的守成大国，对世界第二中国的赶超一定不会坐视不理，定会采取各种打压措施阻挠中国的崛起。已经发生的贸易战、科技战以及一直存在的舆论战、文化战，还有价值观输出、亲美势力扶植、收买间谍以及军事威胁等，都让中国人民不屑、不齿，只会激发中国儿女奋发图强、不屈不挠、有理有据坚决斗争的精神。中华民族崛起是 21 世纪不可阻挡的潮流，但也必然会遇到各种艰难险阻，只要我们坚持乐观主义，久久为功，咬定青山不放松，执行正确的战略和策略，金融强国必将建设成功！

第十一章

金融强国的大国责任

大国更应该有大的样子，要提供更多全球公共产品，承担大国责任，展现大国担当。

——习近平

大国责任指的是在国际事务中承担的责任和义务，包括经济发展、全球管理等方面。

作为金融强国，应承担起维护国际金融稳定、促进全球经济发展的责任。金融强国的建设有助于提升国家在国际金融领域的影响力，从而更好地履行大国责任。承担大国责任，积极参与全球金融治理，又能反过来促进国内金融市场的成熟和稳定。无论是建设金融强国还是履行大国责任，其最终目标都是促进全球经济的持续健康发展。

一、产业空心化与金融强国的国内发展责任

（一）产业空心化

产业空心化是一个经济现象，指的是以制造业为中心的物质生产和资本大量迅速地转移到国外，导致物质生产在国民经济中的地位明显下降，进而造成国内物质生产与非物质生产之间的比例关系严重失衡。这导致了以制造业为代表的第二产业占国内生产总值的比重大幅下降，而第三产业的比重则迅速上升，甚至超过第二产业以及第一、二产业之和。这种现象在一些高度发达的国家和城市，产业结构发展到一定阶段时便会出现。

产业空心化会导致当地企业数量减少，从而失去吸纳就业的重要载体，对当地就业市场造成冲击。产业空心化会导致当地产业单一化，失去多元化的产业支撑，进而影响经济发展的速度。产业空心化可能意味着失去了吸纳贫困家庭就业的机会，导致当地居民财富总量减少，生活质量下降。产业空心化可能导致工业空间得不到有效利用，造成土地荒芜和环境污染。以下是一些具体案例。

案例一：美国的产业空心化

美国在历史上曾经历过产业空心化的过程。随着全球化和技术的发展，一些制造业企业为了寻求更低成本的生产环境和更广阔的市场机会，将生产线转移到其他国家。这导致了美国本土的制造业岗位减少，而服务业和高科技产业的比重相对增加。虽然这种转变在一定程度上推动了美国经济的升级，但也带来了就业结构的变化和社会经济的挑战。

案例二：中国部分城市的产业空心化风险

在中国，一些城市也面临着产业空心化的风险。以郑州、杭州、长沙、成都等城市为例，这些城市在过去10年中第二产业占比下降幅度较大。虽然第三产业的快速发展在一定程度上是经济结构调整和优化的表现，但如果第二产业占比下降过快，可能会引发产业空心化的问题。

特别是当新兴的高端制造业和现代服务业未能及时填补制造业外迁留下的产业空白时，这种风险尤为突出。

案例三：日本空知工业区的产业空心化与工业旅游

日本空知工业区曾经是日本最大的产煤区，然而随着能源政策的转变和煤矿的关闭，该地区逐渐出现了经济活力低下、社会结构脆弱等空心化特征。为了应对这些问题，空知工业区转向了工业遗产旅游的开发。通过吸引游客和促进地区人口增长、文化认同增强等方式，工业旅游不仅为地区带来了经济收益，还有效地缓解了产业空心化带来的问题。

这些案例表明，产业空心化是一个需要警惕和应对的经济现象。产业空心化是产业升级过程中的一个潜在风险。当制造业等核心产业过度向外转移，可能导致国内产业结构的失衡，出现物质生产与非物质生产比例严重失调的现象。产业空心化的原因有多方面，包括追求更低成本的生产环境、国内劳动力成本上升、全球化背景下的产业转移等。此外，某些高度发达的国家在产业结构升级过程中，可能过度依赖服务业等非物质生产部门，从而忽视了制造业等实体经济的发展。

（二）金融强国的国内发展责任

要想建设经济强国、金融强国，实体经济必须强大。实体经济是一国经济的立身之本，是财富创造的根本源泉，是国家强盛的重要支柱。实体经济包括制造业、农业、建筑业等物质生产部门，这些部门直接创造社会财富，推动经济增长。一个强大的实体经济能够为国家提供稳定的经济增长动力，支撑经济强国和金融强国的建设。实体经济部门是技术创新的主要场所，通过研发和技术进步，推动产业升级和产品质量提升。技术创新是经济强国和金融强国的重要支撑，能够提高国家的整体竞争力和国际地位。

金融业的发展离不开实体经济的支撑。实体经济提供的丰富金融资源和广阔市场为金融业的发展提供了有力保障。同时，金融业的发展也需要服务于实体经济，为实体经济提供融资支持、风险管理等服务。实体经济的发展能够创造大量就业机会，提高人民收入水平，从而维护社会稳定。一个强大的实体经济能够为社会提供更多的物质财富和更好的生活条件，增强国家的凝聚力和向心力。因此，在建设经济强国和金融强国的过程中，必须高度重视实体经济的发展，加强政策支持，提高技术创新能力，优化产业结构，推动实体经济与金融业的融合发展。只有这样，才能为国家经济的持续健康发展提供有力保障。政府、企业和社会各方面应共同努力，通过政策引导、技术创新和产业升级等手段来预防和解决产业空心化问题。为了应对产业空心化，需要协调好产业转移和产业转型的关系，防止出现产业升级滞缓、产业转移过快的产业衔接性差的问题。同时，政府和企业应积极推动产业结构调整和优化升级，加强自主创新和技术研发，提高产业附加值和竞争力。此外，还应关注民生问题，加强就业培训和社会保障体系建设，以缓解产业空心化带来的就业和社会压力。

以习近平同志为核心的党中央很早就指出金融要服务于实体经济。2011 年底，中央经济工作会议明确提出把发展实体经济作为推进经济发展的主线。2012 年 1 月，全国金融工作会议上强调了“金融业要为实体经济服务”。2013 年 7 月，国务院发布了《关于金融支持经济结构调整和转型升级的指导意见》，进一步强调了金融支持实体经济的重要性。2017 年 7 月 15 日，在第五次全国金融工作会议上，明确指出“金融是实体经济的血脉，为实体经济服务是金融的天职，是金融的宗旨，也是防范金融风险的根本举措”。2017 年 10 月，党的十九大报告中，习近平总书记指出要“深化金融体制改革，增强金融服务实体经济能力”，再次强调了金融服务于实体经济的重要性。2019 年，在中共中央政治局第十三次集体学习时，习近平总书记重申，“金融要为实体经济服务，满足经济社会发展和人民群众需要”。2023 年 10 月，在中央金融工作会议上，提出金融强国战略，特别强调金融要服务实体经济。这些时间点和事件清晰地表明了金融要服务实体经济的理念在中国的政策制定中一直是一以贯之的，也是中国人的金融发展智慧，并且随着时间的推移而不断强化。

二、特里芬难题与金融强国的国际货币责任

（一）特里芬难题

特里芬难题是由美国经济学家罗伯特·特里芬在20世纪60年代提出的，主要来源于他的著作《黄金与美元危机——自由兑换的未来》。这一难题主要指的是在布雷顿森林体系下，美元作为国际核心货币的地位与其作为国际储备货币的需求之间的内在矛盾。

具体来说，由于美元与黄金挂钩，而其他国家的货币与美元挂钩，美元取得了国际核心货币的地位。但为了满足世界经济和国际贸易不断增长的需求，各国必须用美元作为结算与储备货币，这导致流出美国的货币在海外不断沉淀，使美国长期面临国际收支逆差。美国联邦储备系统估计，在所有流通的美元中，大约2/3为美国境外持有。这表明美元不仅流通于美国境内，还广泛流通于全球市场。然而，美元作为国际货币核心的前提是必须保持其币值稳定，这又要求美国必须是一个国际贸易收支长期顺差国。这两个要求明显相互矛盾，因此形成了特里芬难题。

特里芬难题揭示了布雷顿森林体系的根本缺陷。在布雷顿森林体系下，美元既是一国货币，又是世界货币。作为一国货币，美元的发行受制于美国的货币政策和黄金储备；而作为世界货币，美元的供给必须适应国际贸易和世界经济增长的需要。这两个角色之间存在内在的矛盾。随着全球贸易的发展，各国对美元的需求不断增加。为了满足这种

需求，美国必须不断增加美元的供给。然而，由于美元与黄金挂钩，美元供给的增加意味着美国需要拥有足够的黄金储备来支持这些美元。但黄金产量和美国黄金储备量的增长跟不上世界经济的发展需要，这导致美元对黄金的兑换性日益难以维持。随着美元供给的不断增加和美国黄金储备的相对减少，人们对美元的信心开始动摇。由于特里芬难题的存在，布雷顿森林体系在经历了多年的运行后，美国终于无法维持美元与黄金的固定兑换比例，1971 年尼克松总统宣布美元与黄金脱钩。这一举动进一步加剧了美元的信用危机，导致布雷顿森林体系的崩溃。

在纸币制度下，任何一个国家的货币成为国际货币都不可避免面临特里芬难题。要解决这一难题，有多种可能的路径。首先，一国货币的购买力要建立在实体经济基础之上，货币作为一种交换媒介，其价值在很大程度上取决于它能够购买的商品和服务的数量和质量。实体经济，特别是制造业和服务业，提供了人们日常生活所需的商品和服务。因此，一个强大和繁荣的实体经济意味着货币能够购买到更多的商品和服务，从而增强了货币的购买力。其次，要制定稳健负责的货币政策，合理确定货币供应量。如果货币供应量增长过快，超过了实体经济的增长，就可能导致通货膨胀，从而降低货币的购买力。相反，如果货币供应与实体经济的增长保持同步，那么货币的购买力就可能保持稳定。再次，积极促进国际贸易。在全球经济一体化的背景下，一国的实体经济也与其国际贸易活动密切相关。一个国家的货币在国际市场上的购买力，往往受到该国出口商品和服务的能力和竞争力的影响。如果一国的实体经济强大，其出口商品和服务受到国际市场的欢迎，那么该国的货币在国际市场上的购买力也会相应增强。最后，推动多边货币体系的发展是一个重要的方向。通过多元化的国际货币体系，可以减轻单一货币对全球经济的影响，降低特里芬难题带来的风险。这包括推广使用国际货币基金组织（IMF）的特别提款权（SDR），或者发展区域性的储备货币，如欧元、人民币等。然而，推动国际货币体系的多元化并非易事，因为各国在货币政策、利益诉求和政治立场等方面存在差异，这增加了推动多边货币体系发展的难度。

特里芬难题是一个复杂而深刻的经济问题，其解决需要全球范围内的合作与努力。通过推动国际货币体系的多元化和改革，可以逐步缓解并可能最终解决这一难题。对于本国货币成为国际货币的大国而言，特里芬难题意味着大国要负起币值稳定的责任。

（二）金融强国的国际货币责任

金融强国的货币一旦成为国际货币，国家就需要承担一系列的责任与义务。

首先，国际货币需要保持币值相对稳定。这意味着国家需要采取适当的经济政策和措施，以确保其货币的价值在国际市场上相对稳定。这有助于发挥国际货币作为计价货币、结算货币、投资货币和储备货币的职能。为了维持币值稳定，国家需要有相应的经济实力作支撑，并能够与世界主要货币之间保持稳定的关系。其次，国际货币需要在国际交易中得到广泛使用。为此，国家需要积极推动其货币在国际市场上的流通和使用。这包括促进国际贸易和投资活动以及加强与其他国家的金融合作。通过扩大货币的使用范围，国家可以增强其货币的国际地位，并为全球经济和贸易的发展作出贡献。此外，国家还需要加强国际政策的协调与沟通。作为国际货币发行国，其货币政策和财政政策对其他国家可能会产生重要影响。因此，国家需要与其他国家保持密切沟通，协调各自的经济政策，以维护全球经济的稳定和繁荣。同时，国家还需要承担起维护国际金融市场稳定的责任。这意味着在面临金融危机或市场动荡时，国家需要采取积极措施来维护金融市场的稳定，防止风险扩散和传染。这包括提供流动性支持、加强金融监管和推动国际合作等方面。最后，国家需要履行其作为国际货币发行国的义务，为国际社会提供可靠和透明的货币服务。这包括确保货币供应的充足性、保障货币交易的安全性和便利性，以及及时公布与货币政策相关的经济信息和数据。

一旦货币成为国际货币，国家就需要承担保持币值稳定、推动货币广泛使用、加强国际政策协调与沟通、维护金融市场稳定以及履行货币服务义务等责任与义务。这些责任与义务的履行将有助于提升国家货币的国际地位，促进全球经济的稳定和繁荣。

三、修昔底德陷阱与金融强国的全球和平责任

（一）修昔底德陷阱

修昔底德陷阱是国际关系领域中的一个概念，主要指的是在两个国家的实力对比发生巨大转变时，导致战争不可避免的局面。这一概念源自古希腊历史学家修昔底德的著作《伯罗奔尼撒战争史》。具体来说，修昔底德陷阱涉及三个核心要素：新兴大国的崛起、现存大国的相对衰落以及两者之间的不确定性和竞争。以下是一些历史上的修昔底德陷阱案例：

雅典与斯巴达的战争。公元前 431 年，雅典及其城邦同盟与斯巴达及其城邦同盟爆发了伯罗奔尼撒战争。古雅典的迅速崛起震动了伯罗奔尼撒半岛的老牌陆地强权斯巴达，引起了斯巴达的担忧，双方之间的威胁和反威胁引发竞争，最终导致长达 30 年的战争。战争结束后，两国均遭毁灭。

英国与西班牙的竞争。16 世纪和 17 世纪，英国和西班牙都是欧洲的重要海上力量。西班牙是当时的海上霸主，拥有庞大的殖民地和财富。随着英国的崛起，两国在海上贸易和殖民地方面产生了直接的利益冲突。这种竞争最终导致了军事冲突，如 1588 年的英西海战，英国成功击败了西班牙的无敌舰队。此次海战标志着西班牙海上霸权的衰落和

英国海上力量的崛起。

英国与荷兰的竞争。17 世纪中后期，荷兰是海上的商业霸主，特别是银行信贷业务发展迅速，成立了垄断海上贸易的垄断性贸易公司。英国开始挑战荷兰的海上贸易垄断地位。英国与荷兰之间进行了长达 20 多年的三次战争（英荷战争）。这些战争主要是为了争夺海上贸易的主导权和殖民地。在三次英荷战争中，英国逐渐取得了优势，并最终取代了荷兰的海上贸易地位。英国通过战争胜利，逐渐确立了其海上霸主的地位，而荷兰的海上力量则逐渐衰落。

英国与法国的竞争。从 17 世纪晚期到 18 世纪，英国与法国之间进行了长期的竞争，主要是为了争夺欧洲的霸权地位。两国之间发生了多次战争，包括英法七年战争等。这些战争涉及欧洲大陆的霸权、海外殖民地以及海上贸易等多个方面的争夺。通过多次战争，英国最终确立了其全球霸主的地位，而法国则逐渐失去了与英国的竞争优势。

德国与英国的竞争。在 19 世纪和 20 世纪初，德国的经济和军事实力不断增长，挑战了英国的全球霸权地位。这种竞争最终导致了第一次世界大战。19 世纪末至 20 世纪初，德国借助第二次工业革命迅速崛起，其工业产值在 20 世纪初已超过英国。这种经济实力的增长使德国有能力挑战英国的全球霸权。虽然德国在工业产值上超过了英国，但在殖民地和商品市场方面，英国仍占绝对优势。德国为了获取更多的资源和市场，开始大力扩张海军，并推行争夺世界霸权的政策。这直接威胁到了英国的利益，导致两国在殖民地问题上产生激烈冲突。德国为了挑战英国的海上霸权，开始大规模建造军舰，尤其是战列舰。这种军事扩张引起了英国的警惕和反应，导致了两国之间的海军军备竞赛。随着德国军事力量的增强，英国开始感受到来自德国的威胁。两国在欧洲大陆和海外都形成了战略对峙，这种紧张局势最终升级为全面的战争。德国与奥匈帝国、意大利结成了三国同盟，而英国则与法国、俄国组成了三国协约。这两大联盟体系的形成加剧了国际关系的紧张。在两大联盟之间，外交斗争日益激烈。最终，由于德国对英国、法国和俄国的挑战以及各国的误判和过度反应，第一次世界大战在 1914 年爆发。这场战争不仅涉及欧洲各国，还波及了全球范围，造成了巨大的人员伤亡和财产损失。

这些案例共同揭示了一个新崛起的大国为了争夺更多的权力和影响力，往往会挑战现存大国的地位，而这种挑战往往会导致战争或紧张局势。但这只是表面现象的描述，虽然修昔底德陷阱经常被提及，但它并非一个绝对会发生的定律。历史上的许多事件也展示了国家之间通过外交手段、合作与协商来避免冲突的例子。因此，在理解和分析国际关系时，需要综合考虑多种因素，并寻求和平、稳定和合作的解决方案。要避免落入修昔底德陷阱，相互竞争的国家彼此的理性和智慧至关重要。

（二）金融强国的全球和平责任

金融强国确实需要自觉维护全球和平，防止战争，和平解决争端。这是因为金融领域的动荡和冲突往往会对全球经济和社会造成重大影响。以下是一些具体的做法：

①加强国际合作。金融强国应该与其他国家加强合作，共同应对全球性挑战。这包括分享信息、协调政策、推动建立国际金融市场的新规则和标准等。②倡导多元化融资。为了避免过度依赖单一货币或金融市场，金融强国应倡导多元化融资。这有助于降低风险并增强金融市场的稳定性。③推动可持续发展。金融强国应致力于推动可持续发展，通过投资绿色项目和支持创新技术来促进经济增长和社会发展。这将有助于减少贫困、改善民生，从而增强全球经济的内生动力。④加强监管和透明度。为了确保金融市场的健康运行，金融强国应加强监管和透明度。这包括对金融机构进行严格的审查和监督，确保它们遵守法律法规和市场准则。同时，还应及时公开市场信息，以便投资者作出明智的决策。⑤反对金融制裁和经济制裁。金融强国应避免采取金融制裁和经济制裁

措施。这些措施往往会破坏国际金融秩序，加剧全球经济的不确定性和风险。相反，它们应该寻求通过对话和协商来解决分歧和问题。⑥倡导和平解决争端。在面临争端和冲突时，金融强国应倡导和平解决的方式。这包括通过谈判、调解和国际组织等方式来寻求解决方案。暴力冲突只会加剧国际金融市场的动荡和风险。⑦追求和平发展与构建人类命运共同体。金融强国应致力于追求和平发展和构建人类命运共同体。这意味着它们需要在经济发展和社会进步方面与其他国家保持平衡和协调的关系。通过促进贸易和投资自由化便利化、推动基础设施建设等领域的合作，可以增进各国之间的互信和共赢关系。

二战后，美元成为国际货币，美联储也发行了大量货币，但很大部分被用于海外战争，并没有用在实体经济中。例如，越南战争期间美国的军费开支达到了数千亿美元，海湾战争估计约为数百亿美元。美国在阿富汗战争上的总花费超过了 2 万亿美元。美国国防部曾公布，伊拉克战争的花费约为 8146 亿美元。这些美元流入了军工体系，给战争当地带来的是杀戮和破坏，并没有促进经济发展。相反，一旦人民币未来成为国际货币，中国历来维护世界和平，不会主动发动战争，而且将通过“一带一路”和各种贸易协定帮助与中国合作的国家发展经济，这也是中国对人民币信用负责的一种体现。

四、马太效应与金融强国的全球发展责任

（一）马太效应

马太效应（Matthew Effect）是一种社会心理现象，源自圣经《新约·马太福音》中的一则寓言，主要描述了两极分化的现象，即“好的愈好，坏的愈坏，多的愈多，少的愈少”。这种现象不仅存在于经济领域，还广泛涉及教育、心理、交易以及科技等多个领域。

在经济领域，马太效应尤为明显。富人通过投资、金融等手段能够进一步增加财富，而贫困的人则很难有机会获得更多的财富。这种财富的极端不平等现象在全球范围内都存在，对社会的稳定性和发展产生了重大影响。例如，全球最富有的 1% 的人所拥有的财富已经超过了全球一半人口所拥有的财富。全球发展的马太效应指的是在全球范围内，资源和机会的不平等分配导致富者愈富、穷者愈穷的现象。这一效应在多个层面都有所体现。

首先，从经济角度来看，全球最富有的国家往往占据了大量的财富和资源，这使它们在国际经济体系中拥有更大的话语权和影响力。根据国际货币基金组织（IMF）的预测，2021 年，七国集团的 GDP 总和约为 44.82 万亿美元，占全球 GDP 的 30.54%。这表明七国集团的经济总量仍然非常庞大。此外，七国集团成员国的人均 GDP 普遍较高，如美国 2022 年的人均 GDP 达到了约 6.8 万美元。而非洲国家的经济总量和人均 GDP 相对较低。例如，非洲最大的经济体埃及，其 2022 年的 GDP 为 4767 亿美元，远低于七国集团的任何一个成员国。同时，非洲的人均 GDP 也普遍较低，如埃及的人均 GDP 为 4295 美元，与七国集团成员国相比有很大的差距。

与发达国家相比，发展中国家往往因为资源有限、技术落后等原因，难以实现经济的快速增长。这种不平等不仅加剧了全球贫富差距，还可能导致国际经济秩序的不稳定。

其次，教育领域也存在明显的“马太效应”。富裕国家的教育投入往往更高，能够提供更高质量的教育资源，从而培养出更多优秀的人才。而发展中国家则可能面临教育资源匮乏、教育质量不高等问题，这进一步拉大了国家之间的发展差距。此外，科技进步也是导致全球“马太效应”的重要因素之一。发达国家在科技创新方面往往具有更大的优势，能够引领全球科技发展的潮流。而发展中国家则可能因为技术落后、创新能力不足等原因，难以在科技领域取得突破。全球化的发展在一定程度上加剧了“马太效应”。虽然全球化促进了资源和技术的流动，但这也使发达国家能够更容易地获取和利用这些资源，从而进一步巩固其优势地位。而发展中国家则可能因为无法有效融入全球化进程而面临更多的挑战。

2008 年爆发的国际金融危机告诉我们，放任资本逐利，其结果将是引发新一轮危机。缺乏道德的市场，难以撑起世界繁荣发展的大厦。富者愈富、穷者愈穷的局面不仅难以持续，也有违公平正义。要用好“看不见的手”和“看得见的手”，努力形成市场作用和政府作用有机统一、相互促进，打造兼顾效率和公平的规范格局。① 为了应对全球发展的马太效应，国际社会需要采取一系列措施。这包括推动国际经济体系的改革，促进资源的公平分配；加强国际合作，共同推动教育、科技等领域的进步；关注发展中国家的需求，帮助它们提高自我发展能力。只有这样，才能逐步缩小全球发展的差距，实现共同繁荣和进步。

（二）金融强国的全球发展责任

金融强国在全球经济中扮演着举足轻重的角色，其金融政策、资本流动和金融市场稳定性对全球经济具有深远的影响。因此，金融强国承担全球发展责任是至关重要的。为了实现这一目标，金融强国需要与其他发达国家协同发展，并致力于帮助落后国家地区实现共同发展。

金融强国与其他发达国家之间的协同发展是实现全球经济繁荣的关键。这些国家拥有先进的金融体系、强大的资本实力和丰富的创新经验。通过加强金融合作、推动金融市场互联互通以及分享金融技术和管理经验，金融强国和其他发达国家可以共同推动全球金融体系的完善和创新。这将有助于提升全球金融市场的效率、降低交易成本，并促进资

① 习近平:《携手构建合作共赢新伙伴，同心打造人类命运共同体》(2015 年 9 月 28 日)，《习近平外交演讲集》第一卷，中央文献出版社，2022，第 288 页。

本在全球范围内更加自由、高效地流动。金融强国应当积极帮助落后国家地区实现共同发展。这些地区往往面临着资金短缺、技术落后、基础设施薄弱等问题，难以充分利用自身资源实现经济快速增长。金融强国可以通过提供低成本的贷款、支持基础设施建设、推广金融知识和技术等方式，帮助这些地区改善金融环境、提升金融服务水平，从而激发其经济增长潜力。此外，金融强国还可以通过与其他国际金融机构合作，共同推动落后国家地区的经济和社会发展。金融强国需要加强金融监管、完善风险防范机制，确保资本流动的安全和稳定。同时，金融强国还需要积极应对全球经济金融领域的挑战和问题，如防范金融危机、推动国际金融合作等，为全球经济的稳定发展贡献力量。

金融强国承担全球发展责任是符合时代潮流和全球共同利益的。通过与其他发达国家协同发展、帮助落后国家地区实现共同发展以及加强金融安全和风险防控等措施，金融强国可以为全球经济的繁荣和稳定作出积极贡献。例如，在 2008 年国际金融危机期间，中国经济始终保持稳健增长，为全球经济复苏提供了重要支撑。中国经济的增长带动了全球经济的发展，增强了全球经济复苏的信心。中国经济的增长促进了经济全球化进程。中国积极参与国际贸易和投资，推动全球产业链和供应链的发展。同时，中国提出的“一带一路”倡议为沿线各国合作与共享搭建了合适的平台，实现了合作共赢的目的，对沿线各国经济消耗和经济转型有着重要意义。中国的发展为国际经济市场提供了大量高品质、低价格的商品，扩大了世界对各种商品的需求量。这有助于控制全球通货膨胀，并促进了世界经济的平稳发展。中国的崛起打破了南北分化格局，促使世界经济重心从发达国家向发展中国家转移。中国的发展提高了发展中国家在全球经济格局中的地位。贡献清洁能源转型力量：中国在清洁能源技术方面取得了显著进展，如水电、风电、光伏等领域。中国的清洁能源产品已经出口到全球多个国家和地区，帮助广大发展中国家获得清洁、可靠、用得起的能源。这为全球能源转型和应对气候变化作出了积极贡献。

中国帮助非洲发展也是很好的案例。通过推广高产的水稻品种和技术，帮助布隆迪等非洲国家提高水稻产量，解决山区减产甚至绝收的问题。此外，中国还积极与非洲国家分享其他农作物种植技术，助力当地农业生产力提升和贫困减少。这种援助模式注重实效，增强了农民自身的生产能力。中国在埃塞俄比亚援建了水力发电设施、多个大型工业园区以及亚的斯亚贝巴—吉布提铁路和吉布提港等重要基础设施。这些项目的建设不仅推动了埃塞俄比亚的经济增长，也为其提供了重要的进出口通道。类似地，中国还在尼日利亚承建了莱基深水港项目，为尼日利亚经济发展注入了活力。中国在教育方面吸纳了大量的非洲留学生，并在多个非洲国家建立了研究和发展中心，特别面向农业和医药领域。同时，借助“健康丝绸之路”倡议，中国助力非洲国家提升了疫苗生产能力。“一带一路”倡议：作为“一带一路”倡议的重要组成部分，中国与非洲的合作对于促进非洲基础设施互联互通和经济发展至关重要。这一倡议为非洲国家带来了更多的发展机遇和投资合作机会。

五、庞氏骗局与金融强国的金融监管责任

（一）庞氏骗局

庞氏骗局，是对金融领域投资诈骗的称呼，是金字塔骗局（Pyramid Scheme）的始祖。这种骗术利用新投资人的钱来向老投资者支付利息和短期回报，以制造赚钱的假象，进而骗取更多的投资。其特点在于资金链的不断膨胀，缺乏有效的监管和审计机制往往导致骗局规模的不断扩大，最终引发金融泡沫的破裂。以下是一些与庞氏骗局相关的金融危机中的典型案例：

查尔斯·庞兹的骗局：查尔斯·庞兹（Charles Ponzi，1882—1949），

意大利裔投机商，1903 年移民到美国。庞兹在 1919 年开始策划这个骗局，当时他向投资者承诺，在 3 个月内可以获得 40% 的利润回报。他利用新投资者的资金来支付早期投资者的利息和短期回报。他故意将投资计划复杂化，让普通人难以理解。庞兹宣称购买欧洲的某种邮政票据，再卖给美国，便可以赚钱，但实际上这种方式根本不可能赚钱。在短短 7 个月内，庞兹成功吸引了 3 万名投资者。这场骗局持续了一年之久，才被揭穿。庞兹在骗局被揭穿后受到了法律的制裁，他的骗局模式——“庞氏骗局”，成了金融诈骗的代名词，被后人所熟知。总的来说，查尔斯·庞兹的骗局是一种典型的金融诈骗，它利用人们的贪婪和对高回报的渴望，通过复杂的金融操作和虚假的承诺来骗取投资者的资金。这种骗局模式至今仍然存在于各种传销和投资诈骗中，提醒着人们在投资时要保持警惕，理性分析，避免陷入类似的骗局。

阿尔巴尼亚的金融危机：阿尔巴尼亚在 1997 年发生了震惊世界的金融危机，其核心原因是庞氏骗局的存在和崩溃。早在 1992 年，阿尔巴尼亚的一些“投资公司”为了吸引投资，推出了“金字塔式集资计划”。这些公司通过承诺高达 96% 以上的年息来集资，吸引了大量投资者。全国 70% 的住户，共计 10 亿美元投入了这些集资计划，相当于国内生产总值的 30%。由于“投资公司”的投资收益有限，无法支撑如此高的回报，最终导致集资真相败露。一些“投资公司”倒闭，老板外逃，投资者本息全无。政府参与假集资的丑闻也被揭露，引发公众愤怒。投资者在失去一生积蓄后，由示威游行发展为冲击政府机关和执政党办公大楼，甚至发生抢劫商场、烧毁银行等流血事件。政治口号也从经济要求转变为“政府下台”，最终酿成了一场全国性的政治、经济危机。阿尔巴尼亚的金融危机中的庞氏骗局是一场规模巨大的金融诈骗，它利用人们追求高回报的心理，通过虚假的高息承诺吸引大量投资者。然而，当骗局无法维持时，它不仅导致了投资者的巨大损失，还引发了严重的社会动荡和政治危机。这一事件再次提醒我们，投资需谨慎，要警惕高回报背后的风险。

麦道夫欺诈案：麦道夫欺诈案是指伯纳德·麦道夫（Bernard L. Madoff）策划的史上最大庞氏骗局。麦道夫是纳斯达克股票市场公司前董事会主席，他因涉嫌证券欺诈于2008年12月被警方逮捕。检察人员指控他给投资者造成了约500亿美元的损失。麦道夫的投资对投资机构与华尔街上流人士一直具有很大吸引力，其客户平均每月曾有过近2%的盈利纪录。然而，面对金融危机的蔓延，麦道夫的资金链出现问题。2008年12月10日，麦道夫向儿子坦白称自己的投资业务是一个巨大的谎言，实际上是一个庞氏骗局。他承认诈骗了客户500亿美元。麦道夫的两个儿子在得知真相后，立即向当局举报了父亲的行为。之后麦道夫被警方逮捕，并在次年被法院判处150年有期徒刑，且不得假释。麦道夫在狱中度过了他的余生。据报道，他在狱中曾向联邦监狱局提出获释请求，但被拒绝。最终，麦道夫于2021年4月在狱中死亡，终年82岁。麦道夫的骗局给数万名投资者造成了巨大的经济损失，估计损失金额高达650亿美元。该案暴露了金融行业监管的漏洞和缺陷，引发了人们对金融监管制度的深刻反思。麦道夫的罪行不仅毁了自己的前途，也给家人带来了深重的痛苦。他的长子在骗局被揭穿后自杀身亡，小儿子也因癌症复发去世。

在中国也有很多庞氏骗局的案例，这里仅举若干例。

德隆事件：德隆事件是中国的一个著名庞氏骗局案例。德隆公司从乌鲁木齐的一家小公司起步，最终发展成为拥有众多子公司和孙公司的大型企业集团。德隆公司通过多种途径进行融资，包括控股上市公司进行融资、委托理财、占用上市公司资金或由上市公司担保向银行借款等。这些资金大部分被投向了二级市场和其他产业。然而，当二级市场崩盘时，德隆的资金链断裂，导致了信任危机，其资金提供者纷纷登门逼债，最终德隆系倒塌。

手机生意庞氏骗局：浙江永嘉的瞿某因网络赌博输了40多万元，

为了还债，他将手机销售生意做成了庞氏骗局。他通过宣传自己有途径获取低价新式高档手机，吸引了大量投资者投资。该骗局非法集资达4.2亿元以上，涉及42人，其中八成为“90后”。然而，当资金链断裂时，无法偿还的数额达1.6亿元以上。瞿某最终被检察院以涉嫌集资诈骗罪、诈骗罪提起公诉。

“e租宝”金融诈骗案：“e租宝”骗局是指“钰诚系”下属的金易融（北京）网络科技有限公司运营的网络平台，打着“网络金融”的旗号进行非法集资的活动。该平台以高额利息为诱饵，虚构融资租赁项目，采用借新还旧、自我担保等方式大量非法吸收公众资金。该骗局累计交易发生额达700多亿元，实际吸收资金500余亿元，人数涉及投资人约90万名。“e租宝”通过虚构融资租赁项目，将资金转入公司的关联公司，达到事实挪用的目的。他们花费了8亿多元向项目公司和中间人购买资料，以制造虚假的项目并在平台上发布。“e租宝”共推出过6款产品，预期年化收益率在9%～14.6%之间，远高于一般银行理财产品的收益率，吸引了大量投资者。为了吸引更多人投入，“e租宝”开始了大规模的广告宣传，从地铁、公交到电视、网络，几乎无所不包，其电视广告的投放规模在2015年上半年就高达1.5亿元。骗局被揭穿后，“e租宝”创始人及高管被绳之以法，面临重刑和巨额罚款。同时，投资者的资金也面临巨大损失，许多投资者可能只能拿回部分投资本金。“e租宝”骗局对中国的金融体系和社会稳定造成了极大的冲击。它破坏了金融市场的公平性和诚信度，让许多投资者对新兴金融业态产生了疑虑和担忧。此外，该骗局还导致大量投资者的财产损失和心理创伤。

这些案例都展示了庞氏骗局的危害性和其对全球金融稳定的影响。为了避免类似的危机再次发生，各国政府和国际金融机构需要加强金融监管，增强投资者的风险意识，并提升金融体系的透明度和公平性。同时，投资者也应保持警惕，避免被高回报的承诺所迷惑，理性投资，防范金融风险。

（二）金融强国的金融监管责任

金融强国在推动全球金融发展和稳定的过程中，需要承担国际金融风险监管责任。这是因为金融强国通常拥有较为完善的金融体系、强大的资本实力和丰富的金融资源，其在全球金融市场中扮演着举足轻重的角色。

首先，金融强国应当积极参与国际金融合作，推动建立全球金融规则和标准。通过与国际金融机构和其他国家共同制定和执行这些规定和标准，金融强国可以促进全球金融市场的公平、透明和有效运作，降低跨境金融风险。其次，金融强国需要加强对本国金融机构的监管，确保其业务运营符合国际标准和规范。这包括加强风险管理和内部控制，防止金融机构从事高风险、违规或欺诈性活动。同时，金融强国还应建立健全的信息披露制度，提高金融市场的透明度，减少信息不对称带来的风险。此外，金融强国还需要与其他国家共同应对跨国金融风险和挑战。在全球化的背景下，金融风险往往具有跨国性和传染性。因此，金融强国需要与其他国家加强合作，共同监测和评估金融风险，制定应对措施，防止金融危机的发生和蔓延。最后，金融强国还需要积极参与国际金融治理体系的改革和完善。当前，国际金融治理体系仍面临一些挑战和不足，如监管空白、规则不统一等问题。金融强国可以发挥其影响力，推动国际金融治理体系的改革，提高其有效性和适应性。

作为金融强国，美国本应对全球金融稳定作出贡献，然而，美国监管当局纵容索罗斯量子基金肆意收割其他国家“韭菜”，就提供了反例。索罗斯作为金融界的传奇人物，其影响力和财力都是巨大的。量子基金虽然转型为家族投资公司，但其资金规模和投资能力并未因此而减弱。索罗斯通过对冲基金等高风险投资机构在全球金融市场上的操作，仍然能够对某些国家的货币和金融市场产生重大影响。这种影响力在某种程度上也得到了美国政府的默许或纵容。美国金融监管机构的改变为索罗斯提供了机会。在新的金融监管改革法案下，索罗斯选择了关闭量子基金对外部投资者的业务，以规避更严格的监管要求。这一决策使量子基金能够更为神秘地运作，且不受美国金融监管机构的直接监管。这种环境实际上为索罗斯提供了更大的操作空间，某种程度上可以被视为美国监管环境对索罗斯的“纵容”。量子基金以其强大的财力和凶狠的作风，在国际货币市场上兴风作浪。它常常对基础薄弱的货币发起攻击，并屡屡得手。这种投资策略在某种程度上也得到了美国政府的纵容，因为量子基金的操作有助于维护美元的全球地位，让其他国家对美元产生依赖。

量子基金在东南亚国家的外汇市场上进行了大规模的狙击，导致这些国家的货币大幅贬值。例如，在亚洲金融危机期间，量子基金的操作使一些东南亚国家的货币价值暴跌，进而引发了广泛的经济危机。这种货币贬值不仅削弱了这些国家的购买力，还导致了外汇储备的大量流失。据估计，这些东南亚国家因金融危机导致的损失达到万亿美元级别，其中主要集中在地产和企业方面。东南亚这些国家的经济崩溃，从全球长远来看，对美国并非什么好事。那次危机如果没有中国挺身而出以及经济保持稳定和后续高速增长，美国经济前景也未可知。量子基金这种操作今后理应受到各国联合监管，尤其是大国应担负起约束资本势力的责任。

1997 年的亚洲金融危机期间，量子基金等国际投机资本试图通过大规模卖空港元来获利。当时市场普遍预期港元将贬值。然而，香港特区政府和中国人民银行采取了强有力的干预措施，包括提高利率和干预外汇市场，这些政策有效地稳定了港元汇率，使量子基金的狙击计划受挫。最终，量子基金狙击港元的行为以失败告终。香港特区政府和金融监管机构的果断行动和有效应对，维护了港元的稳定和市场的信心。此案例展示了政府在应对金融危机和外部冲击时的重要作用，以及国际合作在增强抵御风险能力方面的积极意义。

六、资本大鳄的攻击与金融强国的金融安全管理责任

历史经验表明，在世界经济复苏基础较弱的情况下，大国货币政策调整和转向很可能导致全球资金流向发生急剧变化，引起一些国家经济金融风险甚至社会政治动荡。我们要坚持底线思维，密切关注国际形势变化，做好出现意外情况的准备。①

（一）国际资本大鳄的攻击

资本大鳄指的是在资本市场中具有巨大影响力和财富实力的投资者或机构。这些投资者或机构通常拥有深厚的资本实力，能够在股市、债市、期货等金融市场产生重大影响。可以在市场中产生重大影响，甚至能够左右市场的走势，对整个经济运行产生影响。资本大鳄可能会利用其资金优势和信息优势，在市场上大量买入或卖出某一资产，从而人为地抬高或压低该资产的价格，以此获利。他们可能会对企业进行恶意收购，通过大量购买目标公司的股票，获得控制权，进而改变公司的经营策略或进行资产剥离，以实现自身利益最大化。资本大鳄还可能会采取做空策略，即先借入股票并卖出，然后在股价下跌时再买回归还，从中赚取差价。在国际上，资本大鳄也可以做空一国货币，利用该国不健全的外汇管理制度和过早金融开放的制度缺陷，谋求巨大金融利益，给做空国带来经济金融危机。

国际上有名的资本大鳄有高盛集团、亨特家族、量子基金等。高盛

① 习近平：《在中央政治局常委会会议上关于当前经济形势和经济工作的讲话》（2013 年 7 月 25 日），《习近平关于金融工作论述摘编》，中央文献出版社，2024，第 151 页。

是一家具有悠久历史的国际金融机构，从 1869 年的一家小公司发展成为全球领先的投资银行。高盛在资本市场中具有极高的影响力，其业务涵盖股票承销、外汇和期货交易等多个领域。高盛在某些情况下因其投机行为和市场操控手段而受到争议，被一些媒体批评为“贪婪”和“狡猾”。亨特家族是美国历史上著名的富豪家族，曾在 20 世纪 70 年代制造了震惊世界的白银操纵案。家族成员通过坐庄、操纵市场等手段，试图赚取更多的财富，但最终因市场反转而遭受巨大损失。而索罗斯量子基金在东南亚金融危机中的贪婪与无耻早就臭名昭著。

（二）金融强国的金融安全责任

香港金融保卫战是一场不见硝烟的“战争”。1997 年下半年，对冲基金在亚洲各国和地区发起了连番狙击，并获得了极大的成功，使泰国、马来西亚、印度尼西亚等国家和地区几十年来积存的外汇一瞬间化为乌有，由此引发了二战后对这些国家的政治、经济和社会生活各层面冲击最巨的 1997 年亚洲金融危机。

1998 年 6—7 月间，索罗斯把矛头对准了港元，开始有计划地向香港股市及期货市场发动冲击。香港金融保卫战是经济实力的较量。截至 1997 年 12 月底，香港的外汇储备为 928 亿美元，排全球第三，仅次于日本和中国内地。

1998 年 8 月下旬，香港特区政府决定对国际炒家予以反击，香港金融管理局在股票和期货市场投入庞大资金。1998 年 8 月 28 日，香港全天成交额达到 790 亿元港币，创下当时的纪录。香港特区政府全力顶住了国际投机者空前的抛售压力，收盘时恒生指数为 7829 点。曾荫权立即宣布：在打击国际炒家，保卫香港股市和货币的战斗中，香港特区政府已经获胜。索罗斯在此一役损失惨重。

香港金融保卫战是香港特区政府面对国际金融炒家的冲击，通过动用外汇基金在股票和期货市场投入资金，成功地捍卫了港元与美元挂钩的联系汇率制度，保障了香港经济安全与稳定的战斗。香港特区政府投入巨额资金，与国际炒家展开将近一年的“金融保卫战”，最终在当天收盘钟声响起的那一刻宣告获胜。这背后有强有力的中央政府支撑，最终使香港顶住压力，金融市场得以稳定。

金融强国需要高度关注金融安全，特别是在面对外部货币金融战争时。金融安全是国家安全的重要组成部分，它关系到经济平稳健康发展和国家金融主权。维护金融安全，可以防止金融风险转化为金融危机，从而避免对实体经济造成冲击。外部货币金融战争可能通过操纵货币汇率、利用金融衍生工具等方式，对目标国家的金融体系造成冲击。历史上曾多次发生货币金融战争，如布雷顿森林体系的建立就是大国之间金融博弈的结果。这些战争往往导致全球或区域性的金融动荡。布雷顿森林体系建立后，美元成为全球主要储备货币，这显示了货币金融战争对全球金融格局的深远影响。当代金融体系中，各种金融衍生品的规模和复杂性不断增加，这要求金融强国必须具备更高的风险防范和化解能力。

金融强国应对外部货币金融战争须建立完善的金融监管体系，实时监测和评估金融风险，及时采取应对措施。同时，需要完善金融体制，优化金融服务，提高金融体系的韧性和抗风险能力。通过建立风险预警机制、完善风险处置流程等方式，有效防范和化解金融风险。对内要牢牢把握不发生系统性金融风险的底线，对外要时刻警惕国家间的货币金融战争以及国际资本大鳄对本国经济的攻击，树立起国家金融安全意识和负起金融安全管理责任。

以上还是防御性的管理，是中国目前金融发展阶段决定的。未来中国成为金融强国后，也不应像曾经的美国那样对本国资本大鳄放任自流，放任他们四处杀伐，到处掠夺，冷血无情，丝毫不顾他们掠夺的发展中国家人民死活。中国是负责任的大国，对中国资本也需要有合理的约束和管理，要对全球发展负责，不能唯利是图，这才符合人类命运共同体的发展理念。习近平总书记指出：金融安全是国家安全的重要组成部分，是经济平稳健康发展的重要基础。维护金融安全，是关系我国经济社会发展全局的一件带有战略性、根本性的大事。金融活，经济活；金融稳，经济稳。必须充分认识金融在经济发展和社会生活中的重要地位和作用，切实把维护金融安全作为治国理政的一件大事，扎扎实实把金融工作做好。①

七、重商主义与金融强国的贸易平衡责任

（一）重商主义

重商主义，也称作“工商业本位”或“商业本位”，是封建主义解体之后的16—17世纪西欧资本原始积累时期的一种经济理论或经济体系，反映了该时期商业资产阶级的利益。它的主要内容包括强调“重商”“重工”与“国家干预”，并认为国家富强的途径是通过贸易顺差，即出口额大于进口额，来获得财富。该理论主张国家干预经济生活，禁止金银输出，并增加金银输入。重商主义者认为，政府应该管制农业、商业和制造业，发展对外贸易垄断，并通过高关税率和其他贸易限制来保护国内市场，同时利用殖民地为母国的制造业提供原料和市场。

然而，在当今的美国，虽然经济环境和全球背景与重商主义兴起的时期大不相同，但在某些政策和实践上，仍可以看到重商主义的影子。特别是当美国面临贸易逆差或其他经济问题时，重商主义的理念可能会被重新提及和采纳。具体来说，美国可能会采取一系列措施来推动本国商品的海外市场销售，并促使贸易伙伴国购买其商品。这包括但不限于

① 《习近平在十八届中央政治局第四十次集体学习时的讲话》（2017年4月25日），《人民日报》2017年4月27日。

对进口商品实施高关税、设置贸易壁垒、推动贸易协定以有利于本国利益，以及利用国际经济组织和规则来影响全球贸易格局。此外，美国还可能通过外交手段和经济援助等手段，来加强与其他国家的经济联系，从而为本国商品和资本开拓更广阔的市场。

美国对中国的贸易战和科技封锁是一种旨在阻碍中国经济发展的手段。然而，这种做派严重违反了国际贸易规则，破坏了全球产业链和供应链的稳定。这些做法在某些方面与重商主义相似，或者本质上就是一种现代重商主义。对于美国的这些行为，中方一贯坚决反对，并敦促美方立即纠正错误，停止对中国企业实施非法单边制裁和“长臂管辖”。同时，中方将继续密切关注有关动向，坚决维护中国企业的合法权益。美国对中国的贸易战和科技封锁是一种不公正、不合理的做法，违背了市场经济原则和国际贸易规则。中方将采取一切必要措施来应对挑战，维护中国企业和人民的利益。

（二）金融强国的贸易平衡责任

金融强国在国际贸易中扮演着举足轻重的角色，其贸易平衡责任不容忽视。贸易平衡是指两个或多个国家之间在贸易往来中实现货物、服务和资本的均衡流动。一个金融强国在追求自身经济利益的同时，也应积极承担贸易平衡的责任，以推动全球经济的稳定与可持续发展。

金融强国应当通过优化贸易结构、提高出口产品质量和技术含量，来实现贸易的顺差或逆差的合理控制。这有助于减少贸易摩擦，避免贸易战的发生，从而维护全球贸易体系的稳定。同时，金融强国还应积极推动贸易自由化和便利化，降低关税和非关税壁垒，为全球贸易创造更加公平、透明和可预测的环境。金融强国在国际贸易中应秉持互利共赢的原则，推动构建开放型世界经济。通过加强与其他国家的经济合作，共同应对全球性挑战，金融强国可以推动全球经济的共同繁荣。此外，金融强国还应积极参与全球贸易治理体系的改革和完善，推动建立更加公正、合理和有效的国际贸易规则。金融强国应承担起对发展中国家的援助和支持责任。通过提供资金、技术和市场准入等方面的帮助，金融强国可以帮助发展中国家提高贸易能力，促进贸易平衡的实现。这不仅有助于缩小南北差距，推动全球经济的均衡发展，也是金融强国履行国际责任、提升国际形象的重要途径。

在努力实现贸易平衡的国家案例中，中国近年来的贸易政策调整及其成效提供了一个很好的范例。中国在过去几十年中，由于出口导向型的经济政策，积累了大量的贸易顺差。然而，随着全球经济环境的变化和国内经济结构的调整，中国开始注重贸易平衡，努力减少贸易顺差，以避免贸易摩擦和经济失衡。中国采取了优化出口结构的做法，使出口产品逐步从低附加值产品向高附加值产品转变，提高产品质量和竞争力，以减少对低端产品的过度依赖。另外，中国扩大进口，积极降低关税，增加进口，特别是先进技术、关键设备和资源性产品的进口，以满足国内产业升级和消费升级的需求。

中国在全球独创了“中国国际进口博览会”，已经连续举办 7 届，主动扩大进口，改善逆差国贸易。中国国际进口博览会，简称“进口博览会”“进博会”等，由中华人民共和国商务部和上海市人民政府主办，中国国际进口博览局、国家会展中心（上海）承办，为世界上第一个以进口为主题的国家级展会。举办中国国际进口博览会由习近平总书记亲自谋划、亲自提出、亲自部署、亲自推动，是中国着眼推进新一轮高水平对外开放作出的一项重大决策，是中国主动向世界开放市场的重大举措。这体现了中国支持多边贸易体制、推动发展自由贸易的一贯立场，是中国推动建设开放型世界经济、支持经济全球化的实际行动。因此，可以说中国国际进口博览会确实是全球首创，展现了中国作为大国的担当以及主动平衡贸易的意愿。通过这一博览会，中国不仅展示了自身的市场潜力和消费能力，也为全球各国提供了一个展示商品和服务的平台，进一步促进了国际贸易的发展和合作。

中国还加强国际合作，积极参与多边贸易体系，加强与其他国家的经贸合作，推动贸易和投资自由化便利化。中国是 RCEP（区域全面经济伙伴关系协定）的积极参与者和推动者。RCEP 由东盟于 2012 年发起，历经 8 年、31 轮正式谈判，最终在 2020 年 11 月 15 日由包括中国在内的 15 个成员国共同签署。中国在 RCEP 谈判过程中发挥了重要作用，与其他成员国共同推动了协定的达成。RCEP 的签署对中国具有重要意义，它标志着中国参与世界最大贸易协定的成功，为中国经济发展提供了新的动力。RCEP 有助于中国应对中美贸易战、地缘政治变化和新冠疫情引发的全球经济衰退的三重威胁，为中国提供了一个稳定和友好的区域合作平台。RCEP 将为中国企业提供更广阔的区域市场和更低廉的生产要素，提升中国产品在区域内的流通性和竞争力，从而推动国内国际双循环战略的实施。自 RCEP 签署以来，中国积极推动协定的实施工作，包括完成核准程序、向东盟秘书长交存核准书等步骤。中国在 RCEP 全面实施一周年时取得了显著成果。例如，在湖北地区，RCEP 项下进出口享惠货值达到了数十亿元人民币，主要享惠货物包括纺织品、化工品等。中国参加 RCEP 体现了其对全球化和贸易自由化的坚定支持。通过积极参与和推动 RCEP 的签署与实施，中国不仅为自身经济发展注入了新的活力，也为区域经济一体化和全球经济复苏作出了重要贡献。未来，中国将继续积极履行在 RCEP 中承担的义务，与其他成员国共同推进该协定的有效实施。

CPTPP（全面与进步跨太平洋伙伴关系协定）是一个重要的国际贸易协定，CPTPP 最初是由亚太国家组成的自由贸易区协定，前身为跨太平洋伙伴关系协定（TPP）。2017 年，在美国退出 TPP 后，剩余的 11 个亚太国家继续推进该协定，并于 2018 年 3 月 8 日在智利圣地亚哥签署了新的自由贸易协定，更名为 CPTPP。CPTPP 是一个高标准的综合性自由贸易协定，涵盖货物贸易、服务贸易、知识产权、电子商务、政府采购和透明度等多个领域。货物贸易方面，CPTPP 致力于实现最终自由化水平接近 100%，其中 85% 以上的产品将在协定生效后立即实施零关税。在服务贸易领域，CPTPP 以负面清单方式实施市场开放，要求成员必须取消市场准入限制，给予外国服务提供者国民待遇。协定还包括对知识产权的严格保护，要求扩大对驰名商标的保护范围、延长知识产权保护期等。CPTPP 代表了当前国际上最高的贸易标准体系，对成员国经济发展、贸易自由化以及全球贸易规则的制定都具有重要影响。

中国于 2021 年 9 月 16 日正式提出申请加入 CPTPP，体现了中国对深化改革开放和积极参与全球经济治理的坚定决心。中国政府已经对照 CPTPP 的规则进行了深入研究和评估，做好了对标 CPTPP 规则的充分准备。

中国的这些做法既彰显了大国责任，也取得了积极成效。根据相关数据，中国的贸易顺差在近年来有所缩小。例如，中国对日本、德国等国家的贸易逆差呈现越来越小的态势，甚至在 2023 年达到了总体平衡。这表明中国的贸易政策调整取得了积极成效。随着进口关税的降低和进口政策的优化，中国的进口额逐年增加。这不仅有助于满足国内市场需求，还促进了全球经济增长。中国通过加强国际合作，改善了与贸易伙伴的关系，减少了贸易摩擦。这为中国经济的持续发展创造了有利的外部环境。

今后，中国在迈向金融强国的进程中，一定还会继续在国际贸易中承担起更大的贸易平衡责任，通过优化贸易结构、推动贸易自由化和便利化、加强国际合作以及支持发展中国家等措施，推动全球经济的稳定与可持续发展。这不仅符合金融强国自身的利益，也是中国作为全球经济引领者之一应尽的责任和义务。

第十二章

金融强国与强国富民

藏富于国，民贫则乱；藏富于民，国赖民安。

——《百官箴·司农箴》

国家兴衰，金融有责。从历史经验看，大国崛起离不开强大金融体系的关键支撑，如果金融搞不好，甚至爆发金融危机，那么经济发展必然受到重挫，现代化进程可能迟滞甚至中断。当今世界，金融是大国博弈的必争之地，金融对强国建设的作用更加凸显。推进中国式现代化建设，需要适应社会主要矛盾变化，更好解决发展不平衡不充分问题；需要建设现代化产业体系、加快构建新发展格局；需要在推动高质量发展中提高人民生活品质，促进全体人民共同富裕；需要应对气候变化等人类面临的共同挑战，推动构建人类命运共同体。所有这些，都需要推动我国金融高质量发展。金融系统要胸怀“国之大者”，强化使命担当，以金融高质量发展助力强国建设、民族复兴伟业。[①]

---

① 习近平：《在中央金融工作会议上的讲话》（2023 年 10 月 30 日），《习近平关于金融工作论述摘编》，中央文献出版社，2024，第 13 页。

一、社会主义本质要求强国还须富民

（一）中国自古对于国家与民众财富分配之间的关系就有深刻认识

宋代许月卿的《百官箴 · 司农箴》:“藏富于国，民贫则乱；藏富于民，国赖民安。我朝地广不如汉，兵强不如唐，惟恃人心，以永以昌。”许月卿是南宋理学家，他在这篇文章中提出了“藏富于民”的经济思想，强调国家的财富应该分散到民众手中，以此来稳定国家和社会。“藏富于国，民贫则乱”意味着如果国家过度集中财富，导致民众生活贫困，那么社会就容易产生不满和动荡。这是因为民众是国家的基石，他们的福祉和稳定直接关系到国家的安全和繁荣。如果民众生活困苦，他们的基本需求得不到满足，就可能会引发不满和反抗，从而威胁到国家的稳定。“藏富于民，国赖民安”则强调了将财富分配给民众的重要性。只有当民众富裕起来，他们的生活水平得到提高，社会才能保持安定和繁荣。民众是国家的根基，他们的安定和幸福是国家繁荣稳定的基础。因此，国家应该通过合理的政策和制度，鼓励和支持民众创造财富，提高他们的生活水平，从而实现国家的长治久安。

“藏富于民”这种思想对当下中国社会也具有一定的现实意义和启示作用。它提醒我们，在经济发展和社会建设中，要注重平衡国家与民众之间的利益关系，实现财富的合理分配和共享。只有这样，才能确保社会的和谐稳定和国家的长治久安。“强国与富民”这二者是什么关系？从中国特色社会主义金融的人民性与共享性出发，“强国”是“富民”的基础与前提，是底气，是实力，是手段，是出发点；“富民”则是党之初心、党之归属、党以及社会主义的本质本性与本心之表现、实现与最终奋斗目标，也是民呼、民盼、民愿、民心、民意之所在。

正确处理财富在国家与民众之间分配的问题，实际上是在当今发展阶段，对正确处理好国家利益、集体利益和个人利益的关系的一种政策微调。正确处理国家利益、集体利益和个人利益的关系，是在我国社会主义改造时期，特别是1953年过渡时期总路线提出后全面展开的过程中逐步明确和提出来的。1956年，毛泽东主席在《论十大关系》中进一步强调：个人利益要服从集体利益，局部利益要服从整体利益，眼前利益要服从长远利益。这体现了社会主义集体主义原则，也是由社会主义革命的目的和建设的规律所决定的。

在中华文化中，集体主义是一个非常重要的价值观念。这种文化倾向源远流长，深深植根于中国的社会结构和历史文化传统中。中国传统的社会结构以家族和宗族为基础，个人往往被视为家族或宗族的一部分。这种社会结构强调了个人对家族和社区的责任和义务，从而培养了集体主义的观念。儒家文化是中华民族传统文化的重要组成部分，它强调“仁爱”和“礼义”。在儒家看来，个人应该服从于家庭和社会的整体利益，这种思想进一步强化了集体主义的价值观。中国历史上长期的农耕文明也促进了集体主义观念的形成。在农耕社会中，人们需要相互合作才能完成耕种、收割等农业生产活动，这种合作精神也是集体主义的一种体现。即使在今天，集体主义在中国社会中仍然占据重要地位，也是中国集中力量办大事的制度优势。但是，集体主义在中华文化中的强调，并不意味着忽视个人的权利和需求，而是在追求个人发展的同时，也要考虑到对集体和社会的贡献。这种平衡个人与集体的关系，是中华文化中一个重要而独特的价值观。现在提出政策微调，提出强国富民双均衡，并不是否定原来的“非均衡”发展以及“有先有后”发展政策，而是到了新发展阶段，根据新时代具体情况而需要做出的政策微调。

类似的案例是中国在发展经济后，调整政策及时发展军事。中国在20世纪70年代末开始实行改革开放政策，这一时期国家将重点放在了经济建设上，通过引进外资、发展出口导向型经济等措施，使我国经济迅速增长，为国家积累了大量的财富和资源。随着经济的快速发展，中国逐渐成为世界第二大经济体，这为后续军事现代化提供了坚实的物质基础。在经济取得显著成就后，中国开始逐步增加对军事的投入。军费开支的逐年增长反映了国家对军事建设的重视。这说明，优先发展经济是正确选择，在具备经济实力后，及时调整发展军事也是正确选择。

弱国谈不到富民。强国却可以有两种选择：一是“国强民贫”，二是“国强民富”。但从历史上看，第一种情况不可持续。苏联的崩溃就是典型案例。苏联在经济发展中存在重视重工业和军工业、相对忽视轻工业和民生改善的情况。其一度发展成为全球老二，与美国开展冷战对决，给美国带来极大的竞争压力。苏联在冷战期间，为了与美国等西方国家抗衡，大力发展重工业和军工业。例如，在巅峰时期的1983年，苏联的GDP高达9993亿美元，拥有庞大的军队和军备，包括6万辆主战坦克和4万多枚核弹头。这显示了苏联在重工业和军备方面的强大实力。与重工业的蓬勃发展相比，苏联的轻工业发展显得相对滞后。这主要体现在消费品生产的不足和人民生活水平的下降。例如，在斯大林时期，苏联领导人更加关注国家安全和重工业的发展，而忽视了轻工业和消费品生产的重要性。这导致在一段时间内，苏联人民的基本生活需求难以得到充分满足。虽然苏联在经济上取得了显著成就，但这些成就主要集中在重工业和军工业领域，并未完全转化为人民生活水平的提高。实际上，由于轻工业和服务业的滞后发展，苏联人民在日常生活中的便利性和舒适度方面可能并不如西方国家的民众。苏联经济结构的失衡（重工业过重、轻工业过轻）对其长期发展产生了负面影响。这种失衡不仅限制了苏联经济的全面性和可持续性，还可能加剧了社会不平等和民众不满。最终，这种经济结构问题也在一定程度上导致了苏联的解体。固然苏联崩溃有很多原因，但“国强民贫”也是失去人心和民众支持的重要原因。教训深刻，殷鉴不远。

藏富于民与共同富裕是两个既有区别又有联系的概念。藏富于民强调的是通过减轻民众负担，让民众有更多的财富积累，它体现的是一种经济策略和富民思想。而共同富裕则更注重社会公平和正义，旨在通过合理的财富分配制度，实现全体人民的普遍富裕，减少贫富差距。藏富于民主要通过减轻赋税、鼓励生产、增加收入等方式，让民众有更多的经济自由和资源去创造财富。共同富裕则涉及更广泛的社会经济政策，如扩大中等收入群体、推动经济高质量发展、缩小区域和城乡差距等，以实现全民性、全面性、全域性的富裕。虽然藏富于民和共同富裕在实现路径上有所不同，但它们的最终目标都是为了提高民众的生活水平和幸福感。藏富于民通过增加民众的财富积累，为共同富裕奠定基础；而共同富裕则通过合理的财富分配，确保每个人都能分享到经济发展的成果。藏富于民和共同富裕在实践中可以相辅相成。一方面，藏富于民的策略可以激发民众的生产积极性和创造力，从而推动经济的持续发展；另一方面，共同富裕的理念可以引导政策的制定和实施，确保经济发展的成果能够惠及全体人民，实现社会的和谐稳定。共同富裕是社会主义的本质要求，体现了社会主义的优越性。社会主义最大的优越性是共同富裕，这种优越性归根到底要体现在它的生产力比资本主义发展得更快一些、更高一些，在此基础上不断改善人民的物质文化生活。藏富于民凸显了中国式现代化过程中物质现代化与人的现代化的融合共进。因此社会主义要追求共同富裕，藏富于民也是必然选择。

（二）强国富民都要靠党的领导，走正确的发展道路

在人民公社化运动和“大跃进”时期，公共食堂等集体生活方式的推广，是试图通过集体化的方式快速实现共同富裕。然而，在实际操作中，由于分配上的完全供给制和缺乏个体差异性，导致个人努力与回报之间的关系被弱化，从而降低了人们的工作动力和效率。此外，当面临自然灾害等外部挑战时，这种高度集中的组织形式也显示出其脆弱性，难以迅速应对外部环境的变化。现代经济理论强调市场机制和个人激励的重要性，认为通过竞争和激励机制可以更有效地促进经济增长和财富

创造。因此，虽然人民公社和公共食堂的初衷是好的，但由于错误的道路选择，最终未能实现这一目标。

相比之下，农村家庭联产承包制的改革调动了广大农民的生产积极性，农业生产效益大幅提升。联产承包责任制成功地将土地经营权下放到农户，使农民成为自负盈亏的生产者和经营者。这种转变打破了以往生产指导上的行政包办，有效地克服了强迫命令和瞎指挥的问题，让农民能够根据市场需求和自身条件灵活安排生产，充分调动了农民家庭经营的积极性，劳动效率得到了显著提高。联产承包责任制改变了过去人民公社体制下的平均主义分配方式，实现了按劳分配，有效地克服了平均主义带来的弊端，进一步激发了农民的生产热情。随着联产承包责任制的推广和实施，农业生产取得了显著的成效。例如，1978 年中国农业总产值为 1027.5 亿元，而联产承包责任制全面实施后的几年中，农业总产值迅速增长。同时，粮食产量也大幅增加，农民的生活水平得到了显著提升。

在我们看来，富民可采取如下六条主要路径：

①采取正确的政策，保持经济增长势头，增加居民收入。经济增长是提高居民收入和生活水平的基础。通过促进产业发展、创新和就业，可以普遍提高居民的收入水平。经济增长带来的就业机会和收入提升，能够直接改善民众的生活品质，并促进消费，进而形成良性循环。提高劳动报酬在要素分配中的比重，这是直接增加居民收入的重要手段。完善工资制度，健全工资决定、合理增长和支付保障机制，完善最低工资标准和工资指导线形成机制，积极推行工资集体协商制度。优化税收政策，例如，提高 3 岁以下婴幼儿照护、子女教育、赡养老人三项个人所得税专项附加扣除标准，延续全年一次性奖金单独计税等优惠政策，切实减轻居民税收负担，增强居民消费能力。扶持民营经济发展，优化营商环境，出台政策措施支持民营企业高质量发展，推动破解民营经济发展中面临的突出问题，激发民营经济发展活力，提振民营经济发展信

心。加快缩小城乡收入差距，推进城乡户籍管理制度改革，促进劳动力转移，增加农民收入。同时，推动农村产业现代化、多元化发展，加快农村第二、第三产业发展，不断拓宽农民增收途径。完善社会保障体系，提升居民在养老、医疗等方面的保障水平，增强居民的消费信心。完善针对弱势群体的社会保障政策，推动社会福利救助体系建设、慈善事业进一步发展。注重货币政策的收入分配效应。货币政策在调控总需求的同时，也要注重其收入分配效应，确保货币政策的决策与执行能够缩小居民之间的收入差距，经济发展的成果能够让更多的人受益。

②通过财政转移支付、再分配调整缩小贫富差距。通过税收、社会保障等手段进行再分配，以缩小贫富差距，帮助贫困人口脱贫。再分配调整是实现社会公平的重要手段，它有助于减少社会不公，提高社会稳定性。通过财政转移支付和再分配调整来缩小贫富差距，是一个重要的政策手段。通过科学、合理界定各级政府的财权和事权，推进政府间财政关系法治化进程，提高转移支付制度的法律权威性和统一性，从制度上确保转移支付结果的公平、公正。通过富裕地区直接向贫困地区转移支付，改变地区间既得利益格局，实现地区间公共服务水平的均衡。收入再分配指通过设置不同税收政策，对高收入人群的收入进行适度调节。财富再分配则包括通过财产税和遗产税对个人和家庭财富进行征税以及通过社会保障制度实现的再分配。加强监管和评估，确保财政转移支付和再分配调整的效益和效果，防止腐败和浪费现象。确保信息的公开透明，使公众了解政策的执行情况和效果，提高政策的公信力和有效性。财政转移支付和再分配调整政策需要具有长期性和稳定性，以确保政策效果的持续性和稳定性。同时，政策也需要根据国内外经济形势的变化进行适时调整和优化，以适应经济社会发展的需要。

③做大做强国有经济，收益拨付基本民生领域。将做大做强国有经济的收益拨付到基本民生领域，是一个具有深远意义的政策方向。国有经济作为国家的重要经济支柱，其发展和壮大对于国家的整体经济实力

和竞争力具有重要影响。加大国有经济的投资、创新和发展力度，可以促进经济的持续增长和稳定，为国家的经济发展提供坚实的物质基础。将国有经济的收益拨付到基本民生领域，是落实以人民为中心的发展思想的具体体现。基本民生是人民群众最关心、最直接、最现实的利益问题，包括教育、医疗、就业、养老等方面。通过加大对这些领域的投入，可以提高人民群众的生活水平和质量，增强人民群众的获得感、幸福感和安全感。同时，这也有助于缩小贫富差距、促进社会公平正义。将国有经济的收益用于基本民生领域，可以让更多的社会成员分享到经济发展的成果，减少社会不公和矛盾，促进社会的和谐稳定。此外，这也能够激发国有经济的活力和创造力。将收益用于民生领域，可以激发国有企业在社会责任和公共服务方面的积极性，推动国有企业在创新、管理、服务等方面的改革和提升，增强国有经济的竞争力和影响力。然而，在实施过程中也需要注意一些问题。一是要确保收益拨付的透明度和公正性，避免出现腐败和浪费现象；二是要根据实际情况和需要，科学合理地确定拨付比例和领域；三是要加强监管和评估，确保收益拨付的效益和效果。

④鼓励民营企业做大做强，扩大中产阶级。民营企业是市场经济的重要组成部分，它们的发展壮大有助于增加就业，有利于扩大中产阶级，促进创新和提高经济活力。一个强大的中产阶级是经济稳定增长的基础，而民营企业的发展是扩大中产阶级规模的重要途径。鼓励民营企业做大做强，进而扩大中产阶级，是一个具有深远意义的经济和社会目标。首先，推进民营经济促进法立法进程，通过法律手段确保民营企业与国有企业享有平等的市场地位。完善促进民营经济发展的法律和制度保障体系，使各种所有制经济依法平等使用生产要素、公平参与市场竞争、同等受到法律保护。其次，优化民营经济发展环境，打造高效便捷的政务环境，使民营企业“敢说话、说真话”，并线上线下相结合解决民营企业重点难点问题。破除市场准入壁垒，落实公平竞争制度，坚持

对各类所有制企业一视同仁、平等对待。加强信用体系对民营企业的支持，完善信用信息归集共享机制，全面推广信用承诺制度。优化民间投资环境：强化民间投资项目的要素保障和服务保障，推动要素资源向民营企业集聚。加快产权制度改革，打破行业垄断，创造一个机会均等、自由竞争的市场环境，允许私人资本进入更多领域。提供银行信贷优惠，创新信贷产品，满足中小企业灵活多样的融资需求，解决其发展融资难问题。培养创新人才，国家应大力支持自主创新能力的提高，积极营造创新环境，努力造就高水平的科学家和科技领军人才，鼓励他们创业，提高民营企业家素质。

⑤扩大国际贸易，改善人民生活品质。国际贸易是促进经济增长和提高国际竞争力的重要手段。通过出口中国制造的产品，可以发展国内中小民营企业，打造更多的企业主，提高国内产业的国际竞争力。引进先进的技术和设备，促进国内产业的升级和转型，还可以通过进口提升生活品质。扩大国际贸易对改善人民生活品质具有积极的影响，随着国际贸易的扩大，世界贸易组织成员间关税的下降和服务贸易市场的开放，直接降低了相关产品和服务的费用。这使消费者能够以更低的价格购买到更多样化、更高质量的商品和服务，从而提高了人民的生活水平。国际贸易的扩大为企业提供了更多的市场机会，促进了企业的发展和扩张。这有助于创造更多的就业机会，提高人民的收入水平，进而改善人民的生活品质。通过国际贸易，企业可以引进国外先进的技术、设备和管理经验，提高生产效率和产品质量。这有助于推动国内产业升级和转型，增强国内企业的竞争力，进而为人民提供更多优质的商品和服务。随着国际贸易的扩大，服务贸易也得到了迅速发展。服务业的繁荣不仅为人民提供了更多就业机会，还提供了更多便利和舒适的生活体验。例如，旅游、金融、保险、咨询等新兴服务业的发展，为人们提供了更多元化的生活选择。国际贸易的扩大有助于推动经济全球化和区域一体化进程，加强各国之间的经济联系和合作。这有助于实现资源的优

化配置和共享，提高全球经济的整体效率和稳定性，为人民创造更加繁荣和稳定的生活环境。然而，在扩大国际贸易的同时，也需要注意一些问题。例如，要保护国内产业和市场，避免过度依赖国际贸易；要加强贸易监管和风险管理，防范贸易风险和冲击；要加强国际合作和协调，共同应对全球性经济问题和挑战。

⑥利用政策性金融和超长期特别国债，辅助补齐民生短板。针对教育、医疗、养老等关键领域设立专门的政策性金融机构，可以提供定向的金融支持，促进这些领域的发展。这些政策性金融机构可以为相关领域提供长期、低成本的资金支持，有助于解决社会保障和公共服务方面的问题。鼓励引导商业性金融机构按国家产业政策和富民民生政策配合投入金融资源，共同做好有组织的富民。教育、医疗、养老等短板补齐，就能降低人民风险预期，增加可支配收入，带动消费。利用政策性金融和超长期特别国债来辅助补齐民生短板，是一个具有战略意义的政策选择。政策性金融的主要目标是为了实现特定的政策目标，如培养战略性的产业、支持国家重大战略实施等。在补齐民生短板方面，政策性金融可以专注于支持教育、医疗、社会保障、环境保护等领域的项目。政策性金融以优惠性存贷利率为条件，为民生项目提供资金。这可以降低项目的融资成本，使更多的资金能够用于改善民生福祉。政策性金融机构可以通过提供多样化的金融服务，如贷款、担保、投资等，来满足民生项目的不同需求。同时，还可以加强与其他金融机构的合作，共同推动民生项目的实施。此外，超长期特别国债的发行期限长，可以为民生项目提供长期、稳定的资金来源。这有助于确保项目的顺利实施，并提高项目的可持续性。超长期特别国债的发行可以减轻财政的短期偿债压力，使政府有更多的财力用于支持民生项目。同时，由于其利率相对较低，也可以降低项目的融资成本。超长期特别国债的发行通常具有明确的用途，可以确保资金用于支持特定的民生项目。这有助于提高资金的使用效率，并避免资金的浪费和挪用。当然，在利用政策性金融和超

长期特别国债来辅助补齐民生短板时，还需要注意以下几点：加强项目筛选和评估，确保选择的项目符合政策目标，并具有良好的社会效益和经济效益。同时，还需要对项目进行严格的监督，确保项目的顺利实施和资金的合理使用。加强政策协调。政策性金融和超长期特别国债的实施需要与其他政策相协调，如财政政策、货币政策等。需要确保各项政策之间的衔接和配合，形成政策合力。特别要加强风险管理。政策性金融和超长期特别国债的实施存在一定的风险，需要加强风险管理，确保资金的安全和项目的成功实施。

二、强国富民须先拨乱反正，纠偏过度市场化

（一）针对教育、医疗和养老过度市场化，要拨乱反正

改革开放 40 多年来，毋庸讳言，教育、医疗和养老等领域存在过度市场化现象。市场化的教育体系可能导致资源集中在某些地区或学校，造成教育资源的不均衡分配。这种不均衡可能引发激烈的竞争，使学生和家长为了争夺有限的优质教育资源而付出更多努力。在过度市场化的环境中，学生的成绩和升学率往往成为评价教育质量的主要标准。这种单一的评价体系可能导致教育目标的扭曲，学校和教育机构过于追求高分和升学率，而忽视了学生的全面发展和个性化需求。市场化的教育可能加剧社会不公。那些能够提供高额奖学金或者有强大经济后盾的学校可能会吸引更多的优秀教师和学生，从而加剧了教育资源的不均衡。随着市场化的推进，教育资源越来越集中在某些学校或机构，这使家长和学生面临更大的竞争压力。为了获得优质的教育资源，许多家庭可能需要支付高昂的费用或付出更多的努力。这种资源的稀缺性和竞争性自然会引发人们的焦虑感。市场化往往导致教育目标的功利化，过分追求成绩和升学率。当教育的目的被简化为提高分数和进入好学校时，

可能会忽视学生的全面发展和个性化需求。这可能导致一些学生在面对现实世界的挑战时感到准备不足，从而产生不安全的感觉。

医疗体系的私有化、市场化可能导致医疗资源分配不公。优质医疗资源可能集中在少数医院或地区，使患者为了获得更好的医疗服务而不得不进行长途奔波或支付高昂的费用。市场化可能导致医疗费用上升，因为医疗机构可能会追求更高的利润。对于普通患者来说，这意味着他们可能需要支付更多的费用才能获得必要的医疗服务。医疗体系的私有化、市场化可能从制度设计上在贫富之间、城乡之间制造严重的医疗服务两极分化。低收入群体和农村落后地区的人群可能被排斥在优质而高昂贵的医疗体系之外，甚至连普通的病也看不起，严重破坏医疗卫生社会公平。市场化的医疗体系可能会导致医疗费用的不断上涨。对于一些普通家庭来说，看病难、看病贵的问题日益突出。这种经济压力可能会使人们感到不安和担忧。市场化虽然可能带来医疗技术的进步和服务创新，但也可能导致服务质量的不稳定。一些医疗机构为了追求利润最大化，可能会忽视患者的需求和利益。同时，市场上存在的假冒伪劣药品和医疗服务也可能会给人们带来额外的风险和不安全感。为了缓解这种焦虑和不安全感，政府和社会各界需要共同努力。

在养老服务市场化的过程中，也存在一些过度市场化的现象。首先，价格过高。在过度市场化的环境下，部分养老机构可能会提高服务价格，导致一些经济条件较差的老年人无法享受到高质量的养老服务。其次，服务质量参差不齐。市场化竞争可能导致部分养老机构为了降低成本而牺牲服务质量，出现服务质量参差不齐的情况。最后，过分追求经济利益。在过度市场化的背景下，一些养老机构可能会过分追求经济利益，而忽视老年人的实际需求和服务质量。养老过度市场化可能会造成老年人福利受损，过高的价格可能导致部分老年人无法负担养老服务费用，从而降低他们的生活质量。养老过度市场化还可能导致市场出现恶性竞争、虚假宣传等乱象，损害老年人的权益。如果过度市场化导致养老服务资源向经济条件好的老年人倾斜，将加剧社会不公现象。

（二）解决人民后顾之忧，改善社会中长期预期

当前要从生活服务补短板、降成本中改善社会预期。教育和医疗一直是引发居民焦虑的焦点领域。虽然推出了很多措施，帮助学生减负，但在现有中高考“以成绩论英雄”的模式下，城市居民适龄人群焦虑感非常强，学生睡眠不足、身体素质下降、近视等问题日趋严重。医疗体系还没有从根本上解决人民群众就医看病难的老问题，医疗资源相对于社会需求还有巨大缺口，亟须增加供给。养老模式还在探索中，没有统一评价标准。养老是政府要负责的服务业，尤其是基本型养老，前期民营企业撤出养老行业存在大量遗留问题，未来需要针对实际情况采取更为精准、有效的举措解除人民的后顾之忧。为更好保障人民群众的基本需求，缓解普遍存在的教育和医疗养老方面的焦虑与担忧，塑造对未来生活消费的新预期，至少可从以下几个方面采取措施：

政府需要加大对教育的投资力度，特别是基础教育阶段。这包括提高教师待遇、改善教学设施、提供更多的教育资源等。针对经济困难的家庭和学生，政府应提供教育资助，如助学金、减免学费等，以确保适龄儿童有机会接受良好的教育。政府应持续完善医保政策，扩大医保覆盖范围，降低药品和医疗服务的价格。例如，通过医保目录的调整和药品集中采购等措施，为患者减负。加强基层医疗机构的建设和服务质量，提高基层医疗服务的可及性，缓解大医院的压力。针对低收入人群和重大疾病患者，政府应提供医疗救助，减轻他们的医疗费用负担。政府应建立健全的社会保障体系，确保老年人的基本生活来源。这包括提高养老金水平、完善养老保险制度等。加强城乡社区养老服务网络的建设，发展老年活动中心、老年食堂等，让老年人在家门口就能享受到便捷的养老服务。政府还应关注老年人的健康问题，提供定期的健康检查、疾病预防和康复服务等。应密切关注老年人的实际需求和服务满意

度，确保市场化改革真正惠及老年人群体。政府应加大对养老服务市场的监管力度，确保市场价格合理、服务质量可靠。政府可以通过提供税收优惠、资金补贴等政策措施，鼓励社会力量参与养老服务市场，同时保障服务质量。加强养老服务行业的自律机制建设，通过行业协会等组织规范市场秩序，提高服务质量。

（三）保持货币购买力稳定，防止通货膨胀

通货膨胀的恶果不言而喻。通货膨胀导致物价普遍上涨，使消费者购买相同商品和服务需要支付更多的货币。这降低了货币的购买力，实际上减少了民众的实际收入。通货膨胀加剧了经济的不确定性，可能导致投资者和消费者的信心下降，进而抑制经济增长和投资活动。通货膨胀对固定收入者不利，因为他们的收入并没有随着物价上涨而增加，实际购买力因此下降。相反，浮动收入者可能会从通货膨胀中获益，特别是那些能够从价格上涨中获利的行业从业者。在恶性通货膨胀的情况下，物价上涨速度极快，可能导致经济结构的畸形化和整个国民经济的比例失调。这会对经济的稳定和协调发展造成极大的破坏，甚至直接威胁到政权的稳定。

历史上，在第一次世界大战后，德国作为战败国背负了沉重的赔款负担，政府通过大量印刷货币来偿付债务。这导致了恶性的通货膨胀，据报道，在 1923 年底，物价有时一天可以翻几倍。这种疯狂的通货膨胀导致了德国经济的崩溃和社会动荡。

在中国，解放战争后期，为了支付庞大的军费和弥补财政赤字，国民党政府大量发行法币，这导致了法币的迅速贬值和物价的飞涨。为了挽救这一经济危机，国民党政府决定实行币制改革，废弃法币，改发金圆券。金圆券于 1948 年 8 月 19 日开始发行。虽然金圆券的发行额以 20 亿为限，但实际上并未严守这一限额。由于金圆券的滥发，导致其迅速贬值。在短短 10 个月内，金圆券贬值超过 2 万倍，造成了恶性的

通货膨胀。金圆券的发行实质上是对国统区人民的一次经济掠夺。国民党政府强制将黄金、白银和外币兑换为金圆券，进一步加剧了民众的经济负担。金圆券的失败导致国民党政府民心大失。人们对政府的信任度急剧下降，这也成为国民党在国共内战中迅速垮台的原因之一。

1970—1980 年，巴西、阿根廷等国家经历了高达三位数的通货膨胀率。通货膨胀加剧了政治不稳定，导致了军事政变和政权更迭。例如，在巴西，高通胀率导致了政治动荡和军人政府的上台。物价飞涨导致民众生活水平下降，引发了广泛的社会抗议和暴力事件。阿根廷在 20 世纪 70 年代经历了多次通货膨胀危机。这一时期，阿根廷的经济状况极不稳定，政府的经济政策频繁变动，导致货币贬值速度快，物价飞涨。阿根廷的货币比索贬值速度非常快。例如，在某些时期，比索的价值在短时间内大幅下跌，严重影响了民众的购买力和信心。随着货币的贬值，阿根廷的物价也迅速上涨。基本生活用品和服务的价格飙升，给普通民众的生活带来了巨大压力。政局也因此动荡不安，反过来又加剧了通货膨胀的趋势。

2006 年，津巴布韦经历了严重的恶性通货膨胀。由于政府超支、腐败和过度印刷钞票，该国的通货膨胀率飙升到了惊人的程度。据报道，在通货膨胀最严重的时候，津巴布韦元几乎变得一文不值，人们需要携带大量的纸币才能购买到基本的生活用品。这种情况导致了社会经济的崩溃和民众的苦难。这些案例都表明了通货膨胀，特别是恶性通货膨胀对经济和社会造成的巨大破坏。

货币是政府的信用脸面，用金融的话说，货币本质上是政府发行的本票。政府对货币承担无限责任，谁发行谁就应负责。政府有责任通过制定和执行稳健的货币政策来维护货币购买力的稳定。这包括控制货币供应量、调整利率、管理外汇储备等手段，以确保经济的平稳运行和社会的长期稳定。各国政府和经济学家都非常重视控制通货膨胀，以维护经济的稳定和持续发展。控制通货膨胀最根本的手段是货币发行适度，这需要稳健的货币政策。货币政策要保持稳健中性。要适应货币供应方式新变化，调节好货币闸门，保持货币信贷适度增长，合理引导市场利率水平，努力畅通货币政策传导渠道和机制，维护流动性基本稳定，防止货币供应过于宽松而产生的加杠杆效应和放大资产泡沫。考虑到人民币汇率面临的外部环境压力，要高度重视预期引导，综合运用多种手段，在增强汇率弹性的同时保持人民币在合理均衡水平上的基本稳定。[①]

（四）保护金融资产所有者权益，打击非法集资、金融诈骗等违法行为

保护金融资产所有者权益。2007年，党的十七大报告中首次提出“创造条件让更多群众拥有财产性收入”。这是增加居民财产性收入概念的初步形成和官方表述的起点。2013年，党的十八届三中全会通过的《中共中央关于全面深化改革若干重大问题的决定》进一步指出，要“多渠道增加居民财产性收入”。当人民群众手中财富积累到一定水平，没有后顾之忧，他们就会产生投资需求，就要有对应的投资品供给，这也是富民的一个领域。从中国居民的金融资产结构来看，存款仍然占据主导地位，大体上在50%～70%，这反映出中国居民对于资金的安全性和流动性的高度关注。然而，随着金融市场的不断发展和居民投资理念的转变，股票、基金等风险性较高的资产在居民金融资产中的比例也在逐渐增加。这表明，中国居民在追求资金保值增值的同时，也开始更加注重资产的多元化配置和风险投资。但由于股票、基金市场波动较大，还存在很多有待治理的问题，并不能保障居民的金融资产安全，所以我国提升居民财产性收入方向是正确的，但还有很长的路要走。当前，要保障居民存款安全，避免出现资本主义国家负利率和存款缴税那

---

① 习近平：《在中央经济工作会议上的讲话》（2016年12月14日），《习近平关于金融工作论述摘编》，中央文献出版社，2024，第153-154页。

种情况，也是在体现金融的人民性与共享性。

发展健康的金融市场，让人民共享中国发展红利。发展健康的金融市场是中国特色社会主义市场经济体制不断完善和发展的重要体现。在中国共产党的领导下，我们坚持以人民为中心的发展思想，深化金融改革，扩大金融开放，优化金融服务，有效防范和化解金融风险，确保金融市场稳定健康发展。这不仅为经济发展提供了有力支撑，也让广大人民群众更好地享受到了国家发展的成果。我们将继续推进金融供给侧结构性改革，提高金融服务实体经济的能力，促进金融市场的公平、透明和高效，让每一位公民都能感受到国家繁荣昌盛带来的实实在在的好处。

严厉打击非法集资、金融诈骗等违法行为。这是我们党和政府保护人民群众财产安全、维护金融市场秩序的坚定决心和明确态度。我们坚决贯彻执行相关法律法规，加强金融监管体系建设，提高违法违规成本，确保每一分钱都能安全流动，每一份资产都能得到合法保护。通过持续的法律宣传教育和技术手段的创新应用，我们不断提升公众的风险防范意识和自我保护能力，共同构建和谐稳定的金融环境，切实保障金融资产所有者的合法权益。

三、金融强国建设中，努力实现强国富民“双均衡”

（一）中国式现代化，民生为大

从强国与富民视角来观察，中国共产党的性质决定了中国式现代化以民生为大，全心全意为人民服务是初心与宗旨。中国特色社会主义经济金融的政治性、人民性，定性人民至善至高无上，人民关心的教育、社保、住房、物价、货币购买力以及就业短板或不足以凸显相关口径的统计与比较，国内的、国外的权威机构统计与比较差距会更准确些。从宪法规定人民当家作主主导主体定位，也聚焦在富民与民生问题上。总体观察强国与富民大体可以这样说，前者是基础，是物质技术基础，是手段，或者是立人、主导与立体，是最终目的。

习近平总书记2024年4月22日在重庆考察时，再一次强调指出“中国式现代化，民生为大”。这一质朴而响亮的最新指示，使国人异常震撼，振奋与欣喜，感动与温暖。还是习近平总书记无数次强调的那句名言，即人民群众对美好生活的向往，就是我们的奋斗目标。2024年7月，党的二十届三中全会胜利召开。若能实现“强国与富民”双举双重双均衡的转变，仅仅是这一决定本身，就会使民心大振、信心大振，从而产生惊人的无穷力量。

能激发人心的是这一决定本身，至于富民，富到什么程度，并不需要刻意追逐期盼，蒸蒸日上、不断提高就好。常言道：此一时彼一时。因时制宜，因地制宜，因人因时而异；改变转换与转折是发展进步与提升，而不一定是前期或他人做错了，不对了，才改变了。

恩格斯曾说：“生物在一瞬间，既是他自身，同时又是别的东西。”还有一句哲人名言：“人不能两次踏过同一条河流。”还有的哲人说：“凡存在的就是合理的。”这三句格言说的是同一个理，即一切都在变、变化、变动，即使是在极短的一瞬间。连你自己都既是你又不是你，因为在一瞬间你已经有一些老细胞死亡了，又有一些新细胞生长了。所以，生命在一瞬间就“既是你也不是你”，“既是原来的那条河又不是原来的那条河”，因为一切，无时无刻不在变化发展。至于第三句“凡存在的就是合理的”，这里的“合理”不是我们常人常说的常情常理，而是特定的哲人哲理，这里的“合理”不是合乎人理道理的常理，而是有它自身生存发展的理由、原因与根据，不是一般人所说的“对与不对”“合理与不合理”“正确与错误”“好与坏”的那个合理。

更不能简单地认为，规则变了，侧重点变了，战略变了，政策变了，认识变了，就是前边错了，今天才要变。也许是时也变了、地也变了，事也变了、人也变了，才要以更适合的新规定、新战略、新章程、新政策来代替。这种认知上的错误，妨碍着人们的改变、创造与创新。

例如，西方发达国家高度发达之后，仍然保留扶持古老的“合作金融”的深层次原因值得关注。不能认为只要有商业性金融的存在就绝无合作性金融存在的可能，这一反历史，反客观存在，反全球普遍趋势，反科学社会主义的观点，值得严肃深刻地认真反思。

马克思主义的三大来源之中就包括圣西门和傅立叶的空想社会主义，也充分肯定了合作金融对于社会下层群众的重要意义。直到如今在西方国家，如美国、英国、法国、德国、日本等国都刻意保留了合作金融。它的深刻含义在于合作金融是在西方许多国家文化文明中的一个重要构成部分，这是他们历史的传统，现代人也高度尊重；更重要的一点是它是社会的一种“稳定器”，对于社会的广大底层群众来说是不可或缺的。今天的社会主义的中国，反而认为合作金融规模太小、水平太低、管理太差、风险太大而一股脑儿想彻底消灭它们。他们的办法是把合作金融的监督管理权交给了省一级的地方，变成了城乡合作银行；还有的是直接给它们变性改质，改造成了乡村或者城市银行。这下可好了，社会主义的中国终于没有合作金融了。可令人深思的是，在许多发达国家存在的那些理由，社会主义的中国就不存在吗？取消得对吗？

（二）强国富民“双均衡”的钱从哪里来

实施强国与富民“双均衡”国家工程，这并不是突如其来的全新的视角与事情，是共产党和社会主义之本质初心中的应有之义，是一个全新的老问题。笔者一生从事比较研究，遵循这一习惯与原则，还是从资本主义经济金融与中国特色社会主义经济金融的比较开始阐述。有两种截然不同的循环模式，彼此特征特色鲜明、完全相反、完全对立，无情地摆在这里；资本主义垄断，收益独享的资本主义的“循环链圈”：一是“来之于民，夺之于民，占之于资本垄断，用之于垄断资本”。二是“来之于民、取之于民、还之于民、用之于民”。这两个不同的循环链圈，前者是两头正相反、正对立，后者则是从始至终完全统一；前者有来无回，后者有来有回、从左手到右手，完全合一。这一原则不可模糊、不可异化，更不可背离。

实施国家“双均衡”战略与工程，钱从哪里来？确切地说，钱从哪里来的意思是说实施强国与富民“双均衡”国家工程所需的资金从哪里来。在这里只能提出以下一些初步的具体建议供本书的读者参考：

①适度逐步调整国民经济总体规模与结构，延缓上马或暂时取消一些不是十分紧迫的工程或者项目，包括中央或者地方的某些工程或项目。②做大做强中国的公共政策性金融。到 2003 年，中国的公共政策性金融的信贷发放量，只占到包括商业性金融信贷在内的全国信贷总量的 9%，与中国是一个能特别集中全国之力办大事、办好事这一特色极不相称。到本世纪中叶中国将达成第二个百年奋斗目标，全面实现中国式现代化，全面实现民族振兴、国家统一、人民团结、国家富强，距离这一目标还剩最后 25 年这一特殊历史时间节点上，在仅余的 25 年这一冲锋期，中国的公共政策性金融应该承担起比前 30 年更为重大、更为神圣的历史使命，应做强中国的公共政策性金融，使它的资本与资金实力与这一特殊历史时期所承担的神圣使命相契合、相匹配、相适应。③据笔者所知，和农业、农村、农民直接相关的部委包括农业机械制造、化肥农药制造，掌握着进行相应支持促进奖励的相关项目的财政资金，这些资金在传统上都是单方面转移的不用偿还的财政资金，这些资金在全国总体上说也是一笔较大数额的资金。十多年前就有相关的学者以及国家相关的部门建议将这些单方面转移的财政资金集中起来，委托相应的对口的政策性金融机构，将这些财政资金信贷资金化，在保持各相关部门原有的这笔资金的所有权、使用权和控制权的前提下，由相应的政策性银行发放委托贷款，以确保此措施更为可持续、更为切实可行。④建议凭借各政策性银行、国有金融、国家金融和国家信用的优势，在国内外发放特别债券，专门用于全国和地方的富民工程。⑤集中

全国多年以来反贪污、反行贿、反受贿所积累的罚没资金由指定部门统一管理，统一委托相应政策性银行代管，专门用于强国富民工程相关的专项委托信贷资金。

2024年的政府工作报告明确提出："为系统解决强国建设、民族复兴进程中一些重大项目建设的资金问题，从今年开始拟连续几年发行超长期特别国债，专项用于国家重大战略实施和重点领域安全能力建设。"超长期特别国债，指的是政府为特定目的而发行的，期限超过10年的国债。这种国债通常具有明确的资金用途，旨在支持国家重大战略和关键领域的发展。与普通国债相比，超长期特别国债更注重长期综合社会回报率，并在项目审批和发行使用上展现出更高的灵活性。特别国债或不计入财政赤字，由"第二本账"（政府性基金预算）进行核算，特别国债投向领域需产生收益，要有稳定的现金流或资产与之对应，以对应的收益偿还债务。中长期特别国债用作项目资本金可撬动信贷及其他社会资本形成5倍左右投资乘数效应。

目前，各地筹备超长期特别国债项目工作消息不断。据有关统计，从2023年底至今，已有47地在地方政府工作报告、政府工作及会议中提到"超长期特别国债"，如浙江省发改委在发布文件中提及"争取超长期特别国债等资金对重大项目的支持"，山东省济宁市发改委在重点工作会议中强调"全力以赴争取超长期特别国债项目"等，河北、江西、河南等多地均召开会议，明确紧抓超长期特别国债项目筹备。超长期特别国债支持方向为粮食安全、能源安全、产业链安全、新型城镇化、乡村振兴等领域。

笔者认为，很多省市争取超长期特别国债的支持方向固然都是支持国家重大战略和关键领域发展，但不能忽略民生项目，尤其是事关全体人民群众的教育、医疗和养老三大领域。这是社会主义财政与金融人民性、共享性的具体体现。完全可以在超长期特别国债中专设一个板块，用来发展上述三大领域，补齐短板，解决当前教育内卷、看病难看病贵以及养老尚有后顾之忧的问题。补齐短板才能打造长板，先立不败后求胜，先解决人民群众后顾之忧，让老百姓有安全感、获得感、富足感、满意感，才能更好地建设社会主义现代化的经济金融强国。

（三）强国富民“双均衡”的钱到哪里去

“钱到哪里去”这个题目和前面的“钱从哪里来”直接紧密相关、直接相互对应。就当具体说由前边各项建议所形成的庞大资金用到哪里去。简而言之，它专门用于强国富民双均衡国家工程中的民生项目，用来提高民生、提高民用，将与民生中的教育、社保、医保、住房、收入、就业等直接相关的短板变长板工程：

①基础教育中的幼儿教育、义务教育、高中教育以及职业教育分阶段逐步实现费用全免全供的工程。②专门用于发展性教育，这个口径可以由教育部最终敲定，是将大学、专科教育包括在基础教育之中，还是包括在发展性教育之中。发展性教育应该逐步地、分阶段地降低个人自费的比例和份额，并相应提高公费的比例和份额，直到在条件具备的条件下实现发展性教育的全公费项目。③专门用于建设实施全国加速公共性住房建设工程。④专门用于优化改进医保医疗分阶段逐步提高公费医疗报销水平，逐步缩小自费报销药品和项目的清单，直至分阶段逐步实现医疗全公费化。⑤专门用于城市和乡村建设，提高人民群众生活环境相关的公共性服务以及相应的公共性设施建设。

强国、富民是相辅相成的两个目标，在实现过程中需要并举并重“双均衡”。强国是为了确保国家的安全和人民的福祉，而富民则是为了提高人民的生活水平和幸福感。这两个目标在长期内必须保持均衡，以实现国家的全面发展和人民的共同富裕。在一定时期内，由于资源和条件的限制，可能需要对两个目标进行轻重缓急的权衡。例如，在国家初创或特殊时期，可能需要优先发展国家实力，以确保国家的安全和稳定。而在国家实力得到一定提升后，则应更加注重富民，提高人民的生活水平。然而，从长期和总体的角度来看，强国和富民两个目标必须保持均衡。如果只重视强国而忽视富民，可能会导致社会贫富差距拉大，人民生活水平下降，甚至引发社会的不稳定。而如果只重视富民而忽视强国，则可能会使国家失去安全保障，人民的福祉也难以得到长久保障。因此，强国富民必须并举并重，既要加强国家实力，又要提高人民生活水平。在实现过程中，要根据国家发展阶段和实际情况，灵活调整两个目标的优先级和投入比例，确保在长期内实现均衡发展。实践表明，国强与民富二者并非必然正相关，有时也负相关，这颇值得认真仔细观察研究、分析比较各自的原因和特色特征，这一现象同国家社会制度、治理方式、产业结构、财富投向总量、分配方式与结构等因素密切相关。

（四）新时代须坚持的三个思维："双循环""双刃剑""双均衡"

中国进入新时代，面临着百年未有之大变局。这一大变局主要体现在全球和中国的深刻变化上。从全球角度看，世界财富格局正在发生显著变化，其中占世界人口近 1/5 的中国人开始过上幸福富裕的生活，摆脱了困扰民族几千年的绝对贫困问题，这被视为近二三百年来最明显的格局变化。同时，各种风险挑战也随之而来，需要我们紧紧依靠群众来从容应对前进道路上的各种困难。中国也在经历着深刻的变化。面对百年未有之大变局带来的各种问题和挑战，党和国家在取得历史性成就、发生历史性变革的同时，必须坚持人民意志，紧密团结人民群众，共同应对；同时，也要坚持问题导向，积极正视并解决问题，防止小问题变成大问题。

"双循环"思维。在新时代，中央对发展的阐述非常明确：加快构建以国内大循环为主体、国内国际双循环相互促进的新发展格局。构建新发展格局，关键在于实现经济循环流转和产业关联畅通。根本要求是提升供给体系的创新力和关联性，解决各类“卡脖子”和瓶颈问题，畅通国民经济循环。国内国际双循环相互促进是不可或缺的要点，不可偏废，实际上代表国内改革和对外开放的平衡。国内大循环为主体并不意味着封闭式发展，而是要充分利用国内超大规模市场优势和内需潜力，深化供给侧结构性改革，推动经济高质量发展。同时，也要积极参与国际合作和竞争，推动形成全面开放新格局，实现国内国际双循环的良性互动。

“双刃剑”思维。面对当今复杂多变的经济金融环境，“双刃剑”思维显得尤为重要。这种思维不仅提醒我们注意事物的两面性，还促使我们在决策时权衡利弊，从而更有效地防范风险，保护国家经济金融安全。“双刃剑”思维是一种全面的、辩证的思维方式。它要求我们看待问题时，既要看到其积极面，也要警惕其潜在的风险和挑战。这种思维方式在经济金融领域尤为适用，因为金融市场的波动性和不确定性使任何决策都可能带来正反两面的影响。在金融市场上，“双刃剑”思维提醒我们既要充分利用金融创新的优势，推动经济发展，又要防范金融创新可能带来的风险。因此，监管部门需要密切关注金融市场的动态，及时发现并处置潜在风险点，以确保金融市场的稳定运行。在引进外资和技术时，我们既要看到其带来的经济效益和技术进步，也要警惕其可能对国家经济安全产生的影响。因此，需要建立完善的外资和技术引进机制，加大监管和审查力度，以确保国家经济安全不受威胁。

“双均衡”思维。强国富民“双均衡”是一个长期而持续的目标，需要政府、企业和社会各个方面的共同努力。通过经济建设、社会保障、教育提升和环境保护等多方面的综合施策，我们可以不断推动国家经济的健康发展，提高人民群众的生活质量和幸福感、获得感，实现强国富民的美好愿景。我们建议在特定历史时间节点上实施针对性的弹性化的或长或短的强国，以富民同时并举并重“双均衡”的战略或政策的微调举措。在这种特殊的历史节点、特殊状态下，我们坚信，在以习近平同志为核心的党中央的英明领导下，强国与富民有望同时达到，全面建成社会主义现代化强国的最终目标一定会实现。

后　记
创新金融理论研究，助力金融强国建设

2023 年 10 月 30 日至 31 日，中央金融工作会议提出建设金融强国的战略目标。在中央金融工作会议圆满落幕之后，我们深感会议内容的重要性和前瞻性，于是立即行动，以白钦先教授为首，组建了一个由金融、经济、政策研究等领域的专家学者构成的研究小组。我们希望通过集体的智慧和努力，对会议精神进行深入的研讨和学习，尤其是结合 40 余年来白钦先研究团队的持续、系统、专业的研究成果，准备呼应中央金融工作会议精神，撰写一部学术专著，以期能够更准确地把握国家金融政策的方向，为未来的金融改革与发展及金融强国建设贡献我们的力量。

研究小组成立后，由白教授亲自主持，进行了多次深入的讨论和交流，每个人都积极参与，各抒己见，共同探讨金融领域的未来发展。在这个过程中，我们不仅加深了对中央金融工作会议精神的理解，还碰撞出了许多新的思考和观点。这些思考和观点，最终汇集成了我们即将出版的这部专著。在专著的撰写过程中，我们得到了来自各方的支持与帮助。首先，要感谢研究小组的每一位成员，是他们的辛勤工作和无私奉献，才使得这部专著能够顺利完成。他们不仅在讨论中贡献了自己的智慧，更在编撰过程中付出了大量的心血。这个研究小组先后包括如下人员：白钦先、杨涤、黄鑫、张贺、陈阳、霍伟东、李鹏、沈军、张坤、常海中。另外，还有沈洋、原肇、贾天飞、禹中华、杜欣、薛阳、谭庆华、主父海英、王毅等人。肖喜怀和白文熙为白老师做了打字校对等文秘工作，秦伟新整理了附录二。白钦先老爷子的孙儿文文，年纪尚轻，专业也非金融，但缘于爷爷言传身教，半年多来利用晚间、假日加班加点，有时候直至凌晨三四点，按照爷爷的修改意见打印文稿，没有丝毫怨言和不耐烦。除平日陪伴、照顾爷爷起居之外，在爷爷住院期间还要住院护理，着实令人感动。

这部专著的出版，得到了 85 高龄、多种疾病缠身的白钦先教授的悉心指导。白老先生身上有着老一辈知识分子忧国忧民、以天下为己任的那种家国情怀，他在病榻上拿着放大镜来审阅书稿，常常累得头昏眼花，身体疲劳，但为了更加准确把握中央金融工作会议精神，不辞辛劳和我们进行数次视频会议讨论。书稿中的绪论，由白老师亲自动笔，一页一页手写，因为视力不好，字体写得很大，5 万多字手稿就这样形成了。白老师还撰写了第十二章相当篇幅的内容。老先生这样认真，我们作为晚辈弟子也不敢怠慢。我奋笔疾书，用接近两个月的时间，拿出了共计九章初稿，并根据白老师的指导意见，增加了第七、第八、第十二章这三章内容，分别由黄鑫、李鹏、常海中、陈阳、张坤撰写初稿，最后由我来总撰定稿。之所以能在这么短的时间内拿出这部专著，是因为我们这个学派有持续 40 多年的研究积淀和学术成果作为支撑，否则也不会这么快就整理成型。

学派研究团队囊括了 40% ～ 50% 的白老爷子的弟子，这个比例确证了白老先生将教育教学、科学研究、高级人才培养和服务改革、贡献社会“四结合四统一”的教育理念和方法在长期实践中的贯彻与执行的正确性。从 1995 年人大复印报刊资料全文转载全国科学研究文章的工作以来，白公及其研究团队在过去 30 年来被人大不同复印资料全文转载的文章达到 172 篇次，被《新华文摘》全文转载的文章多达 10 余篇。这一切彰显了这个研究团队浓浓的家国情怀，响应国家改革开放的呼唤，扎扎实实、不搞“短平快”，着眼中长期，踏踏实实、高瞻远瞩、严肃认真地从事科学研究的精神。我们不急功近利，不目光短浅，着眼中长期学术思想的累积。

这个以白老先生为首，以白门弟子为研究成员的团队，在将近半个世纪之中是不断动态调整的。一些人由于代际更迭，疫情以及突发事故，或工作领域变动，或健康状况等原因不得不退出淡出，也不断有年轻新生代力量充实。但非常有幸的是领军引路人，半个世纪从未变动，但也在一天天变老。如今白教授已成耄耋老人，身患10余种基础病与癌症，仍然初心不改。老骥伏枥壮心不已。仍在战斗，夜以继日，调查研究，总结经验推广，促进乡村振兴共富共享伟业。迄今仍在研究国家重大最新课题，仍在借助高倍军用放大镜笔耕不辍，党的二十大以后的两年多，竟写下来近10万字的文稿，包括多份向中央建议的文稿。

坦白地说，很多局外人包括经济金融的研究者并不能深入了解白钦先团队这些年坚持不懈的研究内容，然而我们自己最清楚，我们的研究都是以问题为导向，都是持续、系统和专业的研究。这些研究已经影响了国家的金融改革进程，促进了经济学金融学观念更新。一个学派的形成需要时间，更需要成果的积淀，最关键的是能成为学派，就自然要有思想贡献和理论贡献，这个不是靠自吹自擂，而是要用公开发表的学术成果，如专著和论文来验证，尤其是要看对国家金融改革开放与金融发展的贡献。

至少有三个案例可以证明新资源学派的学术贡献：

第一，白钦先教授关于商业性金融和政策性金融分离分立的政策建议，已经被中央采纳并促成了三家政策性金融机构的成立。1993年11月中共十四届三中全会作出《关于建立社会主义市场经济体制若干问题的决定》,《决定》中关于金融体制改革的部分，其中重要一条就是"建立政策性银行，实行政策性业务与商业性业务分离"。

第二，2006年白钦先教授和笔者公开出版《21世纪新资源理论——关于国民财富源泉的最新研究》专著，在马克思主义生产力和生产关系，经济基础和上层建筑辩证原理指导下，拓展了传统的西方三要素理论，提出了新资源观以及一系列新资源要素，更新了经济学观念，这是中国学者对西方经济学进行了拓展与创新。在2019年的党的十九届四中全会上，数据被首次提出作为生产要素，写进了党的报告之中。新资源理论为这个论断提供了理论依据，未来可能还会有新的要素被认定为新资源，这是新资源理论提出之时就有的预言。

第三，2000年，白钦先教授正式在党校做国际经济金融的学术报告，在报告中正式提出金融强国战略与建设问题，并正式在党校学刊上公开发表了文章；2006年6月，白钦先教授和刘刚博士在《经济与管理研究》杂志上发表论文《金融强国：中国的战略选择》，明确提出了建设金融强国的战略选择；加上笔者2004年2月在《世界经济研究》杂志上发表《提高我国金融资源配置效率的途径研究——中国的金融强国之路探索》论文。这一系列研究都系统论述了中国建设金融强国的必要性和路径，如今中央金融工作会议金融强国战略被提出并体现在中央文件中，也或多或少体现了我们这个研究团队研究的前瞻性和影响力。

1919年，毛泽东在《湘江评论》中写道："天下者，我们的天下；国家者，我们的国家；社会者，我们的社会。我们不说，谁说？我们不干，谁干？"经济学金融学是经世致用的学问，是问题导向的学术，党中央关注什么，我们就研究什么，更何况我们几十年如一日注重基础理论研究，并敢于向西方经济学理论发起挑战。新资源理论是地地道道的中国理论，新资源学派视角下的金融理论以及对习近平经济思想的研究，对中国特色金融的研究，对中国金融强国建设的研究，已经形成了具有中国文化特征特色，特点鲜明、观点明确的一家之言。这一家之言并不是中国人自说自话，自吹自擂，而是客观的、持续的、系统的、专业的中国学派在与西方甚至全球经济金融理论对话，这是中国的学术声音，中国的学术流派，中国的学术前沿。我们希望，通过这部专著，能够让更多的人了解和关注国家的金融政策，为推动我国金融改革和发展贡献一份力量。

即便是2024年11月向出版社提交了书稿，我们这个团队仍在继续思考，中国金融强国建设及中国特色社会主义金融的很多领域都有待深入研究，我们还在不断地进行理论探索。2025年3月19日，笔者在《国际金融报》发表了《坚持中国特色社会主义金融的五大优势》文章，明确提出资本主义金融和社会主义金融存在本质区别，尤其是中国特色社会主义金融，在中国式现代化建设进程中正展现出独特的优势。这些优势是中国金融独有的，都事关实体经济与金融的可持续发展，必须一以贯之地坚持，绝不能轻易丢失。概括起来，主要有五大优势：第一，金融系统有党的领导，确保金融政治性和人民性。第二，人民币币值基本稳定，不发生严重通货膨胀。第三，银行储蓄利率为正，维护人民群众基本利益。第四，国有银行不倒闭，不辜负人民群众的信任。第五，政策性金融强大，引导资源流向战略领域。与此同时，白钦先教授也在和研究小组成员讨论时明确指出，中国建设金融强国可昭示天下：中国永不称霸，永不掠夺，永为中国人民和世界人民谋福祉。他还从金融业健康可持续发展角度特别强调保持银行体系信贷资金利率稳定向好向上的重要性和必要性。

中国式现代化的推进一定要重视理论研究，2024年下半年，由白钦先教授作指导，辽宁大学霍伟东教授担任首席专家，以白钦先、杨涤、李鹏、曾刚、张贺等人构成的研究团队喜获国家社科基金重大项目“关键核心金融要素及其关系研究”（24 & ZD093）的支持，本书也正是这个重大项目的标志性成果之一。

我们要感谢以下几位著名经济金融学家和资深学者为本书写了推荐语。他们是：厦门大学金融学科学术总带头人张亦春教授；中国社会科学院学部委员、国家金融与发展实验室理事长李扬教授；北京大学新结构经济学研究院院长林毅夫教授；国际经济学会会士、辽宁大学校长余淼杰教授；中国社会科学院财经战略研究院院长何德旭教授；孙冶方经济科学奖获得者、中央汇金首任总经理谢平教授；中国国际金融学会原副会长兼秘书长、中国银行国际金融研究所所长吴念鲁教授；中山大学经济与管理学部主任李善民教授；西南财经大学曾康霖教授。

我们还要感谢中国儿童少年基金会赵兰香发展基金给予的大力支持，感谢陈庆秘书长对金融强国建设的真知灼见和对书稿的宝贵建议，期待在未来双方在金融强国建设的百年事业征途上有更多的合作。

最后，我们要感谢中国出版集团研究出版社的谭晓龙老师和校对人员。他们以专业的眼光和严谨的态度，对我们的书稿进行了细致的审阅和修改，确保了专著的质量和水平。

在未来的日子里，我们这个学派将继续关注金融领域的动态，不断深化研究，以期能够为我国金融事业的发展贡献更多的智慧和力量。感谢所有支持和帮助过我们的人，也感谢读者们的关注和支持。

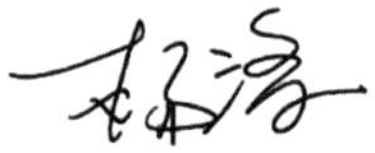

2025 年 5 月 1 日　上海

附录一（之一）
白钦先学术团队成员论文题目总览

金融强国视角下的中国特色学术源流
近半个世纪以来白钦先学术团队成员及博士学位论文题目一览表

姓名	毕业论文答辩年份		论文题目
丁志杰	博士	2001	发展中国家金融开放效应与政策研究
王江	博士	1999	中国转轨经济中商业银行制度变革与风险控制
	博士后	2009	国有商业银行战略转型研究
姚勇	博士	2003	契约的演进与金融发展
杨涤	博士	2002	金融资源配置论
	博士后	2005	21 世纪新资源理论——关于国民财富源泉的最新研究
李小牧	博士	2000	九十年代金融危机的国际传导研究
张荔	博士	2001	金融自由化效应分析
崔满红	博士	2001	金融资源与社会经济的协调发展
秦援晋	博士	2010	文化金融学初探
李钧	博士	2008	中国农村金融“三元结构”制度研究
张志文	博士	2008	金融发展与经济增长关系的国际经验研究
张坤	博士	2018	白钦先金融理论研究范式探究
常海中	博士	2007	金融虚拟性演进及其正负功能研究
沈军	博士	2005	系统与资源视角下的金融效率论
谭庆华	博士	2005	政策性金融功能研究——兼论中国政策性金融发展
黄鑫	博士	2011	信用评级的本质属性研究
田树喜	博士	2009	中国金融倾斜的实证分析
刘刚	博士	2006	发展金融学框架研究
杨秀萍	博士	2015	金融边界理论初探

续表

姓名	毕业论文答辩年份		论文题目
原肇	博士	2006	金融生态学导论——以山西煤炭拖欠款“晋商市场化清欠模式”为例
姜伟	博士	2010	美国对日本贸易政策演变的政治经济学研究
陈文晖	博士	1997	论西部地区经济开发
	博士后	1999	欠发达地区经济振兴研究
	博士后	2003	中小企业信用担保体系的国际比较
赖溟溟	博士	2009	货币政策稳定化作用机制研究
张贺	博士	2020	互联网金融监管有效性的国际比较研究——以中美两国为例
	博士后	2023	稳增长与防风险双重目标下地方政府专项债券高质量发展研究
张磊	博士	2014	美日中央银行金融危机管理比较研究
木泽姆［刚果（布）留学生］	博士	2003	债务危机研究——以刚果（布）为例
陈阳	博士	2010	中国社会保障金融体系构建及可持续发展研究
	博士后	2013	中国养老金市场发展中的金融服务深化
王兆刚	博士	2004	金融监管：由契约到制度
贾天飞	博士	2019	商业性金融机构的企业社会责任研究
主父海英	博士	2010	金融负外部性研究
张敖	博士	2011	金融负外部性的约束：危机视角
王吉献	博士	2015	我国农业政策性金融立法研究
彭智	博士	2012	金融结构、金融环境与金融功能互动研究
李文丰	博士	2015	中国金融宏观调控体系优化问题研究——次贷危机背景下中央银行视角
丁德圣	博士	2013	次贷危机后国内外金融监管思路和模式研究
李鹏	博士	2013	中国政策性金融资金运用绩效评价体系研究
	博士后	2019	商业银行同业业务的风险与监管研究——行为金融的视角
秦伟新	博士	2018	市场决定视角下政策性金融机构改革创新研究
文豪	博士	2013	中国金融发展方式转变研究
金明植（韩国留学生）	博士	2013	德日韩政策性开发银行体制比较研究
李士涛	博士	2017	金融发展中的征信体系功能研究
张令骞	博士	2009	中国政策性金融体制异化与回归研究

附录一（之二）

新资源学派的“研究思想理论技术路线图”

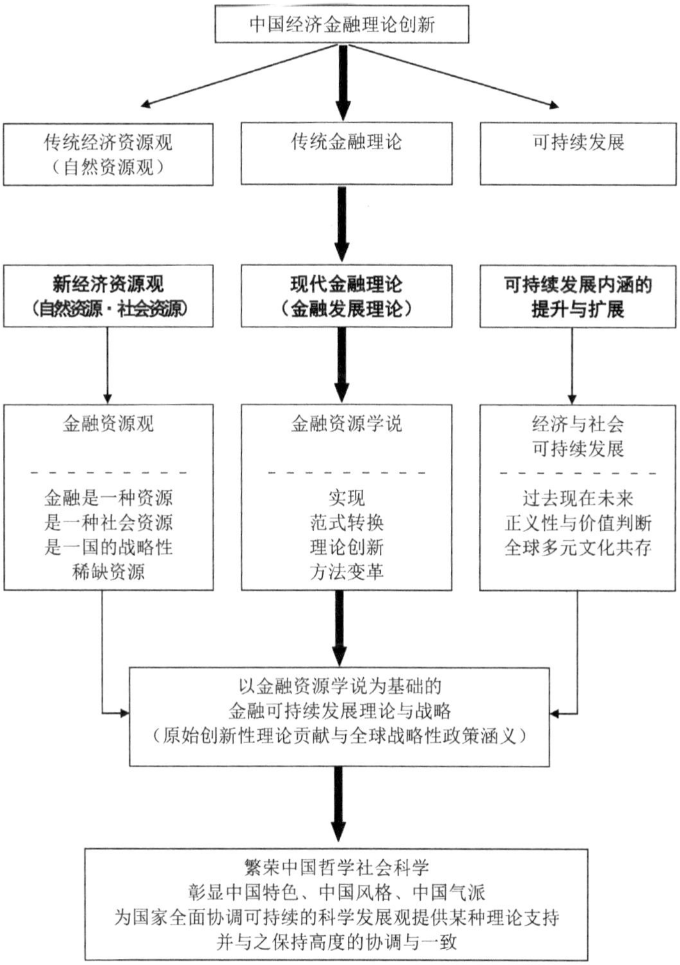

附录二
白钦先教授及其研究团队主要论文一览表

序号	论文标题	发表平台	年 / 期
1	世纪之交：世界经济回顾与展望——金融全球化一把双刃剑	求是（特邀撰稿）	2001 年 1 月
2	商业性金融、政策性金融：一石二鸟双优化——答《人民日报》记者问	人民日报理论版	2004 年 4 月
3	外汇储备规模与本币国际化：日元的经验研究（与张志文合作）	经济研究	2011 年 10 月
4	通过理论创新促进我国经济金融发展方式转变	经济研究	2010 年 12 月
5	反思国际金融危机 推动中国金融可持续发展（与赫国胜、张荔、徐明威合作）	经济研究	2010 年 12 月
6	当代金融理论中的股票市场：功能与作用条件的再认识（与徐沛合作）	金融研究	2003 年 3 月
7	论政策性金融可持续发展必须实现的六大协调均衡（与王伟合作）	金融研究	2004 年 7 月
8	论金融功能演进与金融发展（与谭庆华合作）	金融研究	2006 年 7 月
9	海纳百川 雪峰千仞——庆祝黄达教授九十华诞笔会（与曾康霖、吴晓灵、陈雨露、王广谦合作）	金融研究	2015 年 7 月
10	经济全球化和经济金融化的挑战与启示	世界经济	1999 年 6 月
11	我国政策性银行的运行障碍及对策思考（与薛誉华合作）	财贸经济	2001 年 9 月
12	开发性政策性金融的理论与实践探析（与王伟合作）	财贸经济	2002 年 4 月
13	金融结构、金融功能与金融效率——一个基于系统科学的新视角（与沈军合作）	财贸经济	2006 年 7 月
14	关于金融衍生品的虚拟性及正负功能的思考（与常海中合作）	财贸经济	2007 年 8 月

续表

序号	论文标题	发表平台	年 / 期
15	中国虚拟经济的关联性与价格波动研究（与沈军合作）	财贸经济	2008 年 9 月
16	金融阈值视角下的金融危机——从美国次贷危机看被漠视的金融临界点（与主父海英合作）	财贸经济	2009 年 9 月
17	科学认识政策性金融制度（与王伟合作）	财贸经济	2010 年 8 月
18	美元霸权的危机转嫁机制研究——一个简单的数理模型（与张敖合作）	财贸经济	2011 年 9 月
19	中国金融体系效率与金融规模（与沈军合作）	数量经济研究技术经济	2013 年 8 月
20	历史的审视与现实的思考——近百余年来经济与社会发展中的日本金融	日本学刊	1996 年 8 月
21	体制变革的风险与可持续发展——浅谈日本的金融改革与金融危机（与王兆刚合作）	日本学刊	1999 年 2 月
22	有关美国银行制度的几个问题——应国际金融杂志社之邀答中国银行上海市分行王社明问	国际金融研究	1986 年
23	美国联邦储备制度面临的问题和改革的趋势	国际金融研究	1986 年 4 月
24	我国银行外汇业务交叉的种种问题与对策	国际金融研究	1991 年 1 月
25	国外银行商业性业务与政策性业务的异同	国际金融研究	1992 年 4 月
26	通货膨胀问题的中外比较及当前我国通胀的特点、原因与对策	国际金融研究	1995 年 1 月
27	论美国银行业资本充足性管理体系	国际金融研究	1998 年 2 月
28	论金融可持续发展（与丁志杰合作）	国际金融研究	1998 年 5 月
29	百年来的金融监管：理论演化、实践变迁及前景展望（上）	国际金融研究	2000 年 1 月
30	再论以金融资源论为基础的金融可持续发展理论：范式转换、理论创新和方法变革	国际金融研究	2000 年 2 月
31	百年来的金融监管：理论演化、实践变迁及前景展望（下）	国际金融研究	2000 年 2 月
32	面向 21 世纪从战略高度审视与处理金融问题	国际金融研究	2000 年 12 月
33	百年全球金融业并购：历程、变迁及其效应（与薛誉华合作）	国际金融研究	2001 年 7 月
34	金融体系重组中国有银行产权改革的国际经验（与丁志杰、王秀山合作）	国际金融研究	2002 年 4 月
35	百年金融的历史性变迁	国际金融研究	2003 年 2 月
36	试论西方货币政策传导机制理论（与李安勇合作）	国际金融研究	2003 年 6 月

续表

序号	论文标题	发表平台	年 / 期
37	政策性金融监督机制与结构的国际比较（与王伟合作）	国际金融研究	2005 年 5 月
38	人民币汇率变动对 CPI 通胀的传递效应研究（与张志文合作）	国际金融研究	2011 年 1 月
39	汇率波动性与本币国际化：澳大利亚元的经验研究（与张志文合作）	国际金融研究	2013 年 4 月
40	中国政策性金融的历史演进（与张坤合作）	国际金融研究	2019 年 9 月
41	公共政策性金融是实现中国式现代化的重要支撑——国家意志、国家金融和全球实践比较（与陈阳、张坤合作）	国际金融研究	2023 年 7 月
42	为《中国公共政策性金融四十四年研究成果荟萃》一书所作的序言	《中国公共政策性金融四十四年研究成果荟萃》，中国金融出版社	2023 年 4 月
43	论国际结算方式	国际贸易	1985 年 5 月
44	金融结构、金融功能演进与金融发展理论的研究历程	经济评论	2005 年 3 月
45	论金融研究方法论的范式转换——兼论对金融发展理论的启示（与沈军合作）	经济评论	2006 年 5 月
46	经济学、金融学的人文特性及其文化阐释	经济评论	2008 年 1 月
47	货币政策稳定化作用机制的演进：理论综述（与赖溟溟合作）	经济评论	2009 年 5 月
48	我国房地产业的金融负外部性考察（与主父海英合作）	经济评论	2011 年 1 月
49	转型发展中的金融改革、制度、危机与增长——评江春教授新著《金融改革和金融发展：理论与实践的回顾及反思》	经济评论	2013 年 4 月
50	政策性金融论	经济学家	1998 年 3 月
51	公司债券市场发展与经济增长：韩国的经验研究（与张志文合作）	经济学家	2007 年 3 月
52	金融虚拟化的道德风险及其市场影响：次贷危机的深层反思（与蔡庆丰合作）	经济学家	2009 年 5 月
53	构筑我国政策性金融体系的思考	中国金融	1994 年 1 月
54	关于发展和完善中国进出口银行资金筹集和外部结构的几个问题	中国金融	1996 年 5 月
55	再论金融可持续发展	中国金融	1998 年 7 月
56	中国农村金融体制改革的战略性重构重组与重建	中国金融	2004 年 1 月

续表

序号	论文标题	发表平台	年 / 期
57	澄清有关政策性金融的几点认识	中国金融	2004 年 3 月
58	关于国家开发银行和中国进出口银行战略定位与立法的若干问题（与耿立新合作）	中国金融	2005 年
59	政策性金融立法的国际比较与借鉴（与谭庆华合作）	中国金融	2006 年 6 月
60	创新是学术研究的灵魂	中国金融	2012 年 1 月
61	政策性金融发展新阶段 ——以中国农业发展银行为例（与武飞甫合作）	中国金融	2015 年 5 月
62	普惠金融发展的思考（与高霞合作）	中国金融	2016 年 2 月
63	我国政策性金融三十年发展（与张坤、张贺合作）	中国金融	2024 年 4 月
64	中国金融体制改革的理论与实践	上海金融	1986 年 5 月
65	我国银行业出口信用业务的约束条件与我国的战略转变	上海金融	2001 年 1 月
66	百年来的全球金融业并购：经济全球化、金融全球化和金融自由化的体现（与薛誉华合作）	上海金融	2001 年 7 月
67	从宏观和战略层面来理解政策性金融（答《上海金融》记者问）	上海金融	2004 年 3 月
68	东亚经济、一体化贸易投资自由化与货币金融合作（与张志文合作）	上海金融	2004 年 4 月
69	论政策性金融与商业性金融的相互关系 （与剑眉合作）	上海金融	2005 年 1 月
70	我国政策性金融立法及相关问题研究（与李军合作）	上海金融	2005 年 1 月
71	中国金融倾斜的计量检验（与田树喜合作）	上海金融	2007 年 1 月
72	我国居民消费的财富效应的实证分析 （与赖溟溟合作）	上海金融	2008 年 8 月
73	国际金融危机中的金融负外部性考察（与主父海英合作）	上海金融	2010 年 1 月
74	中国金融倾斜加速器效应的计量检验与博弈分析 （与田树喜合作）	上海金融	2009 年 7 月
75	美国信用评级认可制度的多视角分析及启示（与黄鑫合作）	上海金融	2010 年 12 月
76	股指期货市场金融加速器效应的实证分析（与田树喜合作）	上海金融	2010 年 4 月
77	通货膨胀的决定因素：中国的经验研究（与张志文合作）	上海金融	2011 年 6 月
78	金融约束、金融倾斜与经济增长（与田树喜合作）	上海金融	2012 年 1 月

续表

序号	论文标题	发表平台	年 / 期
79	产融结合主办银行与重塑银企关系（与丁志杰合作）	城市金融论坛	1997 年 1 月
80	体制变革的风险与可持续发展（与王兆刚合作）	城市金融论坛	1999 年 2 月
81	20 世纪金融监管理论与实践的回顾与展望	城市金融论坛	2000 年 5 月
82	建立面向 21 世纪的金融可持续发展观	城市金融论坛	1998 年 8 月
83	关于现代金融发展趋势下金融安全问题的深层思考（与常海中合作）	东岳论丛	2006 年 6 月
84	金融虚拟化与金融共谋共犯结构——对美国次贷危机的深层反思（与谭庆华合作）	东岳论丛	2010 年 4 月
85	论三维金融架构——哲学的人文的历史的与经济社会综合视角的研究（与文豪合作）	东岳论丛	2013 年 6 月
86	中国政策性金融廿年纪之十辨文（与张坤合作）	东岳论丛	2014 年 1 月
87	论比较银行学的研究对象	生产力研究	1999 年 4 月
88	政策性金融功能再界定：功能演进视角（与谭庆华合作）	生产力研究	2006 年 1 月
89	基于对 WTO 分析的金融强国战略研究	经济问题	2010 年 1 月
90	战略能力、技术创新与中小企业发展（与李鹏合作）	经济问题	2014 年 6 月
91	试论综合视角下的农村合作金融改革——基于哲学、历史、人文、经济与社会的综合视角（与胡巍合作）	经济问题	2014 年 9 月
92	从货币分析到金融分析：金融可持续发展理论的方法变革	华南金融研究	2000 年 2 月
93	当前经济、金融形势分析	华南金融研究	2000 年 3 月
94	以金融资源学说为基础的金融可持续发展理论与战略	华南金融研究	2003 年 3 月
95	中小企业金融支持模式与现实思考（与谭庆华合作）	华南金融研究	2003 年 5 月
96	日本近 150 年来政策性金融的发展演变与特征（与耿立新合作）	日本研究	2005 年 9 月
97	对完善汇率形成机制的解读（与刘刚合作）	日本研究	2005 年 8 月
98	货币市场与资本市场的联动与协调机理研究（与汪洋合作）	当代财经	2007 年 1 月
99	热钱流入、资产价格波动和我国金融安全（与刘刚合作）	当代财经	2008 年 1 月
100	系统风险 β 系数可靠性分析（与王兴运合作）	当代财经	2015 年 5 月

续表

序号	论文标题	发表平台	年 / 期
101	比较银行学的研究对象与研究方法	财经科学	1999 年 2 月
102	经济全球化、金融全球化和金融自由化的演进——美国银行业百年并购的回顾与启示	金融论坛	2001 年 4 月
103	世纪金融的历史性变迁与以金融资源学说为基础的金融可持续发展理论与战略	金融论坛	2002 年 1 月
104	进出口政策性金融对中小企业支持的国际比较（与徐爱田合作）	国际贸易问题	2003 年 1 月
105	中德贸易与金融发展关系比较——考察质性与量性指标的实证分析（与沈军合作）	国际贸易问题	2013 年 7 月
106	日本产业结构变迁与金融支持政策分析（与高霞合作）	现代日本经济	2015 年 3 月
107	金融边界理论初探（与杨秀萍合作）	金融评论	2015 年 12 月
108	政策性金融公共性与财政公共性的比较研究（与张坤合作）	中央财经大学学报	2014 年 1 月
109	论政策性金融的本质特征——公共性（与张坤合作）	中央财经大学学报	2015 年 9 月
110	加强对记账外汇结算的研究及控制管理	辽宁大学学报	1986 年 10 月
111	外汇资金调度管理的依据和方法	辽宁大学学报	1986 年 5 月
112	各国银行与工商企业关系的比较研究	辽宁大学学报	1989 年 5 月
113	金融虚拟性命题及其理论渊源（与徐爱田合作）	辽宁大学学报	2004 年 4 月
114	我国地方政府融资平台的风险及治理研究（与董亮合作）	辽宁大学学报	2012 年 4 月
115	经济金融理论传承与创新的心路历程	辽宁大学学报	2012 年 5 月
116	历史的回顾与现实的思考——从 43 年前撰写的一篇文章投稿被两位权威专家误评误审误判说起	辽宁大学学报	2024 年 9 月
117	国内外政策性金融理论与实践若干问题的思考	广东金融学院学报	2005 年 1 月
118	中国经济学金融学理论与教育工作者的历史任务	广东金融学院学报	2007 年 3 月
119	农村社会保障金融体系的国际比较与借鉴：金融功能视角（与陈阳、彭智合作）	广东金融学院学报	2007 年 6 月
120	金融变革中的中国国债市场功能定位与发展策略（与汪洋合作）	广东金融学院学报	2008 年 1 月
121	中国金融资源地区分布中的政府权力影响（与卢颖合作）	广东金融学院学报	2009 年 4 月
122	关于建立和发展中国期货市场的多层思考	山西财经学院学报	1995 年 2 月

续表

序号	论文标题	发表平台	年 / 期
123	股指期货市场风险衍生机制的实证分析（与田树喜、曾奕合作）	山西财经大学学报	2008 年 1 月
124	中国金融资源地区分布差异演变分析（与卢颖合作）	山西财经大学学报	2009 年 8 月
125	人民币国际化背景下的 SDR 定值问题研究（与胡巍合作）	河北经贸大学学报	2015 年 12 月
126	以金融资源学说为基础的金融可持续发展理论与战略	广东商学院学报	2003 年 5 月
127	美国金融倾斜“迷失陷阱”与金融监管改革研究（与张磊合作）	哈尔滨工业大学学报	2013 年 3 月
128	战后日本金融结构变迁：影响及对中国的借鉴意义（与张磊合作）	哈尔滨工业大学学报	2014 年 1 月
129	论内外两大货币与物资系统间的交叉对应效应——外汇收支与国民经济综合平衡	收录在《白钦先集》	1981 年
130	美国银行分支行制度的发展和单一银行制度的逐渐瓦解	收录在《白钦先集》	1983 年
131	关于发展我国个体经济和私营经济的战略与对策	辽宁日报（理论版）	1984 年
132	美国银行体制国际化的特点和影响	国际金融	1985 年
133	菜篮子里的经济学	金融时报（理论版）	1985 年
134	企业的一般风险管理与信用管理	中国企业管理	1985 年
135	国际经济金融活动中的惯例、规则和风险——双亏双赢效应、国际规则与惯例、时间概念的法律与经济含义	收录在《白钦先集》	1986 年
136	把企业放在经济机制的汪洋大海中航行	中国企业管理	1986 年
137	我国银行企业化改革的关键一步——商业性银行业务与政策性银行业务的分离分立	收录在《白钦先集》	1987 年
138	金融市场与机构投资人	经济效益报（理论版）	1987 年
139	制定我国银行法应遵循的基本原则	金融时报（理论版）	1987 年
140	关于股份制若干问题的探讨	经济效益报（理论版）	1987 年
141	关于改革开放发展对外经济贸易的几个理论与实际问题	收录在《白钦先集》	1987 年
142	中国深化改革的方法论选择——对十多年改革的反思和进一步治理的对策性建议	世界经济导报（理论版）	1988 年

续表

序号	论文标题	发表平台	年 / 期
143	各国银行集中垄断的比较研究	新金融	1989 年
144	由存款挤提风潮引起的思考	收录在《白钦先集》	1990 年
145	论外延扩张型经济模式的特征和后果 —— 关于搞好国有大中型企业的深层次思考	收录在《白钦先集》	1990 年
146	三种花钱行为模式的经济学含义	金融时报（理论版）	1990 年
147	科学研究与学术著作工作中的方法论 —— 以高瞻远瞩高度负责的科学态度写作独具特色的高校教材	收录在《白钦先集》	1990 年
148	围绕银行外汇业务交叉的多层思考	中国国际金融 90 年学术年会大会专题报告论文	1990 年 1 月
149	银行的外汇业务集中经营更有效	经济参考报（理论版）	1990 年 11 月
150	关于股份制若干问题的探索	山西投资研究	1990 年 6 月
151	关于辽东半岛对外开放应注意的若干问题	中共辽宁省委咨询文摘	1990 年 7 月
152	我国银行外汇业务交叉的种种问题与对策	国际金融研究	1991 年 1 月
153	浅议美国的州级银行监督管理体制	金融时报（理论版）	1991 年 1 月
154	制定我国银行法应遵循的基本原则	经济参考报（理论版）	1991 年 2 月
155	关于制定好我省经济与社会发展八五规划和十年规划的再建议	中共辽宁省委咨询文摘	1991 年 3 月
156	转变模式综合治理是搞好大中型企业的根本出路	中共辽宁省委咨询文摘	1991 年 6 月
157	围绕银行业务交叉的多层思考	中国投资管理	1991 年 7 月
158	以高瞻远瞩高度负责的科学态度为写出独具特色的高校教材而呕心沥血	《辽宁大学教材编译经验谈》	1991 年 8 月
159	破釜沉舟背水一战彻底转变模式	中共沈阳市委决策参考	1991 年 8 月
160	中国银行企业化改革的关键一步 —— 商业性业务与政策性业务的分离分立	东北国际金融学会年会大会报告论文	1992 年
161	银行与工商企业关系的多层思考	新金融杂志	1992 年 1 月
162	经济纵横 —— 入关	辽宁人民广播电台现场直播	1992 年 1 月

续表

序号	论文标题	发表平台	年 / 期
163	国有大中型企业走向国际市场	中央人民广播电台6：30新闻与报纸联播节目	1992年1月
164	关于关贸总协定的综合分析及对我国的影响	东北三省体改委改革之声	1992年
165	我国同关贸总协定关系的若干问题与对策	中共沈阳市委《决策参考》	1992年2月
166	关于搞活国有大中型企业的深层思考	内蒙古财经学院学报	1992年3月
167	建立东北及东北亚区域性金融中心和金融市场的构想与对策	辽宁投资	1992年5月
168	关贸总协定系列谈	沈阳经济台现场直播	1992年5月
169	未雨绸缪话入关	沈阳日报（理论版）	1992年9月
170	银行体制与金融市场	外向型经济实务	1993年
171	比较银行学启发式教学综合试点改革项目	教学实践活动总结报告	1993年
172	借鉴各国成功经验尽速构筑我国政策性金融体系	高校理论参考	1993年1月
173	跨入国际经济金融奥林匹克大赛场的大连金融	大连金融	1993年1月
174	以市场经济原则重新构筑中国的银行体制	中外科技政策与管理	1993年6月
175	外延扩张型经济模式的特征与后果	全国高校第七次社会主义市场经济研讨会大会报告论文	1993年8月
176	关于山西省经济与社会发展稳定战略的建议	山西省人民政府办公厅	1994年
177	国际经济金融活动对我国经济与社会发展稳定的负面影响	经济日报（理论版）	1994年8月
178	关于制定我省九五规划和2010年远景规划“金融启动战略”的建议	中共辽宁省委咨询文摘	1995年1月
179	关于发展和完善进出口银行资金筹集和外部结构的几个问题	中国进出口银行促进机电产品成套设备出口政策性金融座谈会特约报告	1995年1月

续表

序号	论文标题	发表平台	年 / 期
180	必须将金融启动提高到战略高度	中共辽宁省委咨询文摘	1995 年 1 月
181	外部因素对我国通胀的影响	经济日报（理论版）	1995 年 2 月
182	对完善我国期货市场的思考	中国期货	1995 年 3 月
183	影响我国通胀的外部因素	经济学消息——新论快递专栏	1995 年 3 月
184	以市场经济原则重新构筑中国的银行体制	《社会主义市场经济体制的基本理论与实践》	1995 年 4 月
185	构筑中国政策性金融体系的基本原则和对策	当今中国经济学八大理论热点	1995 年 5 月
186	关于实施科教兴沈战略的几点建议	省委、省（市）政府	1995 年 7 月
187	关于构筑以沈阳为中心的金融中心与思考的对策	沈阳金融专集	1996 年
188	应慎重处理主办银行制	中华工商时报	1996 年 1 月
189	中外农业金融与农业政策性金融比较	粮食财经研究	1996 年 4 月
190	东南亚货币危机给我们的启示与借鉴	咨询文摘	1997 年 1 月
191	我国早期的政策性金融及其启示（与王伟合作）	银行与企业	1997 年 5 月
192	论政策性金融的经济金融功能与经济金融含义	全国高校经济理论与实践研讨会获选及报告论文	1997 年 7 月
193	对中国金融学科发展的总体评价及当代金融学——金融经济学的看法	世界管理论坛	1997 年 9 月
194	面向 21 世纪的新金融观及金融可持续发展战略	中国生产力研究会知识经济文集	1998 年
195	三种花钱模式的思考	金融时报（理论版）	1998 年 4 月
196	就将金融可持续发展战略纳入中国 21 世纪议程致江主席和朱总理的信	中共中央办公厅、国务院办公厅	1998 年 5 月
197	论金融可持续发展	金融时报（理论版）	1998 年 6 月
198	金融也需要可持续发展	中国改革报（理论版）	1998 年 6 月
199	就将金融可持续发展战略纳入人类 21 世纪议程致联合国秘书长安南的信	中国改革报（理论版）	1998 年 6 月

续表

序号	论文标题	发表平台	年 / 期
200	从战略高度考虑金融可持续发展	经济参考报（理论版）	1998 年 7 月
201	欣慰之中也有遗憾	《中国金融博导》，中国金融出版社	1998 年 8 月
202	推进金融可持续发展	经济日报（理论版）	1998 年 9 月
203	关于金融可持续发展理论研究的几个问题	中国经贸展望	1999 年 2 月
204	为学求新、为道求真	经济日报神州学人发表记者访谈	1999 年 2 月
205	必须树立教育产业是特种产业的观念	经济日报记者访谈	1999 年 3 月
206	知识经济时代的新金融资源观	金融时报（理论版）	1999 年 4 月
207	“发展教育产业扩大内需”全国理论研讨会	经济日报（理论版）	1999 年 6 月
208	金融资源理论研究（一）：金融属性	城市金融论坛	1999 年 4 月
209	金融资源理论研究（二）：金融资源	城市金融论坛	1999 年 5 月
210	金融资源理论研究（三）：合理开发	城市金融论坛	1999 年 6 月
211	金融资源理论研究（四）：有效配置	城市金融论坛	1999 年 7 月
212	金融资源理论研究（五）：效应功能区	城市金融论坛	1999 年 8 月
213	金融资源理论研究（六）：立法原理	城市金融论坛	1999 年 9 月
214	金融资源理论研究（七）：金融危机	城市金融论坛	1999 年 10 月
215	金融资源理论研究（八）：理论体系	城市金融论坛	1999 年 11 月
216	金融资源理论研究（九）：几点说明	城市金融论坛	1999 年 12 月
217	世纪之交话金融——经济全球化与经济金融化的挑战	理论与实践	2000 年 1 月
218	中国跨入国际经济奥林匹克大赛场	辽宁工作	2000 年 2 月
219	世纪之交话金融——金融是什么？金融与经济的关系是怎样的？	理论与实践	2000 年 2 月
220	世纪之交话金融——不同金融发展战略及其后果	理论与实践	2000 年 3 月
221	中国跨入国际经济奥林匹克大赛场——中国进入全面持久开放与振兴腾飞的新时代	浙江金融	2000 年 4 月
222	世纪之交话金融（四）	理论与实践	2000 年 4 月

续表

序号	论文标题	发表平台	年 / 期
223	面向 21 世纪从战略高度重新观察与审视金融问题	经济日报（理论版）	2000 年 6 月
224	世纪之初回首金融天下事势——金融全球化、新金融观、大国间竞争争夺和博弈的战略性新领域	银座金融论坛	2001 年
225	加入 WTO 对我国金融资源配置和金融可持续发展的影响——兼论政策性金融应发挥的作用（与崔晓峰合作）	南方金融	2001 年 1 月
226	面向 21 世纪的金融观	决策与探索	2001 年 1 月
227	新资源要素和经济增长发展理论（与杨涤合作）	中国人口、资源与环境	2001 年 4 月
228	加入 WTO，是跨入国际经济奥林匹克大赛场	中华儿女	2001 年 8 月
229	全球各国都高度关注的“强位弱势”群体	经济科学出版社中青年经济学家文库	2002 年 1 月
230	跨入国际经济金融奥林匹克大赛场的中国	《WTO 与中国金融业发展》，湖南大学出版社	2002 年 5 月
231	关于金融全球化的思考	《经济金融化与中国金融开放》，上海人民出版社	2002 年 6 月
232	金融全球化下的中国金融业的战略目标	现代商业银行	2002 年 7 月
233	从传统金融观到现代金融观	为《金融资源理论研究》一书而写的序言，中国财经出版社	2002 年 8 月
234	金融监管理论与实践的历史性回顾与反思	中国金融出版社	2003 年 1 月
235	寻找中国商业银行的创新之路——简评吕耀明新著《商业银行创新与发展》	光明日报	2003 年 1 月
236	金融外部性与金融制度创新	为吴竞择《金融外部性与金融制度创新》一书所作序言	2003 年 6 月
237	政策性金融与商业性金融：对称、平行与并列的两大金融族类	海外投资与出口信贷（创刊号）	2004 年 1 月
238	从传统金融观到现代金融观的变迁	《创新盛宴》辽宁人民出版社	2004 年 1 月
239	用数学描述金融 用金融理解数学	金融时报（理论版）	2004 年 1 月

续表

序号	论文标题	发表平台	年 / 期
240	金融革新诉求下的民营银行	沈阳日报（理论版）	2004 年 1 月
241	亚洲债券市场发展：任重而道远（与张志文合作）	中国外汇管理	2004 年 1 月
242	关于国内外政策性金融理论与实践发展若干问题的对话	银座金融论坛	2004 年 2 月
243	2003 年美元贬值和人民币升值的压力	中国货币市场	2004 年 3 月
244	中国农村现代化与农村金融体制重构	金融经济	2004 年 4 月
245	信贷配给政府介入与政策性金融（与王伟合作）	浙江金融	2004 年 4 月
246	如何重构我国农村金融体系	国际借鉴	2004 年 5 月
247	构建中国农村金融体制新格局	政研时讯	2004 年 5 月
248	中国农业政策性金融：十年历程评价与未来发展对策（与徐爱田合作）	农业发展与金融	2004 年 7 月
249	我国中小银行面临战略选择	金融时报	2004 年 9 月
250	论政府与政策性银行的关系（与王伟合作）	武汉金融	2005 年 1 月
251	当代西方金融理论危机背景下：金融资源学说和金融发展理论提出与增广的始末	当代金融家	2005 年 1 月
252	政策性金融立法的国际比较（与谭庆华合作）	金融理论与实践	2005 年 1 月
253	中国进出口银行战略定位和立法的时代特征与基本原则	海外投资与出口信贷	2005 年 3 月
254	论基于金融产业的金融发展	浙江金融	2005 年 5 月
255	金融资源学说与金融可持续发展理论与战略提出的始末	当代金融家	2005 年 5 月
256	法国金融制度：由非典型的银行主导型向市场主导型演进（与常海中合作）	金融论坛	2005 年 6 月
257	发展亚洲债券市场：理念、难题与前景（与张志文合作）	现代国际关系	2005 年 6 月
258	政策性金融监督机制与结构的国际比较（与王伟合作）	《经济全球化背景下中国金融业改革与发展研讨会论文集》	2005 年 6 月
259	中国公司债券市场发展瓶颈及化解之道（与常海中合作）	西南金融	2006 年 2 月
260	金融结构视角下的金融稳定论（与张润林、杜欣合作）	武汉金融	2006 年 2 月
261	中国经济学金融学理论与教育工作者的历史任务	金融评论	2006 年 2 月

续表

序号	论文标题	发表平台	年 / 期
262	全球进出口政策性金融机构概况	当代金融家	2006 年 4 月
263	金融强国：中国的战略选择（与刘刚合作）	经济与管理研究	2006 年 6 月
264	农村政策性金融在建设社会主义新农村中的作用（与杜欣合作）	西南金融	2006 年 8 月
265	囚徒困境与信用社信贷工作的改进（与贺伯锋合作）	浙江金融	2007 年 1 月
266	“退而更化”：中国合作金融的改良之路（与秦援晋合作）	财经理论与实践	2007 年 11 月
267	中国金融业对外开放进程回顾与评述（与常海中合作）	西南金融	2007 年 2 月
268	国债金融属性的理论分析（与汪洋合作）	武汉金融	2008 年 5 月
269	增长与稳定：一种福利分析框架（与赖溟溟合作）	西南金融	2008 年 6 月
270	我国大豆产业发展及产区信贷政策分析（与李军、张东升合作）	经济与管理研究	2008 年 8 月
271	日德金融超前发展战略进程回顾与评述（与刘刚合作）	西南金融	2008 年 9 月
272	金融发展与经济增长：中国的经验研究（与张志文合作）	南方经济	2008 年 9 月
273	我国金融倾斜波动的实证分析（与田树喜、林艳丽合作）	财经理论与实践	2009 年 1 月
274	灾后恢复重建离不开政策性金融强有力的支持（与王伟合作）	金融理论与实践	2009 年 1 月
275	功能观视角下“金融地位”问题研究（与主父海英合作）	金融理论与实践	2009 年 10 月
276	反思美国次贷危机：启示与对策	探索与决策	2009 年 3 月
277	金融功能研究的回顾与总结（与白炜合作）	财经理论与实践	2009 年 5 月
278	通货膨胀——产出关系与货币政策最优稳定化目标（与赖溟溟合作）	武汉金融	2009 年 6 月
279	美元霸权和信用评级垄断支撑美国霸权（与黄鑫合作）	高校理论战线	2010 年 1 月
280	中美汇率博弈的根源、过程与影响（与刘刚合作）	武汉金融	2010 年 9 月
281	消费金融发展的理论解释与国际经验借鉴（与汪洋合作）	金融理论与实践	2011 年 1 月
282	国际货币体系改革的国际政治视角分析（与禹钟华合作）	区域金融研究	2011 年 6 月
283	华尔街与山西票号经营理念比较研究（与宋陆军合作）	区域金融研究	2012 年 1 月

续表

序号	论文标题	发表平台	年／期
284	信用评级、公共产品与国际垄断霸权——对信用评级市场本源的思考（与谭庆华合作）	金融理论与实践	2012年11月
285	试论经济学的民族性特征	西南金融	2012年5月
286	论政策性金融机构的资本金（与李鹏合作）	武汉金融	2013年1月
287	再论次贷危机的根源与金融发展方式转变（与谭庆华合作）	内蒙古金融研究	2013年1月
288	一种新金融观：人文金融观（与宋陆军合作）	区域金融研究	2013年3月
289	一种新金融观：体制金融观（与宋陆军合作）	西南金融	2013年4月
290	产业升级背景下商业银行煤炭领域信贷策略分析（与张雪梅合作）	金融理论与实践	2014年4月
291	合作性金融的合作动机及引致原则研究（与王京合作）	金融理论与实践	2014年10月
292	互联网金融可持续发展研究——基于金融资源观视角（与李士涛合作）	征信	2014年1月
293	中国农村信用社未走上合作金融道路的历史与文化视角分析（与杨焱合作）	西南金融	2014年1月
294	金融学的人文特性及其文化阐释（与秦援晋、王臻合作）	金融发展评论	2014年2月
295	金融危机后对金融监管理论与实践的反思（与杨秀萍合作）	沈阳师范大学学报	2014年3月
296	在回顾与反思的基础上深化政策性金融改革（与刘子赫合作）	西南金融	2014年6月
297	对政策性金融机构法律地位的理论思考（与王吉献合作）	征信	2015年5月
298	论政策性金融机构的法律地位（与王吉献合作）	金融理论与实践	2015年5月
299	股票价格为什么会高估——基于“赢者的诅咒”现象的解析（与王兴运合作）	武汉金融	2015年5月
300	关于普惠金融的多重思考	甘肃金融	2015年12月
301	政策性金融机构负债及所有者权益的国际比较（与张坤合作）	南方金融	2016年5月
302	政策性金融机构财务指标的国际比较（与张坤合作）	武汉金融	2016年6月
303	政策性非银行金融机构的实践与理论初探——以不良金融资产管理机构的发展为例（与张坤、张浩然合作）	武汉金融	2022年1月
304	政策性金融机构资产项目的国际比较（与张坤合作）	西南金融	2016年7月

续表

序号	论文标题	发表平台	年 / 期
305	日元国际化与日本的国际储备（*Yen Internationalization and Japan's International Reserves*）（与张志文合作）	经济建模（Economic Modelling）	2016 年 1 月
306	从传统金融观到现代金融观的变迁	《转轨时期中国经济与金融改革回顾与展望》，中国金融出版社	2002 年 4 月
307	《白钦先经济金融论文集》初版前言	《白钦先经济金融文集》，中国金融出版社	1995 年 1 月
308	《白钦先经济金融论文集》第二版前言	《白钦先经济金融文集（一）》，中国金融出版社	1999 年 5 月
309	《白钦先经济金融论文集》第三版前言	《白钦先经济金融文集（一、二、三）》，中国金融出版社	2009 年 4 月
310	《白钦先经济金融论文集》书成自记	《白钦先经济金融论文集》，中国金融出版社	1999 年 5 月
311	为《各国政策性金融机构比较》一书所写的序言	《各国政策性金融机构比较》，中国金融出版社	1993 年 9 月
312	为《金融资源效率论》一书所写的序言	《金融资源效率论》，中国金融出版社	2002 年 2 月
313	为《现代金融监管丛书》一书所写的总序言	《现代金融监管丛书》，中国金融出版社	
314	为《中外合资银行：变迁、反思与前瞻》一书所写的序言	《中外合资银行：变迁、反思与前瞻》，中国金融出版社	2006 年 7 月
315	为《各国金融体制比较》一书所写的序言	《各国金融体制比较》，中国金融出版社	2001 年 6 月
316	为《金融虚拟性研究》一书所写的序言	《金融虚拟性研究》，中国金融出版社	2007 年 9 月
317	为《金融虚拟性演进及其正负功能研究》一书所写的序言	《金融虚拟性演进及其正负功能研究》，中国金融出版社	2008 年 7 月

续表

序号	论文标题	发表平台	年 / 期
318	为《金融效率论——二元视角下的理论分析与中国实证研究》一书所写的序言	《金融效率论——二元视角下的理论分析与中国实证研究》，经济科学出版社	2006 年 5 月
319	为《人民币汇率与中国贸易收支关系研究》一书所写的序言	《人民币汇率与中国贸易收支关系研究》，中国金融出版社	2006 年 8 月
320	为《中国股票市场资源配置功能研究》一书所写的序言	《中国股票市场资源配置功能研究》，中国金融出版社	2006 年 9 月
321	为《货币政策传导的信贷渠道研究》一书所写的序言	《货币政策传导的信贷渠道研究》，中国金融出版社	2006 年 9 月
322	为《政策性金融功能研究——兼论中国政策性金融发展》一书所写的序言	《政策性金融功能研究——兼论中国政策性金融发展》，中国金融出版社	2008 年 3 月
323	为《各国中小企业政策性金融体制比较——强位弱势群体、政府综合扶持、政策性金融支持》一书所写的序言	《各国中小企业政策性金融体制比较——强位弱势群体、政府综合扶持、政策性金融支持》，中国金融出版社	2001 年 6 月
324	为《各国进出口政策性金融体制比较》一书所写的序言	《各国进出口政策性金融体制比较》，中国金融出版社	2003 年 5 月
325	为《各国开发性政策性金融体制比较》一书所写的序言	《各国开发性政策性金融体制比较》，中国金融出版社	2005 年 12 月
326	为《发达国家金融倾斜研究》一书所写的序言	《发达国家金融倾斜研究》，中国金融出版社	2005 年 4 月
327	为《金融功能扩展与提升》一书所写的序言	《金融功能扩展与提升》，中国金融出版社	2005 年 12 月

续表

序号	论文标题	发表平台	年 / 期
328	为《复杂系统范式视角下的金融演进与发展》一书所写的序言	《复杂系统范式视角下的金融演进与发展》，中国金融出版社	2007 年 4 月
329	为《金融产业演进与金融发展 ——基础理论的构建及延伸》一书所写的序言	《金融产业演进与金融发展 ——基础理论的构建及延伸》，中国金融出版社	2006 年 9 月
330	为译著《价值投资 ——一种平衡分析方法》一书所写的序言	《价值投资 ——一种平衡分析方法》，中国金融出版社	2000 年 2 月
331	为《21 世纪新资源理论 ——关于国民财富源泉的最新研究》一书所写的序言	《21 世纪新资源理论 ——关于国民财富源泉的最新研究》，中国金融出版社	2006 年 9 月
332	为《中国政策性金融与商业性金融协调发展研究》一书所写的序言	《中国政策性金融与商业性金融协调发展研究》，中国金融出版社	2006 年 5 月
333	为《金融发展与经济增长关系的国家经验研究》一书所写的序言	《金融发展与经济增长关系的国家经验研究》，中国金融出版社	2008 年 11 月
334	为《中国农村金融体制战略性重构研究》一书所写的序言	《中国农村金融体制战略性重构研究》，中国金融出版社	2007 年 3 月
335	为《中小企业信用担保体系的国际比较》一书所写的序言	《中小企业信用担保体系的国际比较》，中国金融出版社	2002 年 12 月
336	为《技术引进与产业结构优化研究》一书所写的序言	《技术引进与产业结构优化研究》，中国金融出版社	2004 年 2 月
337	为《跨入国际经济奥林匹克大赛场 ——全球化、WTO 与开放中国的制胜之道》一书所写的序言	《跨入国际经济奥林匹克大赛场 ——全球化、WTO 与开放中国的制胜之道》，中国金融出版社	2000 年 1 月

续表

序号	论文标题	发表平台	年 / 期
338	为《金融相对实体经济发展的约束边界理论研究》一书所写的序言	《金融相对实体经济发展的约束边界理论研究》，中国社会科学出版社	2016 年 6 月
339	为《金融资源配置论》一书所写的序言	中国金融出版社	2011 年 12 月
340	为《21 世纪新资源理论——关于国民财富源泉的最新研究（2018 大众版）》一书所写的序言	中国金融出版社	2018 年 7 月
341	为《上海金融促进实体经济及长三角一体化发展研究报告》一书所写的序言	社会科学文献出版社	2022 年 4 月
342	为《乡村振兴的南海探索——金融服务农业全产业链新模式》一书所写的序言	中国金融出版社	2023 年 4 月
343	为《地方政府专项债券高质量发展研究》一书所写的序言	中国金融出版社	2023 年 7 月
344	推进粤港澳大湾区金融新发展——全球化潮汐下的大国博弈与再平衡（与陈阳合作）	银行家	2020 年 6 月
345	公共政策性金融是实现中国式现代化的重要支撑——以广东、贵州区域发展实践为例（与陈阳、王楚雯、秦伟新合作）	银行家	2023 年 6 月
346	关于深化中国金融体制改革几个重大问题的思考（与张坤合作）	保险研究	2023 年 3 月
347	关于政策性保险理论研究的几点思考（与张坤、王星苏合作）	保险研究	2022 年 9 月
348	数字经济如何缓解相对贫困（与马留赟合作）	财经科学	2022 年 7 月
349	中美互联网金融监管比较及启示：一个比较金融学框架（与张贺合作）	甘肃社会科学	2022 年 1 月
350	我国房地产业的金融负外部性考察（白钦先、主父海英）	经济评论	2011 年 3 月
351	次贷危机的“金融公地悲剧”分析（主父海英）	原河南金融管理干部学院学报（征信）	2009 年 3 月
352	评级膨胀、双评级规范的网络效应与美国信用评级霸权（黄鑫、主父海英）	区域金融研究	2011 年 3 月
353	世界金融危机背景下政府行为的金融负外部性探析（主父海英、黄鑫）	江西金融职工大学学报	2009 年 8 月
354	金融全球化背景下论“金融的地位”（主父海英）	江西金融职工大学学报	2009 年 5 月
355	基于声誉中介效应的绿色信贷对商业银行营利能力影响探讨（主父海英等）	区域金融研究	2021 年 6 月

续表

序号	论文标题	发表平台	年 / 期
356	区域金融生态风险及其评价（主父海英等）	金融发展研究	2010 年 3 月
357	黄河流域自贸区营商环境优化与辐射效应研究（主父海英等）	工业技术经济	2023 年 2 月
358	数字普惠金融对绿色发展水平的影响 —— 基于熵权 TOPSIS 和空间计量模型（主父海英等）	区域金融研究	2024 年 3 月
359	人民币在“一带一路”货币圈发挥了锚效应吗？——基于人民币与主要国际货币比较研究（刘刚）	国际金融研究	2018 年 7 月
360	亚洲基础设施投资银行内部治理创新研究（刘刚）	金融理论与实践	2017 年 10 月
361	中国对外直接投资、金融联系度及其对经济增长的影响 —— 基于金砖国家视角（刘刚）	金融论坛	2017 年 8 月
362	平权结构模式下金砖国家开发银行贷款项目申请的博弈研究（刘刚）	南方金融	2017 年 7 月
363	互联网非公开股权融资影响因素研究 —— 以筹道股权为例（刘刚）	上海金融	2017 年 2 月
364	金砖国家应急储备安排危机防范能力的测度及应对（刘刚）	广东财经大学学报	2017 年 2 月
365	资本账户开放、金融杠杆率与系统性金融危机（刘刚）	上海金融	2015 年 7 月
366	比特币价格波动与虚拟货币风险防范 —— 基于中美政策信息的事件研究法（刘刚等）	广东财经大学学报	2015 年 3 月
367	资本账户开放、商业银行存贷比与信贷风险（刘刚）	金融论坛	2015 年 3 月
368	日元升值引致资产价格泡沫的历史教训与借鉴（刘刚）	亚太经济	2014 年 1 月
369	东亚地区人民币集团形成进展判断 —— 基于人民币对东亚货币汇率影响力的比较研究（刘刚）	经济科学	2013 年 2 月
370	经济大国崛起时期本币升值压力应对研究（刘刚）	经济科学	201 年 3 月
371	汇率、工资和经济增长对我国就业的影响：1994—2010—— 基于制造业动态面板数据的实证检验（刘刚）	产业经济研究	2012 年 3 月
372	后危机时代人民币汇率大国博弈研究（刘刚）	经济理论与经济管理	2012 年 2 月
373	人民币汇率中美博弈的国外研究述评（刘刚）	经济学家	2010 年 12 月

续表

序号	论文标题	发表平台	年 / 期
374	汇率、工资和经济增长对我国 FDI 流入的影响——基于全国与地区层面的实证检验（刘刚）	中央财经大学学报	2013 年 2 月
375	美元霸权衰落与人民币国际化加速	经济问题探索	2012 年 7 月
376	再论全球金融危机的根源——基于资本主义内在危机视角（刘刚）	当代经济研究	2011 年 7 月
377	后危机时代全球货币冲突的理论、实践与影响（刘刚）	上海金融	2011 年 3 月
378	后危机时代人民币汇率的中美博弈与对策（刘刚）	亚太经济	2011 年 2 月
379	基于 SWOT 分析的金融强国战略研究（刘刚）	经济问题	2010 年 1 月
380	热钱流入、资产价格波动和我国金融安全（刘刚）	当代财经	2008 年 11 月
381	货币政策的有效性传导及其对股票价格的影响（刘刚）	改革	2008 年 7 月
382	我国资产价格暴涨的政治经济学分析（刘刚）	经济经纬	2008 年 2 月
383	亚洲金融危机十周年回顾与展望（刘刚）	世界经济与政治论坛	2007 年 5 月
384	日本金融危机长期化与复杂化的原因透析（刘刚）	现代日本经济	2007 年 3 月
385	上海国际金融中心建设的进程判断——基于与主要国际金融中心的比较分析（刘刚）	经济问题探索	2007 年 5 月
386	以中国银行为例论证企业的社会责任和它的市场竞争力的影响（贾天飞）		2017 年
387	企业社会责任模型（贾天飞）	哈萨克阿布莱汗国际关系与世界语大学《哈尔巴什》	2017 年 1 月
388	中国银行企业社会责任发展经验可行性和前景展望分析（贾天飞）	哈萨克高等教育	2018 年 3 月
389	企业社会责任在银行经营活动中发挥的积极影响力（贾天飞）	哈萨克高等教育	2018 年 3 月
390	银行的社会责任和如何满足消费者现阶段的社会需求——以中国银行为例（贾天飞）	哈萨克高等教育	2018 年 3 月
391	企业的社会责任：管理机制（贾天飞）	哈萨克高等教育	2019 年
392	论人民币升值对我国纺织品贸易的影响（姜树博等）	金融经济	2008 年 16 月
393	金融资源：理论与经验研究（姜树博）	辽宁大学学报	2009 年
394	金融资源的量化与评价方法研究（姜树博）	金融经济	2012 年 2 月
395	投资组合构建与优化：投资者偏好和遗传算法视角（宋陆军）	经济问题	2023 年 8 月

续表

序号	论文标题	发表平台	年 / 期
396	基于知识的投资者一致性行为理论研究（宋陆军）	太原学院学报（社会科学版）	2021 年 6 月
397	基于 GARCH 模型的上证 50ETF 期权风险对冲策略研究（李晶）	经济问题	2023 年 3 月
398	非洲法郎区的演进及运行机制（张延良、木泽姆）	西亚非洲	2003 年 2 月
399	近现代中国金融研究范式的变迁（白钦先、张坤）	金融评论	2017 年 2 月

附录三

《新华文摘》全文转载白钦先教授及其研究团队期刊文章一览表

序号	文章名称	作者	原刊名 / 年 / 期	转载年 / 期	备注
1	论比较银行学的研究对象	白钦先	生产力研究 1999.4	1999.11	人大复印
2	开发性政策性金融的理论与实践探析	白钦先、王伟	财贸经济 2002.4	2002.8	人大复印
3	百年全球金融业并购：历程、变迁及其效应	白钦先、薛誉华	国际金融研究 2001.7	2001.11	
4	中国西部开发研究评述	陈文晖、李宝生	人文地理 2002.1	2002.5	
5	论我国软件产业当前的形势、机遇和发展	陈文晖	科技导报 2003.3	2003.7	人大复印
6	“退而更化”：中国合作金融的改良之路	白钦先、秦援晋	财经理论与实践 2007.6	2008.4	
7	通货膨胀——产出关系与货币政策最优稳定化目标	白钦先、赖溟溟	武汉金融 2009.6	2009.16	人大复印
8	金融功能研究的回顾与总结	白钦先、白炜	财经理论与实践 2009.5	2009.23	人大复印
9	论经济学的民族性特征	白钦先	西南金融 2012.5	2012.16	人大复印
10	论三维金融架构	白钦先、文豪	东岳论丛 2013.6	2013.16	
11	政策性金融公共性与财政公共性的比较研究	白钦先、张坤	中央财经大学学报 2014.1	2015.2	人大复印
12	中国政策性金融的历史演进	白钦先、张坤	国际金融研究 2019.9	2020.1	

注：以上资料统计时点为截至 2024 年 6 月末，备注中的“人大复印”是指文章同时被《中国人民大学复印报刊资料》转载。

附录四

《中国人民大学复印报刊资料》转载白钦先教授及其研究团队期刊文章一览表

序号	文章名称	作者	原刊名称	原刊年/期	转载期刊年/期	备注
1	通货膨胀问题的中外比较及当前我国通货膨胀的特点原因与对策	白钦先	国际金融研究	1995.1	金融与保险 1995.7	
2	历史的审视与现实的思考	白钦先	日本学刊	1996.8	金融与保险 1997.1	
3	产融结合、主办银行与重塑银企关系	白钦先、丁志杰	城市金融论坛	1997.1	金融与保险 1997.12	
4	我国早期的政策性金融及其启示	白钦先、王伟	银行与企业	1997.5	经济史 1997.1	
5	日本企业管理文化的形成及特点	白钦先、徐平	日本学刊	1998.1	工业企业管理 1998.1	
6	政策性金融论	白钦先	经济学家	1998.3	金融与保险 1998.1	
7	论金融可持续发展	白钦先、丁志杰	金融时报	1998.6	金融与保险 1998.1	
8	再论金融可持续发展	白钦先	中国金融	1998.7	金融与保险 1998.1	
9	建立面向21世纪的金融可持续发展观	白钦先	城市金融论坛	1998.8	金融与保险 1998.1	
10	经济全球化和经济金融化的挑战与启示	白钦先	世界经济	1999.1	财政金融 1999.3	
11	经济全球化和经济金融化的挑战与启示	白钦先	世界经济	1999.6	世界经济导刊 1999.1	
12	比较银行学的研究对象及方法	白钦先	财经科学	1999.2	金融与保险 1999.6	

续表

序号	文章名称	作者	原刊名称	原刊年/期	转载期刊年/期	备注
13	体制变迁的风险与可持续发展	白钦先、王兆刚	城市金融论坛	1999.2	金融与保险 1999.1	
14	论比较银行学的研究对象	白钦先	生产力研究	1999.4	金融与保险 1999.10	新华文摘
15	迎接挑战参与创新	白钦先	国际金融信息报	1999.4	金融与保险 1999.1	
16	建立面向21世纪的金融可持续发展观	白钦先	城市金融论坛	1999.8	金融与保险 1998.11	
17	关于我国政策性金融理论与实践的再探索	白钦先、郭纲	财贸经济	2000.1	金融与保险 2001.1	
18	面向21世纪从战略高度审视和处理金融问题	白钦先	国际金融研究	2000.12	金融与保险 2001.1	
19	再论以金融资源论为基础的金融可持续发展理论	白钦先	国际金融研究	2000.2	金融与保险 2000.3	
20	从货币分析到金融分析：金融可持续发展理论的方法变革	白钦先	华南金融研究	2000.2	金融与保险 2000.8	
21	当前经济、金融形势分析	白钦先	华南金融研究	2000.3	国民经济管理 2000.1	
22	20世纪金融监管理论与实践的回顾和展望	白钦先	城市金融论坛	2000.5	金融与保险 2000.8	
23	以全新视野审视金融战略	白钦先	经济日报	2000.7	金融与保险 2000.1	
24	加入WTO对我国金融资源配置和金融可持续发展的影响	白钦先、崔晓峰	南方金融	2001.1	金融与保险 2001.4	
25	世纪之交：世界经济回顾与展望	白钦先	求是	2001.1	世界经济学 2001.1	
26	银行出口信用业务的约束条件与我国的战略转变	白钦先、林广明	上海金融	2001.12	金融与保险 2002.1	
27	我国政策性银行的运行障碍及对策思考	白钦先	财贸经济	2001.9	财政金融 2002.2	
28	我国政策性银行的运行障碍及对策思考	白钦先、薛誉华	财贸经济	2001.9	金融与保险 2002.1	
29	开发性政策性金融的理论与实践探析	白钦先、王伟	财贸经济	2002.4	金融与保险 2002.1	新华文摘
30	金融体系重组中国有银行产权改革的国际经验	丁志杰、王秀山、白钦先	国际金融研究	2002.4	金融与保险 2002.1	

续表

序号	文章名称	作者	原刊名称	原刊年/期	转载期刊年/期	备注
31	金融全球化下的中国金融业的战略目标	白钦先	现代商业银行	2002.7	金融与保险 2002.1	
32	关于信用证单证审核中的风险问题探讨	刘刚	社科与经济信息	2002.9	金融与保险 2003.1	
33	以金融资源学说为基础的金融可持续发展理论和战略	白钦先	华南金融研究	2003.3	金融与保险 2003.1	
34	试论西方货币政策传导机制理论	白钦先、李安勇	国际金融研究	2003.6	金融与保险 2003.1	
35	中国农村金融体制改革的战略性重构重组与重建	白钦先	中国金融	2004.1	金融与保险 2004.1	
36	亚洲债券市场发展：任重而道远	白钦先、张志文	中国外汇管理	2004.12	投资与证券 2005.1	
37	2003 年美元贬值和人民币升值的压力	白钦先	中国货币市场	2004.3	金融与保险 2004.1	
38	金融虚拟性命题及其理论渊源	白钦先、徐爱田	辽宁大学学报	2004.4	金融与保险 2004.1	
39	论政府与政策性银行的关系	白钦先、王伟	武汉金融	2005.1	金融与保险 2005.1	
40	我国政策性金融立法及相关问题研究	白钦先、李军	上海金融	2005.11	经济法学、劳动法学 2006.1	
41	关于美元汇率走势分析	白钦先	日本研究	2005.3	世界经济导刊 2005.6	
42	关于美元汇率走势分析	白钦先	日本研究	2005.3	金融与保险 2005.1	
43	发展亚洲债券市场：理念、难题与前景	张志文、白钦先	现代国际关系	2005.6	金融与保险 2005.1	
44	中国公司债券市场发展瓶颈及化解之道	白钦先、常海中	西南金融	2006.2	投资与证券 2006.5	
45	政策性金融立法的国际比较与借鉴	白钦先	中国金融	2006.6	财政金融文摘 2006.3	
46	论金融功能演进与金融发展	白钦先、谭庆华	金融研究	2006.7	金融与保险 2006.1	
47	货币市场与资本市场的连通与协调机理研究	白钦先、汪洋	当代财经	2007.11	金融与保险 2008.2	
48	中国金融业对外开放进程回顾与评述	白钦先、常海中	西南金融	2007.2	金融与保险 2007.4	

续表

序号	文章名称	作者	原刊名称	原刊年 / 期	转载期刊年 / 期	备注
49	关于金融衍生品的虚拟性及其正负功能的思考	白钦先、常海中	财贸经济	2007.8	金融与保险 2007.12	
50	热钱流入、资产价格波动和我国金融安全	刘刚、白钦先	当代财经	2008.11	金融与保险 2009.2	
51	热钱流入、资产价格波动和我国金融安全	刘刚、白钦先	当代财经	2008.11	世界经济导刊 2009.1	
52	我国大豆产业发展及主产区信贷政策分析	白钦先、李军、张东升	经济与管理研究	2008.8	农业经济导刊 2008.11	
53	我国居民消费财富效应的实证研究	赖溟溟、白钦先	上海金融	2008.8	国民经济管理 2008.1	
54	我国居民消费财富效应的实证研究	赖溟溟、白钦先	上海金融	2008.8	社会主义经济理论与实践 2008.1	
55	金融发展与经济增长：中国的经验研究	白钦先、张志文	南方经济	2008.9	国民经济管理 2009.1	
56	金融发展与经济增长：中国的经验研究	白钦先、张志文	南方经济	2008.9	社会主义经济理论与实践 2009.1	
57	日德金融超前发展战略进程回顾与评述	白钦先、刘刚	西南金融	2008.9	金融与保险 2008.1	
58	功能观视角下“金融地位”问题研究	白钦先、主父海英	金融理论与实践	2009.1	金融与保险 2010.1	
59	金融功能研究的回顾与总结	白钦先、白炜	财经理论与实践	2009.5	金融与保险 2010.1	新华文摘
60	货币政策稳定化作用机制的演进：理论综述	白钦先、赖溟溟	经济评论	2009.5	理论经济学 2009.1	
61	金融虚拟化的道德风险及其市场影响：次贷危机的深层反思	白钦先、蔡庆丰	经济学家	2009.5	世界经济导刊 2009.1	
62	通货膨胀——产出关系与货币政策最优稳定化目标	白钦先、赖溟溟	武汉金融	2009.6	金融与保险 2009.1	新华文摘
63	中国金融倾斜加速器效应的计量检验与博弈分析	田树喜、白钦先	上海金融	2009.7	金融与保险 2009.1	
64	金融阈值视角下的金融危机	白钦先、主父海英	财贸经济	2009.9	世界经济导刊 2009.1	
65	“十二五”时期我国经济社会发展改革问题笔谈	白钦先	经济研究	2010.12	国民经济管理 2011.1	

续表

序号	文章名称	作者	原刊名称	原刊年 / 期	转载期刊年 / 期	备注
66	美元霸权和信用评级垄断支撑美国霸权	白钦先、黄鑫	高校理论战线	2010.12	金融与保险 2011.1	
67	美国信用评级认可制度的多视角分析及启示	白钦先、黄鑫	上海金融	2010.12	世界经济导刊 2011.1	
68	中美汇率博弈的根源、过程与影响	白钦先、刘刚	武汉金融	2010.9	世界经济导刊 2011.1	
69	中美汇率博弈的根源、过程与影响	白钦先、刘刚	武汉金融	2010.9	金融与保险 2010.1	
70	外汇储备规模与本币国际化：日元的经验研究	白钦先、张志文	经济研究	2011.1	世界经济导刊 2012.1	
71	消费金融发展的理论解释与国际经验借鉴	汪洋、白钦先	金融理论与实践	2011.1	金融与保险 2011.1	
72	外汇储备规模与本币国际化：日元的经验研究	白钦先、张志文	经济研究	2011.1	金融与保险 2012.1	
73	人民币汇率变动对 CPI 通胀的传递效应研究	白钦先、张志文	国际金融研究	2011.12	金融与保险 2012.1	
74	人民币汇率变动对 CPI 通胀的传递效应研究	白钦先、张志文	国际金融研究	2011.12	国民经济管理 2012.1	
75	功能失调、认知和行为偏差与农村政策性金融困境	王伟、白钦先、李鹏	经济理论与经济管理	2011.12	农业经济导刊 2012.1	
76	人民币汇率变动对 CPI 通胀的传递效应研究	白钦先、张志文	国际金融研究	2011.12	世界经济导刊 2012.1	
77	我国房地产业的金融负外部性考察	白钦先、主父海英	经济评论	2011.6	金融与保险 2012.4	
78	我国房地产业的金融负外部性考察	白钦先、主父海英	经济评论	2011.6	金融与保险 2012.1	
79	国际货币体系改革的国际政治视角分析	白钦先、禹钟华	区域金融研究	2011.6	世界经济导刊 2011.1	
80	国际货币体系改革的国际政治视角分析	白钦先、禹钟华	区域金融研究	2011.6	国际政治 2011.1	
81	通货膨胀的决定因素：中国的经验研究	张志文、白钦先	上海金融	2011.6	国民经济管理 2011.1	
82	通货膨胀的决定因素：中国的经验研究	张志文、白钦先	上海金融	2011.6	金融与保险 2011.1	
83	美元霸权的危机转嫁机制研究	白钦先、张敖	财贸经济	2011.9	世界经济导刊 2011.1	
84	华尔街与山西票号经营理念比较研究	白钦先、宋陆军	区域金融研究	2012.1	世界经济导刊 2012.1	

续表

序号	文章名称	作者	原刊名称	原刊年 / 期	转载期刊年 / 期	备注
85	量化宽松、资本流动与国际间货币政策协调	潘成夫、刘刚	改革	2012.4	金融与保险 2012.1	
86	信用评级、公共产品与国际垄断霸权	白钦先、谭庆华	金融理论与实践	2012.11	金融与保险 2013.3	
87	信用评级、公共产品与国际垄断霸权	白钦先、谭庆华	金融理论与实践	2012.11	国际经济文摘 2013.1	
88	信用评级、公共产品与国际垄断霸权	白钦先、谭庆华	金融理论与实践	2012.11	金融与保险 2013.1	
89	经济金融理论传承与创新的心路历程	白钦先	辽宁大学学报	2012.5	金融与保险 2013.1	
90	试论经济学的民族性特征	白钦先	西南金融	2012.5	理论经济学 2012.1	新华文摘
91	论政策性金融机构的资本金	李鹏、白钦先	武汉金融	2013.1	金融与保险 2014.1	
92	基金公司总体绩效检验与投资风格分析	白钦先、王兴运、屈源育	当代财经	2013.12	统计与精算 2014.1	
93	美国金融倾斜"迷失陷阱"与金融监管改革评析	白钦先、张磊	哈尔滨工业大学学报	2013.3	金融与保险 2013.10	
94	汇率波动性与本币国际化：澳大利亚元的经验研究	张志文、白钦先	国际金融研究	2013.4	金融与保险 2013.7	
95	一种新金融观：体制金融观	白钦先、宋陆军	西南金融	2013.4	金融与保险 2013.1	
96	汇率波动性与本币国际化：澳大利亚元的经验研究	张志文、白钦先	国际金融研究	2013.4	世界经济导刊 2013.1	
97	中德贸易与金融发展关系比较	沈军、白钦先	国际贸易问题	2013.7	统计与精算 2013.1	
98	中国金融体系效率与金融规模	沈军、白钦先	数量经济技术经济研究	2013.8	统计与精算 2013.1	
99	中国金融体系效率与金融规模	沈军、白钦先	数量经济技术经济研究	2013.8	金融与保险 2013.1	
100	战后日本金融结构变迁：影响及对中国的借鉴意义	白钦先、张磊	哈尔滨工业大学学报	2014.1	金融与保险 2014.1	
101	政策性金融公共性与财政公共性的比较研究	白钦先、张坤	中央财经大学学报	2014.1	财政与税务 2015.1	新华文摘
102	合作性金融的合作动机及引致原则研究	白钦先、王京	金融理论与实践	2014.1	金融与保险 2015.1	

续表

序号	文章名称	作者	原刊名称	原刊年 / 期	转载期刊年 / 期	备注
103	产业升级背景下商业银行煤炭领域信贷策略分析	白钦先、张雪梅	金融理论与实践	2014.1	金融与保险 2014.1	
104	中国政策性金融廿年纪之十辨文	白钦先、张坤	东岳论丛	2014.11	金融与保险 2015.1	
105	中国政策性金融廿年纪之十辨文	白钦先、张坤	东岳论丛	2014.11	体制改革 2015.1	
106	互联网金融可持续发展研究	白钦先	征信	2014.12	财政金融文摘 2015.2	
107	中国农村信用社未走上合作金融道路的历史与文化视角分析	白钦先、杨焱	西南金融	2014.12	金融与保险 2015.1	
108	在回顾与反思的基础上深化政策性金融改革	白钦先	西南金融	2014.6	财政金融文摘 2014.6	
109	战略能力、技术创新与中小企业发展	李鹏、白钦先	经济问题	2014.6	企业管理研究 2014.1	
110	金融边界理论初探	杨秀萍、白钦先	金融评论	2015.12	金融与保险 2016.8	
111	人民币国际化背景下的 SDR 定值问题研究	胡巍、白钦先	河北经贸大学学报	2015.12	世界经济导刊 2016.1	
112	人民币国际化背景下的 SDR 定值问题研究	胡巍、白钦先	河北经贸大学学报	2015.12	金融与保险 2016.1	
113	日本产业结构变迁与金融支持政策分析	白钦先、高霞	现代日本经济	2015.2	世界经济导刊 2015.1	
114	日本产业结构变迁与金融支持政策分析	白钦先、高霞	现代日本经济	2015.2	工业经济 2015.1	
115	系统风险 β 系数可靠性分析	王兴运、白钦先	当代财经	2015.5	统计与精算 2015.1	
116	股票价格为什么会高估	白钦先、王兴运	武汉金融	2015.5	投资与证券 2015.1	
117	对政策性金融机构法律地位的理论思考	白钦先、王吉献	征信	2015.5	金融与保险 2015.1	
118	论政策性金融的本质特征——公共性	白钦先、张坤	中央财经大学学报	2015.9	金融与保险 2016.1	
119	基于普惠金融导向的征信体系发展研究	白钦先、李士涛	金融理论与实践	2016.1	金融与保险 2017.1	
120	普惠金融发展的思考	白钦先、高霞	中国金融	2016.2	体制改革 2016.1	
121	金融与实体经济关系的哲学思考	白钦先、薛阳	辽宁师范大学学报	2016.4	金融与保险 2016.1	

续表

序号	文章名称	作者	原刊名称	原刊年／期	转载期刊年／期	备注
122	农业政策性金融机构负债与所有者权益的国际比较	白钦先、张坤	南方金融	2016.5	农业经济导刊 2016.1	
123	农业政策性金融机构负债与所有者权益的国际比较	白钦先、张坤	南方金融	2016.5	金融与保险 2016.1	
124	农业政策性金融机构财务指标的国际比较	白钦先、张坤	武汉金融	2016.6	金融与保险 2016.1	
125	农业政策性金融机构资产项目的国际比较	白钦先、张坤	西南金融	2016.7	金融与保险 2016.1	
126	政策性金融机构预算管理的理论基础与政策选择	白钦先、张坤	金融理论与实践	2017.1	金融与保险 2017.1	
127	重提普惠金融是对金融普惠性异化的回归	白钦先、佟健	金融理论与实践	2017.12	金融与保险 2018.4	
128	人民币国际化进程的回顾与展望	白钦先、程鹏	沈阳师范大学学报	2017.2	金融与保险 2017.1	
129	近现代中国金融研究范式的变迁	白钦先、张坤	金融评论	2017.2	经济史 2017.1	
130	近现代中国金融研究范式的变迁	白钦先、张坤	金融评论	2017.2	金融与保险 2017.1	
131	基于金融发展视角的征信基础理论研究	白钦先	金融发展研究	2017.3	财政金融文摘 2017.5	
132	再论普惠金融及其本质特征	白钦先、张坤	广东财经大学学报	2017.3	体制改革 2017.1	
133	再论普惠金融及其本质特征	白钦先、张坤	广东财经大学学报	2017.3	金融与保险 2017.1	
134	金融基础理论的创新与发展	张坤、白钦先	江西财经大学学报	2017.5	金融与保险 2018.1	
135	中国金融发展如何影响绿色产业：促进还是抑制？	马留赟、白钦先、李文	金融理论与实践	2017.5	金融与保险 2017.1	
136	中国普惠金融理论与实践若干问题的思考	白钦先	武汉金融	2018.1	财政金融文摘 2018.4	
137	数字普惠金融减小了城乡收入差距吗？	张贺、白钦先	经济问题探索	2018.1	金融与保险 2019.1	
138	中美互联网金融监管比较及启示：一个比较金融学框架	张贺、白钦先	甘肃社会科学	2022.1	金融与保险 2022.5	
139	政策性非银行金融机构的实践与理论初探	白钦先、张坤、张浩然	武汉金融	2022.1	财政金融文摘 2022.4	
140	关于政策性保险理论研究的几点思考	白钦先、张坤、王星苏	保险研究	2022.9	金融与保险 2023.1	

续表

序号	文章名称	作者	原刊名称	原刊年 / 期	转载期刊年 / 期	备注
141	关于深化中国金融体制改革几个重大问题的思考	白钦先、张坤	保险研究	2023.3	金融与保险 2023.1	
142	关于深化中国金融体制改革几个重大问题的思考	白钦先、张坤	保险研究	2023.3	体制改革 2023.1	
143	公共政策性金融是实现中国式现代化的重要支撑	白钦先、陈阳、张坤	银行家	2023.6	金融与保险 2023.1	
144	论金融可持续发展	白钦先	金融时报（理论版）	1998.6	金融与保险 1998.1	
145	知识经济时代的新金融资源观	白钦先	金融时报（理论版）	1999.4	金融与保险 1999.5	
146	面向 21 世纪从战略高度重新观察与审视金融问题	白钦先	经济日报（理论版）	2000.6	金融与保险 2001.1	

注：1. 以上资料统计时点截至 2024 年 6 月末。

2. 备注中的“新华文摘”是指同时被《新华文摘》全文转载。

附录五

白钦先教授及其研究团队专著一览表

序号	专著名称	出版时间	出版社	作者	备注
1	中央银行学	1989 年 2 月	中国金融出版社	白钦先、盛慕杰	全国高校社科优秀教材一等奖
2	比较银行学	1989 年 4 月	河南人民出版社	白钦先	第二届全国高校优秀教材国家一等奖
3	金融通论	1991 年 4 月	中国金融出版社	白钦先	
4	下海与复关 ——复关前的准备与思考	1993 年 9 月	辽宁人民出版社	白钦先	
5	各国政策性金融机构比较	1993 年 9 月	中国金融出版社	白钦先、曲昭光	全国高校优秀教材一等奖
6	机遇・挑战・竞争 ——中国重返关贸总协定	1993 年 9 月	辽宁人民出版社	白钦先、曲昭光	
7	白钦先经济金融论文集	1995 年 3 月	中国金融出版社	白钦先	
8	中华金融辞库（政策性金融分卷）	1998 年 10 月	中国金融出版社	白钦先	第三届国家图书奖国家二等奖
9	白钦先经济金融论文集（第二版）	1999 年 8 月	中国金融出版社	白钦先	
10	跨入国际经济奥林匹克大赛场 ——全球化、WTO 与开放中国的制胜之道	2000 年 1 月	中国金融出版社	白钦先	
11	当代金融辞典	2000 年 1 月	中国经济出版社	王益、白钦先	
12	金融可持续发展研究导论	2001 年 1 月	中国金融出版社	白钦先、姚勇、崔满红、陆家骝	

续表

序号	专著名称	出版时间	出版社	作者	备注
13	各国金融体制比较（第二版）	2001 年 8 月	中国金融出版社	白钦先、刘刚、郭翠荣	该书累计发行量超 60 万册
14	全球中小企业发展研究：各国中小企业政策性金融体制比较	2001 年 9 月	中国金融出版社	白钦先	
15	各国进出口政策性金融体制比较	2003 年 5 月	中国金融出版社	白钦先、徐爱田、欧建雄	
16	各国衍生金融市场监管比较研究	2003 年 1 月	中国金融出版社	白钦先	
17	金融监管的国际协调与合作	2003 年 2 月	中国金融出版社	白钦先	
18	21 世纪金融监管理论与实践	2003 年 3 月	中国金融出版社	白钦先	
19	金融外部性与金融制度创新	2003 年 6 月	经济管理出版社	吴竞择	
20	发达国家金融倾斜研究	2005 年 4 月	中国金融出版社	郭翠荣	
21	金融功能扩展与提升	2005 年 12 月	中国金融出版社	禹钟华	
22	各国开发性政策性金融体制比较	2005 年 12 月	中国金融出版社	白钦先、王伟	
23	金融效率论——二元视角下的理论分析与中国实证研究	2006 年 5 月	经济科学出版社	沈军	
24	金融产业演进与金融发展——基础理论的构建及延伸	2006 年 9 月	中国金融出版社	孙伟祖	
25	中国政策性金融与商业性金融协调发展研究	2006 年 9 月	中国金融出版社	王伟	
26	各国农业政策性金融体制比较	2006 年 9 月	中国金融出版社	白钦先、徐爱田、王小兴	
27	21 世纪新资源理论——关于国民财富源泉的最新研究	2006 年 9 月	中国金融出版社	白钦先、杨涤	
28	中国股票市场资源配置功能研究	2006 年 9 月	中国金融出版社	徐沛、白钦先	
29	货币政策传导的信贷渠道研究	2006 年 9 月	中国金融出版社	李安勇、白钦先	
30	复杂系统范式视角下的金融演进与发展	2007 年 7 月	中国金融出版社	郭金龙	
31	赶超型国家金融体制变迁研究	2007 年 9 月	中国金融出版社	白钦先、赫国胜、张荔	

续表

序号	专著名称	出版时间	出版社	作者	备注
32	金融虚拟性研究	2008 年 7 月	中国金融出版社	徐爱田、白钦先	
33	政策性金融功能研究 ——兼论中国政策性金融发展	2008 年 5 月	中国金融出版社	白钦先、谭庆华	
34	金融虚拟性演进及其正负功能研究	2008 年 7 月	中国金融出版社	白钦先、常海中	
35	各国金融体制比较（第三版）	2008 年 7 月	中国金融出版社	白钦先、刘刚、杨秀萍、郭翠荣	该书累计发行量超 60 万册
36	白钦先集 1：白钦先经济金融文集（一）	2009 年 7 月	中国金融出版社	白钦先	
37	白钦先集 2：白钦先经济金融文集（二）	2009 年 7 月	中国金融出版社	白钦先	
38	白钦先集 3：白钦先经济金融文集（三）	2009 年 7 月	中国金融出版社	白钦先	
39	白钦先集 4：白钦先学术演讲集	2009 年 7 月	中国金融出版社	白钦先	
40	白钦先集 5：师门问学记	2009 年 7 月	中国金融出版社	白钦先	
41	中国农村金融“三元结构”制度研究	2009 年 12 月	中国金融出版社	白钦先、李钧	
42	金融衍生产品风险的价值认识	2009 年 12 月	中国金融出版社	祝敏毅、白钦先	
43	金融虚拟性理论与实证研究 ——基于功能风险效率与哲学视角的分析	2010 年 3 月	中国金融出版社	白钦先、沈军、张荔	
44	中国中小商业银行发展模式研究	2010 年 5 月	中国金融出版社	白钦先、马东海、刘刚	
45	中国金融倾斜的实证分析	2010 年 9 月	中国金融出版社	白钦先、田树喜	
46	金融资源配置论	2011 年 6 月	中国金融出版社	杨涤	
47	白钦先集 6：传承与创新 ——学术文章暨讲演	2012 年 6 月	中国金融出版社	白钦先	
48	各国金融体制比较（第四版）	2013 年 8 月	中国金融出版社	白钦先、刘刚、杨秀萍	该书累计发行量超 60 万册
49	政策性金融学概论	2013 年 10 月	中国金融出版社	白钦先、王伟	

续表

序号	专著名称	出版时间	出版社	作者	备注
50	中国金融资源地区分布差异性研究	2014 年 3 月	中国金融出版社	卢颖、胡春涛、白钦先	
51	白钦先集 7：中国金融学科建设与发展 ——1978—2014	2014 年 4 月	中国金融出版社	白钦先	
52	金融危机后人民币汇率大国博弈研究	2015 年 8 月	厦门大学出版社	刘刚	
53	金融危机后全球量化宽松货币政策比较研究	2015 年 9 月	厦门大学出版社	刘刚	
54	金融相对实体经济发展的约束边界理论研究	2016 年 6 月	中国社会科学出版社	杨秀萍	
55	白钦先集 8：人有道术亦有道（上、下册）	2018 年 1 月	中国金融出版社	白钦先	
56	21 世纪新资源理论 ——关于国民财富源泉的最新研究（2018 大众版）	2018 年 7 月	中国金融出版社	白钦先、杨涤	
57	白钦先集 9：中国改革开放四十年历程回眸 ——白钦先经济金融论文荟萃（上、下册）	2019 年 7 月	中国金融出版社	白钦先	
58	白钦先集 10：白钦先金融理论研究范式探究	2019 年 7 月	中国金融出版社	白钦先	
59	互联网金融乱象及其风险监管	2019 年 12 月	北京大学出版社	刘刚、邹新月	
60	各国金融体制比较（第五版）	2021 年 8 月	中国金融出版社	白钦先、杨秀萍、刘刚	该书累计发行量超 60 万册
61	上海金融促进实体经济及长三角一体化发展研究报告	2021 年 3 月	社会科学文献出版社	杨涤	
62	新常态下新兴开发性金融机构支持“一带一路”建设研究	2021 年 11 月	上海远东出版社	刘刚	
63	互联网金融监管有效性的国际比较研究 ——以中美两国为例	2021 年 12 月	中国金融出版社	张贺	
64	乡村振兴的南海探索 ——金融服务农业全产业链新模式	2023 年 4 月	中国金融出版社	秦伟新	
65	农业政策性金融机构理论与政策国际比较	2023 年 6 月	中国金融出版社	白钦先、张坤、王吉献	
66	保险学（行业规划教材）	2023 年 6 月	中国矿业大学出版社	主父海英、王毅等	

续表

序号	专著名称	出版时间	出版社	作者	备注
67	中国公共政策性金融四十四年研究成果荟萃	2023 年 7 月	中国金融出版社	白钦先及其学术团队	
68	传承与创新：新金融观初探	2024 年 6 月	山西经济出版社	宋陆军	
69	地方政府专项债券高质量发展研究	2024 年 7 月	中国金融出版社	张贺	
70	金融简史 ——古代部分	2011 年 12 月	中国金融出版社	禹钟华	
71	金本主义及其历史演化	2019 年 3 月	中国金融出版社	禹钟华	
72	中国古代金融简史	2023 年 8 月	人民出版社	禹钟华	